Minerva Shobo Librairie

現代経済学史の射程

パラダイムとウェルビーイング

長尾伸一/梅澤直樹
平野嘉孝/松嶋敦茂
[編著]

ミネルヴァ書房

現代経済学史の射程
―― パラダイムとウェルビーイング ――

目　次

序　章　経済学史の方法をめぐって………………松嶋敦茂・梅澤直樹…1
　　　　　――修正クーンモデルの提唱――
　　1　なぜ経済学史の方法を問うのか……………………………………………1
　　2　科学における経験的なものと先験的ないし価値的なもの………………3
　　3　修正クーンモデルの提唱……………………………………………………6

第1章　現代経済学のあり方を求めて……………松嶋敦茂・梅澤直樹…13
　　　　　――アリストテレス，スミス，リカード，ワルラス，パレート――
　　1　本章のめざすもの……………………………………………………………13
　　2　「古典」的パラダイムと「近代」的パラダイム………………………………15
　　3　活動をめぐって………………………………………………………………28
　　4　時間ないし不確実性をめぐって……………………………………………35
　　5　倫理学と経済学とのあいだ…………………………………………………41

第2章　経済学革新にとって学説史は………………………塩沢由典…53
　　　　いかなる意義をもつか
　　1　経済の危機と経済学の危機…………………………………………………53
　　2　危機の構造……………………………………………………………………54
　　3　現代の天動説…………………………………………………………………55
　　4　需要供給の法則とは…………………………………………………………57
　　5　2つの競合する流れ…………………………………………………………59
　　6　リカードの生産費価値説……………………………………………………60
　　7　スラッファ原理と有効需要…………………………………………………62
　　8　古典派経済学に巣くうキメラ………………………………………………64
　　9　経済学革新の核心……………………………………………………………66

第3章　経済学の生成………………………………………………長尾伸一…73
　　1　Economyと市場経済………………………………………………………73
　　2　経済学の誕生とパンフレット作者，自然科学者…………………………81
　　3　political economyとモラル・サイエンス――アダム・スミス………88

4　古典的パラダイムと近代的パラダイム——リカード，マルクス，限界学派…99

第4章　アダム・ファーガソンの商業観………………福田名津子…111
　　　　——アート・国力・道徳——
　　1　「ふたりのアダム」問題……………………………………111
　　2　ファーガソンの商業・経済論——1760年代………………112
　　3　『国富論』に対するファーガソンの反応…………………114
　　4　「文明・商業社会の批判者」………………………………116
　　5　商業的アートの道徳的側面——1780年代以降……………124
　　6　ファーガソン像の再構築とその射程………………………126

第5章　リカードウの貨幣経済論とその史的意義…………岡田元浩…131
　　1　リカードウとその貨幣経済論………………………………131
　　2　古典派経済学と「ケインズ革命」…………………………131
　　3　貨幣数量説とリカードウ……………………………………133
　　4　リカードウ貨幣経済論の背景………………………………133
　　5　通貨問題をめぐるリカードウの見解………………………134
　　6　リカードウの動態的数量説…………………………………135
　　7　リカードウ動態的数量説と現実解釈………………………137
　　8　貨幣経済論史におけるリカードウの意義…………………138

第6章　J・S・ミルにおける経済と倫理………………川名雄一郎…145
　　1　道徳科学のなかの／としての経済学………………………145
　　2　商業化と商業精神の腐敗……………………………………146
　　3　経済学の定義…………………………………………………147
　　4　アソシエーション……………………………………………150
　　5　経済学と功利主義……………………………………………156

第7章　稀少性と「科学的社会主義」………………………御崎加代子…163
　　　──ワルラスのマルクス批判──
　1　ワルラスとマルクス──知られざる対立………………………………163
　2　『社会経済学研究』第5章「所有の理論」(1896)……………………164
　3　マルクス批判の出発点となるワルラスの階級観………………………165
　4　ワルラスがマルクスに呈した2つの疑問………………………………168
　5　ワルラスの主張する搾取の原因──土地私有と独占利潤……………171
　6　公正と効率の両立をめざして……………………………………………174

第8章　近代的パラダイムと選択の合理性………………田中啓太…179
　　　──ジェヴォンズ，マーシャル，ウィックスティード，ロビンズ──
　1　近代的パラダイムとジェヴォンズ………………………………………179
　2　マーシャルの経済学と利己心……………………………………………183
　3　選択理論としての経済学へ………………………………………………184
　4　ウィックスティードと選択行為…………………………………………186
　5　ロビンズの経済学と選択の合理性………………………………………187

第9章　モラルサイエンスにおける不確実性と合理性……齋藤隆子…195
　　　──ケインズ『確率論』と経済学──
　1　ケインズの包括的研究……………………………………………………195
　2　ケインズの論理確率に示された哲学の特徴……………………………197
　3　『確率論』における不確実性下の合理性………………………………201
　4　経済学における不確実性下の合理性……………………………………203

第10章　合理的選択と社会性（ソーシャリティ）………西本和見…213
　　　──K. J. アローの社会的選択論──
　1　合理的選択の時代の社会的選択論………………………………………213
　2　アロー型社会的厚生関数と価値判断……………………………………214
　3　可能な社会的選択のかたち………………………………………………217
　4　前提された「社会性（ソーシャリティ）」……………………………220
　5　スミス的個人への回帰……………………………………………………223

目　次

第11章　「古典」的パラダイムにおける　　　　　　　　平野嘉孝…227
　　　　　　価格理論の意義とその分析射程
　　　　　　　　——スラッファ価格理論の展開——

　1　剰余の発生と分配のルール………………………………………227
　2　単調性に関する先入観（monotonic prejudice）………………231
　3　枯渇性資源………………………………………………………234
　4　物的実質費用 vs 労働価値，および資本主義の未来……………236
　5　ケインズの長期投資家，もしくは資本主義の延命策……………241

第12章　モラルサイエンスとしての経済学における　　　吉川英治…247
　　　　　　「活動」の観念
　　　　　　　　——センの源流をたずねて——

　1　モラルサイエンスとしての経済学………………………………247
　2　センの「潜在能力」アプローチ…………………………………249
　3　源流としてのアリストテレス——「活動」の観念………………253
　4　マーシャルにおける「活動」の観念……………………………256
　5　「活動」観念にかかわる追加的論点……………………………259

第13章　フェアな世界内政か，システムの観察か　　　　表弘一郎…263
　　　　　　　　——アドルノ，ハーバーマス，ルーマン——

　1　グローバル資本主義と想像力のありか…………………………263
　2　討議倫理と民主主義の可能性——ハーバーマス………………264
　3　全体社会の自己記述——ルーマン………………………………269
　4　外部なき交換社会と想像力——アドルノ………………………273
　5　「別様の観察，『別様のもの』へ」………………………………279

第14章　現代社会の課題と異端の経済学　　　　　　　　梅澤直樹…285
　　　　　　　　——マルクスとポランニー——

　1　マルクスとポランニーを結ぶもの………………………………285
　2　マルクスと現代社会の課題………………………………………286
　3　ポランニーの時間論と現代社会の課題…………………………294

4　異端の経済学の活かし方……………………………………………………299

第15章　経済学の本質とその未来……………………………長尾伸一…303
　　　　　――松嶋パラダイム論を手掛かりに――
　　1　近代科学と経済学の類型………………………………………………303
　　2　自然的秩序と自発的秩序――歴史学派・制度学派・政治経済学……310
　　3　経済学の彼方へ…………………………………………………………315

あとがき……327
人名・事項索引……331

序　章

経済学史の方法をめぐって
　　　——修正クーンモデルの提唱——

松嶋敦茂・梅澤直樹

1　なぜ経済学史の方法を問うのか

　筆者が大学で経済学史を講じ始めた1970年代の初頭，イギリスの秀れた経済学者で，ケインズ（John Maynard Keynes：1883-1946）とも親しかった J. ロビンソンがアメリカ経済学会に招かれて講演を行った。そのテーマが，「経済学の第二の危機」であった。第一の危機というのは，あの1929年恐慌の時代で，それは経済学にケインズ革命を生み出すことになったのだが，いま経済学はそれに匹敵するような危機に直面している，とロビンソンは危機感を募らせていたのである。たしかに，当時は，第二次世界大戦後の国際経済秩序を支えてきた IMF/GATT 体制が動揺し，先進諸国にスタグフレーションが忍び寄っていた。それから20年，ソ連・東欧の社会主義圏は崩壊し資本主義がわが世の春を謳ったが，さらに20年を経て，現代の経済・社会はグローバルマネーの動きに翻弄され，また国際的，国内的格差の広がりや各国間の力関係の変動にさらされて不安定化している。しかも，今回はより深刻な要素を孕んでいる。すなわち，1972年にローマクラブが『成長の限界』を公刊してはじめて資源問題を提起した頃，それは人々の心にはまだそんなに差し迫った問題としては響かなかった。だが，いまでは持続可能な発展（sustainable development）が世界にとって最重要課題の１つとなっている。資本主義か社会主義かを問わず，近代化というわれわれが17世紀から歩んできた営みが非常に大きな危機にあるということである。つまり，経済学の危機，経済の危機，そして近代の危機という３重の危機にわれわれは直面している。こうしたときにあたり，経済学史の研究や学習には何ができるであろうか。経済学史研究は，この３重の危機に対処する新しい理論を直接に提供することはできない。だが，経済学の歴史から理論的，原理的座標軸を抽出し，そのなかに主要な経済理論，経済思想を位置づけてみることで，

こうした危機を打開する糸口を探ってみることはできるであろう。

　そのため，迂遠なようだが本章ではまず，経済学もその一翼をなす「科学」とはどのようなものなのかを確認しつつ，経済学史の方法について考察してみたい。科学は形而上学とは違う。つまり経験的に検証できないような理論は科学ではないという見方もある。むしろ現在ではこうした見方が大勢であろう。しかしながら，科学のなかには経験的な要素と同時に経験を超える，経験に先だって存在する価値的なもの，すなわち経験的な事実によっては真であるか偽であるかというテストができないアプリオリな要素が含まれているのではないだろうか。

　こうした問題提起は，19世紀末から20世紀初めに活躍した社会学の巨人ウェーバー（Max Weber：1864-1920）が「価値関心」という言葉を用いて，また20世紀前半の代表的経済学者の1人シュンペーター（Joseph Alois Schumpeter：1883-1950）が「ヴィジョン」という言葉を用いて行ったところである[1]。さらに，科学一般のなかに，それも天文学とか物理学といった最先端の科学において，先験的なもの，価値的なものが内包されているということを明らかにしたのが科学史家であり科学哲学者のクーン（Thomas Kuhn：1922-1996）であった。

　すなわち，クーンは『科学革命の構造』(1962) において，科学の歴史は特定のパラダイムのもとで知識の洗練，拡充や深化が図られるノーマルサイエンスと支配的パラダイムの交代が起きる科学革命との繰り返しであったと説いた。ここで「パラダイム」とは，一定期間のあいだ，ある学問分野，たとえば物理学において，その分野に属する専門家集団が共有するモデル，すなわち当該学問分野はこうした類の問題をこうした技法を用いて究明するものだという「問い方，答え方」のモデルをなす業績を意味する[2]。そして，そうした「問い方，答え方」には，先験的要素，経験的事実で真偽を検証しえない要素が含まれていることをクーンは明らかにした。

　こうしたクーンのような「科学」の見方はどのようにして生まれてきたのか。またクーン自身の見解にはどのような限界があり，それはどのように乗りこえられてゆくべきか。本章では，こうした点を考察しながら経済学史に対する著者のアプローチの仕方，つまり著者の考える経済学史の方法について，ひいては経済学史を通じて現代社会の危機を打開する糸口を探ろうとする際の著者のスタンスについて明らかにしてゆきたい。

2 　科学における経験的なものと先験的ないし価値的なもの

19世紀から20世紀への科学方法論の転換

　前節でも触れたウェーバーは近代科学の2つの前提として論理と実験・経験を挙げるとともに，論理の万力にかけて真理を引き出してゆくことはギリシャ人が行ったが，実験とか経験という概念が入ってくるのはルネサンス以降であると述べていた。その意味では，近代科学を特徴づけるいちばんの要素は実証主義ということになる。だが，近代科学をおしなべてそのように一括することにも問題がありそうだ。19世紀中葉のイギリスの経済学者であり哲学者であったミル（John Stuart Mill：1806-1873）の『論理学体系』（1843）第6巻に示された科学の方法の4類型を参照しつつ，少し立ち入ってみよう。

　ミルは，科学の方法を化学的方法，幾何学的方法，物理学的方法，歴史的方法という4種に区分した。彼においては当時の化学的方法は帰納的方法を意味した。また，歴史的方法は逆演繹法とも呼べるもので，ターゲットとしての歴史的事実がまずあってその事実をうまく説明できる理論的仮説が探求される。それらに対して，第二の幾何学的方法と第三の物理学的方法は演繹法に属する。そのうえで，経験的事実との関係において両者は対称的な位置を占める。すなわち，前者は直接的演繹法とも呼ばれ，ある公理から論理的演繹によって結論を引き出していく。論理的な整合性だけで真理を見つけ出してゆこうとし，経験的事実によって検証されることを求めない。他方で後者は具体的演繹法とも呼ばれ，仮説から演繹された結論を経験によって検証しようとする。もし一致しなければ新たな経験的事実を取り入れて仮説を再構築し，もう一度演繹を試みる。そのように演繹を繰り返してより現実に近づいてゆこうとするのである。

　こうしたJ. S. ミルの分類を手掛かりに19世紀の経済学者の方法論を見てみると，ミル自身も，あるいはN. W. シーニョアやJ. E. ケアンズも幾何学的方法に依拠している。のみならず，近代的パラダイムを創始したワルラス（Léon Walras：1834-1910）もまた幾何学的方法を採っていた。ワルラスの考え方を主著『純粋経済学要論』（1874）に即して少し説明すると，出発点である仮説は経験的事実から引き出される。富とは何か，資本とは何かといったような基本的事実は経験から引き出される。だが，それらを引き出したのちは数理的，合理的方法によって演繹し，体系

を作り出す。得られた結果は経験的事実によって検証されることはない。理論が経験的事実と一致しないからまちがいとするといった立場は採らない。ただし，理論を応用ないし適用してゆくときには，いっそう具体的な条件を入れたり，経験的事実によって修正したりしてゆく。これはミルやシーニョア，ケアンズなども同様である。19世紀の経済学者は全体としてこのような考え方に立っていた。

それに対してワルラスの後継者であるパレート（Vilfredo Pareto：1848-1923）は，すでに20世紀初めに具体的演繹法によって経済学は展開されるべきと論じている。理論が正しいか正しくないかは経験的に検証されるべきというわけで，正当化主義と呼ばれる。[3] 19世紀と20世紀とを分ける最も大きな違いは，19世紀がアプリオリズムであったのに対して20世紀は経験主義的な科学観であって，アプリオリな概念をできるだけ小さくし，できれば放逐する方向に進んでいったという科学史の見方があるが（広重ほか 1975），経済学にもまさにこうした解釈があてはまるということである。

こうして，経験的事実による検証を伴うのが「科学」としての経済学の資格要件という考え方ができあがってくるのは，じつは20世紀のことであった。また，20世紀の経済学者全体がそのように考えたかというと，じつはそうではない。その代表格が新オーストリア学派に属したハイエク（Friedrich August von Hayek：1899-1992）やミーゼス（Ludwig von Mises：1881-1973）である。次章で見るように，ミーゼスはプラクシオロジー（人間行為学）に基づき，ワルラスなどと同じ方法を採っていた。ともあれ主流を考えると，具体的演繹法が20世紀の経済学であった。

事実は理論に先行するという見方への懐疑

経験的事実でもって検証するという考え方に懐疑を呈した著名な思想家に，スミス（Adam Smith：1723-1790）の親友のヒューム（David Hume：1711-1776）がいる。事実は理論と独立に存在すると考えられがちであるけれど，理論的枠組みが先にあってそれに合わせて現実が解釈されることもありうる。いわばメガネが先にあって，そのメガネに合わせて事実が見出されてくることもあるというわけである。たとえば，光は波動という立場に立つ人はヤングの干渉実験のように波動説に適合した実験を設定して自説が裏づけられたと主張するし，光は粒子という立場に立つ人は光電効果といった自説に適合する実験に依拠するといった具合である。

こうして，自説に適合した経験的事実を積み上げるのみではその理論の正しさを

確証したことにはなりえないことがわかる。このことを踏まえてポパー（Karl Popper：1902-1994）は反証主義を掲げた。経験的事実によって検証できるような理論だけが科学に値するという見方は維持したうえで，経験的事実によって反証されなかったものだけを正しい理論として残すという考え方である。

さらに，経験的事実による検証という考え方には次のような問題点も付随する。すなわち，経験的事実によって検証しようとすれば帰納法に依拠することとなる。だが，帰納法によって得られる経験的事実が普遍的に妥当することを主張しようとすれば，無限に事実を集めなければならない。それは不可能である。そこで，自然の斉一性原理，すなわち自然は斉一につくられていることを前提として経験を見ることとなる。だが，その自然の斉一性原理も本来は実証されなければならない。そしてそれはやはり無限に帰納を繰り返すことを求める。結局，自然は斉一であると仮定するしかない。こうして科学は慣例的な仮定ないし約束に基づいていることとなる。

このように，正当化主義には危うい基礎のうえに，つまりそれぞれの理論がかけたメガネに従って対象を見ているにもかかわらず，みずからのメガネを使って見えるものこそが正しい事実であり，普遍的に妥当するということを前提にして議論しているおそれがある。しかし，その前提は常に妥当するとは限らないのである。じつは，類似の危うさは正当化主義を批判する反証主義にもあてはまるところがある。ある反証例が見つかったとして，それによって理論を完全に棄却できるとは限らない。この点を科学革命に即して確認してみよう。

従来の支配的理論では説明できないような事実，変則性が発見されるとする。これはポパーによればただちに理論の反証例となって，その理論は棄却されることとなる。だが，そうした場合にもただちに理論が棄却されないで，なんとか新しい補助仮説を入れて従来の理論を維持してゆこうとする対応も考えられる。たとえば，水星の近日点がニュートン力学で予想したのとは異なる位置にあることは早くに知られていた。しかし，人々はそれをなにか未知の事情，たとえばわれわれの知らない星の影響だろうと考えた。経験的事実，観察の対象をさらに広げると，反証が未だ尽くされていないと訴えたのである。この事例の場合，1919年の日食に際して太陽光線の屈折が観測されてアインシュタインの理論が裏づけられるまで決着をみなかった。つまり，反証例で簡単に理論が覆されるのではなくて，むしろ新しい理論モデルが登場して，それが経験的事実によって確証されたとき，支配的理論モデル

の交代＝科学革命が起こるというわけである。

3　修正クーンモデルの提唱

代表的経済学者間での問題関心の変遷

　そこで，パラダイム論に目を移そう。パラダイムという言葉についてはすでに説明した。一定期間のあいだ，ある学問分野において，その分野に属する専門家集団に共有される「問い方，答え方」のモデルをなす業績である。実際，著名な経済学者のあいだにもこの点で興味深い差異を見出すことができる。

　すなわちスミスは富の本質は何かを問いかけた。それまで貨幣が富だと考えられていたなかで，本当は労働こそが富の源泉であるという考え方が台頭し，だからこそスミスは富とは何かをまず確定しようとした。こうして真の富に関する認識を得たのちのリカード（David Ricardo：1772-1823）にとっては，その富が地主階級，労働者階級，資本家階級のあいだにどのように分配されるかを精密に規定することこそが経済学の課題となった。それに対して半世紀後のワルラスは，自由競争制度のもとでの価格決定の理論として経済学を構想した。彼の理論にも労働者や地主や資本家は登場するが，階級ではなく同等な個人として扱われる。自由競争のもとではそうした諸個人の効用が最大限に満足される点で価格が決定されること，そのようにして希少な資源の配分が最適化されることを明らかにすること，これが経済学の課題というわけである。さらに半世紀を経て，ケインズは規模に着目した経済学を展開した。周知のように1929年恐慌は4人に1人といった膨大な失業者を生み出した。だが，当時の主流の経済学は自発的につまり賃金が安いから働かないということはあっても，非自発的失業はないという非現実的解釈に甘んじていた。それに対してケインズは非自発的失業がなぜ存在するのかを問い，非自発的失業を伴うような経済規模でも均衡が成立することを解明したのである。

　ちなみに，現代ではジョージェスク＝レーゲン（Nicholas Georgescu-Roegen：1906-1994）やH.デイリーもやはり規模の問題を重視している。ただし彼らにおいては，生態系を痛めつけないで持続してやっていけるような規模というように，規模についての関心の焦点が変化している。

　こうして，富の本質について考えるのか，富の分配を重視するのか，あるいは希少資源の配分問題を中心とするのか，それとも規模の問題を焦点に据えるのかとい

うように，問い方は移り変わってきた。さらに，これらの問題設定に対する答え方も，スミスやリカードであれば労働価値説を使うし，ワルラスだと限界効用理論と一般均衡理論を使う。さらにケインズは乗数理論や流動性選好説などマクロ経済学という新しい技法を開発したというように，変遷してきたのである。

クーンモデルの限界とラカトシュの回答

ところでクーンは，成熟した科学においては，理論は支配的パラダイムをなす単一の理論しか存立しないと解した。だからまた，パラダイムが成立するまでの状況，単一の理論が確立するまでの状況を，一種の星雲状態のようなものとみなし，前科学と呼んだ。だが，複数の理論が並立している科学はさまざま見出される。経済学もそうしたものだし，心理学とか情報科学，さらに物理学もそうである。クーンに従えば，すべての学問領域が前科学の状態ということになってしまう。むしろ，いくつかのパラダイムが競合しあい，また補完しあうというように，複数のパラダイムが並存するというのが科学の常態であろう。

こうした問題を包括的に考えたのが，ラカトシュ（Lakatos Imre：1922-1974）の『批判と知識の成長』(1970) であった。彼は，理論には堅固な核（hard core）とそれを取り巻く防御帯（protective belt）という2つの要素があるとみなした。前者はいわば公理に相当し，経験的なテストを必要としない「問い方，答え方」のモデル，パラダイムに当たる。それを取り巻く防御帯は，事実的データや補助仮説によって構成され，経験的事実によって検証されて，経験にいっそう合致するものへと置き換えられてゆく。ノーマルサイエンスの対象とするところである。こうしてラカトシュにおいては，理論は堅固な核を維持しながら防御帯を置き換えて変容する一連の理論系列として捉えられる。また，そうした理論系列がいくつか並存しているのが科学の常態とみなされた。

他方でラカトシュは，防御帯を置き換えながらの理論の改良は前進的に（progressive）問題が移行していく場合にのみ，すなわちポパーのいう「知識の成長」という条件が充たされる場合にのみ是認されるとした。①従来の理論によっては変則性となる事象を予測でき，②その予測のいくつかが経験的に確証され，③従来の理論において反証されなかった経験的事実は新しい理論に継承されるという3つの条件である。要するに，理論は年輪のように同心円的に発展してゆくとみなしたのである。

こうしてラカトシュは，一方で，理論を構成する要素のすべてが検証されるのではなくて，検証されない要素もあるというクーンの考え方を受け入れつつ，他方で，検証される防御帯を置き換えることで，ポパーのように，理論が前進的に発展してゆくと考えた。となると，一度は支配的地位を追われた理論系列が復活することもありうる。ポパーにおいてはリターンマッチの可能性はなかった。一度経験的に反証されたものはいわば永久にリングを去らなければならなかった。しかし，ラカトシュだと，変わらぬ堅固な核を維持した理論系列が経験的事実を置き換えることによって再挑戦する可能性が生まれるというわけである。

修正クーンモデル
　こうして，ラカトシュにおいては複数の理論の並存が認められているし，経験的事実を置き換えることで理論は変容していく。さらに，リターンマッチによって復権する可能性もある。そういう点では，一方でクーンより，他方でポパーより現実的な見方を示している。しかし，P. ファイヤーアーベント（1985）も指摘していたように，前進的問題移行という見方は疑問である。「問い方」の交代のなかで漏れ落ちる問題群が生まれよう。のみならず，理論がどうあるべきか，どのような理論が優れているかについても，精密さ，簡明さ，堅実さ，実り豊かさないし将来の展開可能性，視野の広さなど，いくつかの基準がありうる。そしていずれを重んじるかは，人によって，時代によって異なりうるのである。
　このように価値関心も異なりうるし，理論がどうあるべきかの判断も異なりうるから，理論は非共役的にならざるをえない。そこで『現代経済学史』では修正クーンモデルを提唱した（松嶋 1996）。それまでの支配的パラダイムと新しいそれとは異質であって，いずれかが他方を完全に包含しきるものではない。支配的パラダイムの座を降りたパラダイムも，経験的事実を置き換え，変容しながら生き残るかもしれない。そうしたパラダイムを含めて，パラダイムは複数並存するのが常態である，と。また，いずれのパラダイムが支配的パラダイムの座を占めるかは，新しい理論が台頭してくることもあれば，すでに傍流として存在していたパラダイムが力をつけることもあり，さらに経験的事実を置き換えることによって古い理論が復権することもあるかもしれないというように，多様であろう。要するに，ラカトシュのように理論の複数性，復権の可能性を認めると同時に，理論は決して同心円的に発展するのではなくて，むしろいわば五輪の輪のように重なり合った非共役的パラ

ダイムが競合的に並存しあってゆくと考える。科学は決して単線的に発展してきたものではないし，またこれからも単線的に発展してゆくことはないであろうと展望するのである。

次章では，経済学の歴史についての上記のような見方を前提として，経済学の歴史から理論的，原理的座標軸を抽出し，そのなかに主要な経済理論，経済思想を位置づけてみる。そうすることで，現代の3重の危機を打開する糸口を具体的に探ってみることにしたい。

注
＊本章および次章の原型をなしたのは，松嶋が約10年前に滋賀大学で行った最後の講義，および4，5年前に松嶋が主宰する経済学史・経済思想史研究会において行った講演である。ただ，今回の公刊にあたって，紙幅の制約上大幅な圧縮を行わざるをえなかったし，それに伴って項目の展開順序を入れ替えることもあった。また，講義と書物とではいわば流儀が違うゆえに補足説明が望まれたり，圧縮作業に伴って割愛部分が生じた際のつなぎの章句をどう補足したりするかなどの問題も生じた。このように，上記の講義および報告の録音を編集する過程で梅澤の判断が介入し，編集された草稿を松嶋が再度点検したとはいえ，原型とは変容したことを踏まえ，これら2つの章を共著とした。
(1) ただし，ウェーバーもシュンペーターもあらゆる価値判断を受け入れたわけではない。ウェーバーは，『職業としての学問』の末尾近くで価値判断には2種類あると述べている。一方は，2つの利害，立場が対立しているときにいずれかに加勢するという価値判断であり，これは科学においては排除される。だが，価値判断にはもう1つの種類がある。どういう問題に意義を感じるかということであって，ここには価値が含まれている。これをウェーバーは価値関心と呼んだ。次章でみるように，スミス，リカード，ワルラス，ケインズがどういう問題に意義を感じたかということはそれぞれ異なる。これは価値判断であって，科学において避けて通れないとウェーバーは考えた。同じことをシュンペーターも述べた。理論はヴィジョンに基づいていて，ヴィジョンはイデオロギーに基づいているのだけれども，イデオロギーには2種類ある。1つはウェーバーのいう価値関心にあたるものであって，これは経済学や社会科学だけではなくて，数学や論理学にも存在する。もう1つ，イデオロギー的バイアスというものがある。ウェーバーの挙げた例でいえば誰かに加勢するということだが，それは理論を曲げてゆくこととなるというわけである。
(2) 『科学革命の構造』のまえがきにおいては，モデルとなる業績そのものを指しており，ここでもそれに従っているが（邦訳 v），補章では「ある集団の成員によって共通してもたれる信念，価値，テクニックの全体的構成」（邦訳 198）と表現されてもいる。

(3) やがて,理論が経験的事実と完全に一致することはないことを顧慮し,より高い確率を与えるもののほうが justify されるようになる。新正当化主義と呼ばれる。

参考文献

広重徹ほか,(1975),『思想史のなかの科学』木鐸社.
フリードマン,M.,(1977),佐藤隆三・長谷川啓之訳『実証的経済学の方法と展開』富士書房.
松嶋敦茂,(1996),『現代経済学史 1870～1970』名古屋大学出版会.
Feyerabend, P., (1985), "The methodology of scientific research programmes", *Problems of Empiricism*, Cambridge.
Hayek, F. A., (1948), *Individualism and Economic Order*, Chicago.（嘉治元郎・嘉治佐代訳『ハイエク全集3』春秋社,1990年。）
─────,(1952), *The Counter-Revolution of Science*, Illinois.（佐藤茂樹訳『科学による反革命』木鐸社,1979年。）
Keynes, J. M., (1936), *The General Theory of Employment, Interest and Money, The Collected Writings of J. M. Keynes, vol. VII*, Cambridge.（ケインズ全集7 塩野谷祐一訳『雇用・利子および貨幣の一般理論』東洋経済新報社,1983年。）
Kuhn, T. S., (1962), *The Structure of Scientific Revolutions*, Chicago.（中山茂訳『科学革命の構造』みすず書房,1971年。）
Lakatos, I., (1970), "Falsification and the Methodology of Scientific Research Programmes", in Lakatos & Musgrave ed. *Criticism and the Growth of Knowledge*, Cambridge.（森博ほか訳『批判と知識の成長』木鐸社,1985年。）
Mill, J. S., (1843), *A System of Logic, Ratiocinative and inductive*, London.（大関将一訳『論理学体系』春秋社,1949年。）
─────,(1848), *Principles of political Economy*.（末永茂樹訳『経済学原理』岩波書店,1959-1963年。）
Mises, L. von, (1949), *Human Action*, Chicago.（村田稔雄訳『ヒューマンアクション』春秋社,1991年。）
Pareto, V., (1896-1907), *Cours d'economie politique*, Lausanne.
─────,(1906), *Manuale di economia politica con una introduzione alla scienza sociale*, Milano.
─────,(1917), *Traite de sociologie generale*, Lausanne.
Popper, K., (1961), *The Poverty of Historicism*, London.（久野収・市井三郎訳『歴史主義の貧困』中央公論社,1961年。）
Ricardo, D., (1817), *Principles of Political Economy, and Taxation*, London.（羽鳥卓也・吉澤芳樹訳『経済学および課税の原理』岩波書店,1987年。）

Schumpeter, J. A., (1954), *History of Economic Analysis,* New York.（東畑精一訳『経済分析の歴史』岩波書店，1955-1962年。）

Smith, A., (1776), *An Inquiry into the Nature and Causes of the Wealth of Nations,* London.（大内兵衛・松川七郎訳『諸国民の富』岩波文庫，1959-1966年。）

Walras, L., (1874-1877), *Elements d'economie politique pure ou theorie de la richesse sociale, 1le ed.* Lausanne.

―――, (1896), *Etudes d'economie sociale,* Lausanne.

―――, (1898), *Etudes d'economie politique appliquee,* Lausanne.

―――, (1900), *Elements d'economie politique pure ou theorie de la richesse socoale,* Paris.（久武雅夫訳『純粋経済学要論』岩波書店，1983年。）

Weber, M., (1919), *Wissenschaft als Beruf,* Tübingen.（尾高邦雄訳『職業としての学問』岩波文庫，1936年。）

第1章
現代経済学のあり方を求めて
――アリストテレス,スミス,リカード,ワルラス,パレート――

松嶋敦茂・梅澤直樹

1　本章のめざすもの

　前章での方法論的考察を承けて,まず次節において,「古典」的パラダイムと「近代」的パラダイム,すなわち「社会の再生産」をキーワードとするパラダイムと「希少性」をキーワードとするパラダイムとを対比しながら,経済学の歴史を捉えたい。また,本源的な希少性,すなわちエントロピー法則を焦点に据えて経済学の再構築を主張したジョージェスク=レーゲン (Nicholas Georgescu-Roegen : 1906-1994) にまで視線を伸ばし,彼の立場からは「古典」的パラダイム,「近代」的パラダイムの双方がどのように評価されることになるのかにも立ち入ってみる。

　さらに,「近代」的パラダイムの考察のなかで,方法論的個人主義について,5つの基準に即して類型化を図る。それを通じて,「近代」的パラダイムが立脚する方法論的個人主義と「古典」的パラダイムが概ね立脚するホーリズムとを統一することが可能か否かについて考えたい。これは,これら2つのパラダイムの統合は可能なのか否かについて考えてみるということでもある。結論を先取りすれば,スミス (Adam Smith : 1723-1790) やケインズ (John Maynard Keynes : 1883-1946) に見られるように,それは可能だと思う。そして,それがまた現代の危機を打開する糸口にもなるのではないだろうか。

　ついで,第3節において,経済学的思考を貫流してきたもう1つの主題である「活動」をめぐって,アリストテレス (Aristotelēs : B. C. 384-322),マルクス (Karl Marx : 1818-1883),J. S. ミル (John Stuart Mill : 1806-1873),マーシャル (Alfred Marshall : 1842-1924),セン (Amartya Sen : 1933-) という,上述の2つのパラダイムを超えて5人の思想家,経済学者の所説を考察する。これは,豊かさとはなにか,経済とはいかなる営みかといったことをあらためて考えてみようという試みでもあ

る。

　さらに，第4節においては，「時間」をめぐって考察する。われわれは時間のなかで生きている。時間というのは不思議なものであって，古来，さまざまな捉えられ方をしてきたし，経済学者が苦労して取り組んできた問題でもある。ここでは，まず2つの論点について考えたい。1つは，「古典」的パラダイムと「近代」的パラダイムとの相違をめぐってである。「古典」的パラダイムは「再生産」を，「近代」的パラダイムは「希少性」を基軸にしているのだが，そういう2つのパラダイムの相違は時間という視点においてはどう映じてくるのであろうか。もう1つ，時間は本来は不可逆的なものであるにもかかわらず，経済学ではそうした不可逆性を扱う動学が傍流に留まってきた。この点にも少し眼を向けてみよう。

　さらに，時間とかかわって重要なものに「不確実性」がある。ケインズは『雇用，利子および貨幣の一般理論』(1936)のなかで，「われわれは時間と無知の暗い力の支配下にある」と述べている。「時間と無知の暗い力」，この「無知」というのは不確実性のいちばん端的なケースである。そのような無知なり，不確実性のなかでわれわれは生きている。そのことが経済学ではどのようなかたちで扱われてきたのか。そうしたことを考えてみたい。

　第5節は，本章全体を総括する節になっている。ここでは，倫理学と経済学との関係，すなわち，和辻哲郎の言葉を借りれば，「人間」を，つまり「人と人との間」の規律を対象とする学問である倫理学と，経済学との関係を考えてみたい。経済は，人とものの関係として捉えることもできる。第2節で扱うようなカタラクシー，すなわち市場的交換ないし市場秩序については，人間関係を捨象して人とものとの関係として論じることもできる。しかし，本当は人とものとの関係としてだけではなくて，同時に人と人との関係としても扱われなければならないのではないだろうか。こうして，あらためて人間を捉えてゆくときに，経済学と倫理学との関係を捉えてゆくときに，「古典」的パラダイムと「近代」的パラダイムとはどのように異なるのか考察してみたい。どちらのパラダイムの論理がより人間を捉えてゆけるのか，あるいは2つのパラダイムのどのような方向での統合を展望するのか。そういう意味で，全体を総括する節として，この第5節を位置づけたい。

2 「古典」的パラダイムと「近代」的パラダイム

「古典」的パラダイム前史

　「古典」的パラダイムについて詳察する前に，まず，2つのパラダイムの方法論的特徴を大きくつかんでみよう(1)。そのうえで，「古典」的パラダイムにいたる経済学的思考の歩みについて，秩序の再生産に注目するという意味では「古典」的パラダイムと共通するところをもつアリストテレスの経済論を少し振り返ることから始め，さらに「古典」的パラダイムの核心的要素の1つである「循環的過程」としての経済把握を見事に表現したケネー（François Quesnay：1694-1774）の経済表に眼を向けてみる。

　17世紀になって資本主義が勃興してくるとともに，カタラクシーが経済学の中心テーマとなった。そのなかで，最初に交換の根拠について考えたのは，前章でも触れた D. ヒュームであった。ヒュームは，交換が成立する条件は「適度の希少性」の存在であると述べた。一方で，価格がゼロであっても需要が供給を超えることがないような財，たとえば太陽光や空気は交換の対象とはならない。他方で，極度の希少性が存在する場合にも交換は生じない。食料が底をつきかけている漂流ボートの乗組員の誰かが少量のビスケットをもっていたとしても，彼が交換に応じることはないだろうというわけである。

　だが，適度の希少性は交換の必要条件であって，十分条件ではない。K. ポランニーが説いたように，互酬制や再分配も成立しうる。そこで，交換が支配的となる社会システムとはどのようなものかと問い直してみると，2つの接近法が浮かび上がる。行為論的アプローチと構造論的アプローチである。行為論的アプローチというのは，システムを構成している個人の行為をまず理解して，その合成からシステム全体を理解しようという方法論的個人主義に基づく。それに対して構造論的アプローチというのは，システム全体の構造の解明から出発する。システムの構造は個人の行為に先んじて存在すると考えるのである。経済学においては，行為論的アプローチに対応するのが「近代」的パラダイム，それに対して構造論的アプローチに対応するのが「古典」的パラダイムということになる。

　さて，このように「近代」的パラダイムと対比した「古典」的パラダイムの方法論的特徴を確認したうえで，そうした特徴と不可分の，「年々の再生産」という

「古典」的パラダイムのキーワードと通じるところがある．アリストテレスの議論を簡単に振り返ることから「古典」的パラダイム前史の考察を始めよう．

ギリシャの人々にとって，人間はポリスのなかではじめて生きることができる存在と考えられていた．だからまた，ポリスのあり方を論じることは個々の人間の善き生き方を論じることというように，政治学と倫理学はつながっていた．そして，この政治学，倫理学のなかで経済的事象が論じられた．

たとえば，アリストテレスは『政治学』第1巻，8章および9章のなかで「交換」について論じている．すなわち，自給自足経済がギリシャ人の原則であったが，構成員が増えるにつれて自給自足だけではやってゆけなくなって交換が広がってゆく．その際，物々交換は不便であって，貨幣が仲介する交換となる．さらに，貨幣から出発し貨幣に戻る，つまり貨幣で買った商品を別の人に売ってより多くの貨幣を回収しようとする商人的取引も生まれる，と．かつ，アリストテレスはこの商人的取引を望ましくないものとみなす．これは人間の必要を満たすために必須ではないし，そもそも限度を知らない取引となる．そこから退廃，ポリス的秩序の破綻が生じる，と．[2]このように，経済的事象はポリス的秩序のあり方，その円滑な再生産と絡めて論じられていたのである．

この点は『ニコマコス倫理学』における経済論でも同様であって，やはり政治学，倫理学と絡めて経済的事象が取り上げられている．すなわち同書では，人間にとっての倫理，ルールには，個人的倫理すなわち勇気，節制，寛容などと，少数の人間のあいだの友愛と，社会全体を成り立たせるような正義とがあるとされ，その正義論を扱った第5巻のなかで経済的事象が論じられる．

まず，ポリスの共有財の分かち合いに係る「配分的正義」について，人の価値と配分されるものとのあいだに比例関係の成立していることが求められる．それに対して，売買や貸借あるいは窃盗や暴行の補償など，人と人とのやり取りに係る「是正的正義」については，事前に帰属していた持ち分を事後にも双方が確保し，損も得もしないという平等性が求められる．さらに，「応報的正義」が続く．ここでは，公権力をもつ者が誰かを殴った場合とその逆の場合とでは対応が異なるというように，平等ではなく比例に基づく応報が求められるが，それはポリスの秩序を顧慮するからである．経済的事例では，たとえば大工と靴づくりとの交換に比例に基づく応報が適用され，一方の者の成果に他方の者の成果よりも大きな価値を付与することを認める．ポリスにおける技術の維持にはそれが必要というわけである．このよ

うに，配分的正義と応報的正義では明らかにポリスの秩序の再生産が基準となっている。また，是正的正義も，積極的な等価交換の主張というより，やり取りの前後で持ち分に変化が生じないことをめざしているように見える。

こうした共同体秩序の再生産を基準としたアリストテレスの経済論は，中世における都市商工業の発展を反映した一定の変化を孕みつつトマス＝アキィナスによって継承され（有江 1990：第 2 章），やがて重商主義へと展開してゆく。また，重商主義も，Th. マンらのように貿易黒字に基づく金，銀の流入を国富の増大とみなす絶対王政時代の素朴な段階から，名誉革命を経て，産業革命，近代的資本主義の生成を準備した後期重商主義へと展開した。そこには流入した貨幣による有効需要の創出と industry（勤労，産業）の活性化に着目する J. スチュアートのような主張も含まれていた。と同時に，J. ロックなどのように，萌芽的労働価値説ないし富の源泉を労働に見る思考も台頭しつつあった（小林 1961）。

また，フランスでは，重商主義に次いで，農業こそが剰余生産物を生むという重農主義が力を得た。イギリスに対抗して国力を高めるには農業改革が必要という問題意識が背景に存在していたが，フィジオクラートとして自然の秩序を信頼し，自然と協働する農業だからこそ剰余を生むとみなす考え方も，現代的にはエコロジー経済学として興味深い。ともあれ，ここでは社会の再生産をもたらす経済循環の態様をはじめて対象化した同派の創始者ケネーの経済表について考察しておこう。

経済表の基本的な考え方は，図 1-1 のような略表によって示すことができる。

罫線の外側が生産階級，不生産階級それぞれの投入物であり，内側が産出物である。また，貨幣は地主の手中にある。そうした状態から出発して，それぞれの階級による産出物が，地主から発した貨幣によって媒介されながら，それぞれの消費者（生産的消費を含む）にわたる。最後に貨幣が農民から地主に納められると，当初の

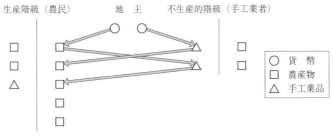

図 1-1 ケネーの経済表

状態が回復し、再生産の準備が整えられることが明快に示されている。

「古典」的パラダイム

「古典」的パラダイムとしてここで論じるのは、ケネーで膨らませたリカード、つまり産業連関的論点を明示的に取り込んだリカード（David Rcardo：1772-1823）である。ここには、古典派経済学者のほか、マルクス、さらに現代ではW.レオンチェフ、J.ノイマン、とりわけスラッファ（Piero Sraffa：1898-1983）が含まれる。

「古典」的パラダイムのキーワードとしての再生産は、英語ではreproductionであって、reproductionには複写という意味もある。最初に存在した状態がいわば複写されたようにそのまま最後に戻ってくるというわけである。この再生産、複写というのはいろいろなところに見られる現象であって、たとえば人間の身体も毎日古い細胞が死んで新しい細胞に入れ替わっている。それはDNAが同じものを複写、再生産しているということにほかならない。さらに、もし複写がうまくいかないでちょっとゆがんだりすると、ガンが発生したりすることになるし、老齢になると死んでいく細胞と入れ替わるべく新しく生まれてくる細胞が次第に減っていって、身体が衰えていくということになる。経済における「再生産」の意味を理解するうえでもなかなか示唆的である。

さて、「古典」的パラダイムには4つの特徴がある。第一は、経済を「社会的分業のシステム」として捉えることである。リカードによれば、財には労働を投入することで増やせるものと増やせないものがある。後者が「希少」なものであって、名画とか骨董品とか、特別の土地で栽培されたブドウから生産されるワインなどがそれにあたる。だが、こうした希少財は経済のなかで例外的なもので経済学では捨象してよい。言い換えれば、労働によって再生産が可能であり、望むだけ増やしてゆける財こそを、経済学の対象として取り上げるというわけである。たしかに、労働によって簡単に増やせない財で無視できないものに、土地がある。だが、土地の希少性は差額地代論というかたちで解決され、この理論のカナメをなす農産物価格は再劣等地で地代が入らない水準で決定される。

第二に、既述のように、リカードは分配問題を中心に、すなわち生産の結果生まれてくる社会的剰余をどのように階級間に分配するかという視点から経済を捉えていた。その際の基本的な考え方は「剰余理論」[3]である。まず、賃金と利潤とのあいだには逆行関係がある、つまり一方が増えれば他方が減るという関係があるとみな

されている。さらに、剰余の分配の仕方は社会的、歴史的に決まってくるとみなされる。社会的、歴史的にというのは、階級間の力関係もあるし、慣習や歴史的伝統といったものも作用するということである。賃金であれば、何を労働者にとっての生活必需品と考えるかはそうしたものというわけである。そのように、分配関係は経済の外から、社会的、歴史的に決まってくると考えられている。

　第三に、「年々の再生産の体系」として経済を捉えている。期間のはじめに存在していた「構造」が期間の末に再生産されている、つまり社会的分業の体系ないし生産力構造と、社会的剰余の分配の体系ないし生産関係とが、期首にあったのと同じように期末に再生産されてくると考えるのである。だからまた、価格体系はこうした生産力構造と生産関係とが再生産されるように決まってくると考えられている。資源を最適に配分するということではなくて、社会的再生産が可能なように価格体系は決まってくるというわけである。

　さらに、生産関係が再生産されるということは、資本主義社会では資本＝賃労働関係が再生産されるということなのであるが、そのカギは賃金水準に求められている。すなわち、賃金で子ども（次世代の労働者）も含めて労働者が生存できなければならない。と同時に、貯蓄ができて労働者が資本家に成り上がっても困るというわけである。こうした賃金水準に落ち着くメカニズムとして、リカードや T. マルサスは人口法則、すなわち高賃金になれば結婚が増え、子どもが増えて労働供給が増え、労働供給が労働需要を上回る結果、賃金が低下すると考えた。逆に低賃金になれば、反対のサイクルが働いて賃金が上昇するというわけである。また、マルクスだと、産業予備軍が成立することによって賃金が生存費水準に固定されると考えた。その際、労働需要の労働供給への対応は、資本家が技術革新を通じて資本の有機的構成を高度化させていく、つまり労働者雇用に振り向ける資本に対する機械設備や原料の購入に振り向ける資本の比率を上昇させることによって、労働供給が労働需要を上回るように、すなわち産業予備軍が維持されるように対応してゆくというわけである。要するに、3人とも、「賃金が生活費に固定されるように労働の需要供給関係を調整する」ことによって資本＝賃労働という階級関係が再生産されてゆくと考えている。階級関係の再生産、それを可能とする価格水準の決定、それを媒介するメカニズムというのが、この「年々の再生産」という第三の特徴の含意しているところである。

　第四に、「循環的過程」として経済を捉えている。それに対して、「近代」的パラ

ダイムは生産と消費とのあいだに単線的関係しか想定しておらず，またそうでないと希少性によって価値が決まるという議論は成り立たなくなってくる。

　この「循環的過程」としての経済把握は，既述のケネーの経済表が見事に描き出しているとおりである。スラッファも，「循環的過程としての生産と消費の体系の最初の図式が見出されるのは，もちろんケネーの『経済表』においてであって，これは『生産要素』から『消費財』へ通ずる一本道という，近代理論によって示された見解といちじるしい対照をなしている」と，ケネーの功績に論及していた（Sraffa 1960：付録D）。ここでスラッファは，「循環的な」，産出が投入ともなる自己回帰的な生産構造（商品による商品の生産）として経済を捉える「古典」的パラダイムと，投入から産出へ向かう一方向の「一本道」の単線的生産構造として経済を捉える「近代」的パラダイムとを代表的経済観として対置したうえで，前者の循環的過程としての生産構造の把握を高く評価しているのである。さらにまた，ケネーの構想は，マルクスの再生産表式を媒介にして，レオンチェフの産業連関表として現代に生かされるにいたっている。

「近代」的パラダイム

「経済」観

　「近代」的パラダイムは，「希少性を基準とした諸個人の選択的行為のネットワーク」として「経済」を捉える。この点をワルラス（Léon Walras：1834-1910），メンガー（Carl Menger：1840-1921），パレート（Vilfredo Pareto：1848-1923），ロビンズ（Lionel Charles Robbins：1898-1984）に即して確認してみよう。

　ワルラスは，経済学が「社会的富」にかかわる学問であることを語るに際して，希少なものには2つの必要条件があることに注意を促していた。まず，それが有益，つまりわれわれの欲求を満たす性質をもっていなければならない。のみならず，量において限られていて，自由勝手に処分することはできない。太陽光とか空気中の酸素なら自由に使えるし，富一般なら有益な財，サービスということでいい。だが，社会的富というのは交換の対象となる富であって，それは希少なもの，量において限られた有用物なのである，と。

　リカードと対比して少し補足すれば，リカードは，既述のように希少財を労働によって増産不可能な例外的な財と解していた。それに対してワルラスは，希少性は労働によって増産可能な財にも妥当する一般的な属性であるとみなす。さらに，増

産によって当該の財の希少性を緩和することはできるが，それは増産のために使用される他の財の希少性にしわ寄せされることとなるというわけである．

　パレートもまた，経済の対象となるもの，社会的富について，次のように述べていた．欲求ないし嗜好と障害との対抗関係から経済現象は生まれてくる，と．ここで，嗜好は選好体系，欲求と考えればよい．それに対して，障害には4種類が考えられている．まず，生産が行われない状況で考えると，他の人の嗜好が障害となる．量が限られていると奪い合いになるわけである．第二に，生産される場合には，生産のために他の財貨を犠牲にしなければならなくなる．たとえば，パンを焼こうとすれば小麦を費消しなければならない．第三に，生産地から消費地まで運ばなければならない．この場所的差異，距離が障害となる．同様に，時間が必要とされることも障害となる．たとえば，ワインは何年か寝かせなければならない．第四に，何かを消費しようとすれば何らかの組織がいる．たとえば，商店が必要とされる．これらの4つの障害を一括すれば，量的限定性ということになる．つまり，それらはすべて量的限定性をもたらしている．その意味で，ワルラスが述べたことをより具体的に表現したともいえる．

　それに対して，メンガーでは，高次財すなわち消費財と低次財すなわち原材料とを区分したうえで，低次財としての肥料や種もみの価値はわれわれが直接に消費する高次財の価値が帰属すると考える．直接に消費するものが価値をもってくると，その原材料も価値をもってくるというわけである．カビはそれ自体としてはわれわれにとって価値をもたなかったが，ペニシリンの原料となると価値をもつというように．なぜ消費財が価値をもつかというと，やはり有用物の量的限定性に由来する．

　これらを1つにまとめて定式化したのが，ロビンズである．経済学とは，諸目的と代替的用途をもつ希少な手段との関係としての人間の行為（behavior）を研究するものというわけである．これが冒頭に掲げた「近代」的パラダイムの特質を端的に示しているといえよう．

　また，どのような基準で希少な手段を配分するかというと，結果として得られる満足を最大にするように配分することとなる．したがって，選択的行為とは，選択することによってみずからの欲求を最大満足するかたちで財貨を配分することを意味する．つまり，最適化である．それゆえ，価格は最適な資源の配分を実現するような水準に決まってくることとなる．ワルラスに即せば，「希少性を基準とする」とは，資本財の賦存量と技術体系と消費者の嗜好との関係ということになる．つま

り，需要と供給との関係として決まってくるというわけである。

　要するに，経済とは，どのように与えられた資源を配分して欲求を最大限充足するかということであって，その際に「希少性を基準とする」とは，生産がない場合には，限界効用と同じである。生産がある場合希少性を何で測るかというと，嗜好と障害との対抗関係ということになる。それが価格に反映されると「近代」的パラダイムは考えるのである。そして，たとえば，それが正しく反映されるためにはどうしたらよいのかということが厚生経済学の課題となっている。価格に反映されるような希少性によって営まれる選択的行為のネットワーク，システムが「近代」的パラダイムにとっての「経済」である（松嶋 1996：30-32）。

　こうした「近代」的パラダイムについて，その価格決定過程をワルラスに即して具体化すると次のようになる。登場する主体は，人的資本・土地資本・動産資本（本来の資本ないし狭義の資本）の3種の資本をそれぞれ所有する労働者・地主・資本家，そして企業家である。また，3種の資本はそれぞれ労働用役，土地用役，資本用役を生み，所有者はその代価として賃金，地代，利子を受け取る。さらに，そうした経済主体が取引する市場は4種存在する。まず，労働用役，土地用役，資本用役を扱う用役市場。労働者や地主，資本家が企業家から財を買う生産物市場。資本家が企業家から新しい資本を買う資本財市場。そして貨幣市場である。

　これら諸市場において，労働者，地主，資本家は自身の提供する用役の販売によって最大限の効用を得ることをめざす。また，企業家は用役を結合して作った生産物を販売して最大限の利潤を得るように努める。すなわち，労働者であれば，可処分時間のうちどれだけを労働として販売して賃金を得るのが効用を極大化することになるかを考える。労働時間（＝賃金）と余暇時間それぞれから得られる効用の総和を極大化するように行動するわけである。地主や資本家も同様であって，企業家に提供する土地や動産と自分自身のために使う土地や動産から得られる効用の総和を極大化するように行動する。

　こうした行動の結果，用役市場，財市場，資本財市場，貨幣市場のすべてで，需要と供給とが一致する一般均衡の状態が成立する。また，この状態ではすべての経済主体は効用を極大にしている，つまり主観的均衡条件が充たされている。要するに，満足の極大化が均衡価格決定のパラメーターとなっている。

　どのようにしてこうした均衡が達成されるかを左右する条件は3つである。第一に，期首資本賦存量。第二に，生産技術。第三に，欲求体系すなわち効用関数ない

しパレートだと無差別曲線。こうした3つは希少性の定義と同じと考えればよい。資本賦存量と生産技術とで供給量が決まってくる。こうした供給と需要とのせめぎあい，それらが一致する点で価格が決まってくる。これは「古典」的パラダイムとは非常にちがう。「古典」的パラダイムにおいては，期首において存在していた生産力構造と生産関係とを再生産するような価格が想定されていた。それに対して，「近代」的パラダイムでは，4つの経済主体に欲求を極大に満足させるような価格が導かれるのである。

　この点に関連して，「近代」的パラダイムの場合，期首にあった生産力構造と生産関係とが必ず再生産されるとは限らないことにも注目しておきたい。労働力について見れば，賃金が生存費賃金に合致することを導く条件はどこにもない。賃金によって労働力を再生産できるか否かも問われていない。

　さらに，資本財の補填もかならずしも保障されていない。たしかに，ワルラス体系にも新資本財の生産に関する方程式は存在する。だが，P. ガレニャーニ『分配理論と資本』(1960) が明らかにしたように，新資本財市場はワルラス体系のなかではうまく機能するとは限らない。すなわち，期首の資本賦存量，技術体系と消費者の嗜好（選好関数）とのせめぎあいで均衡が内生的に決定され，さまざまな新資本財の価格がそれらを生産する技術体系に制約されたそれぞれの「生産費」の水準に一致するとき，諸新資本財の「純収入率」の均等を保証するメカニズムは，ワルラス体系にはないということである。そうすると，資本財の補填が順調にゆくとは保障されなくなる。

　総じて，社会的再生産の問題を理論的に論じるには，再生産可能条件が何らかのかたちで体系中に示されなければならない。だが，「希少性を基準とした諸個人の選択的行為のネットワーク」として経済を捉えるワルラス体系では，再生産可能条件を一般的な仕方で体系中に導入することは不可能である。そこに，困難の根源があると解される（松嶋 1996：61-63）。

方法論的特質　　「近代」的パラダイムを方法論的に顧みると，3つの論点が浮かび上がる。方法論的個人主義，近代的主観主義，限界主義である。希少な資源を最適に，すなわち最も効率的に用いようとすると，限界効用とか限界生産力とかが問われることはわかりやすい。そこで，以下，前二者について少し立ち入ってみる。

まず,「方法論的個人主義」という言葉を最初に用いたのはシュンペーターの『経済学の本質と主要内容』(1906) で，実在的個人主義などと対比的に使用した。すなわち，実在的個人主義は社会に先立って個人があるという見方であるのに対して，方法論的個人主義はかならずしもそうは考えない。そのうえで，方法論として個人主義を用いる，つまり個人から出発するというわけである。ポパーの言葉を借りれば,「すべての集合体現象を，個々の人間の行動や相互作用，目的，希望，志向などに起因するものとして，また個々の人間によって創られ，保持される伝統に起因するものとして理解しようと努める」方法ということになる (Popper 1961 : 157f, 邦訳 237)。くわえて，このポパーによる定義はなんら合理性に触れていないというように，方法論的個人主義の多様な展開可能性を窺わせる。以下，5つの基準に即してこの点を検討してみよう。

　①方法論的個人主義というと T. ホッブスが想定したような「原子論的個人」が想起されがちである。だが，スミスは「社会化性向を持つ個人」を前提としていた。スミスは，利己心によって人が動くことは認めるが，同時に，人は共感本能をも備えていて，他者と想像上の境遇交換を働かせながらパーソナリティを鍛え，社会化してゆく存在と解しているのである。この点，最終節であらためて立ち戻る。

　②実証主義的か否かという点で分岐が生じる。たとえば効用関数について，一方で心理主義的ないし実証主義的に考察しようとする人々がいる。基数的効用理論に立つ経済学者のみでなく，序数的効用理論に立つ経済学者もそうである。他方で，C. メンガーや M. ウェーバーは，効用を観察と内観 (introspection) によって理解することはできるけれども，精密かつ量的に測定することはできないと考えた。[4]

　③純合理主義に立つか否かも分岐点をなす。②で実証主義的効用理論に立つ人々は，目的合理性を重視する。たとえば，パレート (Vilfred Pareto：1848-1923) は，行為には論理的行為（目的合理的行為）とそれ以外を包括した非論理的行為があることを認めたうえで，経済学では前者のみを対象とすることとした。[5] それに対してウェーバーは，行為を目的合理的，価値合理的，伝統的，エモーショナルの4種に分類し，それら4つの概念を駆使して理解社会学を展開した。

　④アプリオリズムに徹するか否かも分岐点をなす。この点，第4節で考察する「不確実性」にかかわって興味深いところがあるので，少し詳しく検討してみよう。

　まず，前者の代表例として，ミーゼスのプラクシオロジー（人間行為論）が想起される。すなわち，ミーゼスのプラクシオロジーは次の5つの命題に基づいていた。

(i)人間の行為は目的をもって行われる。(ii)行為は目的に対して合理的な手段を選ぶ。ただし，目的は当人にしかわからず，その個人的目的に対して合理的という主観的合理性である。(iii)希少性が存在する。(iv)選好にはヒエラルキーがある。ただし，それは事前に把握されうるものではなく，行為を通じてはじめて顕現する。また，ヒエラルキーは時間を通じて学習により変化する。(v)行為は不確実性のもとで行われる。不確実性が存在するからこそ，選択という問題が生まれる。

　ここで，不確実性に対応する方法は3つ想定される。まず，いちかばちかのギャンブル。第二に，橋梁の耐震性のような工学的な不確実性であれば，統計学を通じて誤差の範囲を導出し，安全を図る。つまり，統計的コントロール。しかし，人間の行為の大部分は両者の中間域にある。そこで働いているのは沈思（speculation）。歴史に対する洞察力を用いてどう進んでゆくかを推論する。その結果，主観的合理性が客観的合理性と合致していれば成功するし，そうでなければ市場で淘汰される。

　こうしたミーゼスのプラクシオロジー論は，経験的事実に基礎を置くものではない。むしろ，人間の行為は普遍的に上記のような特徴をもつと解されている。したがって，経験的事実によって検証される必要はないこととなる。

　それに対して，ハイエクは，ミーゼスを師としつつ，上述のようなアプリオリズムからは離反した。すなわち，ハイエクは，「経済学と知識」(1937) において，個人の行為を説明するうえではミーゼスのプラクシオロジーを承認しつつ，現実の社会における均衡は複数の個人の相互作用を通じて達成されるものであって，そこでは，ミーゼスが前提した諸条件のみでは不十分と考えた。諸個人間の目的に調和ないし整合性が必要とされると考えたのである。ワルラスはこの問題を証券取引所での需給調整に類比される予備的模索（tâtonnement）というかたちで解決したが，それは経済学を無時間的なものにした。それに対して，ハイエクは経済学を経験的なものにしようとした。その結果生まれたのが「自生的秩序」論である。社会の合理的秩序は，誰かによって意識的，計画的に提言され，作り上げられるようなものではなくて，むしろ人々の自発的相互作用の経験的，歴史的積み重ねのなかから淘汰を経て生成してきたものである，と（Hayek 1952：邦訳 44-46）。

　注目したいのは，人間の行為は主観的に合理的であっても客観的に合理的とは限らない，むしろ慣習とか伝統とかに従うことによって調和するという見方である。パレートのいう非論理的行為に大きな役割を認めているのである。しかも，こういう見方は，1960年代の哲学論文集に収められている諸論稿でさらに深められている。

そこには，複雑性についてとか，ルールについてとかの興味深い論稿が含まれているのだが，ハイエクはそのなかで，人間が知っていることは僅かであって，そもそも人間が自分自身を完全に理解しているとは限らない，むしろ意識していないような (super conscious) ルールによって支配されている。したがって，人間が完全に合理的に行為する，論理的に行為するということはありえないと考えるようになっていった。

もっとも，ここでハイエクは1つの矛盾に遭遇している。彼は方法論的個人主義の立場をとっており，この立場は社会をその構成単位である個人に還元するところから理解しようとする。だが，個人が「意識しないルール」によって支配されているとなると，そうした還元主義は成り立たない。そこでハイエクは，上記のルールの同型性を仮定する。つまり，人間の思考を支配するルールは同型的なものと仮定することによって，切り抜けようとする。完全にとはゆかないけれど，あるところまでは人間の行為を個人の行為に還元できるというわけである。だが，これは中途半端な方法論的個人主義とみなされてもやむをえないであろう。

最後に，⑤イデオロギー的な方法論的個人主義か価値中立的なそれかという点でも分岐する。④で見たミーゼスやハイエクは前者の立場に立つ人々である。それに対して，ウェーバーやシュンペーターは後者の立場に立っている。

このように，方法論的個人主義は多様に展開されうるし，その各類型にいろいろな経済学者や社会学者を位置づけることができる。ただ，本節でこの点に詳しく立ち入ったのは，単にそのことを確認したかったからではない。現代はなにほどか「古典」的パラダイムないし社会的再生産アプローチの復権を求めているが，「近代」的パラダイムのなかにもそうした要請に応えて前者と一定の統合を図れる可能性があることを見定めるために，「近代」的パラダイムの大きな特質をなす方法論的個人主義の類型化を試みたのである。この点には最終節でもう一度立ち戻ろう。

ついで，「近代的主観主義」という論点に眼を移す。まず，一般的に「主観主義」についていえば，意思決定が完全に客観的条件で定まるのではなく，選択の余地があることを許容するという点に注目したい。また，主観主義は効用に関心を向ける。「古典」的パラダイムは，財が人間の主観にどのような意味をもつのかといったことは考えない。それに対して，主観主義に立てば，人間の欲求が注目されることとなる。

経済学でそうした主観主義が最初に登場するのは，17世紀ないし18世紀のイタリ

アのF. ガリアーニやフランスのA. R. J. テュルゴー，E. B. コンディヤック，J. B. セイなどを通じてである。だが，彼らは，効用，有用性をものが客観的にもつ，ないし人々が共有する感覚と捉えていた。つまり，他者と切り離された主観ではなくて，相互作用するような主観が想定されていた。そうした効用観はやがて個人が私的にもつ感情に絞られてゆくのだが，19世紀半ばまではまだ人々の共有主観的色彩を濃厚に残していた。それに対して，1871年の限界革命以降，「近代的主観主義」が生まれてくる。つまり，共有主観的性格が消え，それぞれの個人の主観へと変容していくのである。したがって，欲望も，人間一般がもつ欲望というより，個々人が固有にもつ欲望に限局されてゆくこととなった。

両パラダイムに対するジョージェスク＝レーゲンの批判
　本節を離れる前にジョージェスク＝レーゲンに眼を向けよう。彼はエントロピー法則，すなわち不可逆的な時間の世界を，はじめて経済学の中心に据えた。
　ジョージェスク＝レーゲンがまず着目したのは，人間と他の動物との最大の相違点，すなわち人間が身体外的機関を著しく発展させ，それをシステマティックに利用するようになったということであった。その結果，生産力を著しく増大させ，剰余の誕生を導き，その分配をめぐって階級対立を惹起することになったのだが，ここで注目したいのは，身体外的機関はいまや鉱物資源に依存して利用されているということ，ジョージェスク＝レーゲンの言葉を借りれば，人間が鉱物資源に耽溺している，病みつきになってしまっているということである。しかも，動物の生命活動は自然界の一部としてなされるが，人間は意識的生命活動を行うという特質をもっているがゆえに，それをコントロールしないと自然の制約を超えたかたちで生産活動が行われてしまう。
　この点を熱力学的に見てみると，熱力学の第一法則は，力学のそれに対応して，エネルギー保存の法則である。だが，エネルギーは利用可能なエネルギーと利用不可能なエネルギーに分かれる。ジョージェスク＝レーゲンの設例を用いると，砂時計の全体の砂の量は不変だが，一度下に落ちた砂はもう上に戻ってはこない。しかも，上の砂は仕事エネルギーなどに変えてゆくことができるが，下に落ちた砂はもう使えない。そのように利用不可能なエネルギーの尺度がエントロピーであって，閉鎖系においてはエントロピーは不可逆的に増大してゆく。これが熱力学の第二法則，エントロピーの法則である。これに従えば，「経済」はエントロピーの劣化過

程として，資源が廃棄物として使えなくなってゆく過程として，捉えられることとなる。「希少性」はリカードが考えたように例外的なものでもなければ，ワルラスが考えたように生産によって緩和されるものでもない。むしろ，生産が行われれば行われるほど希少性は増してゆく。ジョージェスク＝レーゲンが本源的希少性，本当の意味での希少性についてはじめて語ったと評されるゆえんである。

　このように考えると，古典的パラダイムは，システムの再生産を基軸としながら，再生産を根底的に支える資源の劣化に無関心で，その劣化をどう防いでゆくかを扱っていないこととなる。それに対して，近代的パラダイムは，希少性を基準とする諸個人の選択的行為のネットワークとして経済を捉えてはいるが，市場に参加するのは現代に生きている人間である。枯渇資源のようなものを考えると，現代の人間が効用を極大化しようとして達成した均衡が将来の人間にとっても最適であるとは限らない。希少性を問うのであれば，現在の人間にとってのものだけではなくて，将来の人間にとってのそれをも問わなければならないというわけである。

　こうして，エントロピーで捉えた本源的希少性は，いずれのパラダイムに対しても基本的問題点を突きつける。たしかに，開放系であれば新しく砂を外から補給して活動を継続できるというように，地球環境も太陽から利用可能なエネルギーを取り入れることができる。だがそこには，経済活動を通じて劣化されるエネルギーとのバランスという制約が横たわる。生産規模をどうするかが問われることとなる。ジョージェスク＝レーゲンの弟子であったH.ベイリーのように，次節で取り上げるJ.S.ミルの静止状態論を評価する動きも出てくるというわけである。

3　活動をめぐって

経済学史を貫流してきた「活動」への関心

　17世紀，絶対王政などが成立してゆく時期になると，国民経済が成立する。もともとエコノミアは家政なのだけれども，国民経済の単位でエコノミアが成立する。それを研究するものがポリティカル・エコノミーとなってゆく。経済学の本格的生誕である。また，そこでの経済の主要な形態は，個人のあいだの交換，ギリシャ語にいうカタラクシーになってくる。そして，そのように交換が支配的になってゆくと，経済学も交換を分析してゆくこととなった。「古典」的パラダイムも「近代」的パラダイムも，それぞれに交換価値や市場秩序について研究してきたのである。

しかしながら，それと並んで経済学にはもう1つの主題が存在してきたのではなかったか。つまり，経済学は，「活動」についても考察してきた歴史をもつのではなかろうか。

活動というのは，じつは伝統的な古い概念で，紀元前4世紀のアリストテレスあたりにも見出せる。徳と実践的な知に沿って魂を働かせる活動によって人々は幸せになる，エウダイモニア（well-being，善く在ること）をもたらすということを，アリストテレスは語っている。その考え方は，19世紀になってあらためて復活した。市場原理が貫徹していった19世紀において，労働者の状態が悪化してゆく。そのときに3人の経済学者が登場した。まず，K. マルクス。マルクスは，活動について考えることを通じて当時の経済のあり方を批判した。同じ頃に，J. S. ミルがやはり活動について思考をめぐらせた。さらに，少し遅れて A. マーシャル。近代経済学の創始者であるマーシャルが，やはり活動を取り上げている。単に交換価値だけが問題ではない。いま1つ，活動がどのような状態で，どのようなあり方で行われているのか，それを問うことが非常に重要で，カタラクシーと並ぶ経済学の中心的な課題である，と。そして現代においても A. センが，潜在能力という言葉を用いて，well-being ないし幸福と活動の関係についてユニークな考察を深めている。(6)こうした経済学の歴史を伏流してきたもう1つの主題の軌跡を追ってみることも，経済学史の考察として，ひいては経済とはいかなる営みであるのかを再考するうえで，なかなかに興味深いであろう。

この点，筆者の問題関心をより鮮明にするためにもう少し敷衍してみると以下のようになる。すなわち，センなども論じているように，経済学には2つの系列が存在する。一方は，アリストテレスのように倫理学として出発した系譜である。他方で，アリストテレスと同時代人のインドのカウティリヤなどにおけるように，非常に実学的なものとして，どのようにして富を増やしてゆくか，つまり致富学として経済学は展開した。日本でも，経世済民の術として江戸時代にある。1つは，二宮尊徳のようなものを考えて，勤勉，倹約に努める。もう1つ，海保青陵とか本田利明とか横井小楠のようなものも，経世済民のあり方であった。センはそうした経済学をロジスティックなものと解している。こうした経済学の2つの系譜の対比に絡めて「活動」を捉え直してみれば，富を増やすこともたしかに活動の機能であるが，富を増やすというより人間自身をどう養ってゆくか，どう発展させてゆくかというところに，活動の意味を見いだすのが，前者の経済学の系譜ということになる。倫

理学というのは富の学ではなくて，富は1つの手段である。人間の最終目的は幸福を得ること，そのためには財貨も必要だが，それはあくまで間接的な目標であって究極的な目的ではないと，アリストテレスは述べている。活動の結果として快も生み出されてくるけれども，致富学というかたちで考えない。一種の人間学として考える。そういうものが経済学の1つの主題として始源にあった。アリストテレスにおいてはまだ経済学というものはなく，倫理学の一部としてなのだけれども，そういうふうな流れでみたら，経済学の歴史というものもじつは面白いのではないか。ワルラスに即して扱った「経済システムの『解析力学』」に尽きないものが経済学の流れのなかにある（松嶋1996：第2章）。マルクスとかセンとか，そういうものを含み込んでゆくような視野としてどういうものがあるか，そういうことを考えたときに，経済学の主題というもので交換学，交換価値を扱う領域のほかに，人間そのものを扱ってゆく，人間の活動そのものを対象としてゆくという領域がある。しかも，人間の活動を対象とする場合，それを社会との関連において扱うこととなる社会学もあるし，同じく人間の学としての倫理学，すなわち同じく社会との関係なのだけれども，ルール，規範との関係で人間の活動を考察する倫理学，そういうものがあるのではないか。それを両方総括してゆく概念が「活動」だと解されるというわけである。

アリストテレスとマルクス・ミル・マーシャル

そこで，アリストテレスの活動論であるが，アリストテレスは，幸福をもたらす活動を，徳と実践的な知（プロネーシス）に沿って魂を働かせるような活動と解していた。また，そうした活動を類型化すれば，まず個人的な快楽を得る活動があるが，そのなかでは味覚，視覚等々の感覚的なものによって得られる快楽より観想によって得られる精神的な快楽を高く評価した。さらに，非常に重視されたのが，ポリスでの集会で弁論したり，裁判に立ち会ったり，ポリスを守るための軍事的な活動に参加したりといった公共的活動である。最後に，かならずしも明確に論じられてはいないが，医者とか，大工とか，演劇俳優とか，吟遊詩人とかのwork（仕事）が想定されていた。

ここで注目したいのは，labour（労働）が排除されていることである。市民の行う活動だけが「自由な活動」であって，奴隷の行う労働は牛や馬のそれと同じ「自然的な活動」でしかない。したがって，それはwell-beingとは無縁なものと考え

られる，と．アリストテレスは，活動は well-being をもたらすと解していたが，それは人間の行為を2種類に，すなわち何かの手段になるような行為と，それ自身が目的となる行為に分別したうえでのことであった．こうして，奴隷の労働は，それが他の目的にとっての手段でしかないという意味でも，well-being をもたらすものとしての活動から排除されたのである．

ついで，本格的に経済学が展開して以降の時代に眼を移そう．マルクスは青年時代，いまでは『経済学・哲学草稿』と呼ばれている未公刊の草稿を書いた．そこには「疎外された労働」断片と呼ばれる草稿が含まれていて，人間にとって労働とはいかなる意味をもっているかが説かれていた．L. フォイエルバッハが，キリスト教において人間の思惟の産物，教理に人間が支配されている，みずからの生産物によってそれをつくった人間が支配されてしまっていると批判したことに倣って，マルクスは，資本主義社会では生産物が資本家のものとなって労働者を支配してくることを批判した．また，これは生産物における疎外であるが，そうなると労働そのものが疎外されることとなる．意識的な生命活動としての労働が労働者自身のものではなくて，報酬を得るための営みというように転倒されてくる．目的ではなく，手段となるわけである．そうなると，労働自身はできるだけ楽なほうがよい，労働時間が終わってからこそ本来の自分の時間ということになる．スミスも労働を辛苦と考えていたのだけれども，労働がそうしたものになってしまっている．だが，労働とは本来そうしたものであろうかと，マルクスは問いかける．むしろ，労働は，本来は，意識的な生命活動である，と．たしかに，労働は動物も行う．ちょうどアリや蜂がやっているように．これに対して，マルクスは，動物は本能に従ってやっているだけの自然的過程と考えた．それに対して人間の場合，労働は意識的目的行為であり，自由な行為というわけである．にもかかわらず，それが資本家の立てた目的に従って営まれ，労働者にとっては報酬を得るための手段となってしまっているのが資本主義社会の状況である．そして，生産手段が共有化される社会主義になれば，こうした生産物の疎外も，労働自体における疎外もなくなると，マルクスは解していた．

それに対して，後期マルクスになると，人間は自分の生活を再生産するために労働しなければならないことが認められ，そうした意味では人間は「必然の領域」を逃れられないことが理解された．『資本論』の終結部近く，第3巻第48章に，「自由の王国」はそうした必然の領域を超えたところに展望される．しかも，生産力の増

大とともに人間の欲望も増大してゆくから,自由の王国がいつになれば始まるかはそう楽観的に展望できるものではない。H. アーレントは『人間の条件』(1958) のなかで,マルクスはヘーゲルからと同様にアリストテレスからも影響を受けていると述べていた。それは,マルクスも,労働は必然の領域であってそれを超えたところに自由な世界がある,「活動」があるという見方をとっていて,その「活動」のなかに人間の幸福を見ていると,捉えたからであろう。こうしたアーレントもまた,work と labour は分けるべきと解している。

　こうして,マルクスは,理想の労働を意識的な,みずから目的を立てる,自由な活動と解していた。そして,そのような労働を回復することを社会主義社会に夢見ていた。それに対して,J. S. ミルは,技術体系が支配する生産の領域と人間の自由意思が働く分配の領域とを区別し,市場経済のなかで生産物の分配のあり方をよりよきものにすればよいと考えた。『経済学原理』第 4 編,「人間の進歩が生産と分配に及ぼす影響」の最終章において労働者階級の将来の状態を展望しているが,そこでは労働者と資本家が生産物を分かちあうようになって労働者にとっても分配は満足のゆくものになるし,さらに労働者自身が生産者協同組合を組織して企業家になることも想定されている。実際,1850年代ぐらいからイギリスでもフランスでも生産者協同組合運動が広がってきていた。じつは,ワルラスもその影響を受けて活動に参加していたのであった。

　もう 1 つミルの活動論において注目したいのは,直前の第 6 章において静止状態 (stationary state) 論を展開していることである。古典派は,経済成長が人口の増大,食料需要の増加,より劣等な土地の耕作,食料価格の騰貴,賃金の上昇という経路を介して利潤の減少を導き,やがて投資の停滞,ひいては経済,社会の停滞を招くと考えた。そして,多くの古典派経済学者はそれを恐れた。だが,ミルはむしろそれを積極的に受容すべきと考えた。歴史の一定の段階では経済成長を促し,文明の進歩を図ることが求められる。だが,経済が成熟段階に達すれば,もはや労働量や耕作地を増やす必要はなく,技術革新の成果は労働時間の短縮に向けることができるというわけである。さらにいえば,経済的な静止状態は人間的進歩の停止を意味するわけではなくて,むしろ「あらゆる種類の精神的文化や道徳的社会的進歩のための余地」は開かれている。技術進歩の可能性も,「人間の心が立身栄達の術のために奪われること」がなくなるだけ大きくなる。また,「花の咲く未墾地や天然の牧場はすべてすき起こされ」てしまうような世界より,「自然の自発的活動」のた

めの余地が残され，そうした自然を前にして独り思索を楽しんだりできることも好ましいことではないかと述べているのであった。

マルクスとは違ってミルは自由な市場経済における活動を想定しているのだが，労働者が協同組合を組織して企業家になることを展望していた。また，生産力が発達して豊かとなったあかつきには，もはや生産量の増大を追い求める必要はなく，むしろ労働時間を短縮して余暇を充実させてゆく方向に舵を取るべきであり，それはまた自然の保護にもつながるという考え方を先駆的に打ち出していた。ミルの静止状態論は，現代の先進国にとっても示唆的できわめて興味深い洞察を含んでいると評価されることができよう。[7]

続いて，マーシャルを取り上げてみよう。マーシャルは，カタラクシーの領域でも優れた業績を残したが，その経済学は ordinary business of life における人間を研究するというものであった。この business に実業という意味が出てくるのは19世紀末頃で，『経済学原理』初版（1890）が書かれた頃の主要な意味は activity だったのであり，マーシャルの経済学は効用と活動という2つの中心をもった楕円というように捉えることができる。マーシャルは，ドイツに長く留学し，ドイツ思想の影響をも少なからず受けていたとみられるし，教授就任講演のときから「人間性は変化していく」ということを非常に重視していたのであった。

そうしたマーシャルの活動論として注目されることは，彼が技術革新による収穫逓増に期待し，資本主義の成長が人間の地位の向上，幸福をもたらすと解していたことである。すなわち，古典派も，農業においては収穫逓減だけれども工業では分業によって収穫逓増が生じるというように考えていた。マーシャルは，この収穫逓減と収穫逓増のバランスを考えたとき，生産性上昇が生じると判断した。さらに，それによって経済成長が起こり，その結果労働者に高賃金を与えてゆければ，生活基準（standard of life）の向上が起こると展望したのである。

この生活基準は，安楽基準（standard of comfort）と対比されるものであって，労働の質を高めるようなかたちの生活改善につながってゆくものと解されている。たとえば，自分は学校にゆけなかった労働者であっても，子どもの教育に力を注ぎ，教育などに使う費用を増大させてゆくというわけである。さらに，こうした生活基準の向上に2つの方向での効果が期待された。一方では，生活基準の向上によって生産性が上昇し，いっそうの成長につながるという好循環が期待された。他方で，生活基準の向上が労働者の知的成長，文化水準の向上をもたらし，それによって労

働者階級の地位の向上が起こることが期待された。こうして，技術革新，収穫逓増があったとき，労働者にも応分の分配がなされるならば，有機的成長が継続されていくとともに，労働者階級が知的に成長し，みずからの地位を向上させてゆくと展望されたのである。

　マルクスは，生産関係，所有関係の革命をまって真に人間的な，自由な活動が回復されると考えた。J. S. ミルは，資本主義社会のなかでも改革が可能であり，それによって活動もより人間的になってゆくことができると考えた。それに対して，マーシャルは，経済成長そのものによって，成果を資本家が全部横取りするようなことがない限り――マーシャルはそれを経済騎士道というかたちで論じている――労働者階級の状態は自然とよくなって，人間の活動はもっと人間的になってゆくと考えた。マーシャルも，マルクスやミルと同じように労働者階級の現状が悲惨であることを認識し，その改革を望んだことはよく指摘されるところであるが，その道筋については彼らは三人三様だったというわけである。

A. センの「活動」論

　最後に，現代の経済学者センもまた，富を増やすことも活動の機能ではあるが，富を増やすより，人間自身をどう養ってゆくか，どう発展させてゆくかというところに活動の意味があると考え，「潜在能力（capability）」という概念を提起した。

　センは，批判の対象を，厚生経済学すなわち welfare（福利，厚生）を効用で測るとか国民所得で測る考え方に置いた。まず，国民所得が多いから福利が大きいとは限らない。たとえば長寿であるとか生活の心やすさとかは，所得に比例しているとは限らないというわけである。さらに，効用で福利を考えるという考え方に対して，センは adapted welfare（順応的福利）という言葉を用いながら，貧しい人々，悲惨な状態にある人々はほんの僅かな改善によっても大きく満足することを想起させる。そして，それらに代わって，機能・潜在能力アプローチを提起する。長寿や健康，さらに自尊すなわち人間らしい生き方をしているという誇りをもって生きられること，より高い教育水準など，人間にとって望ましいいくつかの機能がある。そういう機能が充たされている状態が本当の幸福，well-being だというわけである。

　潜在能力というのは，そういういろいろな機能を充たすような条件が整えられているか否かを問おうとするものである。すなわち，人間の幸福にとって不可欠な諸機能をさまざまに充足しうるような素質（potential）がある。たしかに，個々人は

そうした全部の素質を実際に使うわけではないが，使おうと思えば選択できるような素質を大きくする．川本隆夫の言葉を借りれば「生き方の幅」を大きくすることを考えるのである（川本 1995：88）．それには所得の問題もあるが，政治制度や社会保障といった制度の問題もある．政治制度についていえば，完全な民主主義があるか否かによって飢餓の被害の程度がまるで違ってくることをセンはしばしば論じた．多党制民主主義が行われているところでは，飢餓は少ないというわけである．さらに，社会保障制度も重要である．医療保険制度などセーフティネットが存在するということが，潜在能力を保証してゆくのである．

センは，最初からアリストテレスに影響を受けたというより，潜在能力という考え方を作りあげたのちに，自身の考え方はアリストテレスの幸福（well-being）論に非常に近いことに気づいたと述べている．まず，幸福を富の大きさとかではなくて活動に結びつけているところが共通している．しかも，自由な活動と結びつけている．手段としての活動ではなくて，それ自身が目的であるような活動を評価しているのである．したがって，人間の生き方の幅，自由の幅の拡充，それを可能にするような社会制度を追及する．こうした思想は，アリストテレスがそれを提起したわけではないが，考え方としてはそこに起源を認めることができるであろう．

こうして，マルクスからセンに至るさまざまな経済学者が，アリストテレスの影響を受けながら，「活動」について思索を深めてきたことがわかる．さらに，アリストテレスが論じていたように，活動にもさまざまなジャンルがある．消費活動もあるし，精神的活動，公共的＝政治的活動もある．経済学はそういう全体を射程におさめ，トータルに幸福，豊かさを考えていく必要があろう．ここでは十分に論じえなかったが，余暇を含めた生涯の時間配分といったテーマも，成熟社会における経済学にとっては，チャレンジングな課題の1つである．

4　時間ないし不確実性をめぐって

時間をめぐって

古来，時間には4つの類型が存在してきたといわれる．すなわち，近代人にとっては数量的で不可逆的な直線的時間が当たり前であっても，前近代，たとえばギリシャにおいては数量的で可逆的な円環的ないし循環的時間があった．さらに，原始共同体では，可逆的だが数量的には把握されず，両極の反復的入れ替わりとして捉

えられる時間観念が支配し，ヘレニズムにおいては，時間は質的で不可逆的な，線分的存在であった（真木悠介 1981：第三章）。経済学においても，時間は重要な契機で，経済思想の位相を捉えてゆくうえで逸せない。「近代」的パラダイムが，スラッファの指摘したように，不可逆的で直線的な時間把握に立脚していることと対比させたとき，「古典」的パラダイムは循環的時間把握を内包していた。また，マルクスの自由の王国論などは，線分的時間のゴールとも受け取れよう。

　経済過程として不可逆性を分析するとき，与件とそれが生み出す帰結との乖離が問われることとなる。たとえば，再生不可能なエネルギー資源である石油とか石炭とかの賦存量がどう変化してゆくかという問題である。この問題を焦点に経済学再構築の必要性を説いたのがジョージェスク＝レーゲンであり，それが「古典」的パラダイムに対しても「古典」的パラダイムに対しても鋭い批判となっていることについては，すでに第2節で考察した。

　また，人口論も，マルサス説をはじめとして，経済学的に関心を呼んできた。現代社会においても，一方で地球規模では人口爆発の問題として，他方で日本にとっては人口減少や高齢社会化が進行してゆくもとで将来の社会・経済像をいかに描くかという問題として，重要となっている。さらに，スミスは分業体系の発展を分析していたし，マーシャルは収穫逓増について考え，シュンペーターはイノベーションを考察したというように，技術体系についての分析は数多く行われてきた。経済構造というかたちで捉えてゆくと，古典派やマルクスの再生産論，資本蓄積論があるし，ケインズ経済学を継承したハロッドの成長論も不可逆的時間の分析である。[8]だが，歴史は不可逆的なものという認識は一般的にありながら，それについての経済学的分析は長く傍流であった。結局，経済理論の基礎において，経済についての共時的（シンクロニック）な分析が先行したからであろう。

　すなわち，共時的という言葉は19世紀から20世紀初めの言語学者 F. ソシュールに由来する。彼は，言語が時間を通じてどのように変化してゆくかを考察する通時的分析に対して，ある一時点を切り取って，その時点における言語のシステムを考察する共時的分析を推し進めた。ある言葉の意味は言語システム全体のなかでの他の言葉との関係性の問題という見方であって，ちょうど経済学において個々の商品の価値は全体のシステムのなかで決まってくるというのと同様である。その共時的分析が経済学の基礎となり，それに基づいてはじめて通時的分析も可能となると考えられてきた。だが，いま，そういう見方が正しいのか，動学的分析はもっと独立

第1章　現代経済学のあり方を求めて

に存在しうるのではないか，固有の発展の論理をもっているのではないかといったことが，G. M. ホジソンらの進化経済学などを通じて探求されている。

ともあれ，共時的な時間分析に基づく理論に眼を移すと，ここでも2種類考えることができる。まず，ある一時点において時間をせき止めて，全体の経済現象がどう相互依存の関係にあるかを分析するもの。一般均衡理論はそうしたものである。もう1つは，ある期間のなかで，関係がどのように再生産されてゆくかを考えるもの。年々の再生産という見方である。このように「近代」的パラダイムと「古典」的パラダイムとは同じ共時的時間分析という側面をもつとはいえ，その内実はかなり違う。

もう少し立ち入ると，シュンペーターは，経済循環という考え方が出てくるのはケネーがはじめてと述べるとともに，ワルラスの定常状態もこれと同じと解した。だが，定常状態というのは，需要と供給とが一致しているだけではなくて，各経済主体の欲求の極大満足を充足させるものであって，G. L. S. シャックルが批判している(9)ように，人々の欲求体系が事前に調整されていることを前提とし，不確実性の存在とも相容れない。実際，ワルラスは『純粋経済学要論』のなかで不確実性は存在しないと仮定すると明言している。また，予備的模索という仮設を用いて，人々の欲求体系に対して供給がうまく調整されるという前提を置く。これはワルラスの体系が本質的に無時間体系であることを意味する。ケネーは年々の再生産という見方であるのに対して，ワルラスは代数方程式を解くような無時間的世界である。

不確実性をめぐって

客観的時間と主観的時間　不確実性の問題もいろいろな経済学説の考え方の違いを浮き彫りにする。シャックル（1958）は，outside view of time と inside view of time について考察している。客観的観察者から見た時間と実際に意思決定を行っている当事者の立場から見た主観的時間ということで，見る立場によって同じ事象でも見え方に違いが出てくることを鮮明にする。そして，本質的に主観的時間を対象としているのが近代的パラダイムである。2つほど例を挙げてみよう。

まず，ベーム=バヴェルク。彼は，たとえば利子率について，実際に貯蓄する人間の立場に立って論じている。プラスの利子率が必要なのは，①時間選好，つまりいまの千円のほうが将来の千円よりも好ましい。②経済成長，つまり現在は貧しいなかで資金を割いて貯蓄する。これら2つの条件からすれば，まず消費する代わり

に貯蓄するわけだからそれに対する報酬が求められる。さらに，③将来のほうが豊かになるということは，貨幣の価値が下がるということであって，貯蓄には利子が不可欠となる。

　もう1つ例を挙げると，ワルラスの労働供給についての説明がある。賃金が高く，かつやりたいことがたくさんあるとき，労働者は労働供給を少なくして自由時間を確保するとワルラスは考えた。これは，やりたいことを長期的視野で考えて，高齢になれば大なり小なり身体が不自由となるから若いあいだに余暇を享受したいという，生涯における時間選択の問題としても応用できる。

　このように個人的意思決定について考えるとき，主観的時間が大きな意味をもつ。シャックルは，主観的時間のなかで意思決定が可能となる条件として，社会が「限定された不確実性（bounded uncertainty）」をもつことを挙げた。一方で，人間には自由意思が働く余地がある，換言すれば，自然の一部として行動し，その行動が自然的条件によって決定されている動物とは異なる。完全に決定論的な社会，行動が外部環境によって完全に決定されているような世界では，そもそも意思決定がない。第二に，完全知識，将来についてどうなるか完全にわかっている世界にも不確実性はなく，真の意思決定，すなわちあらためて決断するという行為は生まれない。ワルラスが前提している完全知識は不確実性を排除するものであり，意思決定の問題を消失させる。ミーゼスがいうように，不確実性があることと選択を行うということとはコインの裏表であって，一体不可分のものというわけである。これら2点は，人間が動物でもないし，神でもないということを表しているといえよう。他方で，第三に，そういう人間が意思決定をするには何らかのルールが存在しなければならない。まったくの偶然の世界では合理的な意思決定はできない。あるルールをもって意思決定しているときにこそ，意思決定をしているという意味が出てくるというわけである。

　このように見てくると，古典的世界で不確実性を扱った論者はほとんどおらず，R. カンティロンらが少し不確実性の問題を論じているぐらいということもわかりやすい。「古典」的パラダイムでは，個々人の意思決定に関心を寄せるより，年々の再生産というかたちで経済システムの運動は決まってくるという客観的な法則性を追求することに中心があったのである。他方で，ワルラスにおいても，上述のように完全知識を想定するから不確実性の問題は論じられない。ところが20世紀，とくに1920年代の後半ぐらいになって不確実性の問題が経済学の中心になってくる。

第 1 章　現代経済学のあり方を求めて

不確実性への　　　　近代経済学は，3 つの対応の仕方で不確実性の問題を論じてきた。
3 つの対応　　　まず，ワルラスのように回避してしまうという対応である。第二に，M. フリードマン (1953) のような社会ダーウィニズム的方策である。フリードマンは，やはり回避したのではあるが，A. A. アルチアン (1950) に従ってうまい細工をした。すなわち，そもそも不確実性のもとで合理的に意思決定しようとすれば確率分布を考えることになるのだが，経済主体のなかには成功する人間も失敗する人間もある。成功する人間は，不確実性のなかでも何が真であるかを見抜く。経済学で扱うのはそういう成功する人間とその行動原理だと限定するのである。生物界において生存競争に勝利するものが環境に最もよく適応した個体であるように，環境によく適応した経済主体こそが市場競争に勝ち残るのであり，そうした経済主体の行動原理こそが市場均衡の現実をよく説明する。そしてそれは，不確実性が存在しないもとで意思決定する場合と同じように，利潤の極大化，最適化にほかならないというわけである。

この考え方には批判もある。たしかに成功する人は不確実性のなかに将来の正しい方向を見つけていくのだろうけれど，その行動が最適化を基準とするとは限らない。H. A. サイモンの「制限された合理性 (bounded rationality)」に基づく行動もありうる。つまり，一定の満足基準を定め，それをクリアできればとりあえずよしとする意思決定をするかもしれない。ともあれ，第二の対応は，不確実性の存在は認めるが，あたかもないように経済学を構築してもかまわないという立場である。

それに対して，不確実性が存在するもとで意思決定をどうするかを正面切って考えた人々がいた。大別すると 2 グループあって，一方は，確率概念を使って不確実性を確実性に還元することで意思決定しようとするグループである。他方は，時間と無知の暗い力を正面から見据えるもので，不確実性が無知の源泉であることをわきまえたうえで，その前提のもとでどうするかを考えようとしたグループである。

第一のグループについていうと，この立場はさらに 2 つに細分される。一方は，頻度確率を用いて不確実性を確実性に還元するやり方である。他方は，主観確率という考え方をとる。前者から見てゆくと，頻度確率は，個別的にはどういう事象が生じるかわからないけれども，繰り返し同じことをやれば或る割合で各事象が起こってくることに着目したものである。生命保険だと，誰が死ぬかはわからないけれども，いま 20 代の人が，あるいは 30 代の人が何才までに死亡する確率はこれこれというような頻度確率に基づいて，保険料が算定されている。

こうした頻度確率を社会現象に適用しようとすることに鋭い批判を投げかけたのはシャックルである。頻度確率が成り立つには２つの条件がある。１つ１つの事象が独立して生じるという条件と，反復する事象がそれぞれに前提する条件は等しいという条件である。だが，実際の社会現象はかならずしもそうはゆかない。むしろ，事象のあいだに相互依存関係があって，ある事象が起こったために条件が変化するというように，上記の２つの前提が崩れてしまう場合がある。

　そのように頻度確率はかならずしも現実的でないという認識に立って１回限りの意思決定について考える経済学者が1920年代に現れた。[11] フランスのE.ボレルとかイギリスのF.ラムジーである。ラムジーは非常な天才でありながら事故で早世するのだけれど，彼の考え方を受け継いでアメリカのL.サヴェッジが主観確率論をつくりあげた。すなわち，ある個人が特定の命題にもつ確信の度合いを主観確率と呼ぶ。たとえば，賭けを想定すれば，どれだけの割合で賭けに成功するかについての各当事者の確信が主観確率である。また，成功した場合の報酬をA，失敗した場合の損失をB，ある人の主観確率をpとすると，その人にとっての期待値は$Ap+B(1-p)$となる。原資をuとすれば，賭けを決断するか否かの分岐をなす主観確率pは，$u=Ap+B(1-p)$を満たすということから算定できる。

　ただ，主観確率が合理的であるためには，もう１つ条件が必要となる。合理的な意思決定というのは，その意思決定によってもたらされうるすべての状態がリストアップされ，それらの確率の和が１になるというものである。そういう条件を満たしている場合に，先のpは合理的な確信の度合いということになる。そういうpによって人間の行動を説明できるというのが，主観確率の考え方である。

　これに対する批判としては，ケインズなどのように，期待値はそのように厳密に計算されうるものではないとする立場がある。また，シャックルの場合，もっと緻密な批判を投げかけている。総和が１になるというけれど，人間がなにかを行うときすべての可能性について知っていることはないというわけである。しかし，現代の近代的パラダイムの主流派は主観確率論に従って考えている。それは不確実性を確実性に還元するものであり，将来に起こる可能性についてすべて知っていて，比較検討できるという，かなり超合理的な人間の想定に立っている。[12]

　このように人間を非常に合理的なものとみなす立場に対して，むしろ人間というのは無知と時間（＝不可逆性）の暗い力に支配されているという想定に立って，不確実性が存在するもとでの意思決定に向き合おうとするグループが，ケインズやハ

イエクである。彼らは，不確実性を確実性に還元することができるなどと考えないほうが適切であり，また社会にとって望ましいと考えていた。

ただし，同じく人間は無知と時間の暗い力によって支配されているという想定のもとで，ケインズは自由を守るために国家の一定の介入を認めた。それに対して，ハイエクは自生的秩序論に立脚して自由主義を擁護した。無知を計画で補う，ないしなまじわからないままに干渉すると，かえって悪くなるというわけである。「真の個人主義と偽の個人主義」では，スミスもそう考えていたとみなしている（Hayek 1946）。

5 倫理学と経済学とのあいだ

モラルサイエンスとしてのスミスの経済学

アリストテレスにおいては，経済論が倫理学の一環として展開されていた。だが，19世紀になって，経済学はリカードによって1つの実証科学として成立した。さらに，「近代」的パラダイムがワルラスによって成立した。とはいえ，そうした実証科学としての経済学も，どこかで倫理学的なものを前提しないと成立しないし，それが理論に反映されてもいる。それを広義の経済学ないし社会科学としての経済学と呼ぶこととしよう。モラルサイエンスとしての経済学といってもよい。本節では，実証科学としての経済学とモラルサイエンスとしての経済学とがどのような関係にあるのかを，「古典」的パラダイムと「近代」的パラダイムとを対比しつつ考察してみる。

アリストテレスは，個人はポリス共同体のもとではじめて人間となるという前提に立って，政治学や倫理学のなかで経済的行為について論じていた。しかし，個人と共同体，ポリスとの一体性がいつまでも続くわけではない。そして，カタラクシーを焦点に，17世紀，18世紀に本格的に経済学が成立してくる。その頂点に立つスミスの経済学は，出発点として利己心をもつ個人を考えている。彼らが自由に交換してゆくときに見えざる手が働いて秩序ができてくるというわけである。だとすれば，経済学はさしあたり利己心だけで成立するように見える。だが，こうしたスミスの経済学には前提がある。市民的道徳秩序の成立である。それを扱ったのが『道徳感情論』(1759)で，『国富論』に先行すること17年，スミス36歳の作品であった。しかも，スミスは，1790年に亡くなるまで何度も同書を改訂し，最後の第6版にお

いても重要な補正を施していた。

『道徳感情論』の基本的概念は2つである。第一に，これが最も基本的なのだが，「同感ないし共感（sympathy）」，つまり想像上の境遇交換である。しかし，身近な人には共感本能が働いても縁遠い人にはどうなのかという問題がある。さらに，あいつはなぜ怒っているのかというように，個人の感情はなかなか他者にはわかってもらえない。だからこそ，人間は怒りを少しトーンダウンさせて他者にわかってもらおうとする。要するに，人間は他人の心を鏡として自己確認する存在というわけである。こうして，スミスは，理想的な鏡にあたる「公平な観察者（impartial spectator）」を第二の基本的概念として導入した。人間は，この鏡に照らして自己確認する存在であり，パーソナリティをそのようにして鍛え，社会化してゆく存在と解されているのである。

となると，完全な同感は不可能としても，公平な観察者であれば同感できる程度には同感しなければいけないし，また，公平な観察者の同感が得られる限度を意識して利己心を追及しなければならないこととなる。こうした『道徳感情論』とセットになったものとして，『国富論』がある。スミスは，モラルサイエンスとしての経済学を創始したのである。

倫理学と経済学との関係という観点から見た2つのパラダイムの差異

ついで，倫理学と経済学との関係が「古典」的パラダイムと「近代」的パラダイムとでどのように違っているかを探るため，まずJ. S. ミルとワルラス，さらにエッジワースとロビンズ，そしてパレートについて考察してみよう。

ミルとワルラスの経済学は非常に似たところをもつ。思想的に見れば，ワルラスが愛した標語は，条件の平等と地位の不平等，すなわち条件ないし機会が同じであれば結果として生まれる不平等は認めるというものである。ミルも，そうした言葉こそ使わないけれど同様に考え，相続税では累進課税を支持するが，所得税は比例課税を推奨した。条件は平等化すべきだが，勤労の成果についてより多く働いたものからより多く取るのはおかしいと考えたのである。また，両者とも土地国有化を主張していたし，「活動」に対する取り組み方も似ていた。ミルは生産者協同組合，アソシアシオンに力を入れていたが，ワルラスもそうした活動に参加していたし，それが彼の経済学にも影響を与えていた（御崎 1998）。さらに，経済学体系の構想も似ている。ミルは生産と分配を二分し，それぞれ第1篇，第2篇で論じていた。

生産は自然法則，分配は人間の意思過程というわけである．ワルラスも交換と分配を区別する．交換は自然法則的で，いわばニュートン力学のように必然性の世界，それに対して分配には自由意思を働かせられる，と．

　しかしながら，分配論を詳しく考察してみると，両者の違いが見えてくる．ミルの分配論はフロー，ストック，制度の3つのレベルで構成されている．まず，フローのレベルでは「剰余理論」であって，賃金は生存費に規制され，その剰余として利潤が決まる．しかも，この生存費には社会的，歴史的契機が含まれる．習慣，伝統，文化，階級的力関係などが作用する．要するに，外生的分配理論である．また，ストックのレベルでは，相続税の累進制を認めている．これは功利主義に基づいた主張であるが，それが実現するか否かは人々の道徳観次第とも解していた．さらに，制度のレベルでは，公正さからも効率からも小規模自作農が最も望ましいと主張していたし，工業では利潤分配制度と生産者協同組合を推奨していた．こうして，賃金や利潤の決定要因として慣習，伝統，文化を経済学に織り込み，また人々がどのような道徳観をもつかによって相続税や土地の国有化が実現するか否かが左右されると考え，さらにどのような制度を採用するかで生産性も分配も違ってくると考えていたというように，3つのレベルのいずれでも経済学と倫理学は相関的であり，3つのレベルは有機的に結びついていた．

　それに対して，ワルラスの場合，フローのレベルは内生的であって，文化とか伝統とかは直接にはかかわってこない．(14)ストックの所有形態を扱うのは社会経済学であって，そこではS.プーフェンドルフの自然法に従って土地国有化を求めている．となると，それは人々の道徳観，倫理とはかかわりなく決まってくる．また，ワルラスの体系にはなぜ暴利を貪ってはいけないのかという契機，スミスの同感のようなものはない．要するに，ストックや制度は自然法哲学，理性の問題であって，道徳感情がどのように影響を与えてくるのかといった分析はない．

　総じて，ワルラスにおいては，フローレベルとストック，制度のレベルは，前者が純粋経済学，後者が社会経済学というように，縦割りとなっている．それに対して，ミルにおいては，スミスと同様に，経済学自身がモラルサイエンスであった．ミルはリカードウの徒であるけれども，じつはスミスの経済学の現代版を書こうとしていたのである．

　ついで，F. Y. エッジワースに眼を移すと，彼は無差別曲線の先駆としての契約曲線の定式化で著名だが，市場経済を不安定なシステムと捉え，その安定化のため

に仲裁の原理を導入したという点でも興味深い。すなわち，エッジワースは，物々交換モデルから出発し，それぞれの物々交換モデルにクローンができて，それが十分に増えてゆくと均衡が確立すると考えた。だが，そこまでクローンが増えるのは稀であって，現実の経済は寡占経済であり，労働市場でも完全競争は存在していない。したがって，不確定性が支配的となる。そこで，均衡を確定させるために仲裁の原理が導入される。たとえば，労使間の賃金交渉を公的に設けられた委員会が裁定するというように。また，その際には，恣意的な判断ではなく仲裁の原理が働く。かつ，エッジワースにとっては，仲裁の原理は功利主義，つまり最大幸福の実現であって，効用の測定，個人間比較を行って，最大幸福を達成できる状態が均衡として選ばれると解した。ちなみに，累進所得税もそこから基礎づけられている。

　こうしたエッジワース説に対する，最も根底的な批判がL.ロビンズ（1932）による批判であった。ロビンズも現実の世界において効用の個人間比較が行われていることは認める。民主主義国では，人々は平等な権利をもっているという前提に立脚して，効用の個人間比較が行われている。だが，それは1つの慣行（convention）でしかない。たとえばインドのカースト社会では，バラモンは，同じ貨幣額に対して不可触賤民の100倍，1000倍もの効用を得る力，感じる力をもっていると主張している。そういうわけで，効用の個人間比較は社会の価値観に基礎を置いたものであって，実証科学にはなじまない，と。

　こうしたロビンズの考え方は，ウェーバー的にいえば，分配問題を捨象して経済の理念型を構築するという判断にも価値関心が働いていることを看過している。だが，ロビンズのエッジワース批判にも一理ある。すなわち，効用の個人間比較には1つの前提がある。人間にはたしかに違いがあるが，それよりも共通性のほうが大きいという前提である。しかしながら，既述のように経済学では，人間の類似性の公準を前提とした古典的効用論から諸個人の効用関数は異なるという近代的主観主義へとシフトしていた。そして，エッジワースもこうした近代的主観主義に立脚していた以上，ロビンズに抗しえなかった。こうして，経済学から倫理学を放逐し，経済学を経済学として独立させてゆく，言い換えればモラルサイエンスとしての経済学を否定してゆく潮流が支配するようになっていった。

　そうしたなかで，パレートは，経済学と倫理学，社会学との総合を試みた。『一般社会学概論』である。経済学は経済学として独立させたうえで，それと倫理学との統合をより大きな体系のなかで図ることを志向したのである。すなわち，社会シ

ステムを単純化してゆくと4つの要素，①残基（社会心理的要素），②利益（経済的要素），③派生（イデオロギー的要素），④社会的異質性とエリートの周流が見出され，システムはそれらの間の相互関係として捉えることができる。各要素に立ち入ると，①はこれらの相互作用のなかで均衡が決まり，②の領域では論理的行為が支配する。さらに，システム全体では非論理的行為が重きを占める，と。

　だが，この体系はうまく統合できているのか。経済と倫理の関係のみをさしあたり考察してみよう。すなわち，この関係の考察のためにパレートは社会的効用の理論を展開した。これには3つの段階があると考えられている。第一段階が「社会にとってのオフェリミテ」の極大。これは，パレート曲線上の点にほかならず，無数にあるから均衡は確定しない。そこで，どのようにして確定させてゆくか。市場システムにおいては価格線との交点で決まるが，社会にとっての最適性ということを考えた場合，2つの選択肢がありうる。1つは，「社会にとっての効用」の極大を求めるもので，第二段階にあたる。個人の効用を集計して社会にとっての効用を求めるもので，功利主義的方法である。ただし，功利主義は各人を同じ比重で単純に足し合わせるが，「社会にとっての効用」の極大化を図る場合，価値判断が介入する。たとえば，移民の受け入れをめぐって，個人の人権を守ることに一定の重みを加えて人々の効用を集計するといったことがありうる。また，この段階では，各人は合理的，論理的に行動すると前提されている。第三段階は，「社会の効用」の極大レベルである。構成員の効用の極大ではなく，たとえば国家の利益といった，社会全体にとっての効用を直接の対象にする。したがって，個人は合理的判断に基づいて行動できるとは限らない。意見が相違しても，支配的エリートの意見に従って政策が遂行される。個々人は，社会の効用がみずからの効用であると信じ込んで行動することとなる。

　このとき，経済と倫理との関係はどうなるか。まず，「社会にとっての効用」の極大が追及される場合，人々が個人主義的，功利的に行動して，それらが民主主義的に調整される。倫理的には功利主義に依拠することとなる。それに対して，「社会の効用」の極大化が追求される場合，もっと原理主義的となる。こうして，第一段階から第二段階へ行くか，それとも第三段階へ行くかのあいだには対立がある。端的には，前者では人々が合理性を保って経済と倫理との統合が果たされるのに対して，後者では人々が合理性を失うかたちで倫理が介入してくる。このように対立を孕む2つの道が内包されているとすれば，経済と倫理との満足ゆく統合が果たさ

れている体系とはみなされがたい。J. S. ミルにおいて経済と倫理が相互前提的であったのと対照的である。

　以上をまとめると，エッジワースの躓きの石は近代的主観主義であった。それに対して，パレートの躓きの石は原子論的な方法論的個人主義であった。それに沿って経済学は構成されたけれども，現実の社会はそうではないということで経済学と社会とのあいだに矛盾が起こり，そこでは，経済学が理想的に機能するために倫理が果たす役割と，社会システムが統合するために倫理が果たす枠割とがまったく別のものにわかれる。倫理に別様の役割が割り振られることになってしまっている。その解決には，原子論的でない方法論的個人主義の採用という道も展望されよう。だが，その場合には，経済学も異なった体系になってゆく。たとえば，シャックルが考えたものとか，ケインズが考えたものとかというように。[17]

　総じて，ワルラスをも含め全体として考えたとき，モラルサイエンスとしての経済学，その倫理的前提を含み込むようなかたちでの経済学を創ってゆこうとすれば，社会的再生産に着眼する「古典」的パラダイムに学ばない限り難しいのではないか。他方で，第4節で見たように，近代的パラダイムだからこそ「不確実性」のもとでの「選択行為」という経済活動，ひいては動物でも神でもない人間の営みだからこその必須の側面に光を当てられるところもあった。この点も，倫理学と経済学との関係をいかに構築するかを考えるうえで逸せない。そうした意味では，2つのパラダイムをどのように統合してゆくかが課題となってくる。「古典」的パラダイムに帰属するスミスが行為論的アプローチをも駆使していたこと，また「近代」的パラダイムが依拠する方法論的個人主義には構造論的アプローチと統合可能な類型も存在したことが，あらためて想起されるところである。

現代の課題と取り組むために

　最後に，現代社会にとっての課題にかかわらせて，本章を締め括っておこう。現代社会の課題としては2つの論点が浮上する。1つはグローバリゼーションである。グローバリゼーションは人類の誕生以来進んできたともいえるが，現代はやはりその程度，その広さと深さが進化している。したがって，現代における経済と倫理との関係を考えるとき，グローバルな視点を欠くことはできない。そこには，3重の公正，すなわち国家間，人種・民族間の公正に加えて，厳しいグローバル競争にさらされた国内の諸階層間の公正，さらにそれら二者のいずれにも組み込まれた両性

間の公正という問題が浮上する。センの機能・潜在能力アプローチは，こうした3重の公正問題を体系的に論じようとしたものであった。

　もう1つ，世代間，超長期の視点も欠くことができない。ジョージェスク=レーゲンは，生産を希少性の緩和ではなくむしろそれを推し進めるものと捉えていた。たしかに，地球は開放システムであって，低エントロピーを太陽から補充することができる。だが，それとのバランスを欠いて過去に蓄積された低エントロピー資源としての石油などを費消してゆけばやがてゆきづまるし，過剰なCO_2の排出によって地球の温暖化，異常な気候変動をもたらすことともなる。

　しかも，よく知られているように，地球環境問題への対応，CO_2の排出量の削減をめぐっては，先進国と発展途上国とが鋭く対立してきた。これは，持続可能な発展に向けての経済規模の決定もグローバルな規模での公正な分配の実現という前提があってはじめて成り立つことを示している。つまり，現代社会における2つの課題は不可分の関係にある。

　のみならず，グローバルな格差問題は，国内における格差問題とも絡んでいる。すなわち，未だ賃金の低い発展途上国との競争が先進国内に不安定で低賃金の就労を拡げて，階層間の格差を深めている。また，前者の国々への工場移転は後者の国内の失業率を高める。公正な分配という問題も，ケインズの段階のように一国規模では解決できなくて，その真の解決にはグローバルな規模での格差の縮小を要請するのである。かつ，上述のように，そうしたグローバルな規模での公正が実現できてはじめて，世代間公正を充たすような経済規模についての合意も可能になってくる。逆に，そうした長期的な展望が立たなければ，内外の格差の縮小に向けた努力も意味を失おう。そういう相互依存関係に，現在の世界経済はあるわけである。

　そうしたときに合意の倫理的基礎はあるのだろうか。たとえば，J.ロールズの格差原理の応用，すなわち，将来世代を含めて最も恵まれていない人々の活動能力を増大することに寄与する場合に限り，一部の人々を特別扱いすることも許されるといった対応が想起される。それには，ロールズのように「無知のヴェール」のもとでの社会契約を想定することもできようが，アローが主張したような extended sympathy[18]といったものが想起されてもよい。つまり，現代社会が直面している2つの課題を解決してゆくための世界的な合意が可能になる基礎は，世界的な共感の体系ができてくるということであろう。ここでも，スミスにおけるように，経済と倫理とが密接不可分な関係になってくるし，それを体現したモラルサイエンスとし

ての経済学が求められることとなるのである。

注
(1) 経済学史をアリストテレスから説き始めたいというのはかねて松嶋が念願していたことであり，実際かつて滋賀大学で行っていた講義ではそのようになされていたが，本章の原型となった講義ではそこは割愛されていた。そこで，かつての講義録を参照しつつ，先行研究にも学びながらアリストテレスの所説に遡って適宜補ったり，また講義の5節冒頭のアリストテレス論をここに移動したりといった，梅澤による編集・加筆がこの項ではかなり行われた。重商主義以降の記述も，そのように補われたものである。
(2) 約2000年後にJ. ロックの『統治論』でも，貨幣をめぐって同様の論議がなされているというように，この論点には根深いものがある。
(3) スラッファが，賃金を剰余の一部とみなして，賃金後払いの価格方程式を設けたのは，現代の経験的事実に合わせ，労働者の消費財にも一定の裁量の余地があることおよび労働者も貯蓄することを認めたからである。その結果，賃金財を奢侈品と同じく非基礎財として扱うことになる点にはスラッファ自身不十分さを感じていたが，それを解消するために賃金を前払い部分と後払い部分に分割するのはあまりに複雑なので，すべて後払いとされた。
(4) この立場だと，1930年代にミーゼスやハイエクが明確にしたように，無差別曲線は否定される。また，こうした考え方は費用にも適用することができ，スラッファがそうした考え方で限界費用について論じている。
(5) パレートは，後年の社会学では，人間の行為の主要な部分は非論理的行為だと述べている。となると，経済学と社会学の統合は困難になってしまう。それを解決する方法には2つあって，1つは経験的方法，もう1つは先験的方法である。経験的方法というのは，非論理的行為を残余カテゴリーとしてではなく内容的に説明してゆくもので，実際『経済学提要』では非論理的行為を反論理的行為と区別している。前者は，論理以外の方法によって推論すること，たとえば判断がつかないときにサイコロを振って決めるようなものも含まれる。したがって，科学によってもっと追求すれば論理的手段が見出される可能性をもっているけれども，結果的には同じ選択がなされることもある。反論理的行為にはそうした可能性はない。こうして，非論理的行為には，論理的行為に限りなく近いものからずっと遠いものまで広く分布が見られる。ケインズの血気やサイモンの限定合理性なども非論理的行為に含まれるわけである。こうして，経済学の範囲を反論理的なものを排除した非論理的行為にまで拡張すれば，社会学との統合も見えてくる。しかし，パレートはそうはしなかった。
(6) スミスにもマーシャルに似た関心が認められる。すなわち，分業は人間を一面化してしまう。それではまともな判断もできなくなるから，教育で補う必要が出てくる，と。

(7) 日本におけるミル研究の代表者の1人である杉原四朗も，静止状態論に着眼してミルを再評価していた。

(8) ただし，これらは与件の変化そのものではなくて，シャックルの言葉を使えば，「条件として同じであれば」の分析の枠内である。全部の条件を動かすのではなくて，たとえば貯蓄だけが増えてゆくとどうなるかを考えるものである。

(9) この欲求の極大満足という仮定は，時間を長くとって，言い換えればマーシャルのいう長期ではじめて達成されるものである。他方で，ワルラスは均衡の決定条件として技術体系と選好と初期資本賦存量を挙げ，これらを与件と考えている。つまり，短期で考えている。したがって，ワルラスの定常状態は，時間論として長期と短期の2つの時間を混在させているという問題点も抱えていたこととなる。

(10) たとえば，どこかへ旅行する場合，少し将来の旅行のほうがあれこれ計画しながら楽しめるかもしれないというように，時間選好は必ず将来の効用を減価させるわけではない。

(11) 厳密にいうとケインズの考え方は1回限りの意思決定というのとは少し違うが，確率論としては概ねこういう類型の考え方であった。

(12) 不確実性については，ゲーム論的な不確実性とか，情報処理の不確実性とかというように，時間論的不確実性とは異なるものもある。これらにおいても，近代的パラダイムの主流派は超合理的ともいえる主体を想定していることを，サイモンの「制限された合理性」論や生物学者J.メイナード=スミスの進化的ゲーム理論の紹介と合わせ考察しているので，松嶋（1996：239-242）を参照してほしい。

(13) 個人の自立はいつ頃生じるか。通説だとルネッサンス，すなわち14世紀から15世紀だが，M.フーコーとか阿部謹也氏は，ずっと早くローマでラティーノ公会議が開かれたときに告解が認められ，この段階で個人が神に向かい合うというかたちで個人の自立，個人主義が成立したと解している。社会科学としては，16世紀にマキャベリの『君主論』が書かれており，この頃宗教から政治が独立してゆく。科学としての政治学の誕生である。その後，ホッブズが17世紀に国家を個人によって基礎づけるに至る。原子論的個人主義の出発点といえ，内田義彦（1971）は，いわば挙証責任の転換，つまり国家が個人の権利を侵すときにはなぜそれが必要かを論証しなければならなくなったと指摘している。国家の存在意義を，個人を通じて明らかにしたというわけである。

(14) あくまで「直接に」であって，ワルラス説でも間接にはかかわってくる。

(15) エッジワースは，J.S.ミルの弟子と宣明していた。だが，ミルとは大きく異なるところもあった。ミルは，効用は測定できないし，個人間比較もできないと考えていた。

(16) たとえば，J.C.ハルシャーニはこの点を明言している。

(17) 注9をも参照。

(18) ノーベル賞の対象となった『個人的価値と社会的選択』に登場する。この点については，第10章を参照。

参考文献

有江大介,(1990),『労働と正義』創風社。
アリストテレス,(1969),山本光雄訳『アリストテレス全集15　政治学・経済学』岩波書店。
―――,(1973),加藤信朗訳『アリストテレス全集13　ニコマコス倫理学』岩波書店。
内田義彦,(1971),『社会認識の歩み』岩波書店。
川本隆史,(1995),『現代倫理学の冒険』創文社。
小林昇,(1961),『経済学の形成時代』(『小林昇経済学史著作集1』所収)未來社。
小林昇・杉原四郎編,(1986),『新版　経済学史』有斐閣。
塩沢由典,(1990),『市場の秩序学』筑摩書房。
菱山泉,(1993),『スラッファ経済学の現代的評価』京都大学出版会。
真木悠介,(1981),『時間の比較社会学』岩波書店。
松嶋敦茂,(1985),『経済から社会へ――パレートの生涯と思想』みすず書房。
―――,(1996),『現代経済学史　1870～1970』名古屋大学出版会。
御崎加代子,(1998),『ワルラスの経済思想』名古屋大学出版会。
Alchian, A. A., (1950), Uncertainty, evolution and economic theory, *Journal of Political Economy,* vol. 58.
Arendt, H., (1958), *The Human Condition,* Chicago.(ドイツ語タイトル *Vita activa oder vom tatigen Leben*)(志水速雄訳『人間の条件』筑摩書房,1994年。)
Arrow, K. J., (1951), *Social Choice and Individual Values,* London.(長名寛明訳『社会的選択と個人的評価』日本経済新聞社,1977年。)
Bohm-Bawerk, E. von, (1902), *Theorie des Positive Kapitals,* 2 Aufl., Innsbruck.
Edgeworth, F. Y., (1881), *Mathematical Psychics,* London.
Freedman, M., (1953), *Essays in Positive Economics,* Chicago.(佐藤隆三・長谷川啓之訳『実証的経済学の方法と展開』富士書房,1977年。)
Garegnani, P., (1960), *Il capitale nelle teorie della distribuzione,* Milano.(山下博訳『分配理論と資本』未來社,1966年。)
Georgescu-Roegen, N., (1971), *The Entropy Law and the Economic Process,* Harvard.(高橋正立・神里公ほか訳『エントロピー法則と経済過程』みすず書房,1993年。)
Harsanyi, J. C., (1976), *Essays on Ethics, Social Behavior and Scientific Explanation,* Dordrecht.
Hayek, F. A., (1946), Individualism: True and False, in *Individualism and Economic Order,* London.(田中真晴・田中秀夫訳「真の個人主義と偽の個人主義」『市場・知識・自由』ミネルヴァ書房,1986年,所収。)
―――,(1948), *Individualism and Economic Order,* Chicago.(嘉治元郎・嘉治佐代訳『ハイエク全集3』春秋社,1990年。)

―――, (1952), *The Counter-Revolution of Science*, Illinois.（佐藤茂樹訳『科学による反革命』木鐸社, 1979年。）

―――, (1962), *Rules, Perception and Intelligibility, Studies in Philosophy, Plitics and Economics,* London (1967).

Keynes, J. M., (1921), *Treaties on Probability. The Collected Writings of J. M. Keynes,* vol. VIII. Cambridge.

―――, (1936), *The General Theory of Employment, Interest and Money. The Collected Writings of J. M. Keynes,* vol. VII, Cambridge.（ケインズ全集7　塩野谷祐一訳『雇用・利子および貨幣の一般理論』東洋経済新報社, 1983年。）

―――, (1931), *Essays in Persuation. The Collected Writings of J. M. Keynes,* vol. IX, Cambridge.（宮崎義一訳『ケインズ全集9　説得論集』東洋経済新報社, 1981年。）

Marshall, A., (1898), Distribution and Exchange, *The Economic Journal,* vol. 8.

―――, (1920), *Principles of Economics* (8th ed.) London.（馬場啓之助訳『経済学原理　Ⅰ～Ⅳ』東洋経済新報社, 1966年。）

Marx, K., (1844), *Okonomisch-philosophische Manuskripte*（城塚登・田中吉六訳『経済学・哲学草稿』岩波書店, 1964年。）

―――, (1867-1895), *Das Kapital,* London.（大内兵衛・細川嘉六監訳『マルクス＝エンゲルス全集　第23巻～第25巻　資本論』大月書店, 1965-1967年。）

Menger, C., (1871), *Grundsatze der Volkswirtcaftslehre,* Wien.

―――, (1923), *Grundsatze der Volkswirtcaftslehre,*（八木紀一郎ほか訳『一般理論経済学　1』みすず書房, 1982年。）

Mill, J. S., (1848), Principles of political Economy.（末永茂樹訳『経済学原理　㈠～㈤』岩波書店, 1959-1963年。）

Mises, L. von, (1949), *Human Action,* Chicago.（村田稔雄訳『ヒューマンアクション』春秋社, 1991年。）

Pareto, V., (1896-1907), *Cours d'economie politique,* Lausanne.

―――, (1906), *Manuale di economia politica con una introduzione alla scienza sociale,* Milano.

―――, (1917), *Traite de sociologie generale,* Lausanne.

Popper, K., (1961), *The Poverty of Historicism,* London.（久野収・市井三郎訳『歴史主義の貧困』中央公論社, 1961年。）

Rawls, J., (1971), *A Theory of Justice,* Cambridge.（矢島鈞次郎訳『正義論』紀伊國屋書店, 1974年。）

Ricardo, D., (1817), *Principles of Political Economy, and Taxation,* London.（羽鳥卓也・吉澤芳樹訳『経済学および課税の原理　上・下巻』岩波書店, 1952年。）

Robbins, L., (1932), An Essays on the Nature and Significance of Economic Science, London.（中山伊知郎監修・辻六兵衛訳『経済学の本質と意義』東洋経済新報社, 1957年。）

―――, (1938), Interpersonal Comparison of Utility, A comment, *The Economic Journal* vol. 48.

Schumpeter, J. A., (1926), *Theorie der wirtschaftlichen Entwicklung*, 2 Aufl.（中山伊知郎ほか訳『経済発展の理論』岩波書店, 1977年。）

―――, (1954), *History of Economic Analysis*, New York.（東畑精一訳『経済分析の歴史』岩波書店, 1955-1962年。）

―――, (1991), *Essays on Entrepreneurs, Innovations, Business Cycles, and the Evolution of Capitalism*, New Brunswick.

Scackle, G. L. S., (1958), *Time in Economics*, Amsterdam.

―――, (1972), *Epistemics and Economics*, Cambridge.

Sen, A., (1985), *Commodities and Capabilities*, North Holland.（鈴村興太郎訳『福祉の経済学』岩波書店, 1988年。）

―――, (1992), *Inequality Reexamined*, Oxford.（池本幸生・野上裕生・佐藤仁訳『不平等の再検討』岩波書店, 1999年。）

Sen, A. & Nussbaum, M., (1993), *The Quality of Life*, Oxford.（水谷めぐみ・竹友安彦訳『クオリティー・オブ・ライフ』里文出版, 2006年。）

Simon, H. A., (1972), Theories of Bounded Rationality, *Decision and Organization*, Amsterdam.

Sraffa, P., (1925), *Sulle relazioni fra costo e quantia prodotta*（菱山泉他訳『経済学における古典と近代』有斐閣, 1956年。）

―――, (1960), *Production of Commodities by means of Commodities*, Cambridge.（菱山泉・山下博訳『商品による商品の生産』有斐閣, 1962年。）

Walras, L., (1874-1877), *Elements d'economie politique pure ou theorie de la richesse sociale*, 1le ed. Lausanne.

―――, (1896), *Etudes d'economie sociale*, Lausanne.

―――, (1898), *Etudes d'economie politique appliquee*, Lausanne.

―――, (1900), *Elements d'economie politique pure ou theorie de la richesse socoale*, Paris.（久武雅夫訳『純粋経済学要論』岩波書店, 1983年。）

Weber, M., (1921-1922), Grundriß der Sozialökonomik, III. Abteilung, *Wirtschaft und Gesellschaft*, Tubinngen.（阿閉吉男ほか訳『社会学の基礎概念』角川書店, 1953年。）

第2章
経済学革新にとって学説史はいかなる意義をもつか

塩沢由典

1 経済の危機と経済学の危機

　2008〜2009年の経済危機が去ってすでに10年近い。人々のなかには、「100年の危機」などと騒ぎ立てるほどのものではなかったという気持ちが根づきつつある。経済学者のなかにも、リーマン・ショックの直後は、反省しすぎだった、経済学はけっきょくそう大きくまちがっていなかったのだ、という感覚が戻ってきている。リーマン・ブラザーズの破産に代表される世界金融危機を引き起こした経済構造はほとんど変わっていない。またしばらくすれば、別のバブルが引き起こされ崩壊するだろう。

　しかし、より深刻なのは、経済学の危機だ。リーマン・ショックののち、ジョージ・ソロスの提案によりInstitute for New Economic Thinking（INET、新しい経済思考のための研究所）が設立され、また大学院で経済学を学ぶ学生たちを中心にRethinking Economics（経済学を考えなおす）という世界的ネットワークが形成されている。日本にはまだこの組織がないようだが、すくなくとも世界の各地で経済学がいまのままでよいのかという反省はひろがりつつある。

　経済学の危機は、社会のなかにも浸透している。私が学生だった50年ほど前には、経済学は社会の期待を背負った学問だった。本屋さんに行っても、経済学の存在感は大きかった。いま書店にいくと社会科学関係で目立つのは、経営学の本とノウハウ本ばかり。経済学は隅に追いやられていて、棚の面積も小さい。いまや多くの人は経済学を信頼していないし、期待もしていない。

2　危機の構造

　経済学の危機は，過去にも何度か叫ばれたことがある。1971年，アメリカ経済学会に招かれたとき，ジョーン・ロビンソンは「経済学の第二の危機」について語った。彼女によれば第一の危機は，1930年代の大量失業に直面して，それを説明できなかったときにあった。それはケインズによって，有効需要の不足と説明された。第二の危機は，需要の質の問題にあるとロビンソンは語った。これらの「危機」は，現実の課題に経済学が対応できないことにあった。現在の危機は，しかし，そのようなものではない。リーマン・ショックを予知できなかったというのは，経済学の素人にわかりやすい説明ではあるが，現在の危機は，そのような性質のものではない。経済学は，どんどん精緻なものになったが，より本質的なところでまちがいを犯してしまっている。大きな転換を求められているのに，それが実現できていない。この事態が経済学の危機なのだ。

　この事態は，ルネサンス期の天文学の危機に喩えるとわかりやすい。バビロニアやエジプトから伝わった天文学は，古代ギリシャで体系化され，アレクサンドリア時代にプトレマイオスによって『アルマゲスト』（紀元150年頃）に集大成された。それは基本的には導円と周天円を組み合わせたものであったが，観察事実との整合性を取るために，導円の中心を地球からすこし離したり（離心円），周天円に周天円を載せたり，はてはエカントという工夫を織り込んだりと，きわめて複雑なものになっていた。ここで強調すべきは，プトレマイオスの体系は，コペルニクスの時代にもより精緻な理論として発展していたということである。

　なにが問題だったのか。コペルニクスが唱えた地動説は，修正された天動説よりもその精度は悪かった。コペルニクスが行なったのは，より精緻な予測ではなく，説明原理を代えることだった。簡単な例を1つ引くと，内惑星の「最大離角」(1)をどう説明するかがある。水星と金星は，他の惑星とちがい，なぜか太陽との位置が一定角以内に抑えられているという性質があった。その角度を最大離角という。地動説を知っているわれわれにとって，内惑星の最大離角は，水星と金星が単に地球より内側を回っていることの系論でしかない。しかし，これを天動説で説明しようとすると，水星と金星の導円の中心が，常に地球と太陽をむすぶ直線上にあると仮定する必要がある。地球，太陽，水星と金星の導円の中心は，なぜこのような性質を

もつのだろうか．予測の精度のみを気に掛ける人には，説明の複雑さは，説明のすばらしさを示すものでしかない．ミルトン・フリードマン流にいえば，それはむしろ仮説の偉大さを教えるものだ．

コペルニクス革命は，宇宙の中心を地球から太陽に転換させれば，多くの事象がより単純に説明できるし，おかしな仮定を置かなくてもよいところにあった．このより簡単な仮定に基づいて，ケプラーは，師のティコ・ブラーエの観察データを整理しなおすことから，かれの三法則を発見したのだった．ニュートンは，ケプラーの第三法則から，万有引力の法則の存在を見抜いた．その発見により，惑星の運動は力学的に説明可能なものとなった．それとともに天文学は完全に書き換えられ，世界に関する理解もちがったものになった．アリストテレスの時代には，地上と天上とは，物質としても運動としても，完全に異質なものであった．天上の存在は完全であり，地上のものは不完全で変転極まりないものだった．ニュートンの発見によって，天上界と地上とが同じ運動の法則にしたがうことが疑いの余地なくなった．

いま経済学に必要とされているものは，経済学におけるコペルニクス革命なのだ．

3　現代の天動説

コペルニクス革命が必要として，では経済学の天動説にあたるものはなんだろうか．いうまでもなく，主流の経済学がそれである．リーマン・ショックののち，この30年間のマクロ経済学は無害でなかったとすれば積極的に有害であった（P. Krugman 2009）とか，この40年間のマクロ経済学はまちがっていた（吉川洋 2013）といった言説が目立った．それらの発言はすべて正しいが，問題は，ではどこまで遡れば，正しい出発点に立てるか，である．

30年あるいは40年間だけがまちがっていたとするなら，1980年以前あるいは1970年以前に戻ればよいのだろうか．R. J. Gordon（2009）は，1978年に戻ればよいと主張している．しかし，かれが正しいとはとうてい思えない．1970年代に一種の反ケインズ革命が起こったことを考えれば，それ以前に戻ればよいのだろうか．ジョーン・ロビンソンなら，それではケインズ庶流になるだけだから，ケインズの『一般理論』（1936）まで戻れというかもしれない．しかし，わたしはそれが正しいとも思わない．M. Kohn（1986）や吉田雅明（1997）は，ケインズが雇用の理論を均衡理論の枠組みに載せたことが問題だから，『貨幣論』（1930）まで戻れと提案している．

均衡分析から過程分析に戻れというのは重要な指摘だが、それで十分だとも思わない。

「わかった。お前の言いたいのは、限界革命以前に戻れ、ということだろう。」という野次が飛んできそうだが、それも厳密には正しくない。限界革命を挟んで、古典派経済学と新古典派経済学とのあいだには、大きな深い溝があることはたしかだが、それだけでじゅうぶんとはいえない。なぜなら、古典派経済学の時代にも、新古典派とほとんど変わりない主張がされていたからである。たとえば、価格の背後には「効用」があるという考えは、J. S. セイにもある。古典派経済学一般ではなく、その合理的核を見つけなければならない。

このような作業が簡単にできるわけでは、もちろんない。日本でそれが比較的容易なのは、すぐれた学説史の業績の蓄積があるからである。古典派と新古典派のいちばん大きな対立はいったいなんだろうか。限界概念発見の以前と以後とか、数学的手法の以前と以後だとか考える人は、分析方法の外見に惑わされている。

経済学の危機は、きわめて深い。なぜなら、その危機を脱出するには、かつて天動説を信じていた人たちが地動説に乗り換えるほどのパラダイムの転換が要請されるからだ。古代からルネサンス期にいたるまで、天動説は自明で根本的な真理だった。地球が動くことなど、だれが考えただろうか。

天動説に疑いをもつことが難しかったように、いま必要とされているのは、経済学の基礎の基礎を疑うことなのだ。それはなんだろうか。答えは簡単である。それは需要供給の法則である。

需要供給の法則は、わかりやすいうえに、経済学の最も古い層に属する。その法則が成立しないような経済学がありうるだろうか。「需要供給の法則は、中学校でも教えられるし、まさか」と思った人は、すでに天動説に取り込まれている。古代から中世、後期ルネサンスに至るまで、人々は千年以上も天動説を信じてきた。その時代の人々にとって、地球が動いているなど、ゆめ考えられなかった。天動説は、より精緻なものへと進化し続けたからではなく、より直感的な事実に裏づけられていた。日々経験することに基づいていたからこそ、信じられ続けたのだった。

自明で直感的と思っている常識こそ捨て去るべきことなのだ。

4　需要供給の法則とは

　需要供給の法則は，なぜ否定されねばならないのだろうか。まず，確認しておかなければならないことがある。この法則でなにを意味するかということである。需要供給の法則を否定するといって，われわれの住む経済で需要と供給とがほとんど常に等しいことを否定しようというのではない。否定しなければならないのは，需要と供給が等しくなるように価格が調整されるという観念である。

　この観念は，ほとんど経済学とともに古い。アダム・スミスの『諸国民の富』(1776) の第1篇第7章にも，需要供給の法則に近い観念が語られている。では，なぜ需要供給の法則は，まちがいなのだろうか。天文学とちがって，このことを知るのに膨大な天体観測は必要がない。あたらしい眼でわれわれの暮らしを見るだけでじゅうぶんである。みなさんがどこかお店に行ってなにかを買うとしよう。いまではほとんどの店で，すべての商品に値段が付けられている。よほど高い買い物でない限り，みなさんは値札どおりの値段で買うのではないだろうか。これはふつう定価販売と呼ばれている。日本では，ほぼ商品の99％は定価販売されている。[2]

　定価販売の歴史は古い。日本では三井高利の「現銀掛け値なし」が定価販売を標榜したのが最初といわれている。[3] 欧米での定価制は比較的遅く，クウェーカをのぞくと1870年代に入ってからといわれる。中世・ギルド制のもとでの取り決め価格が忌避されたためかもしれない。

　では，需要と供給とは，どのように調整されているのだろうか。これも店頭をみればわかる。たとえば近くのコンビニに行ってみよう。商品が並び，価格が付けられている。お客は，品物をとり，レジにもっていって会計し，現金を払う。多くの人が毎日行っている行動だが，経済的にみると，店に並んでいた商品は店頭在庫であり，買う人が出るたびに在庫数が変る。ある商品の店頭在庫がゼロになることもあるが，それではお店は儲からないから，ゼロになる前に注文をだす。これを在庫管理という。在庫管理のいちばん簡単でよく行なわれるのが，(S, s) 法である。期間を定めて発注するという方法もある。コンビニでは，レジで売上が上がるごとに本部に情報が行き，コンビニ店主が発注しなくても，適当な補填量を計算して届けてくれる。店主がおもに担当するのは，近くの小学校で行事があるとき，弁当の発注量を増やすことなどである。

同様のことは，生産企業でも行なわれている。卸や小売店から入る注文の動向と手持ちの製品在庫，それに生産量を調節する速さと費用を勘案して，今日あるいは今週の生産量を決める。すべてが定価販売されているシステムでは，価格が数量を動かすのではなく，売行きの数量情報が発注量や生産量を変えている。このあいだのずれを調整するのは，原材料在庫・製品在庫・店頭在庫などだ。この仕組みでも，もちろん需要と供給とは，在庫の増減を平均すれば，ほとんど常にほぼ等しい。

　需要供給の法則が問題なのは，現代の資本主義経済において実際に行なわれている数量調節のメカニズムを覆い隠し，需要と供給の調節があたかも価格変動によって行なわれているかに人々を信じ込ませていることにある。価格が動いて需要と供給を等しくなるよう調節しているという考えがあまりに深く浸透しているために，それに反する事態を毎日見ながら，その事実に気がつかないのである。

　では，価格はどう決まり，どういう役割を果たしているのだろうか。それも難しい話ではない。多くの企業は，

$$設定価格 = (1 + 一定の上乗せ率)・原価$$

という公式で販売価格を決めている。上乗せ率がどう決まるか，原価をどう計算するまで説明していると紙数が尽きてしまうからここでは省くが，かんたんには塩沢由典（2016：2017）などを見てほしい。

　もちろん，このような価格設定方式にはいろいろな例外がある。たとえば，農産物や水産物のように中央卸売市場のせりで価格が決まるものがある。現在の株式のように証券取引所でミリ秒（1000分の1秒）単位で価格が決められているものもある。これらの取引市場で需要供給の法則が成りたっていることは明らかだ。しかし，それらは例外でしかない。たとえば，2016年の東京都中央卸売市場の年間総売上高は，約1兆3000億円，全国の中央卸売市場卸売業者の取扱額が3.9兆円，後者はGDPの0.7％である。産業連関表でみる国内生産額はGDPの倍近くあるから，卸売市場のせり・入札で取引されているのは大きく見積もっても生産額のせいぜい0.5％以下であろう。全国証券取引所の年間売買高はGDPより大きいが（2016年の場合，1.3倍），これは既存の金融資産が取引されているだけであり，直接には富の生産にかかわるものではない。

　経済学の常識である需要供給の法則は，じつは特別に例外的な事情を拡大・顕示

したものにすぎない。そのような例外的なメカニズムで現代経済の全体を説明しようとしているのが，現在主流の経済学の価格理論である。

5　2つの競合する流れ

では，前節最初に定義した意味での需要供給の法則に基づかない経済システムの説明はなかったのだろうか。とんでもない。それもまた経済学とともに古いのである。それは松嶋敦茂 (1996) が「古典」的パラダイムと呼ぶものである。これに対立するものとして松嶋が考えるものが「近代」的パラダイムであり，その中核にあるのが需要供給の法則である。[5] 古典的パラダイムの典型例は，ケネーの経済表である。これは一国の経済循環を総覧した模式的なものだが，価格は与えられたものと扱われている。松嶋が古典的パラダイムの理念とするのは，「ケネー的経済把握（循環としての経済把握）を読み込んでふくらませたリカード・モデル」（松嶋 1996：18）である。

松嶋は1870年代以降の近代経済学100年の歴史の中心にあった近代的パラダイムの特質を明らかにするための対比軸として，この対比概念を用いている。その成果は松嶋敦茂 (1996) につぶさに書かれているから，ここではとくに解説しない。わたしが強調したいのは，松嶋の学説史は経済学のパラダイム・シフトを実現するためにも，ぜひとも必要なものだということである。

経済学には常に異端視される考えがあり，主流といわれる流れのなかも一枚岩ではない。経済学の歴史に通底する2つの対立がよく頭に入っていない人は，経済学の危機に気づいても，ただ30年遡るか，ケインズに遡ればじゅうぶんと考えてしまう。しかし，現在の危機は，そうした中途半端な遡りによっては乗り越えられない性質のものである。そのことを知るのには優れた学説史が不可欠である。すなわち，優れた学説史は，経済学の危機を危機と判断し，そこから脱出するために役立つし，正しい判断にいたるほとんど唯一の道であるといってよい。パラダイム・シフトは，新しいパラダイムを創造することによってはじめて可能になる。そのためには創造的な理論活動が不可欠だが，それを導く指針に学説史はなりうるのである。もちろん，そのような優れた学説史は，そう多くはない。たとえば高い名声をほこるシュンペーターの『経済分析の歴史』は，そのような役には立たない (Schumpeter 1954)。詳しくは説明できないが，それは基本的にはシュンペーターがいわゆる（科学史に

いう）ホイッグ史観に立っていることによる。

　現在主流の経済学は，一般に新古典派と呼ばれる。これが現在では近代的パラダイムを一身に担う存在である。しかし，新古典派に反対をする自称異端派の経済学者も，多くは近代的パラダイムのごく一部の特質に反対しているにすぎない。松嶋は，近代的パラダイムを方法論的個人主義，主観主義，限界主義の3つにまとめているが，もちろんこれら1つ1つをさらに細分することが可能である。たとえば限界主義には，その適用方面によって限界効用・限界費用・限界生産性の3つに分けることができる。その1つに反対したとしても，近代的パラダイムから抜け出すことはできない。近代的パラダイムの重力圏はきわめて広くかつ強力である。方法論的個人主義を乗り越えるとして方法論的全体論に移り，批判以外のなにも生み出せなかった例は数えきれない。

　天動説と地動説の比喩は，ここでも生きている。天動説から脱却するには，周天円の数を増減させたり，エカントを工夫したりしても不可能だった。等速円運動という理念を棄てて，たとえ楕円軌道を考えたとしても，それだけではケプラーもニュートンも生まれえなかった。天動説を地動説に転換させることが必要だった。[6]

　この転換は，方法論的個人主義，主観主義，限界主義のどれとも，直接は関係しない。もちろん，これらの諸要素は，近代的パラダイムの主要構成要素であるが，それは円運動かどうか，離心しているかどうか，等速運動かどうか，といったものにあたる。パラダイム・シフトの中核は，じつは需要供給の法則かいなかにある。では，需要供給の法則に対立する価格原理はなんであろうか。それがリカードの生産費価値説である。

6　リカードの生産費価値説

　リカードというと，労働価値説とか，生存賃金説・賃金基金説とか，あるいは収穫逓減の法則とかセイ法則擁護を思い浮かべる人が多い。リカードにそうした考察があることを否定しないが，これらはすべてのちの歴史によって反証されたというべきものであり，これらを基礎にして現在の経済学の危機を乗り越えることはできない。

　リカードの価値論というと労働価値説と考えるのは教科書的反射以外のなにものでもない。この解釈がとくに日本に根強いのは，日本におけるリカード研究が主と

第2章 経済学革新にとって学説史はいかなる意義をもつか

してマルクスの眼を通して行なわれてきた経緯があるからである。リカード価値論の中核は生産費価値説と名づけるべきものであり，そのなかには正常利潤も含まれている（Ricardo 1821 第1章第6節への第3版補注）[7]。

リカードが交換価値を規定するものとして生産費を考えたからといって，もちろん，すべての問題が解決したわけではない。リカードは，生産費を計算するには，投入財の価格を知らなければならず，それ自体も決定すべき価格の一部であることにじゅうぶん気づいていなかった[8]。シュンペーター（Schumpeter 1954）が指摘したように，この問題を解決するには，同時方程式体系の概念が必要であった。しかし，リカードの時代には，まだ同時方程式体系は，たとえ連立一次方程式であれ，じゅうぶん研究された存在ではなく，まして広く知られていた数学分野でもなかった。リカードより半世紀以上遅れて世に出たワルラスでさえ，同時方程式体系に解があることについては，方程式の本数と未知数の数を数えて満足することしかできていない。

リカードの生産費を同時方程式体系の解として定義するという定式は，20世紀の後半になってはじめてピエロ・スラッファによって与えられた（Sraffa 1960）。しかし，厳密にいえば，スラッファの場合でも，基本は方程式の数と未知数の数を比べることしかできていない。ただ，スラッファの場合，かれが主張した内容は，正しい数学定理となっている。なぜなら，正の剰余生産物ベクトルが存在することを仮定すると，ある値以下の r については，正の価格が存在することが非負逆転可能定理によって示されるからである[9]。

現代古典派のなかには，リカードの価格理論＝価値論は，スラッファによって基本的に完成したと考える人が多い。しかし，わたしはそうは考えていない。Sraffa（1960）は，価値と分配の理論としては，1つの標準をつくったが，わたしの眼から見ると，それは分配に重点が行き過ぎていて，価格理論の面が弱くなっている。価格方程式（Sraffa 1960：§11）の利潤率 r がどのように決まるのかについて，スラッファはわずかなことしか書いていない。解釈は分かれるが，§44の説明からは，それが利子率の水準によって規定されると考えていたようだ。利子率が経済の駆動因であるという考えは，ヴィクセル・コネクションに連なる多くの経済学者（このなかにはケインズもハイエクも含まれる）が抱いていたものだが，これもきわめて疑わしい。ケインズはこの考えから半分以上抜け出していたが，明確にはそれを自覚できなかった。アベノミクスの第一の矢の経済学的裏づけとされるリフレ派の経済学

がケインズ派の一部であるのは，そのためである．

　これは経済学史のふしぎの1つといってよいが，1930年代，世界的な不況に直面して，ケインズやスラッファがそれぞれの立場から経済学の革新を展望していたとき，かれらが利用できる定型的事実がじつはほとんど用意されていた．それがオクスフォード経済調査（正式には Oxford Economics Research Group's Economic Survey）である．この調査の意義については宮崎義一（1967）第3章を読んでほしい．この調査は，2つの重要な知見を含んでいた．1つは，企業の投資決定において利子率はほとんど関係しない，すくなくとも利子率の高低は企業経営者が投資決定する判断材料に入っていない，ということ．もう1つは，企業が製品価格を決定する主要な方式が上乗せ価格である，ということだった．最初の知見は，スラッファやケインズが利子率の役割を過大視しすぎていることを教えるが，1936年に『一般理論』を発表したケインズはともかく，オクスフォード経済調査のあと，20年以上たって主著（Sraffa 1960）を発表したスラッファの場合，その調査の意義をじゅうぶん咀嚼する機会と時間とがあったはずだが，残念ながらその形跡を見ることはできない．

　私見によれば，リカードの生産費価値論は，定価販売と上乗せ価格という価格決定方式と組み合わされなければならない．そうでないと，経済全体での価格決定メカニズムが明確にならないほか，価格と数量調節との関係も明確にならない．この点をより掘り下げた議論としては，Shiozawa（2016）を見てほしい．

　生産費価値説(1), (2)という2節で，ほとんどリカード以降の理論の発展についてのみ紹介しているのは，①いかなる理論といえども，発展を続けるということ，②しかし，その最初の核となる考えが200年後の経済学の革新の鍵になるほど重要なものであること，を知ってもらうためである．

7　スラッファ原理と有効需要

　いかなる偉大な書物にも，それ固有の欠陥がある．Sraffa（1960）は，1960年代・70年代には，非常な刺激を経済学にもたらしたが，発表後30年もすると，その刺激を受けた研究は次第に停滞するようになった．Sraffa（1960）から強い影響と刺激を受けたわたしとしては残念なことだが，Post Sraffian Economics（スラッファ後の経済学）はいまや訓詁学に近づきつつある．スラッファの死の10年後になって，ようやく公開にこぎつけたスラッファ文書（Sraffa Archives）の存在によって，訓

第2章 経済学革新にとって学説史はいかなる意義をもつか

詁学的研究はいましばらく続けられるだろうが，そこでたとえ大きな発見があるとしても，そのような努力だけでスラッファ後の経済学が大きく発展するとは思えない。RicardoやSraffaのかなりの部分を否定してでも，理論的革新を積み上げていくことからしか，経済学は発展しない。

Sraffa（1960）の欠陥は，価格理論と生産・消費の再生産とが，うまく接合していないことにある。なるほどSraffa（1960）は，剰余のない再生産と剰余のある再生産から始まっている。価格はそこから導かれるのだから，ふつうに考えれば，2つは結びついている。しかし，Sraffa（1960）の全編を読んでも（といっても100ページに満たないが），再生産する数量体系がいかに変化するかについての分析がどこにもない。そのこと自体は欠陥とはいえないが，序文でそのことの意義を強調しすぎた点がのちに大きな禍根を残した。

スラッファが産出量や投入割合に変化のないことに注意したのは，限界的変化により価格を決定しようとするマーシャルやワルラス以来の新古典派の定式に異論を提起し，限界的変化をいっさい仮定することなく価格が決められることを強調するためであった。ところが，この注意を文字通りうけとって，数量の変化しないことがスラッファ体系の強みであり，利点であるかに考える人たちが大量に生みだされて面倒なことになった。すこし反省してみればわかることだが，数量の変化しない経済など存在しない。需要の変化にいかに経済システムが対応しているのか。この問題は価格理論とともに重要な分析主題だが，スラッファ後の経済学の多くからは，こうした重要な研究課題が消えてしまった。自分たちの誤解がそのような結果を生んだに過ぎないのだが，いったん1つの神話ができあがると，それを修正するのは容易ではない。新古典派の磁場から逃れ出そうとして，自分たちの作った磁場にはまり込んでしまったのである。

スラッファ後の経済学の問題は，じつはスラッファが数量理論の研究に必要な重要な手がかりを残したにもかかわらず，それを無視し続けたことである。それがスラッファ原理である。スラッファには，有名なSraffa（1926）がある。ジョーン・ロビンソンの不完全競争の理論は，この論文がきっかけになったと広く説明されている。この論文のなかで，スラッファは，新古典派の供給関数を批判して，事業家たちの（仮想の）証言を紹介している。みずからが競争的条件下にあるとみなしている事業家たちは，かれらが生産を制約するものがかれらの企業内にある（つまり生産単価の高騰にある）と経済学者が説明したら，その主張をばかげたもの（absurd）

と考えるだろう（Sraffa 1926：543）というのである。

　この指摘は二重の意味で重要である。第一は，競争均衡における企業行動として主流の経済学が説明するものは，スラッファの事業家たちが「ばかげたもの」と考える内容だからである。ロビンソン（および1930年前後の多くのケンブリッジの経済学者たち）は，これに代えて（限界収入概念に基づく）不完全競争の理論を導入したが，これは競争条件下におこっている現象を不完全競争にすりかえることであり，需要供給均衡の枠内での（誤った）解決でしかなかった。指摘の意義の第二は，では生産量拡大の主要な制約はなにかである。それは企業内ではなく，企業の外部にある。スラッファはここまで追い詰めたが，最後の一線を越えられなかったかもしれない。しかし，それは難しいことではない。競争条件下にある企業の生産量を制約するものは，企業の生産物の売行きである。この命題を別の観点で定立すれば，スラッファ原理が得られる。それは，企業は設定価格のもとで，製品に需要があるだけ，生産する，という行動原理である。

　ケインズの有効需要の原理は，個別企業のこの原理を集計したものに過ぎない。スラッファ原理なしにマクロ経済学のミクロ的基礎づけを試みようとすれば，けっきょくは有効需要概念の否定に帰着せざるをえない。実際それが1970年代に起こったことだった。現在のニューケインジアンからは，有効需要概念は消し去られている。スラッファ原理によって，はじめて古典的パラダイムは，その全体像ができあがる。実際，スラッファ＋上乗せ価格により価格（正確には賃金率・価格体系）が決まり，生産と投資・消費がスラッファ原理によって決まる。これで価格と数量に関する全体系が原初的にできあがる。[10]

　このようにしてできあがる経済理論は，需要供給の法則あるいは Arrow-Debreu 流の一般均衡体系とは，経済システムに関する理解の仕方がまったく異なっている。ここでも，われわれは松嶋敦茂（1996）のいう2つのパラダイム，古典的パラダイムと近代的パラダイムに遭遇する。しかし，スラッファ原理により補強された古典的パラダイムは，数量の変化を内包するダイナミックなシステムとなっている。[11]

8　古典派経済学に巣くうキメラ

　古典的パラダイムと近代的パラダイムとは，混ぜ合わせることはできない。いや，

できるかも知れないが，そうすると奇怪なキメラを生み出してしまう。古典的パラダイムを生かすには，それを純粋化するとともに発展させる必要があるのだ。その最後の関門にあたるのが重力中心（center of gravitation）解釈と呼ばれるものだ。[12] これは，アダム・スミスにまで遡ることができる古い伝統をもつもので，古典派経済学に巣くう最も巨大なキメラというべきものである。実際，これは，自称スラッフィアンたちのかなりの人たちがこれこそ古典派パラダイムと誤って信じてしまっている神話である。

　重力中心解釈とはなにか。スミスの『諸国民の富』第一篇第7章は「商品の自然価格と市場価格」という表題をもつ。リカードはこのうち自然価格について生産費価値説を展開した。それがスラッファとオクスフォード経済調査を経て，現在の古典派価値論を作り出している。他方，市場価格について，スミスはつぎのように語っている。

　　「どんな商品も，それがふつう売られている実際の価格は市場価格と呼ばれる。それは自然価格より上，下，あるいはちょうど同じかもしれない。すべての特定の商品の市場価格は，それを現実に市場にもたらされる量と，商品の自然価格を進んで払おうとする人たちの需要との割合によって規制されている。」（Smith 1776：I.7.7-8，私訳）

　この文章をふつうの経済学者が読めば，スミスはここで需要供給均衡について語っていると考えるだろう。スミスの第1篇第7章には，2つのパラダイムが混在しているといってよい。重力中心解釈は，この事実から，スラッファの価格は自然価格であり，それ以外に市場価格があって，市場価格は上がったり下がったりしているが，ある期間の平均をとればその重心は常に自然価格にある，と理解しようというものである。

　ここで，スラッファ後の経済学者たちは，ジレンマに立たされる。需要と供給の均衡の枠組みで考えることこそ，Sraffa（1960）序文でスラッファが読者にそれに陥らないよう警告したことではなかったか。需要供給均衡の枠組みで，Sraffa（1960）の§11の方程式体系を考えるとすれば，それは現実の経済とどのような関連性をもちうるだろうか。ここに救世主のように現れるのが，重力中心解釈である。スラッファの方程式は，長期の平均ないし理想であり，市場価格はその平均を重心

とする重力運動をおこなう，というのである。しかし，これでは古典的パラダイムは，じつは近代的パラダイムの隅にごくおとなしく置かれるに過ぎない。現実の市場取引は，すべて需要供給の法則により，市場価格により行なわれるというのだから。

　重力中心解釈がやっかいなのは，それがスミスが明確に残した描像であり，リカードもスラッファも明確には否定しなかった考えだからである。Smith（1776 I.7.15；I.7.20）には，centre of gravity という表現こそないが，gravitating という表現は二度も使われているし，central price という表現もある。Ricardo（1821）には，このような表現はないが，『諸国民の富』第1篇第7章とほとんどおなじ表題をもつ第4章において，自然価格と市場価格について語り，しかもここでリカードはスミスによって「この問題に関するすべてはもっとも有能に扱われている」と珍しく絶賛までしている。もしスラッファが需要供給の均衡という枠組みから離れることをいうなら，スラッファはスミスとリカードが作った伝統にきちんとした説明を加えるべきだっただろう。しかし，かれができたことは，市場価格について Sraffa（1960）ではどこにも言及しないことだった。

　なぜ重力中心解釈を否定しなければならないのか。重力中心解釈のようなキメラ世界に止まる限り，スラッファ原理も，そのうえにたつ有効需要の原理も，本当の意味では理解できないからだ。ここには学説史的なアプローチだけではどうにもならない問題が析出している。そこに理論と歴史の役割がある。重力中心解釈が2つのパラダイムのキメラであり，それが古典的パラダイムを弱いものにしてしまっていることへの反省が必要だ（理論の役割）。資本主義の作動機構が18世紀から20世紀へと大きく変ってきたことの認識も重要だ（歴史の役割）。ただ，この両者はそれぞれ独立に存在するのではない。資本主義の作動機構に関する歴史研究は，理論を背景としない限り生まれてこない。なぜなら，そこに関係しているのは生産量の調節速度という，ふつう経済史が取り上げない問題だからである。

9　経済学革新の核心

　スラッファは，ケンブリッジでは，ケインズの存命中ずっとかれの庇護下にあった。スラッファとケインズの関係は親密であったが，自分がめざす研究課題について2人が相互に議論した形跡はほとんどない。しかし，うえに定義したスラッファ

第2章 経済学革新にとって学説史はいかなる意義をもつか

原理こそ，ケインズの有効需要概念を科学的な概念とするために必要なものだった。しかし，このおおいにありえた可能性は実現しなかった。2人にそれを責めることはできない。スラッファであれケインズであれ，われわれはこれら巨人の肩に乗ってさらに先を見る義務がある。

　スラッファとケインズの肩に乗って見えるものはなんだろうか。紙幅の制約上詳しく説明することができないので詳細はすでに引いた塩沢由典（2017）に譲り[13]，そこから見えてくるものについて語ることにする（以下の丸括弧内に#付き数字を掲げたものは，同論文における関連する節番号である）。

　それには有効需要をめぐる混乱を見るのがよいだろう。ケインズはピグーが考えていたとされる失業の原因，すなわち実質賃金が高すぎるため失業が生じているという考えに対し，いろいろな説明を試みている。ケインズが結論的にいう主張（有効需要が増えない限り賃金を引き下げても失業を失くすことはできない）は正しいが，その説明はほとんど筋が通っていない。有効需要を総需要と総供給の交点とするとか，賃金単位で考えるとか，いろいろ工夫するのであるが，新古典派の一般均衡の枠内での修正であるため，一方を修正すれば他方が不具合になり，全体としての整合性が得られていない。すでに触れたように，有効需要の概念は重要であるが，ケインズはそれを新古典派均衡理論の枠組みで説明しようとしたために，けっきょく整合的な理論体系を提出することができなかった[14]。

　古典的パラダイムでは，有効需要は，スミスが effectual demand と呼んだもの，つまり現代古典派経済学でいえば，定価で買いたい数量をいう。すべてが定価で売り買いされる経済を考えるなら（#5），有効需要は，各商品ごとの数量と考えることもできるし，それらの総価値額で考えることもできる。前者はベクトル量であり，後者はスカラー量（実数）であるが，話をわかりやすくするにはベクトルと考えるほうがまちがいが少ない。最終需要があるベクトル d で与えられたとしよう。このとき，もし d が定常的であるなら，財の投入係数行列を A とするとき，経済は数量調整の結果，全体の生産量 s は，

$$sA + d = s$$

という水準に近づく（#11）。このとき，労働投入ベクトルを a_0 とするとき，雇用量は

$$\langle s, a_0 \rangle = \langle d(I-A)^{-1}, a_0 \rangle$$

となる。ここで重要なことは，財および労働の投入係数が変化しないなら，最終需要ベクトルが変化しない限り，雇用量も変化しない。

　以上の考察において，賃金率および価格はまったく現れなかったことに注意しよう。これらが関係するのは，消費者などが自分の貨幣所得などから消費財等に支出しようとするときのみである。さて，不況で失業者が出ているとき，賃金率を一斉・一律に切下げるとしよう。最終需要ベクトルは増えるだろうか。もし財価格が変らないなら，最終需要ベクトルは増えないだろう（ここはもっと細かい議論をすべきだが端折っておく）。賃金が切下げられた結果，財の価格も下がる場合を考えよう。各企業が上乗せ率を引き上げない限り，製品価格は低下する。もしすべての企業が以前と同じ上乗せ率で価格設定するなら，賃金率の切り下げ効果は，製品価格の切り下げによりゼロとなる。すなわち，貨幣賃金率の切下げにより，実質賃金水準を引き下げることはできない（#14）。ただ，そこにいたるまで経過がある。その効果はどうでるだろうか。労働者以外の人々，たとえば固定年金生活者や資産階級の人々は，物価の低下により需要量を増やすかもしれない。しかし，消費の大部分を占める労働者の賃金は引き下げられるから，消費を増やすわけにはいかない。物価の低落より賃金の引き下げが先行するから，貯金を取り崩し続けない限り，消費は切り詰めなければならない。労働者の消費切詰めと年金生活者や資産家の消費増の全体効果は一般には確定しないが，労働者の消費分が大きいとすれば，最終需要 d は低下し，雇用量は減少する（#15）。

　うえの議論は，この過程で財および労働の投入係数が変化しないことが条件であった。賃金率を一斉・一律に切下げるとき，これら係数は変化するだろうか。価格変化が短期的であるなら，投入係数は変化しない。賃金率が切下げられれば労働集約的な技術への代替が起こるというのが新古典派限界生産力理論の考え方だが，そのような変化が起こりえないことは最小価格定理が保証している（#9, #13）。このように，現代古典派経済学に立つなら，ケインズがいおうとしたことは厳密に証明できる。ケインズ経済学でよく考えられる（名目／実質）利子率を引き下げて設備投資を増強するというシナリオが無効であることも，おなじように証明される（#16）。さらに，アベノミクスの第一の矢にあたる「大胆な金融政策」によるインフレターゲットがなぜ4年も経つのに達成されないのかも説明できる（#19）。

現代古典派経済学は，現在，大きく展開している。注目例を1つ挙げると，国際価値論の成功がある。リカードもマルクスも，国内価値論は概成したと考えたが，国際貿易状況ではそれは通用しないと考えた。しかし，リカード『原理』刊行後200年近く，国際価値論が構築されることはなかった。しかし，いまや一国内の古典派価値論（つまりリカード流の生産費価値説）を拡張する形で国際価値論が一般的に構築されている（#21）。ここで一般的にというのは，多数国・多数財で各企業が任意の生産技術（集合）をもち，投入財が自由に貿易される国際貿易経済である。現在，貿易理論では，教科書に出てくるリカード理論，HOS理論のほか，クルーグマンの新貿易理論，今世紀に入っての新々貿易理論と新しい貿易理論が提案されているが，それらはすべて最終財のみが貿易される状況の理論であり，投入財（中間財）の貿易が定式化されていない。このような状況から，新しい国際価値論は，現在のところ，投入財の貿易が一般的に定式化されている唯一の貿易理論となっている（#22）。最近注目されているグローバル・サプライ・チェーンなどは，投入財貿易なしには成り立たないものである。近代的パラダイムに立つ貿易論は，世界経済の現状に理論的に追いついていない。この意味で，貿易理論の領域では，古典的パラダイムはすでに近代的パラダイムを凌駕している。松嶋敦茂（1996）終章に語られている夢は，いまや実現しつつある。

注

(1) もちろん，これはコペルニクスが地動説を考えるにいたったたくさんの問題の1つにすぎない。

(2) といっても，商品の種類を正確に数えて統計をとるのは困難である。比喩的表現である。金額による推計については，注4をみよ。

(3) 江戸駿河町に移転・開業した際（1683年），配布したちらしに「現銀掛け値なし」の語があった。これは井原西鶴の『永代蔵』（1688）にも登場する。ただし，その当時から正札をつけていたかははっきりしない。

(4) 取扱額のすべてがせりに掛けられているわけではない。農林水産省・卸売市場データ集の2(1)せり・入札取引の割合を見ると，その比率は年々低下傾向にあり，青果で11.2％，水産で1.76％で，食肉のみ86.3％という高い割合を保っている。

(5) 以下では，古典と近代に「　」を付けるのは省略する。松嶋が「　」を付けるのは，2つのパラダイムがじつは時代による違いではなく，内部論理の対立であることを示唆するためである。

(6) アレクサンドリアでは楕円はペルガのアポロニウス（BC 3-2世紀）やアレクサンド

リアのヒュパティア（AD 3-4世紀）によって，すでに詳しく研究されていた。
(7) より詳しくは，竹永進（2000）。マルクスの用語でいえば，リカードが考えた価値（あるいは自然価格）は，生産価格あるいは費用価格にあたる。
(8) 生産価格の規定において，マルクスもおなじ問題に直面していた。
(9) 非負逆転可能定理については塩沢由典（1981）§14および§16を見よ。この定理は，Hawkins-Simon の定理と同値であるが，いわゆる Hawkins-Simon の条件が満たされるかどうかを経済的条件から知ることは一般にはできない。あくまでも正の剰余ベクトルの存在から純産出係数行列の逆行列が存在して非負となることが要点である。二階堂副包（1961）第2章§1および§2。
(10) 「原初的」という形容句は，これで理論に必要な最小限のものがそろうが，それによって完成するわけではない，ということを意味させるためである。
(11) このあたりの関係が，塩沢由典（2017）ではより丁寧に展開されている。
(12) 重力中心は重心（center of gravity, barycenter）とおなじ意味だが，この解釈の主張者たちは，おなじ意味の center of gravitation という表現をより好んで使っている。
(13) 後半三分の一は，宇野派マルクス経済学のやや特殊な議題であるが，§24までは，現代古典派経済学の概要である。
(14) 現在主流のニューケインジアンの経済学からは「有効需要」概念が姿を消していることは，すでに第7節で指摘した。
(15) 新々貿易理論は基本的に一国開放経済を対象としており，投入財は輸出も輸入もされるが，その結果，原価構造が変わる事態までは分析できていない。
(16) 新らしい国際価値論と主流派経済学の貿易諸理論との対比については塩沢由典（2018）をみよ。

参考文献

井原西鶴，(1688)，『永代蔵』版本各種。
塩沢由典，(1981)，『数理経済学の基礎』朝倉書店。
―――，(2016)，「第1部 提案篇」塩沢由典・有賀裕二編『経済学を再建する――進化経済学と古典派価値論』中央大学出版部。
―――，(2017)，「現代資本主義分析のための原理論：現代古典派価値論と宇野理論」『宇野理論を現代にどう活かすか』newsletter，第Ⅱ期第20号。(http://www.unotheory.org/files/2-20-1.pdf)
―――，(2018)，「リカード国際価値論の現代的意義と可能性」『国際経済』（日本国際経済学会）69：46-62。https://www.jst.go.jp/article/kokusaikeizai/69/0/69_kk2018.03.5/_article/-cha/ja
竹永進，(2000)，『リカード経済学研究――価値と貨幣の理論』御茶の水書房。
二階堂副包，(1961)，『経済のための線型数学』培風館。

松嶋敦茂，(1996)，『現代経済学史 1870〜1970──競合的パラダイムの展開』名古屋大学出版会。

宮崎義一，(1967)，『近代経済学の史的展開──「ケインズ革命」以後の現代資本主義像』有斐閣，(軽装版 1975)。

吉川洋，(2013)，(インタビュー)「過去40年間のマクロ経済学は間違った路線だった」『エコノミスト』2013年9月10日号。

吉田雅明，(1997)，『ケインズ──歴史的時間から複雑系へ』日本経済評論社。

D'Ippoliti, C. and A. Roncaglia, (2006?), *Heterodox economics and the history of economic thought*, D/pdf/Heterodox.

Gordon, R. J., (2009), Is Modern Macro or 1978-era Macro More Relevant to the Understanding of the Current Economic Crisis? Paper presented at the International Colloquium on the History of Economic Thought, San Paulo, Brasil.

Keynes, J. M., (1930), *A Treatise on Money*. (日訳『貨幣論』各種。)

Keynes, J. M., (1936), *The General Theory of Employment, Interst, and Money*. (日訳『雇用・利子・貨幣の一般理論』各種。)

Kohn, M., (1986) Monetary Analysis, the Equilibrium Method, and Keynes's "General Theory". *Journal of Political Economy*, 94(6): 1191-1224.

Krugman, P., (2009), The Return of Depression Economics Part 2 (of 3) the eschatology of lost decades. London School of Economics における講演。9 June 2009 in Old Theatre, Old Building, LSE. (https://www.youtube.com/watch?v=5N35mq4_gIw)

Ricardo, D., (1821), *The Principles of Political Economy and Taxation. 3rd Ed.* (日訳『経済学と課税の原理』各種。)

Robinson, J., (1972), "The Second Crisis of Economic Theory", *American Economic Review*, 62(2): 1-10.

────, (1971), Ely Lecture at the American Economic Society Annual Conference held at December 21. (山田克巳訳『資本理論とケインズ経済学』日本経済評論社，1988年) 所収。

Shiozawa, Y., (2016), "The Revival of Classical Theory of Values", Yokokawa, Yagi, Uemura and Westra, Eds., *The Rejuvenation of Political Economy*, Routledge, Ch. 8, pp. 151-172.

────, Y., (2017a), "A New Construction of Ricardian Theory of International Values", Shiozawa, Oka and Tabuchi, Eds., *A New construction of Ricardian Theory of International Values: Analytical and Histprical Approach*, Springer Science. Chap. 1, pp. 3-73.

────, Y., (2017b), "An Origin of the Neoclassical Revolution: Mill's "Retreat" and its Consequences", Shiozawa, Oka and Tabuchi, Eds., *A New construction of Ricardian Theory of International Values: Analytical and Histprical Approach*, Springer Science, Chap. 7, pp. 191-243.

Schumpeter, J. A., (1954), *History of Economic Analysis*, Allen and Unwin.（東畑精一訳『経済分析の歴史』東洋経済新報社，東畑精一・福岡正夫『経済分析の歴史』全3巻，岩波書店，2005年）。

Smith, A.,(1776), *An Inquiry into the Nature and Causes of the Wealth of Nations*. (Final edition in Smith's lifetime: 1789).（日訳『国富論』あるいは『諸国民の富』各種。）

Sraffa, P., (1936), The Laws of Returns under Competitive Conditions. *Economic Journal*, 36(144): 535-550.

―――, (1960), *Production of Commodities by means of Commodities*, Cambridge University Press.（菱山泉・山下博訳『商品による商品の生産』有斐閣，1978年）。

第3章
経済学の生成

長尾伸一

1 Economyと市場経済

経済学の見方

　経済学の歴史は近代科学と連関しながら，長い歴史をもつ哲学や人文的な学問の伝統とかかわって展開してきた．本章では科学とモラル・サイエンスという2つの視点を総合して経済学史を理解しようとする松嶋敦茂のアプローチに応えて，18世紀における経済学の形成を中心に，経済学と自然科学や哲学，人文学との関係を見ながら，数人の重要な経済学者の学説を簡単に解説して，経済学の成立過程を概観する．

　科学は新しい事実の発見や分析する手段の開発によって進歩すると考えることができる．このような見方は，一般的には「実証主義的科学観」と呼ばれている．もしそうなら，科学の歴史はゆっくりとした，逆行することがない，絶え間ない進歩の歴史になるだろう．経済学の歴史をそのように描くことはできないだろうか．だが現代の科学の見方は，それだけではないとしている．科学は，自然に対して特定の視点から問いかけることから始まる．さらには「科学はどのような問題を解かなければならないか」ということや，「どうなればその問題が科学によって解かれたことになるのか」といった科学的研究の基本的な枠組み自体が，この視点のあり方に依存している．経済学の揺籃期にあたる17世紀の国家は，国民の正確な数さえ知らなかった．現代では多くの種類の，精度の高い経済統計が完備している．またそれらをコンピューターで分析することもできる．これに対して17世紀では，経済を「数」で表現すること自体が，新鮮な学問の方法と思われた．経済理論についても，たとえば17世紀の人々は外国貿易をどうとらえるかについて言葉で論争したが，現代のエコノミストたちは方程式やプログラムを使って，円高による輸出の変化が景

気にどんな影響を与えるかを計算している。このようにたしかに経済学的な知識にも，漸進的な進歩がみられる。しかし人類の知識の発展という大きな視野のなかで経済学の歴史を描く場合には，学問としての経済学の基本となる，経済をとらえる視点の形成やその転換に焦点を合わせることが重要となる。

経済学の対象である人間の経済活動は，時間とともに急速に変化していく。それには人口やGDPの増減のような量的変化ばかりでなく，変数のあいだの相関係数の変化や，変数そのものの転換のような，「構造転換」が伴っている。それが経済学に難しい問題を課している。また「何を問題にするのか」という経済学の視点自体も，社会のあり方によって変化する。社会に関するさまざまな知識のなかから「経済学」という学問が独立してきた一因には，近代社会から生まれてくる特有の知的，実践的関心がある。そのため時代の変化が，経済学という学問自体を変えていくことになる。

経済学は独立した専門分野としての「個別科学」だが，学問の歴史を総合的に見ると，自然科学とのかかわりが見えてくる。松嶋敦茂が「競合するパラダイム」と名づけた経済学の分類には，歴史上の科学の大きな変化が関係している。社会科学の1つである経済学は自然科学ではないが，外部と絶縁しているのではなく，科学の歴史と「底」の部分でつながっていて，独立して研究できる専門分野でありつつ，科学の全体的な動向のなかでゆっくりと変貌していく。

純粋数学などと比べると，経済学は現実の社会生活の問題に取り組み，解決しようとする実用的な学問である。しかし経済学の社会の見方の背後には，あらゆる科学がそうであるように，「世界とは何か」，「人間とは何か」といった根源的な哲学的・形而上学的問いに答えようとする動機が横たわっている。ほとんどの科学者たちと同様に，経済学の研究者たちも通常それを意識することがない。しかし彼らの視点のなかには，このような知的問いかけが組み込まれており，それによって研究の大きな方向や関心が制約されているのである。これらのことを知るためには経済学の歴史を，歴史そのものやさまざまな学問との関係で見ていくことが大切となる。

社会生活の基礎としての経済

まず「経済」という単語がもつ意味を考えることから始めてみよう。この単語にはこれから本章1節と2節で見るような2つの意味に加え，本章3節と，のちに第16章で説明するような，2つの歴史的な用法がある。

「経済」は中国の古典にある単語で，明治期にヨーロッパの言葉の訳として使われるようになった。英単語の economy には現在主に2つの意味があり，日本語の「経済」も同じように用いられている。その1つが「グローバル・エコノミー」，「中国経済」，「日本経済」という使い方である。この場合「経済」が何を意味するのかは，それが対比されている「世界政治」や「中国社会」や「日本文化」などの単語に含まれる，「社会」や「政治」や「文化」といった言葉の意味との違いを考えればわかる。「経済」は，「自然」の営みとは区別され，また1人1人の人間ではなく，人類が集団的に行う活動を指していて，しかも「社会」のような，人間集団の全体を包括的に指す言葉とは違い，そのなかの特定の面を切り取って表現している。人間の特定の「社会的活動」を表す点では「文化」や「政治」も同様である。「文化」は言語や学問や芸術やメディアやファッション，あるいは技術や生活習慣などを示し，「政治」は人間集団を規則づけ，一定の方向に動かす「統治」や，王権や議会や警察や軍隊のような，人間集団を支配するためにつくられた特別な人間集団や制度，機構などの働きを意味する。これらに対して「経済」という単語は，人間が存在するためには文化や政治よりさらに基本的である，「衣食住」という，生物としての人間の生活を支える社会的・集団的な活動を指している。

　それらについての考えという意味では，人間が物事を学問的に考え始めたときから経済学は存在していた。古代ギリシアの大哲学者アリストテレース（Aristotelēs：B.C. 384-322）は，社会科学に関する古典『政治学』（紀元前4世紀）の最初の部分で，社会的・集団的な活動としての経済を理論的に考察している。西洋以外でも，古代インドで著された王国の政策の百科事典的な集成『実利論』（伝カウティリヤ著，紀元前3世紀？）のなかでは，財政や経済政策が論じられている。古代中国でも，諸子百家と呼ばれる古代の思想家たちの学説のなかには経済政策と呼ぶことができるような事柄を扱う部分があり，前漢時代には産業国有化をめぐる論争をまとめた『塩鉄論』（桓寛編著，紀元前一世紀）が出版されている。このように経済政策は，古代から為政者や学者たちの関心の1つだった。

　　節約としての経済
　「経済」という単語は日常的には，航空券の「エコノミー・クラス」とか「経済的な車」というように使われる。この形容詞の「経済的」の語感からわかるように，この場合には，「経済」は「節約」という意味をもつ。

「節約」が成り立つためには，以下の条件が必要となる。第一に，大半の人間行動がそうであるように，「節約」は何かを達成するために意識的に行うので，節約の前提にはそれによって実現すべき明確な「目的」が存在する。何のために行動しているのかわからないような，目的がはっきりしない行動では，節約も成り立たない。第二に，節約とはこの「目的」を達成するための「手段」をうまく使うことなので，「手段」が存在し，しかもそれが無尽蔵ではなく，実現したい目的と比べて，相対的に限られていること，つまり手段の「希少性」が存在しなければならない。たとえば人間は生きるために呼吸するが，十分に酸素を含んだ大気は，人間が通常生活する空間には人類全体の呼吸量と比べてほとんど無尽蔵にあるので，呼吸を節約する必要がない。しかしエヴェレスト山頂付近のような生存に必要な酸素が十分でない場所では，登山者は酸素ボンベの残量と自分の運動量を正確に計算して，呼吸量の節約を行わなければならない。第三に，「節約」とは目的をより効果的に実現するために，希少な手段の用法や組み合わせ方を考え，そこからよりよい方法を選ぶことなので，その場限りの気分や感情に動かされるときには実行できない。思わず「衝動買い」をして，後で後悔したときは，節約をしたとはいえない。「節約」する行為は，人間が冷静で，現実的に可能な行為のそれぞれの結果を予想し，あらかじめそれらを比較して計画的に行動すること，つまり「合理的」に考え，行動することを求める。第四に多くの場合，節約は複数の希少な手段のあいだで選択を行うことなので，通常手段が取り換えられること，つまり手段の「代替性」が前提される。現代の経済理論が扱う行動の大半が，手段の代替性を仮定している。

このような意味での「経済」も，人間の誕生以来存在してきたはずである。旧約聖書はアダムとイヴが神の教えに背いてエデンの園を追放されたので，2人の子孫である人間は「額に汗して」労働しなければならなくなったと教えているが，「節約」をしなければならない必要がまったくない社会は，未開社会を含め，現在のところ考えられない。そのため「節約」の学の起源も古い。古代ギリシアではソークラテースの教えを受けたクセノポーン（Xenophōn：B.C.430頃-354）が，家長のための知識をまとめた『家政について』（紀元前4世紀）を著している。そこでは家庭の経営の責任者である家長には，農業などについての個々の技術的な知識よりも，最もよい結果を得るためによく考えて判断し，確実に実行する「深慮（φρόνησις）フロネーシス」が重要であると述べられている。同様な著作は古代から東西に見られる。

しかし現在世界中の大学で教えられている「経済学」という学問が生まれたのは，

17世紀から18世紀にかけてのヨーロッパだった。経済学は現在の社会科学のうちで，古代ギリシア，ローマの昔から存在していた法学，政治学と異なって，とくに近代になって誕生した学問である。そうなった理由には，以下のいくつかが考えられる。

学問的対象としての市場経済の出現

その1つが，この時代のヨーロッパの政治で市場経済の知識が重要になったことである。人類の歴史上，商業は数千年前から始まっている。その点で市場経済は国家と同様，文明と同時に誕生したのであり，「近代」に固有ではない。外国貿易や輸出産業を財政基盤として栄えた商業国家も，文明の誕生以後，世界中に見られた。インドや中国のような大帝国でも，外国貿易を含む，貨幣を獲得するためのさまざまな政策が行われてきた。だが江戸時代までの日本と同様，それらの大国の財政の重要な部分は主に農業に依存していた。農業生産のかなりの割合は自給自足的で，非市場的に運営されていた。人口が数百万を超える巨大で整備された国家が貨幣と市場を中心に経済政策を考えるようになったのは，ルネサンス以後のヨーロッパでだった。

初期近代のヨーロッパの国々は，[1]南北アメリカ大陸で植民地を建設したり，アステカやインカなど現地の人々の帝国を破壊して支配した。また従来イスラーム諸国の手にあった世界貿易が生み出す富を手に入れるため，アフリカ周航などの代替的な貿易ルートを開発したり，既成のルートをイスラーム商人から奪うことで，世界商業の覇権を握った。それに加えて多くの民族が混在するヨーロッパでは，彼ら相互の激しい争いから軍事技術や行政技術が発展したが，国家機構や軍隊の維持には大量の貨幣が必要で，その財源を確保するためには市場経済の発展が不可欠と考えられた。これらの理由で，市場経済をどう運営するかが，初期近代のヨーロッパ諸国で，真剣な学問の対象とみなされるようになった。とくにスペインやオランダの成功を追ったフランス王国やイングランドは，外国貿易を中心に市場経済を振興するための高度な政策体系を発展させ，それに成功したイングランドでは18世紀に「財政軍事国家」が成立した（ジョン・ブリュア 2003）。イギリスはこの制度に基づいて，世界を舞台にしたフランス王国との覇権争いに勝利し，19世紀には他国に先駆けて工業化を終え，世界帝国となった。[2]

このような歴史的事情で，ヨーロッパ諸国ではルネサンス以後，市場経済のメカニズムに対する学問的関心が高まっていた。それが経済学という学問が成立するた

めに重要だったことは，古代人アリストテレースの『政治学』のなかの，市場経済を論じた部分と比較すると理解できる。

　この社会科学の古典でアリストテレースは，いくつかの経済学の基礎的な概念に重要な学問的考察を加えている。『政治学』の冒頭の章は経済活動の根拠を問い，それを「ポリス的動物」である人間の本質に求めている。人間は死ぬべきものであるため，最低男女2人が存在し，子孫を残さなければ永続的に存在しない。また個体だけで生涯の大半を過ごす多くの動物たちと違い，食料や衣服や住居を生産しなければ人間は生存できず，そのためには複数の個人が協力する必要がある。さらに生誕後長い期間1人で生きることができない幼児は，大人の手で養育されなければならない。これらの理由で，人間は家族を作る。しかし家族だけでは必要な知識や財を得られないため，家族は集住して村落をつくる。村落が集まり，必要な財がその内部で調達できるところまで拡大した集団がポリスである。このように現在でも優れた生物学者だったと称賛されているアリストテレースは，「社会」の成り立ちを社会的動物としての人間の性質に求め，経済を人間存在にとって不可欠で，最も基本的な活動と考えた。

　『政治学』はさらに進んで，商品と貨幣を考察する。アリストテレースは，財には2つの用途があるという。財は本来人間の欲求を満たすために必要な性質をもっているはずであり，そうでなければ生産されることはない。これが財の本来的な価値である。それと並んで，市場で流通する財には「価格」という，交換の目安となるもう1つの価値がある。交換は個人のあいだで起きるのではない。その内部で生産と消費が完結する単位であるポリスのような共同体のなかで，余剰生産物（生産物から共同社会の維持に必要な消費分や投資分を除いた残り）が生じ，他の共同体の別種の余剰生産物と交換すると都合がいいことがそれぞれの共同体の人々に認識されたとき，交換が始まる。この行為が2つの共同体にとって有益だということになると，交換は恒常的に行われるようになる。

　当初交換は直接に財と財とを交換する「物々交換」のはずだが，それが日常的になると，いろいろな不便さが感じられるようになる。そのため便宜のために特定の財が選び出され，貨幣が誕生する。貨幣はあらゆるものと交換でき，持ち運びも便利で，代表的な貨幣である金や銀であれば，時間とともに劣化することさえなく，安心して貯蔵できる。このように交換は人間生活に有用な財を獲得するために行われ，貨幣もそれを円滑に進めるための発明なので，両者は人間存在にとって不可欠

で，最も基本的な活動である経済の本質（自然）にかなっている。

　だがその次にアリストテレスは，交換や貨幣にかかわる「不自然」な（人間の本性にそぐわない）活動があるという。それは貨幣を得るために財を生産する行動である。財は本来生きるために消費する目的でつくられ，それを売って貨幣を得るためではない。貨幣は単なる交換手段であり，その獲得が経済活動の目的となるのは，目的と手段の取り違えでしかない。そのためこれを生業とする商人は，「不自然」な活動を行っている。アリストテレスは貨幣によって貨幣を増やす金貸し業を，最も不自然な活動だという。アリストテレスにとってこのような人々の行いは，人間の本質（自然）に反していた。財の2つの価値の区別，交換の起源，貨幣の機能など，千数百年後の経済理論のなかで中心的な主題となる問題を明快に分析したアリストテレスは，利子をとる行動が最も非難に値すると述べて，『政治学』の最初の章を終えている。この書物の大部分をなす以後の諸章では，政治体制の原理とその変化，それへの対応策が議論され，経済は触れられない。古代ギリシアの学問観によれば，貨幣を使い，利潤を求める市場経済は不自然で非難すべき営みであり，学者の真剣な研究には値しなかった。

　『政治学』では利潤を求める商人や，投資によって資本を増やそうとする金融業者は，社会的動物としての人間の物質的生活を支えるという本来の経済には従事せず，それを営む集団に依存して上前をはねたり，不労所得を掠め取っていく，いわば社会的な寄生を行う集団と考えられている。古代ギリシアの後進地域マケドニアに生まれたアリストテレスがプラトーンに学んだ文化の都アテネは，実際には活発な貿易によって繁栄した商業国家であり，軍事大国スパルタとギリシア世界の覇権を争い続けたが，この著作が書かれた時期にはすでに盛期を過ぎ，政治的には衰退に向かっていた。商業の発展はポリスに富と国力を与えたが，それは所得格差を大きくし，やがてポリスの軍事力の中核である市民団を解体し，最後にはギリシア全土がマケドニアの王権によって支配される事態を生んだ。市場経済の担い手を寄生集団と考えるアリストテレスの議論は非現実的なようにも見えるが，そこにはこのようなギリシアの「現代史」に対する彼自身の理解があったとも考えられる。

　『政治学』でポリスは理論上，自給自足が満たされる最小規模の社会と考えられている。古代ギリシアのポリスは通常数千人から数万人程度の大きさであり，現代の日本では都市というより，「村」や「町」の規模の社会だった。アリストテレスによれば，それは地縁や血縁など，直接の対面的な人間関係に基づく集落をいく

つか束ねた程度の社会とされる。交易はそれを越えて広がるが、あくまで自立し自足した社会であるポリスの必要を補完する程度の役割にとどまる。それを越える市場経済の深化はポリスの存続を脅かすだろう。

『政治学』は国家についても同様に考える。18世紀にジャン・ジャック・ルソーが『社会契約論』で再度主張するように、国家にも適正な規模（ポリスの大きさ）があり、それを越えて「不自然」に巨大化すると、統治は困難になる。古代ギリシアでは民主制の場合でも、参政権をもつ市民は男性の家長だけなので、たかだか全人口が数万人程度の規模であれば、現代のスイスのカントンのように、先祖代々お互いに知りあっている市民たちによる直接民主制も可能だろう。アリストテレースにとって社会的動物としての人間が生存するために必要な「経済」や「政治」は、古代文明が誕生する直前の大集落程度の規模なのであり、それを越える巨大社会の社会関係を統括する貿易商人や金融業者やペルシア帝国の大王などは、人間の本性から逸脱した「不自然」な、しばしば有害な寄生的存在なのだった。

これに対して初期近代のヨーロッパでは、市場経済の仕組みを研究することに重要な学問的価値があると考えられるようになった。たとえば初期の経済学の古典であるイングランド人トマス・マン（Thomas Mun：1571-1641）の『東インド貿易によるイングランドの財宝』は、自身が重役を務める東インド会社がインドに対して赤字貿易をしていて、その支払いのために貴重な貨幣をイングランド国内からインドに持ち出しているという非難に反論している。マンは、東インド会社がインドから輸入した製造業品をヨーロッパ大陸諸国により高く転売しているため、合計した貿易収支は黒字であり、それによってイングランドに貨幣が流入していると議論して、会社は国家に貢献していると説明する。遺書となった本書は息子への家訓を伝えるという伝統的な文学形式をとりながら、国際収支の基本的な概念を解明した貿易論の古典となっている。この理論によって、マンは題名の通り、「貿易こそが現代国家の富の源泉である」と主張する。この時代のイングランドは階級社会でありながら、貿易商人は高い社会的地位を与えられ、貴族の子弟たちからも貿易に従事する者が多数登場していた。それは先祖が残した大所領を相続して地主として経営したり、軍務に就くという、貴族の伝統的な「高貴」な職業とともに、利潤を求める職業としての貿易が「自然に反する」卑賤な生業ではなく、財政面から国家を支える、名誉ある仕事と考えられていたからだった。

国家にとって有用とされた外国貿易では、交換や貨幣や信用や保険など、市場の

仕組みが典型的な形で現れる。そのためその研究は，市場経済の仕組みの解明へ進んでいくことになる。こうして経済学は人間の社会的生活の基礎となる活動ではなく，「不自然な」利潤追求が行われる市場経済の研究として，アリストテレスがいったように，それがとくにはっきり現れる外国貿易の研究から始まった。

　現在の経済学の講義は，経済主体の選択の理論である「ミクロ経済学」や，社会全体の需要，供給と資源配分を論じる「マクロ経済学」から始まり，国際経済学で終わるのが通常である。しかし歴史的には，経済学の歴史は「国際経済」とそれにかかわる諸概念から始まった。そのため「重商主義」と総称されたこともある古典派以前の経済学的な諸著作では，貿易，貨幣，利子，価格などの，貨幣経済的な事象の理論的解明が中心となっていた。のちに見るように，主流派経済学は需要と供給に基づく資源配分のシステムとして市場経済の仕組みをとらえ，論理的には貨幣抜きで経済を論じることができると考えるが，貨幣が大きな役割を果たさない大規模な市場経済は，実際には存在しない。そのために18世紀にそれ以前の時代の「重商主義的な」経済理論を批判することで誕生した古典的な経済学は，貨幣の本質と機能の解明という点で，困難な課題を背負うことになった。

2　経済学の誕生とパンフレット作者，自然科学者

初期の経済理論と政策論争

　現在ではトマス・マンのような実業界の大物が，学問的に重要な貢献をすることは考えられない。この時代にそれができたのには，2つの事情があった。その1つは，イングランドのような社会の政治が「論争」によって動かされていたことだった。代議制民主主義ばかりでなくどのような政治体制も，国民の支持がなければ長くは続かない。そのため独裁者たちも，世論の動向に常に気を配り，人気を高めるための政策を実施する。また近代民主主義の揺籃の地である西欧諸国でも，18世紀までは何らかの形で検閲があり，現代のような「言論の自由」が存在していたのではなかった。その点では程度の違いになるが，この時期のヨーロッパ，とくにイングランドでは，公けの場での政策論争の政治的意義が相対的に大きかったといえる。また中国でははるか昔から出版文化が栄えていたが，それはヨーロッパでは初期近代の16世紀になってからだった。通常の書物はまだ高価で，一般人が手に取るものではなかったが，それとともにパンフレットと呼ばれる，たかだか数十ページ程度

の厚さの安価な小冊子が多数出版され，それを使って政策論争が行われた。初期近代の西欧の識字率は江戸時代の日本を下回っており，文字を読める人は少なかったが，パブやコーヒーハウスなどの人々が集まる場所では，パンフレットを読んで聞かせることが広く行われ，識字率以上に活字の影響力は大きかった。そのためマンもその1人とみなされる，職業的学者ではない「パンフレット作者」と呼ばれる人々が，特定の政治的主張，有力者の利益，さらには自分自身の利益を正当化するために，出版活動を行った。

　合衆国の大統領選挙での「テレビ討論」のように，演劇的な場が政治的な意味をもつ場合と違い，活字による論争では，ヴィジュアル・イメージや声や演説手法のような，現代の政治家たちが多用する手段は役に立たない。それより実例を挙げて体系的，論理的に自己の主張を示すことが重要になる。パンフレットとはいえ，読者が冷静に読み進めるはずの著作で展開される論争では，レトリックを駆使して自分の利益を擁護するのではなく，万人が納得するような普遍的な原理に基づき，自己の政策が公共の利益を増進することを証明しなければならない。初期の経済学的な著作の作者には，商人や官僚や政治家，また彼らの意見を代弁したジャーナリストたちが多かった。現代ではそのような人々の著作に学問的価値があることはまずないが，この時代のパンフレットのなかには有効な政策の提案ばかりでなく，経済理論に対する重要な貢献が記されていた。たとえば「トーリー自由貿易論」[5]者の1人とされるダドリー・ノース（Dudley North：1641-1691）は成功した貿易商人で，のちに官僚になり政策立案にも携わった人物だが，彼の著書『トレードについて』（1691）は，小著ながら一般均衡論の先駆とさえ評されることもある，理論的水準の高い作品だった。この書物は数学的なまでに厳密な論理的思考の産物で，需要と供給の変動が自動的に均衡に向かうシステムとして市場経済を描き出し，その法則性を根拠に，徹底した自由主義的政策を擁護している。ノースは当時政策論争の重要な主題だった利子や貨幣についても，利子は貨幣の賃料であり，需要と供給で決まり，流通貨幣量は交換に必要な量で決定されるので，人為的な操作は無意味だと主張する。活字を使った活発な経済政策論争は，経済の仕組みに対する原理的な探求に結びついたのである。

新しい科学と経済学——ペティとケネーの場合
　マンのような実業家が学問的な貢献をしたもう1つの事情は，初期近代のヨーロ

ッパで「新しい科学」が生まれつつあった，あるいはそうであると広く信じられていたことだった。この時代のヨーロッパでは，現代の科学の原型となる学問が形を整えつつあった。とくに医学や物理学の新しい理論体系の出現が，社会や人間を考える学者たちに，ついに世界の本当の姿を明らかにできる新しい時代が来たと感じさせた。彼らは「万有引力」のような普遍的な仕組みを社会のなかに見つけられると信じ，そのために医学や物理学などの科学の方法を人間と社会の研究に応用しようとした。イングランドのウィリアム・ペティ（解剖学者，17世紀）やフランスのフランソワ・ケネー（フランス王の侍医，18世紀）のように，経済学の最初の設立者たちのなかには科学者が多く見られた。「経済学の父」と呼ばれるイギリス（スコットランド）のアダム・スミス（18世紀）は，もともと文学や法学や倫理学などを教えた人文系の学問の教師だったが，学生の頃から科学に強い関心をもち，「社会科学のニュートン」になろうとしたと同時代人にいわれている。この理由で，経済学は政治学，社会学，経済学という3つの現代の社会科学のうち，最も自然科学に近い性格をもっている。現代経済学では物理学に倣って，統計や方程式といった，数理的な分析手段が研究に不可欠となっている。経済学史家のP. ミロウスキーはかつて19世紀の熱力学が経済学の影響を受けたと主張したが（Mirowski 1989），それ以外にも20世紀後半の進化論での経済学的手法の採用など，経済学から自然科学への影響も見ることができる。

　この「新しい科学」が建設された場は大学ではなかった。中世ヨーロッパでは主要都市に大学が創設され，神学部に加え，人文学部，医学部，法学部が設置されたが，この時代の科学の新しい展開は，医学部を拠点とした医学以外は，主に大学の外で行われることになった。とくに天文学，物理学，化学，数学といった近代科学の精華となった分野は，大学で支配的だったアリストテレースの自然学を批判して，学者たちの私的なサークルで議論されるのが普通だった。彼ら「新しい科学者」たちは，大学の学問に対抗して有力者や王権の支持を求め，17世紀後半には科学者の公的団体であるロンドンの王立協会やフランスの王立科学アカデミーが創設された。

　経済学が大学で教えられるようになったのは19世紀であり，公的な教育機関で訓練を受けた専門家としての「経済学者」は，それまで存在しなかった。経済学（economics）という言葉さえ，19世紀の後半になってはじめて使われるようになった。初期近代のこの新しい学問分野ではアマチュアとプロフェッショナルの区別がなく，関心と経験と論理的思考力を備えた人物なら，この「新しい科学」の1つに

何らかの貢献をすることができたのである。実業界や官界や政界で生きてきた学問的能力の高いマンのような人々が、そのような野心をもったのも当然だった。

経済の研究という新分野で「専門」にとらわれない学問的貢献を志す点では、職業的学者たちも同様だった。経済学的問題に関心をもった学者たちは、自然科学者と道徳哲学者の2種類に分類できる。ウィリアム・ペティ（William Petty：1623-1687）は下層階級の出身で少年水夫だったが、フランスで教育を受けたのち、科学の先進国オランダのライデンで苦学して医学博士号を取得し、20代半ばでオックスフォード大学の解剖学教授になったという、知識を通じて人生を切り開いたこの時代の典型的な人物の1人だった。彼は王立協会の設立やニュートンの会長就任人事にもかかわり、「新しい科学」の振興で現代の科学史にも登場する役割を果たした一方で、医術を通じてときの政権に接近し、オリヴァー・クロムウェルによるアイルランド征服後、取り上げたカトリック貴族や僧院の土地を分配するために、最初の科学的地図と評価されるアイルランド全図を作製するなどの業績を挙げた。ペティが経済学的問題に取り組み始めたのは、大地主となったアイルランドへの関心もあって政策提言を行うようになる、40代以後だった。(6)

すでに学問的に自己を確立した学者が新しい分野に参入したため、ペティの経済の研究は当時の医学の方法や、青年期から得意としていた算術(7)を社会の研究に応用するかたちになった。著書『租税貢納論』(1662)、『政治算術』(1690)、『アイルランドの政治的解剖』(1691)で、ペティは医学における人体（body natural）の解剖のように、社会の問題を考えるためには「政治体（body politick）」の政治的解剖（political anatomy）が必要であると主張する。ここで「政治的」という言葉は、現代のような狭義の政治ではなく、生物の体と対比した「社会」といった意味で使われている。死体を使った人体の解剖学や、動物の解剖による比較解剖学は、16〜17世紀に発展し、医学を当時の先端的科学とした。ペティはそれを新しい学問分野である社会の研究に応用しようとした。

だが社会を実際に切り刻めば大惨事を引き起こすので、「政治的解剖」は医学でのようには実行できない。そのためペティは数字や重量や尺度（number, weight, or measure）、つまり社会統計をメスに替えるのだという。それらを使った議論は感覚のみに基づき、誰でも目で確かめられるので、自然言語を使った議論のように、移ろいやすい人間の意見や欲望や感情に左右されず、誰もが同意できる客観的な結論を導くことができる。科学史家のR. オルソン（Olson 1993）が「社会的医学（social medicine)」と呼んだこのような学問的方法は，現在の社会科学の基礎となっている。国民所得統計どころか人口統計さえなかった時代に行われたペティのこの提言は，「政治算術」と呼ばれる社会の統計的研究の1つの源泉となった。

　ペティの試みは数理的・統計的社会科学ともいうべき，イングランドやアイルランド社会のおおざっぱな推計による実証研究であり，経済理論の体系の建設ではなかったが，彼の著書のあちこちには重要な理論的アイディアが表明されている。それは18世紀の前半に，アイルランド出身のリチャード・カンティロン（Richard Cantillon 1680頃-1734）の『商業一般の本質に関する論考』（1755, 遺稿からの出版）のなかに体系化された。カンティロンは学者ではなく，パリとロンドンで成功した銀行家だったが，フランス語で書かれたこの書物は「重商主義」の時代の最後を飾る見事な理論的体系であり，原稿は出版前から回覧され，大きな影響を与えた。

　カンティロンは18世紀から19世紀の経済学における理論的な最大問題である，需給によって変動する市場価格の中心となる商品の内在的な価値とは何かを問い，それが商品の生産に必要な「土地と労働」の価値に還元されるとする。「土地と労働」の価値はペティがそれぞれ地代の資本還元と，労働者の平均年収と平均寿命によって計算しているので，それらを使用する生産技術が与えられれば，実際に算出できる。カンティロンの理論は，国富を国内の建物，人口，土地，貨幣を合算し，国民総資産的にストックとしてとらえた『政治算術』でのペティの議論を継承している。このペティ的な価値論に基づき，カンティロンは生産額から費用を引いた「余剰」がどこまで投資に回るかが経済成長を決めるとして，地主の投資決定が経済成長を左右すると考えた。

　貨幣論については，彼はジョン・ロックたちの議論を取り上げてその貨幣数量説（商品の価格が流通貨幣量で決まる）を批判し，流通手段としての貨幣と資本としての貨幣を明確に区別するとともに，「カンティヨン効果」と呼ばれることもある，貨幣量の変動が景気に与える影響を論じている。また経済政策では製造業を重視し，土地生産物の輸出より製造業製品の輸出のほうが国家にとって有益であるとしつつ，生産費用の騰貴による国際競争力の低下のために「成長する国は必ず衰亡する」と，一国の成長と衰退を論じている。カンティロンの著作は，富をGDPのようなフローでなく，資産としてストック的にとらえ，輸出製造業の振興による貨幣の獲得を政策的に重視するなど，「重商主義」の時代の観念に基づきながら，ペティたちを受け継いだ実証的性格が強い体系的理論を提供している。現代の経済学とは大きく

内容が異なっているが、この著書の完成を1つの「経済学の成立」ととらえることもできるだろう。

草稿の段階でカンティロンを読み、それを批判することから経済学の体系を築いたフランソワ・ケネー（François Quesnay：1694-1774）も、経済学の創設者の1人と考えることができる。農民の息子に生まれ、最後は国王の侍医としてヴェルサイユ宮殿に住んだケネーもペティと同様、知識によって華々しい社会的地位の上昇を達成した「新しい科学」の時代の代表的存在だった。地方都市の外科医から始め、[8]フランス王国の医学界の頂点にまで上り詰めたとき、ケネーはすでに60歳近くになっていた。彼の経済学史上の履歴は、この老年時代に始まった。彼はペティと同じようにみずからの医学の方法を社会の研究に転用し、財政赤字と農業不振に悩む王国経済を変革しようとした。ケネーの理論は難解な「経済表（tableau économique）」という表のかたちで示されたが、経済学史上最初の学派ともいえる、「エコノミスト」と呼ばれた優秀なケネーの信奉者たちがその学説を解説し、経済政策の改革運動を展開した。

初期の論稿「小作人論」、「穀物論」などで、ケネーはイギリスの大農経営に対してフランスでは小農経営が主流で生産性が低いとし、大農経営による農業国フランスの経済再建を構想している。その方法が農業商業化のための国内の流通自由化、農産物輸出の奨励や重商主義的貿易政策の破棄などの、徹底的な自由主義的改革だった。とくに財政赤字対策のために複雑で混乱したものとなり、農民への負担が大きくなってしまった税制を改革する目的で、ケネーは土地単一税制（土地所有者だけに税金を課する）を提唱して、税制合理化と大農経営のための資本確保を実現しようとした。ケネーの理論はこれらの政策の正当性の学問的論証をめざしている。

「経済表」は1758年から1766年まで改定を重ねていて、正確な理解には専門的研究が必要だが、それはいくつかの理論的前提をもっている。社会像としては、経済表は当時「商業社会」と呼ばれたような、農業と商工業が分離した文明社会を想定している。またケネーは貨幣を重視した重商主義の時代の議論に対して、貨幣を単なる流通手段ととらえ、真の富とは年々消費され、再生産されるものだと、国富をフローの次元で定義する。この年々生産される財の総量（現代のように価格で測った付加価値の総計ではなく、農産物や製造業品などの物財の物理的量）からコストの部分を差し引いた剰余部分が「純生産物（produit net）」だが、それは農業でしか生じないとケネーは考える。農業だけが「生産的」（投入を上回る産出が得られる、物財で測っ

第3章　経済学の生成

た生産関数の係数が1より大きい）であり，農業だけが増大する富を生み出す。

　そう考えた理由は，ケネーが「農本主義」的な思想をもっていたからだけでなく，生産は「自然と資本の力による」とした医学者ケネーが，生物としての人間の物質的な社会生活を維持する自然の生命力を重視したこと，あるいは自然科学者として，富を感覚的に把握できる対象のみに限定して考えると，投入財と産出財の物財的な差が正となるのは農業だけなので，農業だけで富の余剰が発生するとしたことなどが考えられる。おそらくこれらの理由から，ケネーは生命としての人間の生存の土台となる過程として経済をとらえ，「人体」に擬えた「政治体（社会）」が，自然との交流によって自分自身を日々再生する姿を描き出し，それによって貨幣や輸出製造業を重視する政策を批判する。支配階級や商人や製造業者たちは，必要な存在かもしれないが，すべて農業を中心とするこの基礎的な経済の過程に依存する二次的な集団である。

　これらの前提に基づいて，経済表では社会を地主，生産的階級（農業者），不生産的階級（商工業者）に分類し，各年の生産が終わったのちに（経済表では単純化のために，あらゆる産業部門の生産期間が1年とされている），それぞれの階級内での個人間の取引を相殺されたものとして無視したうえで，三大階級のあいだの生産物の交換と地代の支払いがどのように行われるかを考察して，その過程を図示する。こうして「経済表」では年々の社会的「再生産」の過程が描き出される。この理論に基づけば，地代は純生産物から支払われる。租税の源泉も純生産物でなければならないので，土地だけに課税する政策が正しい。そうでなければ，産業の単純再生産（ゼロ成長）を保証する最低限の投資部分までが国家によって収奪されて，経済は縮小していくだろう。

　ケネーのマクロ的理論では，客観的に計測できる技術の水準で経済モデルが決定される。製造業では生産関数の係数が1なので，農業部門との部門間需給の均衡を前提とすれば，ここでの投資は，農業での投資額と，技術によって与えられる，農産物と製造業製品の投入産出係数で決まる。また可能な地代額は農業での投資額と生産関数（>1）で決まる。そのため地主や為政者の貪欲のために現実の地代が可能な地代を上回れば，経済は衰退する。農業での生産性上昇のみが地代額増大の原因なので，自分の所得の増大を求める地主はみずからの消費を抑え，土地改良に投資しなければならない。そのため正しい政策は，再生産に必要な投資額の確保と，農業での生産性上昇を目的とすべきである。

さらにこの経済モデルをもとに経済成長を考えると，農業と製造業での現実の投資拡大が，それぞれの投入産出係数によって決まる比に一致しなければならないので，与えられた技術の水準で均衡成長軌道（安定した成長を続けられる経済のあり方）が一意的に決まることになる。またこの投資拡大の原資は純生産物なので，投資は地代から賄われる。したがってカンティロンの場合と同様，所得を投資するか消費するかという地主階級の集合的選択が経済成長を左右する。このモデルは，農業部門での投資拡大と製造業の農業依存度の上昇という，農業主導型の成長となる。このような経済成長は地代を増大させるので，消費より投資を選択するのは地主の長期的な利害に適う。

　技術と剰余の社会的配分の2つが経済の状態を決定するケネーのモデルは純粋にマクロ的であり，そこでは個々の経済主体の選好や選択は，説明原理としては考える必要がない。なお経済表に現れる数値は，経済統計のない時代に推計したフランス王国の総生産などを元にモデルを組み立てた際の値であり，その点でこの理論はマクロ経済の集計値的分析の先駆けともいえる。

3　political economy とモラル・サイエンス——アダム・スミス

道徳哲学者の系譜

　マンのような実務家，パンフレット作者や，ペティやケネーのような自然科学者たちとともに，18世紀のイギリスで「道徳哲学者」と呼ばれた，伝統的な人文的学問の訓練を受けた人々も，この新しい分野の開拓に関心をもった。通常「経済学の父」とされる『国富論』の著者アダム・スミスがその代表的な例である。

　スミス自身は，「経済学」を創設したつもりはなかった。スコットランドの諸大学では旧来ラテン語で行われていた講義を英語に変えたり，「新しい科学」の動向を組み込んで教育システムが改革され，新しいカリキュラムのもとで，イギリスで最も先進的な教育が行われていた。スミスはその1つであるグラスゴー大学の道徳哲学教授だった。当時道徳哲学講義では自然神学[10]，倫理学，法学，政治学などが教えられたので，スミスは現在の人文・社会科学のほとんどを担当する教授だったとみなすことができる。そのうえスミスは，道徳哲学講義の内容の大部分を出版するつもりだった。それらには，関心がなかったように思われる「自然神学」を除き，倫理学を扱う最初の著書『道徳感情論』，これに続く『国富論』，老齢のために出版

が果たせなかったが，講義ノートで内容を知ることができる「法学講義第一部」，さらに未完成のため出版の判断を死後に委ねた，『哲学論文集』と通称される，哲学や科学史にかかわる諸断片がある。これらを総合すれば，スミスが哲学，学問論，倫理学，政治学・法学，経済学という，広大な分野を体系的に研究していたことがわかる。『哲学論文集』を見ると，同国人の哲学者デヴィッド・ヒュームやトマス・リードのように，深く内面に沈潜して思索し知識の基礎となる統一的な原理を見出すような思考には，スミスはかならずしも秀でていなかったことがわかる。だが彼の学問の全体を概観すると，哲学・科学史では「事物の空想上の結びつき」，倫理学では個人のあいだでの「共感」と「立場の交換」，国富論では「交換性向」，政治学では権威を感じる心理や正義の原理など，それぞれの分野が少数の原理に基づいて明快に組み立てられていて，スミスが人間や社会の現象の個々の事実を詳しく調べながら全体を総合し，それを見事な英語で表現することに優れていたことがわかる。歴史上に名を遺した哲学者たちと比較すると，厳密な体系性や形而上学的な深遠さには欠けるが，スミスは学問的意図としては，倫理から経済にいたる，時代の社会にかかわる知識を総合する「道徳哲学者」であろうとしたのである。

修辞学，論理学
　道徳哲学者スミスの学問体系には，人文・社会系のさまざまな学問がかかわっている。初期の講義ノートである「修辞学講義」や遺稿の『哲学論文集』には，デカルト派の思想家アントワーヌ・アルノー（Antoine Arnauld：1612-1694）とピエール・ニコル（Pierre Nicole：1625-1695）が著したポール・ロワイヤル論理学や，17世紀フランスの古典主義美学の影響が見られる。論理学も修辞学も中世の大学の人文学部で教えられた学科で，初期近代にはそれらを改革するさまざまな試みが行われた。『哲学論文集』では，アリストテレースが著書『分析論』で示した，すでに証明されたか，自明であるとされている命題からの論理的演繹が学問の方法とされているが，この見方はデカルト的な演繹法を批判する同時代イギリスの経験主義とは異なっている。スミス自身の言語論や論理学についての見解を交えて体系的に叙述された「修辞学講義」では，主題ごとに議論をまとめて羅列していくスコラ哲学の著述法が「アリストテレースの方法」と呼ばれ，原理から論理的に展開する叙述法が「ニュートンの方法」と称されている。スミスはこの「ニュートンの方法」という論文の叙述法を『国富論』で実践しているが，それは正しくはアリストテレース，

あるいはデカルトの方法とすべきだろう。

これらのスミスの議論の背景には，デカルトの哲学に基づいて構成されたポール・ロワイヤル論理学とスミスの学問の方法論との親近性があると考えられる。このことは「道徳哲学のニュートン」ともいわれる道徳哲学者スミスが，ペティやケネーなどの自然科学者のように「新しい科学」の学問的方法を経済の分野に持ち込んだというかたちではなく，人間社会を貫く一般法則を経験的研究によって発見し，人間と社会の学問を築くという，あくまでインスピレーションや目指すべき学問の理念の点で，ニュートン主義などの「新しい科学」の影響下にあったことを示している。実際『国富論』はガリレオやニュートンたちが完成させた物理学の数理的・実験的方法を社会の現象に適用したというより，多くの事実の収集と観察に基づいて論理的に一貫した学問体系を築いたアリストテレスの『政治学』や，膨大な事実の整理やフィールドワークと生理学的人間論に基づいて法と国家の原理を説明したモンテスキュー（Charles-Louis de Montesquieu：1689-1755）の『法の精神』（1748）などに似た，むしろ古典的な経験的，論理的方法によって組み立てられている。

倫理学と道徳的懐疑論

倫理学もプラトーンの諸著作やアリストテレスの著作『ニコマコス倫理学』などに始まる古典的学問であり，中世哲学ではキリスト教的倫理学が体系化された。初期近代には世俗社会のなかで生きるための規範を示す倫理学も議論されるようになり，古代ローマの思想家キケロの『義務論』などが教科書として使われた。18世紀のスコットランドの大学では，紳士として行動できる人間を育てるために「道徳哲学」が重視された。この世紀の学者たちのあいだでは，神による天地と人間の創造を前提としながら，世俗社会での倫理的行動を根拠づけるための原理を「人間本性」のなかに発見することが目指された。その際，17世紀のモラリストや自由思想家たち，トマス・ホッブズ，あるいは原罪によって堕落した存在と人間をとらえるカルヴァン派などの，みずからの快楽や利益のみを追求する利己的存在という人間観をどう批判するかが中心的な課題となった。

スコットランドではグラスゴー大学でのスミスの先生だったフランシス・ハチスンが，イングランドの思想家シャフツベリ卿の「モラル・センス」という観念を継承して，人間の道徳的行為能力を論証しようとした。これを道徳的懐疑論と道徳的実在論の対立と呼ぶとすれば，道徳的実在論者も，人間の「自己保存」の衝動や

「利己心」の存在や役割を否定したのではなかった。当時のキリスト教の立場でも、自分を守って幸福を求める欲求や能力は、神から与えられた人間精神の正当な機能と認められていた。ハチスンのような道徳的実在論者の論点は、自己保存や利己心以外に、少なくとも書斎で静かな気持ちになったときや、他人が生命の危機に瀕しているのを目前にしたとき、道徳的な規範に従って物事を判断し、それに従って行動しようとする傾向を人間がもつことができるということだった。そうでなければあらゆる道徳教育は不可能になり、社会秩序は崩壊してしまうだろう。

　ヒュームに倣いつつモラル・センスの存在を否定し、共感能力と想像上の立場の交換によってこの問題に答えようとするスミスの理論は、見ようによってはホッブズに近寄っているともいえる。スミスの倫理学はすぐにフランス語に訳され、最新の刺激的な学説の1つとしてフランスの知識人たちの関心を惹いた。20世紀末に法哲学者たちから再評価されるようになったとはいえ、学説史のなかでは特殊な考えであり、後世に影響を残さなかったが、スミスの学説は個人の内面の経験的観察に基づいて道徳の成立を論じる啓蒙時代の試みの1つだった。またそれは古代のストア派の気高く貴族的な倫理との比較で、平穏な日常生活で節度ある行動をする中産階級以下の市民のモラルを学問的に根拠づけていると見ることもできる。利己心だけが支配しているように思える『国富論』の世界は、実際には他人に非難されないように配慮して生きる人々の存在を前提としているのである。神のような偉大な存在や高尚な哲人の理想を尊敬しつつ、哲学者でも英雄でも貴族でもない、ありふれた普通の人々の手が届く世界に視線を集中しようというスミスの姿勢が、ここに現れている。

自然法学と政治学

　『国富論』の世界が理論上で成り立つためには、もう1つの学問的土台が必要だった。オランダのフーゴー・グロティウス（Hugo Grotius：1583-1645）やドイツのサミュエル・プーフェンドルフ（Samuel von Pufendorf：1632-1694）たちの自然法学は、社会の成り立ちを個人の結合にまでさかのぼって理論的に考察することで、あらゆる法律の原型となる基本的な規範を体系的に明らかにしようとした。法制改革が進められていたスコットランドでは、その原理を求めて自然法学が研究された。法と国家の歴史と仕組みを体系的に扱ったスミスの「法学講義」は、その代表的な作品の1つである。この講義の第一部は法制史と政治学であり、この部分が『国富

論』の後で出版される予定だった。もしそれが刊行され,断片に終わった哲学的論考が完成していたとすれば,アダム・スミスは「経済学の父」ではなく,認識論,修辞学から倫理学,政治学・法学,経済論にいたる一貫した体系をもつ,啓蒙時代を代表する社会哲学者として名を遺しただろう。

　スミスは「法学講義」で政治体制の基礎を,富裕な人を尊敬して服従しようという人間の心理に求めつつ,法や国家機構の存在理由を私的所有に見て,「金持ちを貧乏人から守るため」に国家が生まれたという。所有のあり方は産業構造の変化によって変わるので,狩猟採集経済の共有制と国家のない時代から,所有できる家畜が存在する遊牧社会,土地所有が基礎となる農業社会,不動産と並んで動産所有が重要となる商業社会と,経済が変わるにつれて国家と法のあり方は変化してきた。経済の発展と国家や法の変化を統一的にとらえるこの見方は,スミス1人が考えついたのではないとはいえ,同時代のフランスの思想家・政治家ジャック・テュルゴ（Jacques Turgot：1727-1781）の『富に関する省察』（1766）と同様,モンテスキューの研究からさらに進んで,法,国家,経済と歴史の理解を深める重要な学問的貢献だった。

　「金持ちを貧乏人から守るため」というスミスの言い方は,自身が好意的な書評を書いたジャン・ジャック・ルソー（Jean-Jacques Rousseau：1712-1778）の『人間不平等起源論』（1755）を念頭に置いている。スミスは当時のイギリスの貴族支配[13]に批判的でなく,共和主義者でも民主主義者でもなかった。しかし『国富論』では「真の富」は年々労働によって再生産され,消費される有形財であると,ケネーの純生産の概念を製造業の生産性を認めたうえで受け継ぎ,国富を作り出す勤労者を「生産的労働者」と呼ぶ。これに対して君主,貴族,軍人,政治家,医者,法曹,大学教授などは,すべて召使と同じ「不生産的労働者」であり,たとえ国家にとって有用であったとしても,生産的労働者に依存して生きているという。スミスは君主制を否定しないが,中産階級やそれより下層の勤労者が社会で重要な役割を担っていると見る,当時の啓蒙主義の考え方に忠実だった。

　ラテン語の古典を読み,古代人の高尚な徳を尊ぶスミスは,私有財産が人間を道徳的に堕落させたというルソーの訴えにも耳を貸していた。スミスがルソーに反対する理由は,私有財産に基づく経済が経済成長をもたらし,それによって所得格差が大きくなっても（相対的貧困の増大）,富の増大につれて貧しい人々の生活も改善される（実質賃金の増大と絶対的貧困の縮小）のに対し,財産を分けあう平等は貧しさ

の平等をもたらすだけだからだった。その背後には，市場システムによって成長している当時のヨーロッパ社会の認識があった。スミスはそれに基づいて，現存の市場システムの発展が人口の大部分によりよい生活をもたらす唯一の手段であるといっただけで，決してそれが理想社会を招来すると考えていたのではない。そのためスミスは，人間を社会機構の1つの歯車にしてしまう分業の弊害や，金権政治による国家の腐敗など，経済成長の暗い面の指摘も忘れない。「金持ちを貧乏人から守る」というスミスの言い方は，このような理想と現実の両者に目配りする彼の認識を，辛辣なユーモアによって表現している。

　同様にスミスは，ケネーと自由主義や農業重視の見方を共有していたが，王権を説得して自由主義政策を実行させようとする重農主義者たちを嫌っていた。『国富論』では製造業も生産的だが，農業では最も利潤率が高く，外国貿易は最も利潤率が低いとされ，そのため人為的な政策介入がなければ，農業，国内製造業，外国貿易の順に，投資の「自然的順序」が成立するという。このような内発的な経済の「自然な発展」は，「近代（スミスにとっては中世から後を指す）」の国家介入による外国貿易と輸出製造業中心の「不自然」な歴史的発展と異なっている。ケネーはそれを国家権力の手で強制的に訂正しようとした。その方法が強力な王権による，自由主義的経済政策の実施だった。

　スミスも農業から始まる内発的発展が自然な成長のあり方だと考え，『国富論』で主張した「自然的自由の体系」もケネーと同じ自由主義的政策だったが，それを政治権力によって一気に実現することには反対だった。社会には為政者の誤りを訂正する「自然治癒力」があるので，重商主義政策が強力に実施されたフランス王国でも，現状は結果的によい方向に進んでいる。重商主義が確立した製造業をいまさら否定する必要もない。18世紀イギリスの知識人のほとんどは，17世紀の凄惨な「内乱」[14]をどのように避けるか，という観念にとり憑かれていて，それはスミスも同じだった。とくにスミスにとって社会を改善するのは，少数の政治家や知識人の思いつきではなく，自分や家族や周囲の人々のために配慮して日々の生活をおくっている，無数の人々の小さな努力の積み重ねなのである。「自由主義」でも「社会主義」でも「保守主義」でも，どのようなものであれ，「理想」に従って社会を急激に変革する試みは，彼が望むものではなかった。

　スミスの自然法学では，当時「商業社会」と呼ばれた，市場経済の仕組みによって成長していく社会を成り立たせる国家の原理が，法と国家の歴史的説明をもとに

体系化される。外敵から国土を防衛することが国家の第一の責任だが,それに加えて国内的には,市場経済の基礎である私的所有の確立を中心とする法の執行が第二の責務となる。程度の違いはあれ,「文明」の基礎と考えられた私的所有権の安堵は,自然法学が法の基礎として主張してきたことだった。スミスによれば,統治形態(国家権力のあり方)が君主制か貴族制か共和制か,これらを合わせた混合政体かにかかわらず,そのような民法的な意味で「自由な」社会が存在することができ,それが現代の文明の基礎である。[15]

　国家や権力者の不意の介入や犯罪が横行する社会では,平穏な経済活動は続けられない。人々の倫理に適った行動とともに,この意味での「正義」の実現も,『国富論』の世界の前提だった。『国富論』では市場に任せられることには国家は介入すべきでないとされるが,「安価な政府」は求められていない。財政を扱った『国富論』の第五部では課税の基本的原則を示しながら,スミスは「減税」を要求するのではなく,国防や正義の実現など,国家の機能に必要な租税の収取を歓迎する。さらに公共事業や一部の教育など民間ではできない分野には,国家は積極的に介入すべきである。このように『国富論』は,国家の存在を要請し,その必要性を示している。それとは反対に「自由」(社会的,経済的活動の自由であって政治参加ではない)を守る法の執行さえ保証されれば国家が繁栄していくことを論証することで,『国富論』は「法学講義」の世界を支えている。

統治の学としての『国富論』

　スミスにおける「経済学の生誕」は,以上のようなさまざまな人文的学問の基礎のうえに成り立ち,その一部として構想されたものだったが,それ自体としてはまた別の人文的学を起源としている。19世紀後半にeconomicsという単語が発明されるまでに書かれた古い文献にある単語で,日本語で通常「経済学」と訳されてきたのは,political economyだった。現在「政治経済学(political economy)」という単語は,①ネオ・マルクス主義や制度主義などの立場からの経済学研究,②政治学者による制度主義的な経済研究,③合理的選択論などの経済学の理論を使った政治研究など,それぞれ異なる意味で使われているが,それはもともと17世紀頃から使われ始めた言葉だった。『国富論』に先駆けて「経済学」の体系を英語で示したジェイムズ・ステュアート(James Steuart:1712-1780)の大著の題名は『political economyの原理』であり,19世紀の古典派経済学の中心的な著作であるデイヴィ

ッド・リカードの主著も『political economy と課税の原理』となっている。ルソーの「政治経済論」(1755) も économie politique が原題である。

　economy という単語は，もともとギリシア語の家（οἶκος）という単語に起源をもつ家政学（Οἰκονομικά＝家 οἶκος＋秩序，法 νόμος）であり，これがラテン語（oeconomia）を経て近代語に取り入れられた。クセノフォンの家政学は古代の家長の家庭経営法を記したものだが，アリストテレス全集に「家政学」として収録されている偽書の1つには，家長の経営法と並んで，君主の家計（国家財政）を論じた断片がある。ルネサンス以後には，君主のために内政のあり方を論じる学問が発展した。それにつれて，フランスのアントワーヌ・モンクレティアン（Antoine de Montchrestien：1575頃-1621）の『政治経済論要綱（Traité de l'économie politique）』(1615)のように，political economy という用語が家政と区別して，財政，内政などを指して使われるようになった。30年戦争によって荒廃して分裂した17世紀以後のドイツでは，日本の江戸時代の藩のような小さな国家（領邦国家）の君主のために，宗教政策，教育，財政，行政，経済政策などを扱う「官房学（Kameralwissenschaft）」という学問が成立した。18世紀スコットランドの「道徳哲学講義」では，政治学・法学の第二部が political economy あるいは police（警察ではなく，内政，内務行政といった意味）と呼ばれ，衛生政策，都市政策，警察，経済政策など，第一部の統治形態，外交，軍事に対して，内政にかかわる政策が扱われた。18世紀の political economy は「経済学」ではなく，国富の増進を中心とした内政に関する「政策学」であり，『国富論』はこの部分を独立した書物としたものだった。実際にも『国富論』の第五部は財政と課税を学問的に扱っている。また『国富論』のあちこちで，「経済学」の書物としては脱線に思える教育や民兵制度や宗教，学問などが論じられている。

　現代的には（内政に関する）政策学という，広い意味での政治学の一部ともいえる『国富論』が実質的に1つの「経済学の誕生」となったのは，スミスが「商業社会」の内政の原理を，「法学講義」の「正義の原理」に対応する自由主義的な「自然的自由」とすべきであると考え，その論証を市場経済の理論的説明によって行ったからだった。『国富論』で描かれた理論の大部分は，グラスゴー大学での法学講義の第二部で説明されている。「法学講義」第二部で，スミスは古代と比較した「現代」社会の豊かさの原因を，「分業」の発展に求める。『国富論』は冒頭で「国富」を労働によって年々生産され，消費される生活のための必需品，便益品の総計

とし，その増大こそが真の国家の豊かさをもたらすという。このように定義された「国富」の源泉は労働であり，有形財の生産に従事しない人口は身分の貴賤を問わず，すべて「不生産的労働者」とされる。人口が700万人程度の当時の大国に住み，18世紀の文明を肯定的にとらえるスミスは，アリストテレスのように市場経済を不自然と見たり，巨大な国家の統治には持続性がないと考えるのではないが，たとえ有用な仕事に従事したとしても，「不生産的労働者」は直接生産者に寄生して生存しているのである。

国富の源泉が労働なので，それを増やす方法は労働生産性の上昇か，投入する労働量の増加となる。前者は「分業」の発展で達成される。現代経済で労働生産性を上昇させる手段は「分業」が中心ではないので，スミスの学説は現代には当てはまらないが，彼が想定している産業は工業化以後の機械を投入する大規模工場などではなく，職人たちを作業場に集めて分業させる工場制手工業だった。

分業は労働生産性を高め，文明化を進める。分業を促進するためには，その原因にさかのぼる必要がある。『国富論』はそれを人間がもつ「交換性向」[19]に求める[20]。人間が交換をするのは自分の欲求を満足させるためなので，「利己心」を刺激することこそが分業を発展させる。それには市場の拡大が不可欠であり，そのためには国内市場の統一，不要な税や規制の撤廃，貿易の自由化が役に立つ。こうして「国富の増大」に適した国内政策はさまざまな国家介入政策ではなく，自由主義的経済政策となる。

以上の議論を保証するのが，価格を通じた市場での需給調整である[21]。スミスの市場メカニズムの働きは生産調整と資本移動を前提とする長期的な過程であって，19世紀の一般均衡論とは理論的に異なっている。スミスは商品の内在的価値を「自然価格」と呼ぶ。それはある商品が安定的に市場に供給される価格なので，賃金，地代などの費用に，その財を売ろうと商人が思える程度の適正な利潤を加えたものである[22]。一方市場価格は，ある時点の市場における需給によって決まる。需要が供給を上回って市場価格が自然価格より高くなれば，販売者が異常に儲かるので増産が始まって供給が増え，価格が下がっていく。安ければ反対の動きが生じるので，長期的に平均すれば，商品は自然価格という，市場のステークホルダー全員が納得する価格で売られることになる。課税や公定価格などの政府の介入はこのメカニズムを乱し，需給のバランスを崩すので有害である。

富を増大させるもう1つの方法が，物財の剰余を生み出す「生産的労働」[23]を増加

することである。人口を一定とすれば，労働供給を増やすために，物財を生産しない「不生産的労働者」を削減して生産的労働者にする必要がある。そのためには，生産的部門への投資が増やされなければならない。スミスは「サービス労働者」としては主に召使を考えている。貴族や富裕層に率いられたこの無用で寄生的な人口の大集団が，国民経済を圧迫している。市場経済の発展と規制の撤廃に刺激された地主（貴族と上層中産階級）が，自身の将来の所得の増大のために現在の消費（召使のサービス等）を抑制して生産的部門に投資すれば，この問題が解決されることになるだろう。

　「自然的自由」を実現する政策の担い手が誰かも，以上の理論に従って考えなければならない。その際にも道義心や公共精神でなく，「利己心」が主要な分析道具となる。経済成長は相対的貧困を拡大するかもしれないが，労働者階級には少なくとも実質賃金の上昇をもたらし（生産性上昇によって生活必需品が安くなる），さらに投資の増大から貨幣賃金も増えるかもしれないので，彼らは利益を感じるだろう。他方で高賃金は重商主義的な議論が主張したようには，国際競争力を衰えさせない。労働者の所得の上昇はスキルの向上によって労働生産性を高めるので，生産物1単位あたりの費用を減少させて価格を下げ，国際競争に有利に働く。また豊かで高いスキルをもつ労働者を使えば，貧しい国では不可能な高度な新産業を興せるので，発展した国は競争力を失わない。高賃金は経済成長と両立するのである。地主階級も一国の資本総額の増大によって労働需要が増え，それが賃金財への需要を増大させるので，地代の上昇が見込め，経済成長は利益となる。

　しかし自由放任経済の提唱者としてスミスを称賛する現在の多くの考えに反し，商人（工場制手工業なので製造業者を含む）にとってはそうではない。経済成長につれて資本は豊富になり，これと比較して投資機会は相対的に減少していく。それは利潤率の低下をもたらすので，長期的に見て個々の商人たちは経済成長から利益の増加を得られない。これに対抗して商人たちは賃金切り下げを狙って結託し，立場の弱い労働者を迫害し，あるいはカルテルを結んで商品価格を釣り上げ，消費者から収奪する。さらには健全な成長に有害な独占販売権や補助金を狙って政治家を買収し，国家を腐敗させる。そのため経済成長を持続的に達成するためには，地主（当時の統治階級）が労働者を保護しながら商人に対抗し，彼らに自由競争を強制しなければならない。このように「商人」を信用しないスミスは，地主と労働者が，現代政治学で使われる概念である「成長のための同盟」を構成すると考えた。

スミスの先駆者ケネーとステュアートの業績が忘れられたのち,『国富論』は経済的自由主義と古典派経済学の出発点となった。そればかりでなく,折衷的,総合的なスミスの理論には現代人の目で見ると,制度分析と合理的選択論のような多様な視点が共存していて,さまざまな立場から古典として読むことができる。だがそれはスミスの寿命と能力のためついに完成しなかったとはいえ,「経済学」ではなく,「新しい科学」に刺激されながら,長い伝統をもつ人文的諸学の成果を統合した,規範的かつ実証的で総合的な「商業社会」の理論体系の,重要だがその一部を構成する部分的な理論のはずだった。この社会では,倫理と国家と市場は相互に分離しつつ,それらのあいだに相補性の関係（互いに補いあう関係）が成り立っていた。スミスは18世紀に進展していた社会のこのような新しい発展方向を総合的にとらえた,啓蒙を代表する社会哲学者になろうとしていた。その意味で,スミスは「道徳哲学のニュートン」を目指していたのだろう。

18世紀における「経済学の成立」は,1人の人物による短期間の知的「革命」ではなく,カンティロンを含めば数十年にわたる,ケネー,テュルゴ,コンディヤック,ステュアートやその他多くの人々がそれぞれ独自の立場から行った,多発的長期的な現象だったと考えた方がいい。そのなかでスミスは,従来の経済学的論考の成果を取り込みつつ,鮮明な歴史認識に基づいて人文的学問の伝統を統合し,それを先進的な経済を有するイングランドの世紀末の政策に近い自由主義的経済政策に結びつけて,辛口のユーモアで味つけされた美しい文章で綴られ,読書意欲をそそる興味深い事実の記述に満ちた巨大な作品に大成した。

現在のように自然科学が真理の判定者としての知的権威を確立するのは,19世紀以後だった。天文学や幾何学や算術は古くから大学の人文学部の教育課程で教えられ,医学は医学部をもっていたが,計算法や代数学を含め,その他の自然科学には「職人芸」の印象がつきまとい,「高尚な」学問とは見られなかった。計算をしたり実験装置を組み立てて動かす,いわば手足を使って知識の狭い領域で仕事をする学者たちは,ラテン語やギリシア語の古典を読み,書斎で思索に沈潜して著述する人々と同等ではなかった（ジョン・ヘンリー 2005）。「経済学」が学問的な正当性を承認されるためには,人文的学のなかから生まれなければならなかったともいえるだろう。

19世紀になるとリカードのような経済学のみを研究する専門的な「経済学者」が登場する。また経済学が大学の科目として教えられ,教授ポストが用意されるよう

になると，スミスのような包括的な，いわば「モラル・サイエンス（の一部）としての経済学」[28]は見られなくなっていく。しかしJ. S. ミルのような，一時期経済学にもかかわった思想家だけでなく，19世紀から20世紀前半までの大部分の「大経済学者」たちは，たとえばフィリップ・ウィックステードやヴィルフレド・パレートやヨーゼフ・シュンペーターやJ. M. ケインズのように，専門的な経済学者でありつつ，古典学者や哲学者や数学者や倫理学者や社会学者や法制史家や歴史家であったり，レオン・ワルラスのように，狭義の経済理論以外に社会全体を対象とする広い範囲で経済学の体系を構想したりしていた。経済学の制度化が完成した20世紀の後半になっても，K. J. アローやアマルティア・センのような人々は，対象と方法を限定した厳密な理論を建設しつつ，その背後に人間と社会にかかわる広い視野を有していたり，哲学や倫理学などさまざまな分野で発言を行っている。それらは「モラル・サイエンス」というスミス的な伝統の反映だといえるだろう。

4　古典的パラダイムと近代的パラダイム――リカード，マルクス，限界学派

古典的体系の誕生

　19世紀中頃までの経済学（political economy）は，程度の差はあれ，主にスミスの業績を受け継ぐか，スミスの継承者たちを批判するかたちで発展していった。現在の「エコノミー」という単語の用法から考えると，この時代の経済学（political economy）は社会的・集団的な活動についての学問で，国家という大きな単位での経済の動きを大局的に見ていた。この時期は，かつては最大の商人で最大の製造業者でもあった国家が近代的な財政制度の確立によって経済から手を引くことで，国家と市場という2つのシステムが完全に分離し，現在のような社会の仕組みが成り立っていく過程だった。そのため当時の学者たちはこの大きな動きの根拠を尋ねて，市場経済のシステムを解明しようとした。

　スミスが描いた商業社会はあくまで初期近代の社会であり，工業化によって19世紀に成立した近代社会とは異なっていた。それは労働集約型技術に基づく経済をもつ身分制社会で，そこにはある程度の経済的自由主義があったが，政治的民主主義も基本的人権も社会的正義も存在しなかった。だが市場経済に基づく「市場社会」であるという点では，スミスは商業社会の観念のなかに近代社会の特徴を捉えていた。スミスに10年先駆けて political economy の体系『政治経済学の諸原理の研究』

(1767)を出版したスコットランド人ジェームズ・ステュアート(James Steuart：1712-1780)も，同じように利己心に焦点を合わせた市場社会の政策論を論じた。スミスが商業社会の完成した姿を示そうとしたとすれば，ステュアートは農業と商工業が分離していくプロセスそのものを描こうとした。また彼はケネーやスミスが無視した貨幣の独自性に注目し，その解明に努力を注いだ。その結果ステュアートは需要と供給のマクロ的な不均衡を重要視して，そこに有効需要を調整するための国家介入の必要性を見た。

これらの先行する理論に対して，19世紀初頭の古典派経済学の中心的理論家リカード(David Ricardo：1772-1823)の体系は，地主，資本家，労働者の三階級への一国の年生産物の分配を扱っていて，工業化が造り出した近代社会の描写により近い。このモデルでは農業と製造業は区別されず，農民も農業労働者と農業資本家に分割される。ロンドンの成功した金融仲買人だったリカードは少年期から実業界に入り，高等教育を受けず，教壇に立ったこともない。彼は自然科学や道徳哲学の専門的教育を受けてないため，学問的には「経済学」の理論と政策の分野だけで活動し，その点で「専門的」な経済学者だった。また経歴的にはパンフレット作者の系譜に入るにもかかわらず，主著『政治経済学および課税の原理』(1817)は，文章だけで書かれているが，数学を使って書き直せると思えるほど論理的な体系であり，またその点で「抽象的，非現実的」であるという批判を受けることとなった。

リカードは著書の冒頭で，生産は技術によって決まるので，政治経済学の役割は，生産された富が三階級のあいだに分割される法則を見つけることだと述べる。そのためにはまず，富をどのように測るかを決定しなければならない。同じ生産物でもその価格(貨幣との交換比率)は需給に従って変動してしまうので，価格以外に生産物の内在的な「価値」を見つけなければならない。リカードはそれを，商品の生産に必要な労働であるという。実際に生産過程で使用された労働と，生産で使用した原料の生産に必要だった労働を合算したものが，ある商品の価値になる。ただしスミスと同様，リカードは自由な資本の移動を想定するので，利潤率が異なる産業間では高い産業に向けて資本が移動する。そのため長期的・平均的には，全産業で同じ利潤率が成立する。そうなると，商品はそれに内在する価値では売られなくなる。これらの点について『リカード全集』の編集者で独自の経済学を建設したピエロ・スラッファは，カール・マルクスの労働価値説に従ったリカード価値論の解釈を批判した。研究史上それをめぐる複雑な学問的論争があるが，リカードの議論は分配

第3章 経済学の生成

と経済成長の関係を見出すのが目的だった。

　リカードは当時の階級社会を批判しないが，富を生むのは直接生産者である労働者階級の労働だけであり，それぞれに重要な役割を社会で果たしているとはいえ，地主（貴族）や資本家はその分け前に預かって生存していると考える。賃金は労働の「生産費用」で決まり，人口増加が常に食糧増加を上回るという，「ネズミ算」の単純な原理に基づく T. R. マルサス（Thomas Robert Malthus：1766-1834）の人口法則によって，それは長期的・平均的には，労働者の「生存費」（最低生活費用）に収斂する。農業では生産手段である土地面積（国土）とその肥沃度が決まっているので，同じ面積に2倍資本を低下しても収穫はそれに比例せず，資本投下を増やせば増やすほど，資本1単位あたりの収穫が減少するという，収穫逓減法則が働く。ここからリカードは，地代を差額地代論と呼ばれる方法で決定する。ある国の土地は肥沃度に従って等級づけられるはずで，耕作地のうち最も痩せた「最劣等地」では，少なくとも賃金と平均的な利潤が発生していなければならない。そうでなければ賃金が払えず，農業資本家は妥当な利潤を生む別の分野に投資を向けて，その土地の耕作は放棄されるだろう。したがって最劣等地の生産費で穀物価格が決定され，それ以外のより肥沃な耕地の産物も同じ価格で売れるので，最劣等地以外では穀物価格と賃金と平均利潤の合算とのあいだに差額が発生し，それが地代となる。

　経済が成長すると労働需要が増大するが，国土が限られているので，賃金財を生産するためにより劣等な土地が耕作されるようになり，穀物価格が上昇し，その分は地代に変わる。利潤は全生産から費用と地代を引いた残額なので，投下した資本1単位あたりの利潤は低下する。こうしてリカードの理論では，経済成長が地代の増加と利潤率の低下をもたらすので，やがて投資意欲が減退し，経済は停滞する。国力の源泉である経済成長を続けるためには，自由貿易を行って安価な穀物を外国から輸入しなければならない。だがそれは穀物を高く売りたい地主の利害に反するので，地主と利害が対立する資本家が，穀物の価格低下が実質賃金の増加をもたらす労働者と同盟して，地主に独占されている政治を改革しなければならない。「抽象的」と評されたリカードの理論は，このようにレトリックや事実の指摘に訴えることなく論理の力だけで，スミスとは違う階級の組み合わせからなる「成長のための同盟」の必然性を論証し，当時の自由主義的改革運動に学問的基礎を提供した。

　リカードのマクロ経済理論は，社会の隅々まで市場が浸透したことを前提したうえで，市場経済の長期的な発展方向を展望することを目指している。この議論は三

大階級によって構成された社会という，当時のイングランドでの近代社会の一般的な見方に適合しているが，その分析手段は工業経済というより農業経済的である。そうである理由はリカードが価格変動を無視して成長のダイナミズムをとらえるために，スラッファのいう「穀物による穀物の生産」という理論的仮定をしたからだ[33]ともいえるが，このリカード理論では工業経済で重要な「規模の経済（収穫逓増）」が扱われていない。その点でリカードは「産業革命の経済学者」ではない。機械と規模の経済といった工業経済の本格的な議論は，カール・マルクス（Karl Marx：1818-1883）の『資本論』やアルフレッド・マーシャル（Alfred Marshall：1842-1924）の著作など，19世紀後半になって現れる。

工業社会の文明史的位置づけ

ベルリン大学で近代ドイツの代表的な哲学者の1人 G. W. F. ヘーゲルの著作『法の哲学』を批判することから研究を始めたユダヤ系ドイツ人のマルクスは，急進民主主義者のジャーナリストであり，「ヘーゲル左派」と呼ばれるヘーゲル学派内の急進的思想家の1人でもあった。彼はのちに革命家として活動し，フランスからイングランドへ渡り，国際労働者協会やドイツ社会民主党の設立にもかかわった。チャールズ・ダーウィンの著作『種の起源』にいち早く着目するなど，自然科学にも関心を払っていたが，マルクスは学問的には道徳哲学者の系譜に数えることができる。歴史観や人間観を展開した初期のパンフレット類や草稿を除き，マルクスには体系的な哲学的著作はないが，『資本論』第一巻冒頭の「価値形態」の分析で見せたように，その哲学的能力はヘーゲル学派のなかでも卓越していた。またもともとの専門である国家学，法学，政治学の分野でも，同時代の事件を扱った時事的な雑誌論文や著作で深い学識を示している。そのため彼の主要業績である経済学的著作も，狭義の経済理論というより，より大きなモラル・サイエンス的な文脈のなかで読む必要がある。

マルクスは『資本論』第一巻で，リカードの理論を継承しながら商品の価値について労働価値説を展開している。その前提には人類史全体に関する，次のような自明の事実がある。消費財の全生産量から生産者の全消費分を引いたのちに剰余が残らなければ，軍人，政治支配者，貴族，地主，資本家など，直接生産者でない人口が生存できないので，文明が存在する限り，必ず剰余生産物が発生し，それが生産者から非生産者へと移転しているはずである。しかも直接生産者の所得に比べて，

支配層の1人あたり所得は，個人の労力の貢献に対する支払いとしては大き過ぎる。後者は前者にいわば社会的に寄生している。『資本論』の剰余価値説は，収奪と呼ばれるこのような文明社会の仕組みが，価格の動きによって資源配分が行われる市場社会ではどのようなメカニズムに基づいているのかを考察する手段である。

　トマス・モア（Thomas More：1478-1535）以来，市場経済の発展によって拡大する所得格差に対する批判のための社会の理論的モデルとして，財産共有制がしばしば構想されてきた。たとえば18世紀スコットランドの道徳哲学者だったロバート・ウォレスやトマス・リードは，ユートピア社会の仕組みを労働の計画的配分原理として論じていた。「社会」は個人の集合であり，物体に過ぎない貨幣や工場や土地は社会のメンバーになりえない。未開社会も文明社会も，企業も官庁もNGOも軍隊も，どのような組織も自己の目的を達成するために，構成員の働く時間を調整してタスクを分担させる点で，労働の配分の仕組みに基づいて存在している。その点で「社会」は，構成員全員の可能な「労働時間」の貯蔵庫である。自給自足経済が消滅し，個人の相互依存が完成した完全な市場社会では，その配分が価格によって行われるので，この点から見れば市場経済も労働時間の配分メカニズムとして考察できる。このような文明史的な分析は，商品のコストにそれぞれの投入財がどうかかわっているかという実用的な原価計算の視点や，利潤や利子や地代にどのような社会的役割があるかという，不労所得の倫理的正当性の議論とは，最初から立場が異なっている。マルクスは「抽象的で非歴史的」と批判されたリカードの緻密な経済理論を採用し，それを社会哲学の文脈に置き，いわば「歴史化」して利用している。

　マルクスの批判者たちは主に労働価値説を攻撃したが，マルクス主義者のあいだでは，『資本論』が経済恐慌など，資本主義の終焉をどのように論証しているのかが盛んに議論された。彼の最初の理論的著作は『政治経済学批判』（1859，内容的には『資本論』の最初の部分）と題されている。「批判（Kritik）」という言葉は，ドイツ近代哲学では特別の意味を持っている。その代表者のイマヌエル・カントの3つの主著は，『純粋理性批判』，『実践理性批判』，『判断力批判』と名づけられているが，それらは理性や判断力が存在しないことを論証する書物ではなく，それらの本質を解明することによって，それぞれの限界と正しい使用法を示して哲学の基礎を築くことを目的としていた。この「内在批判」という視点は，カントに続いたドイツの哲学者たちに継承された。マルクスが研究したヘーゲルの膨大な哲学体系は，その

意味でカントをはじめ，あらゆる歴史上の哲学の「批判」として読むことができる。ヘーゲルを批判したルートヴィヒ・フォイエルバッハ（Ludwig Feuerbach：1804-1872）たちは，詩人ハインリヒ・ハイネ（Heinrich Heine：1797-1856）によって，ヘーゲルを批判することでヘーゲルが本当に言っていることをはっきり言い表した，と評されている。同じように『資本論』は，「資本主義」の理論である「政治経済学（＝古典派経済学）」の議論を受け入れ，その枠組みのなかで資本主義の歴史的役割と限界を明らかにすることを目的としていたと見ることができる。

『資本論 第一巻』（1867）は工場制度を詳細に検討し，またマクロ経済の再生産が社会関係の再生産でもあることを明示しながら，リカードの価値論と賃金＝生存費説を踏襲して，労働と賃金の等価交換の外見とは反対に，合法的な搾取が存在していることを示す。そのうえで，投資される資本を，不変資本（すでに生産された投入財である設備，原料などに固定された労働）と可変資本（工場での実際の労働部分であり，労働者をどれだけ働かせるかによって変化する。賃金は労働能力の価格であるため，これとは無関係）に分類して，利潤率と搾取率（実際に働いた労働時間から賃金財の生産で使われた時間を引いて，賃金財の生産で使われた時間で割った比率，これが0より大きくなると利潤が発生する）を定義し，利潤を増やすためには同じ賃金のままで搾取率を上昇（長く働かせるか，同一時間内の労働の集中度を高める）させることが必要であり，そのため資本家と労働者の利害が根本的に対立するので，労働現場に労働者支配という政治があることを論証する。またスコラ哲学の複数世界論の弁神論を逆転させたヘーゲルの哲学的論法を使って，貨幣を商品から導く（長尾 2016）。同じような議論はマルクスが読んでいないヘーゲルの未刊の草稿に見られるので，この点でも『資本論』がドイツ近代哲学の方法を利用していることがわかる。貨幣の誕生は市場での売りと買いを分離可能にするため，ステュアート，マルサス，J.シモンド・ド・シスモンディ（Jean-Charles-Léonard Simonde de Sismondi：1773-1842）たちが議論してきた，需要と供給の不均衡が貨幣経済で起きる可能性が生まれる。

死後に友人フリートリヒ・エンゲルスの手で刊行された『資本論 第二巻』（1885）では，主にケネーの経済表の研究に基づき，産業を生産財生産部門と消費財生産部門に分け，そのあいだでの交換を議論する。「経済表」の場合と同様，この交換は技術と分配率（搾取率）によって決まる一定の比率にしたがう必要があるが，そうなる論理的根拠はないので，ここにマクロ経済の不均衡が発生する可能性が存在する。『資本論 第三巻』（1894）では経済成長を扱う。工場制手工業と違い

大規模工場制では，「分業」ではなく機械の導入が生産性上昇の手段となるので，資本主義は機械技術，労働節約型・資源集約型技術を発展させる。それは投下資本中の可変資本部分に対する不変資本部分を増大させるので，搾取率（生理的な上限がある）が一定であれば，利潤率を低下させることになる。経済進歩に伴う利潤率の低下は，発展した国ほど利子が安いことなどから常識とされてきた。スミスはその要因を資本（大半が賃金になる）の過剰に，リカードは地代の高騰に見たが，マルクスはそれが機械技術による生産性の上昇にあるとする。そうであるなら，技術進歩によって歴史上かつてない経済成長を実現した資本主義は，利潤率の低下により，どこかで限界を迎えることになる。マルクスは初期の著作や草稿類で資本主義の「使命」を，技術進歩を担い，世界市場を造り出すことで，人類の統一した歴史を開始することにあるとしていた。資本主義が発展させた技術は労働時間短縮の可能性をもたらし，それが創造した豊かさ自体が自分自身を終わらせて，人類全体が結びつき，個人が「自分の欲求に応じて働く」真の人間の歴史を開始させるのである。

　現存する社会の転覆を主張する著作だったということもあり，これらのマルクスの理論はさまざまな批判を受けてきた。投入財の費用から見た商品の平均価格という点では，労働価値説には理論上の難点が見られるかもしれない。だが評価によって程度の違いはあれ，労使の利害対立は事実であり，それは20世紀の社会や政治の1つの焦点となってきた。また現生人類は同一の種であり，個体間の能力差はさほど大きくないので，家庭や私的教育で有能な人材育成に費やされた費用に対する社会の後払い分を考慮しても，現在の所得格差は明らかに大き過ぎる。

　また資本主義が崩壊する必然性についても，『資本論』に十分な論証が見られるとはいえない。さらにマルクスは労働節約型・資源集約型技術が資本主義自身を追い詰めると考えたが，労働生産性上昇につれて賃金が増加して需要を生み，それがさらに投資を刺激するという，「第二次産業革命」と，マルクス自身が創設にかかわった社会主義運動による福祉国家の建設がもたらした，第二次大戦後の大量生産・大量消費型の経済成長を予見しなかった。しかしリカード経済学の「内在的批判」によって文明史的観点から見た市場経済の意義と資本主義経済の限界を論じた点では，この著作はモラル・サイエンスとして「政治経済学批判」の役割を果たしているといえるだろう。

　リカードの著書は自由主義的経済政策を論証する古典派経済学のバイブルとなり，経済学のメインストリームをつくり出した。またマルクスはこれに対抗する社会主

義の経済学を確立し，20世紀の歴史に大きな影響を与えた。ケネーに始まる，リカードやマルクスなどのマクロ的な経済理論は，松嶋敦茂が『現代経済学史』で「古典的パラダイム」と名づけた理論的枠組みに対応している。これに対して19世紀後半からは，限られた資源をうまく選択して最大の結果を得ようという，「節約」という意味での経済の考え方が学問の中心となった。20世紀にライオネル・ロビンズが方法論的に総括するように，やがてそれが経済学の新しいメインストリームを形成する。その原因には，工業化と近代国家の確立とともに国家と市場の分離が当然の事実となり，学者の関心が市場での出来事の説明に集中するようになったことがあるだろう。また思想史的には，この時期に個人主義が主流の考え方となったことなども考えられる。ワルラス，パレート，ジェヴォンズ，メンガーなどの限界学派に典型的なこの見方は，『現代経済学史』の「近代的パラダイム」に対応している。

　以上のように現在専門的な学問となっている経済学は，初期近代から19世紀の歴史状況のもとで，政策と自然科学と人文的学問がかかわりあうなかから生まれてきた。それが初期近代のヨーロッパで生まれた背景には，為政者が市場システムに大きな利害と関心を抱くようになったことがある。そのような歴史的条件のもとで，経済学の研究には実務家や自然科学者や道徳哲学者という異なった種類の人々が参加したが，彼らの偶像だったフランシス・ベーコン（Francis Bacon：1561-1626）の著書が「大革新（Instauratio Magna）」と名づけられていたように，彼らは「新しい科学」を建設するという事業に，それぞれのバックグラウンドから貢献しようとし，そのことが学問としての経済学のあり方を方向づけた。初期近代の経済の研究は，貨幣に基づく市場経済の仕組みの解明に始まり，それらの学説への批判として，「貨幣のヴェール」を剥ぎ取り，人間社会を成り立たせる基礎的な過程として経済をとらえ，そこから市場経済の運動を解釈し直すという形で展開していった。それは18世紀に「商業社会」と呼ばれた市場システムに基づく社会の理論化であるとともに，人間社会の基本的なあり方に照らした眼前の文明の批判でもあった。本章ではそのなかで，主に古典的パラダイムとみなされる学説の具体例をいくつか紹介した。それらは現代では経済理論の教科書で教えられることはないが，経済学と経済を考える際の示唆を与えてくれるだろう。

　注
（1）　工業化とともに現代社会の枠組みが生まれた19世紀以後と比較して，ルネサンスから

18世紀頃までを指す。
(2) 本章ではアイルランドやウェールズなどを支配するイングランドが、18世紀初頭にスコットランドと合邦した連合王国のことを指す。北アメリカの大部分も植民地だったが、そのうちアメリカ合衆国は18世紀末に独立する。
(3) アテネのような古代ギリシアの都市国家。
(4) 国王からインド貿易の独占権を与えられた商事会社で、株式会社の先駆けとしても知られる。
(5) イングランド王党派の自由貿易論者。
(6) 当時の平均寿命は50歳程度。
(7) ペティは計算機を発明したこともある。
(8) 本来の医者である内科医と違い、外科医の社会的地位は低かった。
(9) 農業では蒔いた種の何倍もの収穫が得られるが、たとえば自動車の製造では投入された材料の一部は屑となり、製造で使った鉄やガラスなどの原料の総量より完成品のほうが少なくなる。
(10) 専門の神学者が行う聖書の解釈を中心とした「啓示神学」ではなく、哲学的議論のみに基づいて神の性質などを論じる。
(11) 法学、政治学、法制史などを含む総合的な学問。
(12) 『思考の技法』1662年、スミスの学生時代にスコットランドの大学で教科書として使われた。
(13) 議会が国政の中心だが、身分と財産に基づいて選挙権者が限定される制限選挙制で、被選挙権保有者は人口の数パーセント以下。
(14) ピューリタン革命をさす。
(15) 当時のイギリスの政治がそうだと考えられていた。
(16) アリストテレースの作とされてきたが、現在の研究によってそうでないことがわかっている著作。
(17) 分業の重要性を主張したのはスミスだけでなく、たとえば同時代のエディンバラ大学道徳哲学教授アダム・ファーガスンもそうだった。
(18) GDPに似ているが、スミスでは価格の総計でなく、実質賃金となる財の物量的総計なので、「サービス生産」は除外される。
(19) コミュニケーションによってお互いが必要とするものを交換しあう性質。
(20) 互いに協力するのは人間だけであると、スミスはここで現代の社会的動物の動物行動学的研究から見て誤った議論をしている。
(21) この概念もスミスの独創ではない。
(22) 本章では簡略化のためにこのようにあいまいに表現したが、このあたりの記述の論理的混乱が、のちにリカードによる理論的再構成の原因となった。
(23) 物財を生産する労働。

⑷　サービス部門の労働者もここに入る。
⑸　考えられているのが工場制手工業や農業なので，投下資本の大半が労働コスト＝賃金となる。
⑹　主に穀物などの農産物か，それを投入財とする必需品。
⑺　現代のような労働組合は当時存在しない。
⑻　当時サイエンスという単語は個々の学問を指し，現在の「科学」のような特別な意味はない。
⑼　イギリスではこのような農業経営が広く見られた。
⑽　リカードでは現代の「経済学」とほぼ同じ意味。
⑾　賃金財の生産に使用された労働の量。
⑿　人口増加率が常に食糧増加率を大幅に上回るので，実質賃金が生存費を上回るとすぐに人口が増加し，労働供給が増えて賃金が下がる。
⒀　穀物生産では投入財も産出も賃金財も穀物。

参考文献

アリストテレス，(1969)，山本光雄訳「政治学」『アリストテレス全集　第15巻』岩波書店。
―――，(1969)，村川堅太郎訳「経済学」『アリストテレス全集　第15巻』岩波書店。
―――，(2014)，神崎繁訳「ニコマコス倫理学」『新版　アリストテレス全集　第15巻』岩波書店。
カウティリヤ，(1984)，上村勝彦訳『実利論』上・下，岩波文庫。
桓寛編，(1970)，佐藤武敏訳注『塩鉄論――漢代の経済論争』平凡社。
カンティロン，リチャード，(1992)，津田内匠訳『商業試論』名古屋大学出版会。
クセノフォン，(2010)，越前谷悦子訳『オイコノミコス――家政について』リーベル出版。
ケネー，フランソワ，(1951～1952)，島津亮二・菱山泉訳『ケネー全集　1，2，3巻』有斐閣。
―――，(2013)，平田清明・井上泰夫訳『経済表』岩波文庫。
ステュアート，ジェイムズ，(1993)，小林昇監訳・加藤一夫・渡辺邦博・飯塚正朝・竹本洋訳『経済の原理　第3・第4・第5編』名古屋大学出版会。
―――，(1998)，小林昇監訳・加藤一夫・渡辺邦博・飯塚正朝・竹本洋訳『経済の原理　第1・第2編』名古屋大学出版会。
スミス，アダム，(1993)，篠原久ほか訳『アダム・スミス哲学論文集』名古屋大学出版会。
―――，(2000～2001)，水田洋監訳，杉山忠平訳『国富論　1‐4』岩波文庫。
―――，(2003)，水田洋訳『道徳感情論』上・下，岩波文庫。
―――，(2004)，水田洋・松原慶子訳『アダム・スミス修辞学・文学講義』名古屋大学出版会。

―――,（2012），水田洋ほか訳『アダム・スミス法学講義――1762〜1763』名古屋大学出版会。

テュルゴ，ジャック，（1962），津田内匠訳『チュルゴ経済学著作集』岩波書店。

長尾伸一，（2001），『ニュートン主義とスコットランド啓蒙――不完全な機械の喩』名古屋大学出版会。

―――,（2004），『トマス・リード――実在論・幾何学・ユートピア』名古屋大学出版会。

―――,（2006），「『スミス以前の経済学』への科学史的アプローチ」，経済学史・社会思想史研究会著『経済学・経済思想の諸パラダイムの比較検討――現代経済学のあるべきパラダイムを求めて』サンライズ出版，5-20頁。

―――,（2015），『複数世界の思想史』名古屋大学出版会。

長尾伸一・坂本達哉編，（2015），『徳・商業・文明社会』京都大学学術出版会。

ハチスン，フランシス，（1983），山田英彦訳『美と徳の観念の起原』玉川大学出版部。

―――,（2009），田中秀夫・津田耕一訳『道徳哲学序説』京都大学学術出版会。

バーボン，ニコラス／ダドリー・ノース，（1966），久保芳和訳「初期イギリス経済学古典選集 2」『交易論／東インド貿易論』東京大学出版会。

ファーガスン，アダム，（1954），大道安次郎訳『市民社会史』河出書房。

ブリュア，ジョン，（2003），大久保桂子訳『財政＝軍事国家の衝撃――戦争・カネ・イギリス国家1688-1783』名古屋大学出版会。

ペティ，ウィリアム，（1951），松川七郎訳『アイァランドの政治的解剖』岩波文庫。

―――,（1952），大内兵衛・松川七郎訳『租税貢納論――他一篇』岩波文庫。

―――,（1955），大内兵衛・松川七郎訳『政治算術』岩波文庫。

ヘンリー，ジョン，（2005），東慎一郎訳『一七世紀科学革命』岩波書店。

マルクス，カール，（2000），岡崎次郎訳『資本論 1-9』大月書店。

マン，トマス，（1965），渡辺源次郎訳「初期イギリス経済学古典選集 1」『外国貿易によるイングランドの財宝』東京大学出版会。

リカードウ，D.，（1987），羽鳥卓也・吉沢芳樹訳『経済学および課税の原理』上・下，岩波文庫。

Philip Mirowski,（1989），*More Heat than Light: Economics as Social Physics, Physics as Nature's Economics*（Historical Perspectives on Modern Economics），Cambridge University Press.

Richard Olson,（1993），*The Emergence of the Social Sciences, 1642-1792*, Twayne Publishers, New York.

第4章
アダム・ファーガスンの商業観
―― アート・国力・道徳 ――

福田名津子

1 「ふたりのアダム」問題

　アダム・ファーガスン（Adam Ferguson：1723-1816）とアダム・スミス（Adam Smith：1723-1790）は同年にスコットランドで生まれ，前者はエディンバラ大学道徳哲学教授，後者はグラスゴー大学道徳哲学教授として活躍した。両者はともに18世紀スコットランド啓蒙を担う中心的人物として知られ，研究史上では対立的図式のなかで理解されてきた。たとえば，1960年代以降のスコットランド啓蒙研究（Hamowy 1968：249-259；Mizuta 1980：812-819；Sher 1989：240-268；水田 1976：14-25；天羽 1982：1-24）において両者の比較テーマはおもに分業・国防・商業であり[1]，『国富論』（1776）で周到な議論を展開して現代にも残る名声を手にしたスミスは市場を媒介とする近代的な商業社会の仕組みを理解した思想家として，『市民社会史論』（1767，以下『史論』と略記）で自分は「商業と富に関する思索」に精通していないと議論を打ち切ったファーガスンは商業や経済に疎い思想家として捉えられてきた。また，1970年代以降の「富と徳」の文脈（Hont and Ignatieff 1983；Sher 1985；Hill and McCarthy 1999）においても2人の関係は対立的図式を連想させ，スコットランド啓蒙から経済学が立ち上がってくる過程の素描においてスミスが存在感を示す一方で，ファーガスンの貢献は道徳と政治に限られていた[2]。同じく1970年以降にファーガスンがシヴィック的伝統に位置づけられた際も「富と徳」の枠組みは継続し（Pocock 1975：499-502，邦訳 433-435；Pocock 1985：123，邦訳 230-231），彼の文明・商業社会に対する懐疑や批判に着目され，未開・古代人の徳や公共精神の重要性を強調するファーガスン像が描かれた。

　しかしながら，1990年代に入り『史論』研究の深化および研究対象の拡大によるテクスト相対化の結果，文明・商業社会の積極面をも捉えていたファーガスン像が

より明確に見えてきた(3) (天羽 1993：27-37；Silver 1997：55, 57, 66；Geuna 2002：182-185；Johnson-Hill 2017：143-144)。本章では「アートと国力」という視点から展開されるファーガスンの商業・経済論を手稿もまじえて検討し，彼を「文明・商業社会の批判者」とみなす根拠の妥当性を問う。さらに，後年になるにつれ商業的アートの道徳的側面に焦点を当て，文明・商業社会の積極面をよりいっそう理解するに至ったファーガスンの変化を追う。

2　ファーガスンの商業・経済論——1760年代

ファーガスンはみずから「商業と富に関する思索」に精通していないと明言し，経済的思索に関してスミスの『国富論』に匹敵するような大著も残していない。実際，『道徳哲学綱要』(1769，以下『綱要』と略記)で展開された経済に関する議論は1760年代末という時期にしては不十分で，貨幣数量説・需要供給説・生産費説とも未熟であり，当時の論争に加わろうとしたものではないといわれる (天羽 1993：173)。とはいえ，彼が商業や富に無関心であったり無理解であったと判断するのは性急にすぎる。『綱要』の参考文献には D. ヒューム『政治経済論集』(1752)，R. ウォレス『古代と近代の人口』(1753)，J. ハリス『貨幣論』(1757) が挙げられ，第3節で見るように，スミス『国富論』を出版直後に読んだ証拠も残っている。

ファーガスンの商業・経済論は，エディンバラ大学の道徳哲学の教科書として執筆された『綱要』で展開されている。彼の道徳哲学は，「博物学 (natural history) の方法」をモデルに事実の収集から始まり(4)，事実から当為を導出する体系となっている。事実に関する法則は「自然法則 (physical law)」当為に関する法則は「道徳法則 (moral law)」と呼ばれ，道徳哲学とは道徳法則に関する知識と適用の両方を指す (Ferguson 1769：4-6, 9-10)。実際に『綱要』は，事実に基づいて当為を導出するまでの前半部分と，その適用に関する後半部分に分けて捉えることができる。第1部から第4部の前半部分は人間やその精神に関する記述および神に関する議論に相当し，第5部から第7部の後半部分には法学・決疑論・政治学が含まれる。そして彼の商業・経済観は，道徳哲学体系前半部分の「アートと商業」と後半部分の「公共経済について」の2箇所から知ることができる。「アートと商業」は『道徳・政治科学原理』(1792) で「商業的アート」と言い換えられ(5)，生活に要するモノの獲得のために実践されるアートを扱う(6) (Ferguson 1792, vol. 1：242)。対する「公共

第4章　アダム・ファーガスンの商業観

経済」は,「国力に関する学」をいう。したがって彼の商業・経済論は, アートと国力の2側面から考察されているといえる。

『綱要』第1部1章9節「アートと商業」は,「人間のナチュラル・ヒストリー(博物誌)」の一部をなす。ファーガスンによると, 各種のアートは外的事物を追求する目的で実践され, これにより人間は安全・生計・便宜・装飾の手段を獲得する(7)(Ferguson 1769：26-27)。安全のために実践されるアートには武器や陣地の発明があり, 生計のために実践されるアートには漁業・狩猟・植物採取・牧畜・農業・製造業が含まれる。便宜品とは衣服・住宅・家具・家庭用品をいい, 装飾品は必要性や有用性がなくても想像力を楽しませる品々を指す。富とは安全・生計・便宜・装飾の手段の豊富さを意味するので, 富はアートと勤勉の成果ともいえる（Ferguson 1769：27-31）。

ファーガスンのいう「商業」は, 商品の交換・流通過程という意味で用いられている。さまざまなアートの実践がうまくいくかどうかは仕事の適切な分割と分配にかかっているため, アートの進歩は商業の発展を要請する（Ferguson 1769：31-32）。というのも, 交換によって自身の必要としているものが確実に手に入るのでなければ, 私たちは1つの仕事に集中することができない。続いてファーガスンは, 物々交換から貨幣の登場に至るまで, 商品流通システムの完成されていく様子を描き出す。商品価格は需要に対する不足に応じて決まる（Ferguson 1769：35）。

次にファーガスンの商業・経済論が展開されるのは第7部2章「公共経済について」で, 同章は政治学の一部をなす。政治学は, 国家の資源に関する「公共経済」と, 国家の政治制度に関する「政治法則」に分かれる（Ferguson 1769：264-265, 282）。国家の資源は国家の強さを構成するすべてを含むため, 公共経済は「国力に関する学」といえる。

国家の資源は, 人口・富・歳入の3つを指す。第一の人口に関し, 国民は国家の主要目的である政治組織・戦争・商業に資する存在であるが, 結束と徳を欠く場合は国力にならないことにも注意が促される。第二の富は, 有用な人間を維持したり国家の非常時に備えることに資する。第三の歳入は, 国家の目的のために割り当てられる富をいう（Ferguson 1769：264-265, 268-269, 277）。

富は, 商品の価値と価格から考察される。商品の「価値」はそれによって維持できる人間の数に比例するため, 必需品の価値は最も高く, 便宜品の価値はそれに次ぐ。対して, 商品の「価格」は交換を通じて得られる商品の量から計られ, 通常は

貨幣で表示される。商品の価格はそれを作り出す労働者が生活を維持できる水準以上でなければならず，また貨幣流通量・商品の不足と需要・消費者の富に応じて変動する。こうして，装飾品の価値は皆無だが価格は最も高いということになる (Ferguson 1769：270-271)。

　国家の富は，自然条件・国民の勤勉と熟練・貿易差額に応じて決まる。ファーガスンは貿易についても価値と価格の違いを意識し，価値差額と価格差額（貿易差額）を説明する。「価値差額 (balance of value)」とは交換された商品の実際の価値の差をいい，商業の利益を決定する。「価格差額 (balance of price, balance of trade)」とは，商品が交換されたのちに残る差額をいう (Ferguson 1769：272-273)。

　最後にファーガスンは，4つの「商業の法則」を記して富に関する議論を終える。第一に，利益が相互的である場合に商業は抑制されてはならない。第二に，装飾品を得るために必需品と便宜品を手放す取引は当人によって抑制される可能性がある。第三に，独占は商業にとって有害である。第四に，国民の富は土地の肥沃さ・人口・国民の倹約と勤勉と熟練によって計られなければならない (Ferguson 1769：275-276)。

　ファーガスンの公共経済論で興味深いのは，富でも国民でも，数より質が重視される点である。「アートと商業」では必需品・便宜品・装飾品に価値の序列がなかったものが，「公共経済」では必需品に最大の価値が認められている。国民も，数が多いだけでなく結束し徳をもっていなければならない。価格基準でのみ計った富や人数だけで判断した国民は，本当の意味で国力にならない。

3　『国富論』に対するファーガスンの反応

　ファーガスンの商業・経済論は，道徳哲学講義のなかで「人間のナチュラル・ヒストリー」の一部として，また「国力に関する学」の枠内で展開された。その議論は，スミス『国富論』出版以降もほとんど変更がない。『国富論』出版は1776年3月9日のことであり，ファーガスンは4月18日に読了後はじめての書簡をスミス本人に送っている。[8]

　「あなたの本を読み，学生のために勧めたり引用したりとしばらくたいそう忙しくしていたので，手紙を書く余裕がありませんでした。しかしながら，あなた

第4章 アダム・ファーガスンの商業観

の興味を引く見解が様々あるなか，私の見解はほぼ間違いないものだと思います。あなたの作品をもっとよく知れば，あなたに対する私の尊敬はさらに増すに違いありません。これらの主題に関してあなたはたったひとりで突出して世論を形成するでしょうし，少なくともこのさき数世代を担って欲しいと思っています。貴著にはほんのわずかな事柄を除いて書き加えることは見当たらず，それらは次版以降で言及されるのでしょう。小説や純歴史物のような爆発的な売れゆきは期待できなくても，こうした主題について情報を求める人がいる限りあなたの本は安定して売れ続けると本屋に断言してしまってよいかもしれません。たしかにあなたは教会や大学，商人たちを怒らせてしまいましたが，私は喜んで味方になります。ただし，同様に民兵軍も怒らせていますが，この点では賛同できません。」
(Smith 1987：193-194 ; Ferguson 1995, vol. 1：142-143)

　本人宛ての書簡という点でいくらか賛辞を差し引いたとしても，ファーガスンは『国富論』に対して好意的であった。唯一見解を異にするのは国防論で，民兵軍を怒らせたスミスに賛同できないというのは，常備軍優位論に限っては同意できないという意味である。
　書簡にあるとおり，ファーガスンが『国富論』を自身の講義に引用した痕跡もある。道徳哲学講義草稿（1775-1785）においてスミスへの言及が確認されるのは1776年4月10日である。また，公共経済論のなかで，『国富論』は「最近出版された，国富の原因に関する造詣深い功績」（MS. 1.85：446r）として紹介されている。同日の草稿では，商品価格の決定要素として地代・賃金・ストックの3点を挙げているが（MS. 1.85：446r-446v），地代とストックは『綱要』になかった発想である。
　1776年4月11日の草稿では，商品価格を決定するのは「費用」であり，それは労働・支出・時間・熟練からなると書かれている（MS. 1.85：462r）。『綱要』に費用という語はなく，商品は労働・時間・熟練の賜であるとされていたので（Ferguson 1769：271），草稿では「支出」が追加されていることになる。また，製造業の支出にはストックが必要であり，ストックを使うには利潤と利子が生じることを，そして最近スミスがこれらの議論に地代論を追加したと書いている（MS. 1.85：462r）。
　1776年4月13日の講義草稿では既述の「商業の法則」に若干の変化が見られ，新しい用語や発想が追加されるとともに説明がより詳細になっている。第一に挙げられていた商業への干渉を禁じる法則は，「自由貿易」を奨励するという新しい表現

115

をとり，商業の自然の流れを阻害してはならないと説明されている。第二の必需品や便宜品を対価に装飾品を獲得する取引が抑制されるという法則には，取引を突然抑制することはかえって有害であり自由にしておけば取引の不平等は自然に改善されると説明が加えられている。「市場」によって取引は自然に安定するというのがその理由であり，「市場」という語とその自動調整機能という着想が新たに付け加えられている（MS. 1.85：479r-479v）。第三の独占の有害さをいう法則に関して，独占が国の産業を不自然にすることがその理由であり，「競争」がないために怠惰が助長されると説明される。ここでは「競争」という新しい語が目を引く。第四の国民の富に関する法則については，新しい用語や説明は登場していない（MS. 1.85：479v-480r）。

しかしこの「商業の法則」は1785年4月8日に，『綱要』時点の簡潔な形に戻される（MS. 1.85：473v）。第一に商業は自由である。第二に必需品と交換に装飾品を購入することは抑制される。第三に独占は有害である。第四に国民の富は人口・国民の倹約・勤勉・熟練によって計られなければならないという具合である。ここでは，唯一第一法則に1776年の講義草稿の形跡が認められるものの，そのほかは『綱要』とほぼ同じ表現に戻っている。同じく1785年には『綱要』の修正拡大版が出版されるのであるが，「商業の法則」はほぼ一字一句違わず初版と同じである（Ferguson 1785：272-273）。こうした事実から，ファーガスンの商業・経済論は『国富論』の影響を本質的には受けていないと考えられる。『国富論』はファーガスンの道徳哲学講義に用語や表現の変更をもたらしたが，それらは一時的であった。

4 「文明・商業社会の批判者」

文明社会で生じうる弊害

『綱要』での商業・経済論にもかかわらずファーガスンを文明・商業社会の批判者と見る根拠は，『史論』における「文明社会の弊害」の指摘，および「商業論の中断」にある。前者についていえば，未開国民から文明国民，さらにはその堕落へと作中の時間が流れるなか，財産の不平等・利己心・分業・国民精神の弛緩・奢侈がもたらす弊害の5点が指摘されている。

第一の財の不平等について，商業的アートの結果として財の不平等（inequalities of fortune）が著しく拡大するとされ（Ferguson 1767：332，邦訳 318），この問題は

『史論』で解決を見ていない。

　第二の利己心の弊害については，商業的アートの結果として生じる利益への欲望は完成への愛を凍らせ，利己心は想像力を冷却し，精神を硬化させるといわれる (Ferguson 1767：332，邦訳 320)。この問題は，幸福論の観点から解決済みであった。人間は利己的性向と社会的性向を備えており，前者は嫉妬・羨望・恐怖・敵意を生み苦痛をもたらすので人間を不幸にし，後者を自身の仕事の原動力にできる人間は幸福である (Ferguson 1767：77-78，81-82，邦訳 77，81)。したがって，社会的性向をもつ人間は，自身を苦しめて恐怖に陥れたりする利己的性向を進んで抑制する (Ferguson 1767：81-82，邦訳 81)。ただし，これは理論上の解決であり，利己心の問題について付した長文の注釈からはファーガスンの葛藤が読み取れる。

　　「人間は利害関心に専心するといわれる。すべての商業的国民にとってこれは疑いもない事実であるが，彼らが自然的性向によって社会や相互的愛情を嫌っているということにはならない。利害関心が最も強い状況でもこれとは逆の事実を示す証拠が残されている。同情・公平・善意への志向がもつ力について私たちはどのように考えればよいのであろうか。そのような志向があるために，人間の幸福とは可能な限り多くの富・卓越・名誉を所有することにあるという支配的な見解にもかかわらず，それらの事物〔富・卓越・名誉〕を争っている党派どうしを友好関係に置き，それらの事物を所有することが他人に損害を与えると思われる場合には，所有によって得られるはずの個人的な善をも捨て去るのである。富に関するこの懸念を抑える人間の精神に私たちは何も期待してはならないのだろうか。あるいはこれと同じくらい根強く一般的な見解であるが，人間の幸福は動物的欲望の満足でなく仁愛に満ちた心を満足させることにあるという見解を信じている人間の精神に，私たちは何も期待してはならないのであろうか。人間の幸福は財産や利益でなくそうした事物を軽蔑することにあるという見解，人間の幸福はそれらを軽蔑して，人類全体ないし党派が属する社会の善のために毅然と行動を選択する勇気と自由にあるのだという見解に，私たちは何も期待してはならないのだろうか。」(Ferguson 1767：53，邦訳 55。ただし訳文は筆者による。以下同じ)

　第三の分業の弊害について鋭い指摘があるのは確かだが，ファーガスンはかならずしも全面的に否定的な態度ではない。工程や職業を分割して別々の人間に委ねる

のでなければ生活にまつわるアートは進歩せず，こうした分割によって富の源泉は開かれると彼はいう（Ferguson 1767：276, 278, 邦訳 264, 265）。工場内分業の弊害に関し，製造業は感情と理性が抑圧されているときに最もうまくいく（Ferguson 1767：280, 邦訳 267）。作業工程が細かく分割されると人間は思考能力をほとんど用いる必要がなく，思考を封じこめて単純な作業に没頭すれば作業効率はより上昇するためである。ただし，分業に伴う精神の奇形化は次のように解決されている。仕事には，何ら能力や思考を要しないものと，それとは逆にいっそう高い能力や思考を要求するものがある。下層労働者と親方，政治家見習いと政治家，兵士と将校の関係がそれである（Ferguson 1767：280-281, 邦訳 267-268）。ファーガスンはこうした例を引き，下層労働者たちが失ったものを親方たちが獲得するのだと説明する。どの職業でも見習いは昇進を通じてより高い地位に就くので，分業の弊害は1人の人生のなかで相殺されうる。

　社会的分業に関して，職業の分化が進むと社会的紐帯の切断される危険性があることも指摘されている（Ferguson 1767：334, 邦訳 320）。人々は自身の仕事にだけ関心を払い，他人に無関心であるかもしれない。この弊害は歴史にも明らかで，不安定な統治形態のもとでは1人の人間が同時に議員であり政治家であり兵士でなければならなかったが，文明社会では1人の人間が1つの役割を果たすだけで十分である。前者の社会は国民に進歩と繁栄をもたらし，後者の社会は国民の精神を弛緩させて腐敗に陥れたという（Ferguson 1767：345-346, 邦訳 330）。ただし，続く文章から分かるように，文明社会の社会的分業で危険視されているのは政治と軍事の分業である。

「アートや職業を分割することは，ある場合にはそれらの実践を改善し，目的の達成を促進する傾向がある。被服工となめし工のアートを分けることで，以前より多くの靴と衣服が供給される。しかし市民と政治家を生み出すアート，すなわち政治と戦争のアートを分離することは人間の性質を分裂させることであり，私たちが改善しようとしているアートそのものを破壊する試みである。このような分割によって私たちは，自由な国民から彼らの安全に必要なものを事実上取り上げてしまう。」（Ferguson 1767：353, 邦訳 337）

　ファーガスンは古代ローマ人を思い出し，彼らは戦争のアートを職業化して市民

と兵士を分けることで政治的権利を事実上放棄したことに気づかなかったのだという（Ferguson 1767：355, 邦訳 339）。常備軍より民兵軍を擁護し続けたファーガスンの態度の基盤には，こうした歴史認識がある。

第四の国民精神の弛緩がもたらす弊害として，ファーガスンは国家滅亡の危機を感じ取っている。人間は活動するために生まれ，休息は暗闇の瞬間に等しい（Ferguson 1767：321, 邦訳 309）。そして政体が終わりを迎えるのは，国民の活動力の低下により国家が維持できなくなったときである（Ferguson 1767：344, 邦訳 328）。第5部第3節・第4節「洗練した国民に生じる国民精神の弛緩について」で憂慮されているのは，先ほどと同じく政治と軍事の分離であった。

「文明時代の誇らしい洗練も，危険を免れていない。もしかすると洗練はすでに閉ざした惨事への扉を入りやすく大きく開くかもしれない。洗練が城壁を築くとしても，その城壁を防護すべく配属された人々の精神は脆弱化する。また洗練が常備軍を編成するとしても，それによって国民全体の軍事精神は減じてしまう。」（Ferguson 1767：355, 邦訳 340）

別の箇所でファーガスンはこれを，「政治の見せかけの完成」（Ferguson 1767：292, 邦訳 278）と呼んでいる。自由の獲得を意図してつくられた国家が市民に自分の権利を守るよう要求せず安全を与えることは，政治の完成とはいわない。「政治の見せかけの完成」は政治を担う統治階級が政治的権利を放棄することを意味している。それは彼らが軍事的性格や公共精神を失うことをいった。しかし第4節は，幸福なことに現在のヨーロッパでは古代ギリシア・ローマほど兵士と市民の差は大きくないとされ，楽観論に終わっている（Ferguson 1767：356, 邦訳 340）。

第五の奢侈がもたらす弊害について，奢侈と堕落は混同すべきでない。奢侈とは富の蓄積とそれを享受する仕方の洗練を指すのだが，ある人が何を着て何を食べているかによってその人物の品格を見定めることはできない（Ferguson 1767：379, 382, 邦訳 363, 366）。ただし，個人の徳に裏づけられない富を卓越の根拠としたり，利益に専心してそれが名誉につながると考えたりすることで，文明社会の人間は堕落しかねないため注意が必要である（Ferguson 1767：391, 邦訳 373-374）。

以上，『史論』で財の不平等問題は未解決だが，利己心の問題は解かれ，分業と精神弛緩の問題はまだ致命的でなく，奢侈を問題視するのは誤解に基づくとされて

いた。

商業論の中断

ファーガスンを文明・商業社会の批判者とみなす2つめの根拠は，同じく『史論』における「商業論の中断」にある。同書第3部4節「人口と富について」でファーガスンは自身の商業・経済観を述べている。人間は利益という動機によって労働し営利的アート（lucrative arts）を実践するため，彼らに労働の成果を保障し独立と自由を与えるなら国家は「富を獲得する忠実なる家来」と「富を蓄積する忠実なる執事」を手に入れる（Ferguson 1767：219，邦訳 206）。商業の目的は個人を豊かにすることにあり，個人が多く獲得すればするほど国家の富も増える（Ferguson 1767：220，邦訳 208）。未開時代には不誠実で欲得ずくの商人もやがて広い視野に基づき誠実かつ几帳面で意欲的になるため，商業は継続して行われるなら最も誤ることの少ない部門であるといわれる（Ferguson 1767：219，邦訳 207）。腐敗のときにも商人だけはあらゆる徳をもっており，国家は彼の獲得物を保護してやるだけでよい（Ferguson 1767：219，邦訳 207）。ここまで述べておきながら，ファーガスンは富に関する議論をやめてしまう。

「しかし私は，自分があまり精通しておらず執筆意図とあまり関わらない主題を打ち切ることにしよう。商業と富に関する思索は有能な著作家たちによってなされてきたが，この主題に与えられるべききわめて重要な一般的警告について何も書き残していない。すなわち，これら〔商業と富〕が国民の幸福のすべてであるとか国家の主要目的であると見なしてはならないという警告である。」（Ferguson 1767：221，邦訳 209）

この段落は『史論』第1版（1767），第2版（1768），第3版（1768）で変更がない（Ferguson 1768a：221；Ferguson 1768b：239-240）。まず，商業や富を国家の目的とみなしてはならないという文章は，『綱要』と一見矛盾しているように思われる。公共経済論では，政治組織・戦争・商業は国家の主要目的とされていた。しかし，実際のところ両作品の言説は補完的関係にある。公共経済論で問題にされた富は，国家の資源として国力に資する富であった。その限りにおいて富は国家の目的であるが，富の蓄積に国家が直接関与するのでなく個人の利己心に任せよというのであ

る。富を蓄積しない国家は、国民を維持することができない。しかし富の蓄積それ自体は、国家の仕事ではないというのである。

次に「有能な著作家たち」とは誰を指しているのかという問題がある。『史論』の2年後に出版された『綱要』では、ヒューム『政治経済論集』(1752)、ウォレス『古代と近代の人口』(1753)、ハリス『貨幣論』(1757) が参考文献として使われているので、彼らを指している可能性は高い。そしてこの段落は第4版 (1773) と第5版 (1782) で以下のとおり変更される。

> 「しかし私は、自分があまり精通しておらず執筆意図とあまり関わらない主題を打ち切ることにしよう。商業と富に関する思索は有能な著作家たちによってなされており、その他学問の主題について明らかにされたのと同様に、人々は国民経済に関する理論をまもなく知ることになろう*。しかし人間の事象について私が理解している限りにおいて、私が引き合いに出す著者たちがよく理解している警告ほど重要なものはないように思われる。すなわち、これら〔商業と富〕が国民の幸福のすべてであるとか国家の主要目的であるとみなしてはならないという一般的警告である。科学では対象を分けて考える。だが実践において対象をすべて同時に考慮しないのは誤りであった。(*『道徳感情論』の著者スミス氏によって)」(Ferguson 1773a：241-242, 邦訳 209；Ferguson 1782：241-242)

続く新版 (1789) では「人々は国民経済に関する理論を最近知ったばかりである」となり、注には、スミス法学博士著『国富論』と記されるようになった (Ferguson 1789：220-221)。

こうした引用によれば、ファーガスンが商業論を中断する理由は知識不足と執筆意図の2点にある。ただし、商業論に精通していないという本人の告白はどの程度まで事実で本心なのか、判断には慎重を要する。『国富論』への反応からスミスに対するファーガスンの評価の高さは疑いえないが、ファーガスンが「アートと国力」から見た自身の商業・経済論を貫いたのも事実である。引用部分で重要なのはむしろ、商業や富を国民の幸福や国家の目的と同一視してはならないという警告である。

商業論の中断にかかわる「執筆意図」の問題は、従来の研究であまり扱われてこなかった。というのも、『史論』研究は執筆意図の書かれた第1部「人間本性の一

般的特徴について」に十分な注意を払わず，第2部「未開国民のヒストリーについ[10]
て」以降を重視する傾向が強かったためである。

　ファーガスンの作品は哲学・歴史・政治の3種に大別されるが，『史論』は歴史と政治の中間，あるいは歴史と哲学の中間に位置づけられる作品である。同書は歴史叙述を通してなされる文明社会への警鐘であると同時に「最良の自然状態」を模索する試みであり，単純な歴史物でないこと[11]は，*An "Essay" on the History of Civil Society* というタイトルから明白である。「試すこと」を原義とする「エッセイ」という語が16世紀以降はある種の文章を指すようになりその定義は時代や国・ジャンルによって異なるのだが，共通する特徴は①主題があること，②体系化の束縛から逸脱を狙うこと，③読者を巻き込む形で対話的であること，④複数の声や物語を包含しうることにある（Glaudes 1999：邦訳 48，240-243）。

　『史論』の構成は，第1部「人間本性の一般的特徴について」，第2部「未開国民のヒストリーについて」，第3部「政治とアートのヒストリーについて」，第4部「市民的・商業的アートの進歩から生じる結果について」，第5部「国民の衰退について」，第6部「堕落と政治的隷従について」となっている。構成上は未開国民から文明国民，その堕落へと時間が流れている外観だが，『史論』がエッセイである以上は実証的記述にだけ目を向けるのは不十分である。「市民社会史に関するエッセイ」をどう読むべきか，ファーガスンは第1部で執筆意図を述べている。

　第1部第1節「自然状態に関する問題について」は，進歩史観の宣言に始まり，従来の自然状態論に対する批判に続く。ホッブズ・ルソー流の推測的自然状態論は空想や想像力に基づくものであり（Ferguson 1767：2-3，邦訳 2-3），私たちはそこから離れて観察的事実によってのみ知的関心を満足させなければならない。このときに手本になるのが「博物学の方法」である。博物学者は推測することでなく事実を収集することを自身の義務と見なし，物質的世界に対する知識は観察的事実の収集・そこから導出される一般法則の二者から構成されると考える（Ferguson 1767：3，邦訳 4）。

　博物学の方法に従うなら，起点は観察的事実である。「人類は彼らが常に生活してきたとおりに，すなわち集団として考察されなければならない」（Ferguson 1767：6，邦訳 6）とファーガスンは述べ，たった1人の人間から始まる自然状態論を認めない。自然状態とはどういう状態でどこにあるのかと問われたならば，それは「ここにある」と彼は答える（Ferguson 1767：12，邦訳 12）。自然状態は時間に

第4章 アダム・ファーガスンの商業観

よっても空間によっても規定されない性質である。

ファーガスンの自然状態論は修辞的で展開が巧妙である。そもそも自然状態とは，自然な状態である。「この〔人間という〕活動的存在が自身の才能を駆使して周囲の事物に働きかけているあいだ，すべての環境は等しく自然である」(Ferguson 1767：12, 邦訳 12) と彼はいう。人々は自然 (nature) とアート (art) を区別するが，アートそのものが人間にとって自然 (natural) なのである (Ferguson 1767：9, 邦訳 10)。人間は始まりから常に活動的で，環境の改善に対して怠惰ではなかった。この状態がすべて自然状態であり，どの時代のどの場所に生きる人間も等しく自然状態にある。ファーガスンは，自然状態を人間にとって自然な状態と読み替え，この自然状態を推測的歴史でなく観察的事実に基づいたヒストリーのなかに発見したのである。

時間にも空間にも規定されない無数の自然状態のうち，最良のものはどれかとファーガスンは自問する。進歩史観の立場からすると「最後の国民が常に最も聡明」(Ferguson 1767：44, 邦訳 45) であるため，まさしく私たちが「最良の自然状態」に最も接近していることになる。

「人間は追求すべき対象を誤るかもしれない。自身の勤勉さを誤って用いたり，改善を誤るかもしれない。こうした過ちの可能性があるなか自身の行動を判断する基準を見つけて最良の自然状態 the best state of his nature にたどり着くとすれば，それは個人や国民の実践にも，多数者の感覚や同類の支配的意見のなかにさえも見出すことはできない。それは知性の最良の概念のなかに，精神の最良の働きのなかに求められなければならない。そしてそこから自身に到達可能な完成と幸福とは何であるかを発見しなければならない。人間は精査に基づき，適切な自然状態 the proper state of his nature とは人類が永遠にそこから排除されている状態でなく，今や到達しようとしている状態であると理解するだろう。人類が能力を使用するのに先立つ状態ではなく，まさにその能力を適用することで獲得される状態である。」(Ferguson 1767：14, 邦訳 14)

ファーガスンは第1部第1節の最後を，「人類の原始状態がどうであれ，祖先が立ち去ったと想定される状態を知るよりも私たちが切望すべき状態を知るほうが重要である」(Ferguson 1767：15, 邦訳 16) と締めくくり，ここに「最良の自然状態」

を模索する試みが始まる。博物学をモデルに観察的事実を起点とし，事実の集合であるヒストリーから当為を導出する方法は，道徳哲学体系を記した『綱要』と共通している。

「最良の自然状態」は実現されるべき理想状態であると同時に，勤勉や改善を通じて私たちがいまや到達しようとしている状態でもある。しかし，人間はその道中で誤る可能性があるとの認識から，私たちの課題は「最良の自然状態」に確実にたどり着くようその障害になりかねないものを知って取り除くことに求められる。その探求の試みは観察的事実の記述から始まり，第2部から第4部にかけての「ヒストリー」がこれに相当する。

「市民社会史に関するエッセイ」の執筆目的は「最良の自然状態」を明らかにすること，より具体的にはその障害を解明することにある。このときに商業論はあまりかかわりがないため必要以上に深入りしないというのがファーガスンの立場である。文明社会の弊害として指摘された財産の不平等・利己心・分業・国民精神の弛緩・奢侈のうち未解決で最も危険視されたのは，政治と軍事の分離により統治階級の精神が弛緩して政治的隷従に陥り国家が没落する可能性であった。

ファーガスンを文明・商業社会の批判者と見る根拠は『史論』で指摘された「文明社会の弊害」と「商業論の中断」にあった。前者について，財の不平等問題は解決されなかったが，利己心の問題は理論上解かれ，分業と精神弛緩の問題はまだ致命的になっておらず，奢侈はもともと弊害と理解されていなかった。後者の商業論の中断は，執筆意図からの逸脱という理由が最も確実であった。したがって未解決に残されたのは財の不平等問題のみであり，「文明・商業社会の批判者」ファーガスンの根拠は従来の研究が想定したより薄弱である。

5　商業的アートの道徳的側面——1780年代以降

1780年代になるとファーガスンの商業・経済論に，商業的アートのもたらす道徳的側面への着目が見られる。1783年12月18日の道徳哲学講義草稿で，「アートと商業」は政治的問題と道徳的問題に分けられる。商業的アートに関する政治的問題とは「政治経済学」を指し，富とは何か，富がどのように計られるのか問うことをいう（MS. 1.84：235r）。同様に「道徳的問題」とは，人間の営みとして見た場合に，商業的アートの価値はどこにあるのか問うことをいう（MS. 1.84：236v-237r）。同日

の草稿には、「〔商業的〕アートは人間本性を育成する手段である」(MS. 1.84:237r)と書かれている。人間はさまざまのアートに従事し、各個人はどれほど異なっていようと誰もが社会の存続と秩序維持に貢献することができる(MS. 1.84:237v)。その前日、1783年12月17日の草稿には、「たがいに支え、与えあうための約束事のなかで人々を結合させるアート」という表現があり、その結果として富がもたらされ、商品の平等な分配によって生来不平等な人間の境遇は平等になるのだという(MS. 1.84:221v)。翌1784年12月17日の草稿には、あらゆる個人はアートの実践を通じて固有の才能を改善してそれぞれの形で社会に資することができるとあり(MS. 1.84:245v-246r)、1783年ないし1784年と見られる草稿には、貿易は人間の精神に活動と実践を与えるだけでなく、視野と知識を拡大して平和な交際を普及させるとある(MS. 1.84:232r-232v)。

『原理』(1792)第1部第3章第9節「商業的アートについて」にも、同様の言及がある。商業的アートが人間本性を育成する点について、「そうした便宜に関係した発明やアートの実践は人間の活動的性質と知的機能に働きかけるため、その価値は疑いようもない」(Ferguson 1792, vol. 1:249)とある。相互扶助と境遇の平準化については、以下の2つの文章がある。

「他者の繁栄に貢献できないほど取るに足らない人間は存在しない。あらゆる場所に輸入のための品物と輸出のための品物がある。人間はたがいに商品の生産者かつ消費者であり、これら商品が富の総体を作り上げている。中国の製造業者はシベリアやラブラドルの狩猟者のために働く。グリーンランドの魚や鯨油はアンダルシアのワインやペルーの黄金と引き換えに運ばれてくる。」(Ferguson 1792:247)

「ロンドンやパリの市民は、気候も土地もたがいに最も離れた場所からもたらされた生産物によって食卓を満たすことができる。私たちはそれを商業の目的と考え、その生じうる結果として、さまざまに異なる立場にある人間の境遇 the conditions of men を平準化するという努力は完全に報われたのである。」(Ferguson 1792:247)

1780年代の道徳哲学草稿の内容は『原理』に引き継がれ、商業的アートのもたら

す道徳的側面として3点が指摘されている。第一に人間本性の育成，第二に相互扶助関係の拡大，第三に境遇の平準化である。最後の点は『史論』では未解決であった財の不平等問題に関係するが，ファーガソンの態度は一見矛盾しているようにも思われる。人間は生まれながらにして内面的にも外面的にも差異があるという認識は『綱要』から一貫している。『綱要』第1部第1章第10節「差異と身分」は，「人間は個人的資質と境遇（conditions）の点で多様である」（Ferguson 1769：36）という文章で始まり，このなかには財産の不平等も含まれている。1779年12月13日の草稿には「長期間にわたり観察したところ，まったく同じ水準の人間は存在しない」（MS. 1.84：241r）とあり，1783年12月18日にも「人類はどの場所でも平等性に基づいて姿を現したことがない」（MS. 1.84：237v）とある。そのうえで，ファーガソンが商業的アートの道徳的側面として新たに見出しているのは，生活水準の向上と斉一化ともいうべき現象である。文明社会でも，境遇の差は依然としてあるどころか財の不平等は拡大傾向だが，商業的アートの発達によりさまざまな商品がさまざまな人々に行き渡ることで，たとえば下層労働者の生活も裕福な貴族のそれに，発展途上国の生活も先進国のそれに近づきうる可能性を見ているのである。

6　ファーガソン像の再構築とその射程

　ファーガソンの商業・経済論をテクストに即して再検討してみると，『史論』で指摘された「文明社会の弊害」にはそのほとんどに解答が与えられており，商業論を中断した理由は執筆意図からの逸脱に求められた。こうした理解に基づけば，ファーガソンを「文明・商業社会の批判者」と見る根拠は従来想定されていたよりも薄弱で，そうしたファーガソン像は一面的であるか不適切さを含んでいることが分かる。
　ファーガソンの商業・経済論は「アートと国力」という2つの視点から展開され，その独自性は彼の道徳哲学体系や問題意識から理解される。「アートと商業」は「生活に要するモノの獲得のために実践されるアート」を事実に基づき記述する目的で書かれ，「公共経済について」は国力に関する学として富を国家資源と捉えて論じられていた。そして後年の道徳哲学講義では商業的アートの道徳的側面に焦点が当てられ，文明・商業社会をより積極的に捉えるよう変化を遂げていることは注目に値する。この変化は，商業と富について考察する際に，「道徳」という第三の

視点が兆しつつあるとも受け取れるためである。

　18世紀後半にさしかかり商業社会が展開するなかで，ファーガスンはスミスと同じく注意深い観察者であった。解決策が提示されたとはいえ商業社会がもたらす弊害を鋭く指摘した観察者が後年に，商業をより積極的に捉える視点を新たに提示したことは，彼が目にしていた現実の社会が1760年代と1780年代では看過できない違いを見せていたこと，そのなかで商業社会に対する評価がより肯定的に醸成されつつあったことを窺わせている。

注

＊ファーガスンによるとアートは「知識の適用」を指し，人間に本来的である。人間は生まれながらにしてさまざまのアートを実践するという意味で全員がアーティストであるという見解は，彼の生涯を通じて共通している。なおファーガスンが用いるのはたいてい複数形（arts）であるが，本論文では「アート」という表記で統一し，単数形の場合は特記する。アート概念について詳しくは（福田 2014）を参照されたい。

⑴　両者は，古くは20世紀初頭から比較・分析されてきた（Huth 1907）。

⑵　ただし『富と徳』では両陣営の境界はかならずしも固定的でない。フィリップスン「シヴィック・モラリストとしてのアダム・スミス」（Hont and Ignatief 1983：179-202，邦訳 297-339）はスミスを徳の側に引きつけているし，ホント「スコットランド古典経済学における『富国＝貧国』論争」はファーガスンを富の側に引きつけ，「彼の商業や富の増大についての議論は，商業の機構そのもののなかに限界があるとは暗示すらしなかった」あるいは「ファーガスンのイメージにおいては，商業的社会の将来には厳密に経済的な意味での限界はなかった」（Hont and Ignatief 1983：296，邦訳 478）とみなしている。また，Sher, *Church and University* では，D. ヒュームとA. スミスは経済学の先駆たる「富の使徒」，A. カーライルやファーガスンたち穏健派知識人はウィッグ長老派に属する「徳の使徒」と分けられた（Sher 1985：239）。Hill and McCarthy, "Hume, Smith and Ferguson" でも，スミスと対照的なファーガスンは商業社会に台頭する専門化や個人主義を危惧し，商業が新しい社交性を生み出すことに懐疑的で，未開・古代社会の徳を擁護した人物として描かれた（Hill and McCarthy 1999：34, 44）。

⑶　ファーガスンは各種アートのうちで商業的アートに限って擁護したというジャック・ヒルの指摘（Johnson-Hill 2017：139）は，彼が商業的アートの特殊性と両義性を理解していた点を見抜いている。なお文明・商業社会の積極面も捉えていたファーガスン像で例外的に早いのは（Kettler 1977）であった。

⑷　ファーガスンの科学方法論で，知識の起点は事実にある。事実は収集・分類を経てヒ

ストリー（記述）をなし，そこから一般法則が導出される（Ferguson 1769：1-4）。
(5) 原語は Arts and Commerce．
(6) 商業的アート概念については（福田 2014）で詳論しているので，参照されたい。
(7) 初版では「生計」が欠落しているのだが何らかの誤りであると推測される。続く文章では安全・生計・便宜・装飾のために用いるアートが順に説明されており，第2版・第3版・新版の同じ箇所では4つが列挙されている（Ferguson 1773b：27；Ferguson 1785：29；Ferguson 1800：21）。
(8) ファーガスンとスミスのあいだには数通の書簡が残っている。しかし『アダム・スミス書簡集』『アダム・ファーガスン書簡集』ともに収録しているのはファーガスンがスミスに宛てた書簡であり，スミスがファーガスンに宛てた書簡は見つかっていない。
(9) 4月は道徳哲学講義の終了する月で，ファーガスンは決疑論や政治学を教えていた。
(10) 元来ヒストリーとは「事実の記述」という意味で，日本語でいう歴史とは距離がある。OED によると，ヒストリーの語源はギリシア語のイストリア（ιστρια）にあり，この語は第一に調査すること（inquiry），第二にそうして知識を得ること（knowledge），第三にそれらを記述すること（account）を含意し，かならずしも時間軸を伴うとは限らない。たとえば「ナチュラル・ヒストリー」を博物学と訳す場合も時間の推移は問題とされていない。一方で日本語の「歴史」は年代記（chronicle）に近い意味を連想させるため，ヒストリーとファーガスンがいう場合に歴史という訳語が常に適切であるとは限らない。したがって本論文では，この語をそのまま「ヒストリー」と表記する。
(11) ファーガスンは市民社会のヒストリーそのものでなくそれに関する「エッセイ」を意図したのであり，『史論』は技巧を凝らした文学作品として道徳的エッセイに分類されるという指摘がある（Pocock 1999：330, 332）。

参考文献

天羽康夫，(1982)，「ふたつの文明社会論：アダム・スミスとアダム・ファーガスン」『高知論叢社会科学』第15号，1-24頁。

―――，(1993)，『ファーガスンとスコットランド啓蒙』勁草書房。

福田名津子，(2014)，「アダム・ファーガスンの商業的アート概念：The Making of the Modern World を用いて」『一橋大学附属図書館研究開発室年報』第2号，19-37頁。

水田洋，(1976)，「アダム・スミスとアダム・ファーガスン」『経済系』第110集，14-25頁。

Ferguson, Adam, (1767), *An Essay on the History of Civil Society*. Edinburgh: printed for A. Kincaid and J. Bell.（天羽康夫・青木裕子訳『市民社会史論』京都大学学術出版会，2018年。）

―――, (1768a), *An Essay on the History of Civil Society. 2nd ed.*, London: printed for A. Millar and T. Cadell.

―――, (1768b), *An Essay on the History of Civil Society. 3rd ed.*, Edinburgh: printed for A. Kincaid and J. Bell.

―――, (1769), *Institutes of Moral Philosophy: For the Use of Students in the College of Edinburgh*, Edinburgh: printed for A. Kincaid and J. Bell.

―――, (1773a), *An Essay on the History of Civil Society. 4th ed.*, London: printed for T. Caddel and A. Kincaid.

―――, (1773b), *Institutes of Moral Philosophy: For the Use of Students in the College of Edinburgh. 2nd ed.*, Edinburgh: printed for A. Kincaid and J. Bell.

―――, (1775-1785), *Lectures on Pneumatology and Moral Philosophy*, MSS. Dc. 1.84-1.86. Edinburgh University Library.

―――, (1782), *An Essay on the History of Civil Society. 5th ed.*, London: printed for T. Cadell.

―――, (1785), *Institutes of Moral Philosophy. 3rd ed.*, Edinburgh: printed for John Bell and William Creech.

―――, (1789), *An Essay on the History of Civil Society. New ed.*, Basil: printed by J. J. Tourneisen.

―――, (1792), *Principles of Moral and Political Science: Being Chiefly a Retrospect of Lectures Delivered in the College of Edinburgh*, in 2 vols. Edinburgh: printed for A. Strahan and T. Cadell.

―――, (1800), *Institutes of Moral Philosophy. New ed*, Basil: printed by James Decker.

―――, (1995), *The Correspondence of Adam Ferguson* in 2 vols. Edited by Vincenzo Merolle and Kenneth Wellesley. London: William Pickering.

Geuna, Marco, (2002), "Republicanism and Commercial Society in the Scottish Enlightenment: The Case of Adam Ferguson." In *The Values of Republicanism in Early Modern Europe: A Shared European Heritage*, edited by Martin van Gelderen and Quentin Skinner, Cambridge University Press, 177-195.

Glaudes, Pierre and Jean-François Louette, (1999), *L'Essai*. Hachette Livre.（下澤和義訳『エッセイとは何か』法政大学出版局, 2003年。）

Hamowy, Ronald, (1968), "Adam Smith, Adam Ferguson, and the Division of Labour." *Economica* 35(139), 249-259.

Hill, Lisa, and Peter McCarthy, (1999), "Hume, Smith and Ferguson: Friendship in Commercial Society." *Critical Review of International Social and Political Philosophy* 2(4). Taylor & Francis Group: 33-49. doi: 10.1080/13698239908403290.

Hont, Istvan, and Michael Ignatieff, eds., (1983), *Wealth and Virtue: The Shaping of Political Economy in the Scottish Enlightenment*, Cambridge University Press.

（水田洋・杉山忠平監訳『富と徳——スコットランド啓蒙における経済学の形成』未來社，1990年。）

Huth, Hermann, (1907), *Soziale Und Individualistische Auffassung Im 18. Jahrhundert, Vornehmlich Bei Adam Smith Und Adam Ferguson: Ein Beitrag Zur Geschichte Der Soziologie*. Leipzig: Duncker & Humblot.

Johnson-Hill, Jack A., (2017), *Adam Ferguson and Ethical Integrity: The Man and His Prescriptions for the Moral Life*. Lanham: Lexington Books.

Kettler, David, (1977), "History and Theory in Ferguson's Essay on the History of Civil Society: A Reconsideration." *Political Theory* 5(4). Sage Publications, Inc., 437-460. doi: 10.2307/191025.

Mizuta, Hiroshi, (1980), "Two Adams in the Scottish Enlightenment: Adam Smith and Adam Ferguson on Progress." *Studies on Voltaire and the Eighteenth Century* 191, 812-819.

Pocock, J. G. A. (John Greville Agard), (1975), *The Machiavellian Moment: Florentine Political Thought and the Atlantic Republican Tradition*, Princeton University Press.（田中秀夫・奥田敬・森岡邦泰訳『マキァヴェリアン・モーメント——フィレンツェの政治思想と大西洋圏の共和主義の伝統』名古屋大学出版会，2008年。）

―――, (1985), *Virtue, Commerce, and History: Essays on Political Thought and History, Chiefly in the Eighteenth Century*. Cambridge University Press.（田中秀夫訳『徳・商業・歴史』みすず書房，1993年。）

―――, (1999), *Barbarism and Religion*. Cambridge University Press.

Sher, Richard B., (1985), *Church and University in the Scottish Enlightenment: The Moderate Literati of Edinburgh*. Princeton University Press.

―――, (1989), "Adam Ferguson, Adam Smith, and the Problem of National Defense." *The Journal of Modern History* 61(2), 240-268.

Silver, Allan, (1997), "'Two Different Sorts of Commerce': Friendship and Strangership in Civil Society." In *Public and Private in Thought and Practice: Perspectives on a Grand Dichotomy*, edited by Jeff Weintraub and Krishan Kumar, 43-74. University of Chicago Press.

Smith, Adam, (1987), *The Correspondence of Adam Smith*. Edited by Ernest Campbell Mossner and Ian Simpson Ross. Indianapolis: Liberty Fund.

第5章
リカードウの貨幣経済論とその史的意義

岡田元浩

1 リカードウとその貨幣経済論

　本章では，アダム・スミスとともに古典派経済学を代表するデイヴィッド・リカードウ（David Ricardo：1772-1823）の貨幣経済論とその史的意義について論じる。
　リカードウの理論が経済学説史上に及ぼした多大かつ多様な影響力については，あえて繰り返す必要もない。価値論・分配論におけるマルキシアンやスラッフィアン（ネオリカーディアン）へのそれはいうまでもなく，地代論や販路説に代表されるリカードウの諸説が新古典派のミクロおよびマクロ理論の形成に与えたインパクトも深大であり，これらに関しては，従来，おびただしい数の研究が行われてきた。
　本章で取り上げるリカードウの貨幣経済論については，上記の彼の諸理論に比すればやや手薄な感もあるが，それでも少なからぬ注目すべき研究が行われている。[1]
だが，その史的意義は十分に認識されているといいがたい。リカードウの貨幣経済論は，古典派から新古典派へと受け継がれた同理論のプロトタイプ（原型）を提示し，ケインズ（John Maynard Keynes：1883-1946）による正統派学説への挑戦も，つまるところ，リカードウがいち早く具体化した貨幣経済理論モデルへの内在的批判にほかならなかった。本章では，この観点に基づいてリカードウの貨幣経済論を検討する。[2]

2 古典派経済学と「ケインズ革命」

　巨視的(マクロ)次元における生産物の需給関係をめぐる意見対立は，古典派経済学時代の代表的論争の1つをなすものであった。いわゆるセイ法則に基づいて総生産物に対する自動的な需要形成をとなえる販路説と，総供給と総需要の調和的関係を否定し，

前者に対する後者の不足とそれがもたらす経済苦況の現実性を強調する有効需要論の対立である。周知のように，リカードウの立場は前者であり，これをめぐるマルサスとの論争については無数といえるほどの論及がなされてきた[3]。さらに，それ自体は明確な両者の対立から，リカードウを反ケインズ的，マルサスをケインズ的とする評価（ある意味で，当のケインズ自身も含め）が定着した（Keynes 1972）。

ケインズの学説が経済理論史上にもつ意義を，もっぱら有効需要論の復活という観点のみからとらえれば，上述のような評価も成り立つであろう。だが，ひとまとめに有効需要論と称されるものであるが，実際にケインズが展開したそれと，古典派経済学時代にマルサスやシスモンディらが提示したものとのあいだには，内容上のいちじるしい相違が認められる。この点を注視しないかぎり，ケインズ理論の史的位置づけは的確に行われえない。

「ケインズ革命」の震源『雇用・利子および貨幣の一般理論』（1936，以下，『一般理論』）で提起された有効需要論の基本的視座は，巨視的経済の動静全般に対して投資が主導性を有し，したがって消費，貯蓄，生産，労働雇用等のマクロ的水準の変動も投資のそれに依存するというものである。この関係を具体化した『一般理論』の乗数理論においては，独立変数としての投資の位置づけが強調されており，「独立支出」といった大略的表現が用いられる，後代のマクロ経済学テキストにおける同理論の提示法と趣を異にする。さらに『一般理論』では，投資を左右するものとしての貨幣・金融条件が重視され，直接的な投資水準の決定要因である資本の限界効率と利子率への不確実性のインパクトが浮き彫りにされている（Keynes 1973）。

以上のような『一般理論』のスタンスは，古典派経済学時代の有効需要論者たちにみられぬものである。マルサスにせよシスモンディにせよ，彼らの理論のエッセンスは，消費を巨視的経済動向の主導因——実際，彼らの学説は後世に「過少消費説」と称された——と位置づけるものであり，したがってケインズとは逆に，消費こそが投資の真の誘因をなすという認識に立っている。むしろ，「行き過ぎた」資本蓄積は過剰生産を招き，深刻な経済苦況に陥れるという見地（ナポレオン戦争後不況に関するマルサスの解釈に代表されるように）を，古典派経済学時代の有効需要論者達は抱いていた（Malthus 1986a, 1986b ; Sismondi 1953, 1980）[4]。

このように，ケインズ理論と古典派経済学時代の有効需要論は性質を大きく異にする。そのうえで前述のケインズ理論の特徴に目をこらしたとき，リカードウ貨幣

経済論との結節点が浮かび上がってくる。

3 貨幣数量説とリカードウ

　貨幣数量説（以下，数量説）は，重商主義時代の貨幣論への批判を背景に，古典派経済学時代に定着し，正統派貨幣学説として新古典派経済学に継承されていった。そのなかにあって，リカードウは数量説と貨幣の中立性の唱道者としての立場を明確に打ち出した[5]。この点で，リカードウはマルサスと異なる[6]。こうした事実関係からも，流動性選好説に基づいて数量説を批判した『一般理論』におけるケインズとマルサスとの親近性，リカードウとの距離感が認容されがちである。

　しかし，そのケインズも，出版時が『一般理論』とわずかに数年しか隔たっていない『貨幣論』の段階においては，依然として数量説の有効性を認めていた(Keynes 1971：132)。数量説が確立されたのち，とりわけ「限界革命」以降の新古典派経済学時代に入ると，単なる静学ないしは比較静学としての数量説にとどまらず，その動学化が本格的に試みられることになる。さらにそれは初期新古典派を代表する巨視的理論へと発展していった。そのパイオニアがスウェーデンのヴィクセル（Johan Gustaf Knut Wicksell：1851-1926）であり，20世紀前半期において「ヴィクセル・コネクション」の一大潮流が形成された。いまだ「古典派」の枠内にありながらも『一般理論』への予兆を示した，『貨幣論』におけるケインズの理論展開も，「ヴィクセル・コネクション」に帰しうるものであった。そしてヴィクセルは，みずからの貨幣経済論の出発点をリカードウのそれに置いた（Wicksell 1968：II）。

　こうして，リカードウ→ヴィクセル→ケインズ『貨幣論』→ケインズ『一般理論』という進化の過程が浮き彫りにされる。以下では，このような学説史的観点をふまえながら，リカードウの貨幣経済論を解説する。

4 リカードウ貨幣経済論の背景

　貨幣的問題に関するリカードウの著述はおおむね1810年代の前半期までに集中している。ナポレオン戦争後の経済不況が長期化し，マルサスとの論争が熱をおびる，それ以降は，当該問題へのリカードウの言及は急減する。主著『経済学および課税の原理』（初版 1817年，第2版 1819年，第3版 1821年，以下，『原理』）においても，彼

がかつて展開した，貨幣的問題にかかわる注視すべき議論をうかがう記述はとぼしい（Ricardo 1951a）。

その1810年代前半期までのリカードウの足跡は，地金論争として知られる，当時の通貨問題をめぐる論議への彼の関与とともにあった。ナポレオン戦争下のリカードウの母国イギリスは，フランス軍の侵攻におびえる公衆の取り付け騒ぎを直接的契機として，1797年にイングランド銀行の正貨支払制限（事実上の兌換義務停止）に踏み切り，以後この措置は1821年まで継続した。この期間中，まず1799年からの数年間に地金価格の騰貴がみられ，その後安定傾向を示したものの，1809年に地金価格は再急騰する。これ以降イギリス国内では，ナポレオン戦争終結頃まで，地金価格すなわち金の市場価格が金の鋳造価格をいちじるしく超過しつづけ，銀行券減価によるインフレーションを引き起こすとともに，対外為替の減価や，金の海外流出および金貨流通の消失を伴った。

リカードウの貨幣経済論は，こうした母国の情勢を背景に，その通貨政策批判とともに展開された。ただ，その体裁はたぶんに時論的であり，彼の見解を総体的に把握するためには，断片的記述のパッチワークが必要となる。

5 通貨問題をめぐるリカードウの見解

それまで実業人としての経歴を歩んできたリカードウの経済学者としてのスタートは，1809年の地金価格の急騰に触発された通貨問題の研究であった。彼はまず同年に「金の価格（The Price of Gold）」なる匿名の論文を発表し，さらに1810年から翌11年にかけて，当時の通貨問題に関する彼の見解を最もまとまったかたちで論述したものといえるパンフレット「地金の高い価格，銀行券減価の証拠（"The High Price of Bullion, A Proof of the Depreciation of Bank Notes"）」を著した。

これらの著作においてリカードウが示した，前節で触れた当時の通貨問題に関する所見は，かなり単純明快である。その論旨は，地金価格の高騰・インフレーションをはじめとする諸事態をもたらしたのは，イングランド銀行の正貨支払制限にほかならないというものである。リカードウは，イングランド銀行の金兌換が維持されるかぎり，裁定をつうじて通貨価値の変動は金のそれに順応し，したがって金価値が安定的である以上，銀行券に代表される通貨価値も安定的になると考えた。それゆえ，通貨価値の持続的低下は，イングランド銀行の兌換義務停止による，銀行

券の過剰発行流通抑止力消失の結果以外のなにものでもないという（Ricardo 1951b：15-17；1951c：61,114；1951d：140）。

リカードウは管理通貨主義的な貨幣当局の裁量による通貨発行政策に信を置いていなかった(7)。彼のこの見方はイングランド銀行の理事たちの経営能力に対する不信感によって強められた。リカードウはさらに、地方銀行がイングランド銀行券と引き換えに自行券の発行義務を負う以上、前者の過剰発行は後者のそれを必然的に伴うとした（Ricardo 1951c：95；1951e：230-233；1951j：226）。

リカードウはこうした問題の現実的解決策として、金の市場価格がその鋳造価格に一致するまで流通内にある銀行券を徐々に回収し、そのうえで、イングランド銀行の正貨支払を再開すべきことを提案した（Ricardo 1951b：24；1951c：51,94-95）。

リカードウが通貨価値変動とりわけインフレーションに警鐘を発したのは、主としてそれが階級間の分配に不公正をもたらすとみなしたからである。彼によれば、一般的にインフレーションによって利益を得るのは企業者層であり、不利益をこうむるのは労働者階級と固定的貨幣所得者であった。後者のうち、労働者については、貨幣賃金の上昇率が物価上昇率を下回り、結果実質賃金の低下が生じることがあると、リカードウは指摘する。しかしながら、貨幣賃金を伸縮的ととらえるリカードウは、インフレーションが労働者に与える悪影響を一時的なものと考えた。これに対し、利子取得者や年金受領者といった固定的貨幣所得者が通貨価値の低落からこうむる不利益を、リカードウは、正貨支払制限期の銀行券の濫発がもたらした社会的害悪の最たるものとみなしていたといえよう(8)。

6　リカードウの動態的数量説

既述のように、リカードウは明確な数量説の信奉者であった。また『原理』をはじめとする後期の彼の著作を読むかぎり、彼の数量説は静学的ないしは比較静学的な内容にとどまっている。だが、1810年代前半期までの彼の著述には、動態的観点からの数量説が示されていた。そしてこれにかかわる彼の論点は、その後の正統派的貨幣経済論の先駆けとなるものであった。

リカードウは物価変動要因として銀行組織の信用創造による紙幣発行を重視した(9)。このリカードウの認識は、イングランド銀行券の発行が地金とのリンクから離れ、同行の裁量に多く依存することになった正貨支払制限期の経験から、より鮮明なも

のとなった。

　リカードウは,「イングランド銀行への貨幣〔借入〕申し込みは,貨幣を用いることで得られるであろう利潤率と,イングランド銀行がそれを貸し付ける際に課そうとする利子率との比較に,依存する」(Ricardo 1951c : 54-55) と述べている。資金需要が利潤率と利子率との相対的大小関係によって決まるとするこの見解は,のちの,「正常利子率 (die normale Zinsrate)」と「貨幣利子率 (die Geldzinsrate)」との関係についてのヴィクセルのそれに類似するものといえよう (Wicksell 1968, 1969)。

　ここで,銀行が利潤率以下の利子率を課すと,借手は超過利得を見越して資金需要を増加させるであろうし,銀行が紙幣発行をもってそれに応じれば,通貨流通量は増加し,物価を上昇させるであろう。実際リカードウは,「利子は〔物価上昇中の〕この間,その自然的水準より低くなっているであろう」(Ricardo 1951c : 91) と,述べていた。

　リカードウは物価上昇過程における貨幣需給関係についても説明している。リカードウは貨幣需要量が取引水準に依存するものと考えた。彼はまず,「紙幣の過剰発行時からそれが減価をこうむるまでのあいだに,市場では必然的に貨幣の過剰供給らしきものが生じるであろう」(Ricardo 1951h : 383) と述べている。すなわち,公衆がより多額の通貨を手にする当初の時点においては,取引水準に対して彼らが必要とする実質残高以上の通貨が供給されている,という含意である。しかしリカードウは,「〔貨幣の〕減価が起こるや否や,貨幣の過剰はもはや存在しなくなる」(Ricardo 1951h : 383) と記している。つまり,通貨の超過供給と表裏一体をなす財貨の超過需要から物価上昇が生じると,少なくとも銀行券の追加発行高が一定限度内にあるかぎり,実質残高価値は低下して,やがて通貨の超過供給状態も解消されるということが,暗示されている。リカードウはさらに,「われわれが貨幣の豊富さを感じるには,イングランド銀行の〔紙幣〕発行とその物価への影響が生じるあいだのみである。……追加的な紙幣ないしは貨幣額が流通全般に吸収されるや否や,利子率は追加的発行以前の高さ〔すなわち「自然的水準」〕になり,新たな貸付もそのときと同じ熱意で需要されるであろう」(Ricardo 1951c : 91) と述べて,新たな均衡状態では,通貨流通量の増加に比例的な物価上昇が現れたのみで,利子率をはじめとする実質的水準は以前のそれに復帰することを,説いている。

　1810年代前半期までのリカードウの以上の言説から,彼が,その後期からうかが

えるような静学的ないしは比較静学的な数量説にとどまらず，不均衡過程とそこにおける金融市場関係を考慮に入れた動学的数量説を提起していたことがわかる。

7　リカードウ動態的数量説と現実解釈

前節で述べたリカードウの動態的数量説は，正貨支払制限のイギリス経済に関する彼の解釈にも応用されていたといえる。

リカードウは，貨幣貸付についても，利子率を利潤率に相応した「自然的水準」に一致させる機能をもつものと考えた，自由競争市場を支持した。現実的には，公証券や短期貸付金が取引される一般的市場がそれに類するものと，みなしていた。リカードウは，イングランド銀行の貸付利子率もこの「市場利子率」にしたがうべきであると，述べている（Ricardo 1952a：109, 323；1952b：344）。だがリカードウは，『原理』初版において，実情を以下のように記している。

　「この20年間，イングランド銀行が貨幣で商人達を援助することできわめて大きな助力を商業に与えてきた，といわれる理由は，その全期間を通じて同銀行が市場利子率以下で――すなわち，商人達が他の場所で借りえたところの利子率以下で――貨幣を貸し付けてきたことにある。だが私から見るとこれは，同銀行の体制に対する賛成論というよりはむしろそれへの異論となるように正直思われる。」(Ricardo 1951a：364)

上文冒頭の「この20年間」なるものは，正貨支払制限が断行された1797年以降を指している。既述のリカードウの論理からすれば，イングランド銀行の兌換制度が正常に行われているかぎり，同行の貸付利子率をその「自然的水準」以下に抑えつづけることは不可能であった。逆に言えば，正貨支払制限が，イングランド銀行のいわば無制限な紙幣発行を可能にし，その結果，同行の貸付利子率をその「自然的水準」以下にとどめながら，物価を持続的に騰貴せしめたというのが，リカードウの現実解釈であったといえる。そしてこれは，彼の動態的数量説から導出される結論であった。

以上のリカードウの見解の背後には，イングランド銀行が元来有する強大な金融支配力に対する認識が存していたといえよう。彼によって捉えられた，強固な資金

力と弾力的な信用創造によって利子率を独自に設定・維持する,「巨大な独占的組織」としてのイングランド銀行像は,条件こそ異なれ,のちにヴィクセルが提示することになる,「組織化された信用経済 (die organisierte Kreditwirtschaft)」の担い手に比べうるものであった (Wicksell 1968：56-64；1969：25, 199-200；菱山 1993：30)。

8　貨幣経済論史におけるリカードウの意義

　本章では,動態的数量説に代表されるリカードウの貨幣経済論を取り上げた。その学説内容は,断片的なうらみはあるが,古典派経済学時代における同分野のものとして,屈指の充実を有していた。リカードウの論点は,のちの新古典派時代に本格的に展開される正統派的貨幣経済論に先駆けるものであった。ここにおいて,リカードウ→ヴィクセル→ケインズ『貨幣論』→ケインズ『一般理論』という結節を見いだすことができる。この理論系譜が共有するものは,投資が巨視的経済動向に対してもつ主導的役割と,投資を左右する貨幣金融的要因の重視である。ただ,リカードウから,ヴィクセルを経て,同じケインズの『貨幣論』に至るまでの理論展開は,最終的に「古典的二分法」に帰着し,それは,数量説への信奉と,利子率の利潤率への調整前提に具体化された。リカードウの実物的生産分配論が確立して以降,貨幣的問題に関する彼の言及が急減する背景には,この点が存していたといえよう。ケインズ『一般理論』の「革命性」は,近代資本主義経済における投資の主導性と,投資決定における貨幣金融要因の重要性を,この二分法の否定のうえに再提起したことにある[11]。

　他方で,ケインズとの類縁性がしばしば説かれる,マルサスやシスモンディをはじめとする古典派経済学時代の有効需要論者たちは,少なくともリカードウに対峙しうるような密度の高い貨幣経済論を展開しなかった。既述のようにこの事実は,彼らの有効需要論と『一般理論』のそれとの本質的相違を裏づけるものの1つといえる。もちろんこれは両者の親近性それ自体を否定するものではないが,「ケインズ革命」の意義を問い直すうえで,「反ケインズ的」とのレッテルを貼られがちなリカードウによって展開された貨幣経済論への注視は不可欠であると結論づけられる。

注

(1) 代表例として,Ahiakpor (1985),Arnon (1987),Davis (2005),Hollander (1979),Sato and Takenaga (2013) 等を参照されたい。

(2) 同様な論旨に基づくリカードウ貨幣経済論の考察は岡田 (1994, 1997) によっても行われている。あわせて参照されたい。

(3) 「生産物が豊富であることがいかにして労働需要の減少を導くのか,私には分かりません。マルサス氏はきちんと区別されるべき2つの事柄を混同しているようにみえます。ある人が商品を生産して,その収益がそれにささげられた労働の価値を償わないことも起こりえましょう。このような商品は安価でありましょうし,われわれはそれらが豊富であると言うべきでしょう。だがその安さは次のような効果を伴っているでしょう――すなわち,国民資本はその生産によって減少するでしょう。しかし一方,商品が生産の容易さから豊富かつ安価に生産され,しかも実際にその大きさがそれに投下された資本を置換する以上のものであれば,それは純粋な利益であります。さて第1の場合が時として生じることは否定できません。しかしこれはつねに誤算の結果であります。それはあるひとつの商品ないしは多数の商品については起こりうるかもしれませんが,商品全体について同時に起こることはありえません。」(Ricardo 1952c:215-216) 以下,本章の訳文は参考文献に掲げた邦訳書のそれとかならずしも一致していない。

リカードウ対マルサスをはじめ,古典派経済学時代における販路説と有効需要論の対立については,溝川 (1966),Paquet (1953) 等を参照されたい。

(4) 岡田 (1997:118-148) では,類似した観点から,初期新古典派経済学時代の代表的有効需要論者ホブスンの学説とケインズ理論との相違が説明されている。

(5) 「諸商品がその価格において貨幣の増減と比例的に上昇・下落するであろうことを,私は論争の余地のない事実とみなす。」(Ricardo 1951e:193)「貨幣の増加は,実質的富の増大を促進することも妨害することもないであろう」(Ricardo 1951f:325)

(6) 「経済学の理論的著述家たちは,貨幣に対してあまりに多くの重要性を付与するようにみえるのを恐れるところから,おそらく彼らの推論において貨幣を考慮外におく傾向があまりに強すぎたといえよう。われわれが商品を欲し貨幣を欲しないということは抽象的真理である。しかし現実においては,われわれの財貨をただちに売って手に入れることのできるであろういかなる商品も,流通手段の適当な代替物とはなりえないし,同様にそれは,子供たちを養育し,地所を購入し,あるいは今後1,2年の労働や食糧を支配することを,可能にしえない。流通手段はいかなる大きな貯蓄にとっても絶対に必要であり,製造業者でさえ,もしも彼がそのもとで働く者たちの賃金全体を現物で蓄積することを余儀なくされるとしたら,その手立てに手間取るであろう。したがって,彼の欲するものが他の財よりもむしろ貨幣であるとしても,われわれはべつだん驚くこともない。そして文明化された国々においては,もしも農業者あるいは製造業者が貨幣で評価された利潤を彼らに与えるだけ生産物を売ることができないとしたら,彼の産業は

すぐさま賃貸してしまうであろう。流通手段は富の分配や産業の奨励においてきわめて重要な役割を担っているので，われわれの推論においてそれを無視しても終始間違いないなどとはとうてい言えない。また，実際に年々可変的な穀物量を表示している一定量の貨幣の代わりに，一定量の穀物や衣服の前貸を想定することで，例証しようとする試みは，必ずやわれわれを誤り導くであろう。」(Malthus 1986b：260-261)

「我が国の紙幣取引史において，通貨の豊富さないしは乏しさが一般に物価の高低の結果として生じ，それをさらに昂進させたにせよ，前者が後者を先導したことは稀にしか，あるいはまったくなかったことが，わかるであろう」(Malthus 1986b：343)

(7)「もしも通貨流通の自然的制度が放棄され，紙幣の自由裁量発行がそれに代わるとしたら，そのような自由裁量の正確な行使のために何らかのルールが案出されうると考えてもむだである。」(Ricardo 1951g：348)「通貨の増減がもっぱら発行者の意志に依存しているとき，通貨価値の不変性に対する保証は何ら存在しえない。」(Ricardo 1951i：69)

(8)「わが国の通貨における弊害のすべては，イングランド銀行の過剰〔紙幣〕発行に──すなわち，その意のままにすべての貨幣資産家の財産価値を減少させ，さらには，食料品やすべての生活必需品の価格を騰貴させることによって，一般の年金受領者や，所得が固定化され，したがって負担のいかなる部分もその双肩から転嫁できない人々すべてに損害を与えるところの，同銀行にあずけられた危険な力に──帰せられるのである。」(Ricardo 1951b：21)

(9)「いかなる国においても，鉱山が発見される代わりに，イングランド銀行のような流通手段として紙幣を発行する権限をもつ銀行が設立されたとしたら，商人への貸付ないしは政府への貸付により多額〔の紙幣〕が発行されることで，通貨額がいちじるしく追加され，その結果，鉱山の場合と同様な影響が生じるであろう。つまり，流通手段の価値は低下するであろうし，財貨は比例的な〔価格〕騰貴をするであろう。」(Ricardo 1951c：54-55)

(10)「イングランド銀行が進んで貸付を行おうとするあいだは，借手は常に存在するであろう。それゆえ，私が今述べてきたこと〔イングランド銀行の怠慢による悪影響がその独占に帰せられ，正貨支払制限を解かれるかも知れないという，同行の恐れ〕以外に，そこでの〔銀行券〕過剰発行に対する制限は何ら存在しえず，1オンスあたりの金価格は，8ポンド，10ポンド，あるいはその他の額にまで上昇しうるであろう。──また，これと同じ影響は食料品や他のすべての商品の価格において生み出されるであろう。」(Ricardo 1951b：17) 実際この時代には，利子制限法によりイングランド銀行の貸付利子率が5パーセント以下に抑えられていた。

(11) その点で，流動性選好説は「ケインズ革命」の核心部に位置するものといえよう。だが，これと，ケインズが提示した流動性選好説が実際的にその重責を担うに足る理論であったかという問題は別であり，スラッファがそうであったといわれるように，筆者自

身はこの点における流動性選好説の有効性に疑問を抱いている。さらにそれは、ケインズ理論そのものの限界にかかわるものといえる。

参考文献

岡田元浩, (1994), 「貨幣的経済理論史におけるリカードウとヴィクセル」『経済学史学会年報』第32号別刷, 28-39頁。

―――, (1997), 『巨視的経済理論の軌跡――リカードウ, マルサスから「ケインズ革命」まで』名古屋大学出版会。

菱山泉, (1990), 『ケネーからスラッファへ――忘れえぬ経済学者たち』名古屋大学出版会。

―――, (1993), 『スラッファ経済学の現代的評価』京都大学学術出版会。

溝川喜一, (1966), 『古典派経済学と販路説』ミネルヴァ書房。

Ahiakpor, J., (1985), "Ricardo on Money: The Operational Significance of the Non-Neutrality of Money in the Short Run." *History of Political Economy*, 17, pp. 17-30.

Arnon, A., (1987), "Banking between the Invisible and Visible Hands: A Reinterpretation of Ricardo's Place within the Classical School." *Oxford Economic Papers*, 39, pp. 268-281.

Davis, T., (2005), *Ricardo's Macroeconomics: Money, Trade Cycles, and Growth*. New York: Cambridge University Press.

Hollander, S., (1979), *The Economics of David Ricardo*. Toronto and Buffalo: University of Toronto Press. (菱山泉・山下博監訳『リカードの経済学』上・下, 日本経済評論社, 1998年。)

Keynes, J. M., (1971), *The Collected Writings of John Maynard Keynes, Volume V, A Treatise on Money, 1 The Pure Theory of Money*. London and Basingstoke: Macmillan. (小泉明・長澤惟恭訳『ケインズ全集第5巻 貨幣論Ⅰ――貨幣の純粋理論』東洋経済新報社, 1979年。)

―――, (1972), Thomas Robert Malthus, pp. 71-108, in *The Collected Writings of John Maynard Keynes, Volume X, Essays in Biography*. London and Basingstoke: Macmillan. (「トーマス・ロバート・マルサス」大野忠男訳『ケインズ全集第10巻 人物評伝』所収, 東洋経済新報社, 1980年, 95-145頁。)

―――, (1973), *The Collected Writings of John Maynard Keynes, Volume VII, The General Theory of Employment Interest and Money*. London and Basingstoke: Macmillan. (塩野谷祐一訳『ケインズ全集第7巻 雇用・利子および貨幣の一般理論』東洋経済新報社, 1983年。)

Malthus, T. R., (1986a), Principles of Political Economy, The Second Edition (1836) with Variant Readings from the First Edition (1820), Part I. In E. A. Wrigley and David Souden (eds), *The Works of Thomas Robert Malthus, Volume Six*. London: William Pickering. (小林時三郎訳『経済学原理』上・下, 岩波書店, 1968年。)

―――, (1986b), Principles of Political Economy, The Second Edition (1836) with Variant Readings from the First Edition (1820), Part II. In E. A. Wrigley and David Souden (eds), *The Works of Thomas Robert Malthus, Volume Six*. London: William Pickering. (小林時三郎訳『経済学原理』上・下, 岩波書店, 1968年。)

Malthus, Thomas Robert. *The Works of Thomas Robert Malthus, Volume Seven, Essays on Political Economy*. (eds.) E. A. Wrigley and David Souden, London: William Pickering, 1986.

Paquet, A., (1953), *Le conflit historique entre la loi des débouchés et la principe de la demande effective*. Paris: Librairie Armand Colin.

Ricardo, D., (1951a), *The Works and Correspondence of David Ricardo, Volume I, On the Principles of Political Economy and Taxation*. P. Sraffa (ed.). London: Cambridge University Press. (堀経夫訳『デイヴィド・リカードウ全集 I 巻 経済学および課税の原理』雄松堂書店, 1972年。)

―――, (1951b), The Price of Gold, Three Contributions to the *Morning Chronicle*, 1809, pp. 13-46, in P. Sraffa (ed.), *The Works and Correspondence of David Ricardo, Volume III, Pamphlets and Papers, 1809-1811*. London: Cambridge University Press. (「金の価格,『モーニング・クロニクル』への 3 つの寄稿, 1809年」末永茂樹監訳『デイヴィド・リカードウ全集第Ⅲ巻 前期論文集 1809-1811年』15-58頁 所収, 雄松堂書店, 1969年。)

―――, (1951c), The High Price of Bullion, A Proof of the Depreciation of Bank Notes, 1810-1811, pp. 47-127, in P. Sraffa (ed.), *The Works and Correspondence of David Ricardo, Volume III, Pamphlets and Papers, 1809-1811*. London: Cambridge University Press. (「地金の高い価格, 銀行券の減価の証拠, 1810-1811年」末永茂樹監訳『デイヴィド・リカードウ全集第Ⅲ巻 前期論文集 1809-1811年』59-154頁 所収, 雄松堂書店, 1969年。)

―――, (1951d), Three Letters to the *Morning Chronicle* on the Bullion Report, 1810, pp. 129-153, in P. Sraffa (ed.), *The Works and Correspondence of David Ricardo, Volume III, Pamphlets and Papers, 1809-1811*. London: Cambridge University Press. (「地金報告書についての『モーニング・クロニクル』への 3 つの書簡, 1810年」末永茂樹監訳『デイヴィド・リカードウ全集第Ⅲ巻 前期論文集 1809-1811年』155-183頁 所収, 雄松堂書店, 1969年。)

―――, (1951e), Reply to Mr. Bosanquet's 'Practical Observations on the Report of the Bullion Committee', 1811, pp. 155-256, in P. Sraffa (ed.), *The Works and Correspondence of David Ricardo, Volume III, Pamphlets and Papers, 1809-1811*. London: Cambridge University Press.（「ボウズンキト氏の『地金委員会報告書にたいする実際的観察』への回答, 1811年」末永茂樹監訳『デイヴィド・リカードウ全集第Ⅲ巻　前期論文集　1809-1811年』185-301頁 所収, 雄松堂書店, 1969年。）

―――, (1951f) Notes on Bentham's 'Sur les Prix', 1810-11, pp. 267-341, in P. Sraffa (ed.), *The Works and Correspondence of David Ricardo, Volume III, Pamphlets and Papers, 1809-1811*. London: Cambridge University Press.（「ベンタム『物価論』評注, 1810-11年」末永茂樹監訳『デイヴィド・リカードウ全集第Ⅲ巻　前期論文集　1809-1811年』305-411頁 所収, 雄松堂書店, 1969年。）

―――, (1951g), Notes on the Bullion Report and Evidence, 1810, pp. 343-378, in P. Sraffa (ed.), *The Works and Correspondence of David Ricardo, Volume III, Pamphlets and Papers, 1809-1811*. London: Cambridge University Press.（「地金報告書および証言にたいする評注, 1810年」末永茂樹監訳『デイヴィド・リカードウ全集第Ⅲ巻　前期論文集　1809-1811年』413-462頁 所収, 雄松堂書店, 1969年。）

―――, (1951h), Notes on Trotter's 'Principles of Currency and Exchanges', 1810, pp. 379-403, in P. Sraffa (ed.), *The Works and Correspondence of David Ricardo, Volume III, Pamphlets and Papers, 1809-1811*. London: Cambridge University Press.（「トロッタの『通貨および為替の原理』にたいする評注, 1810年」末永茂樹監訳『デイヴィド・リカードウ全集第Ⅲ巻　前期論文集　1809-1811年』463-495頁 所収, 雄松堂書店, 1969年。）

―――, (1951i), Proposals for an Economical and Secure Currency, 1816, pp. 43-141, in P. Sraffa (ed.), *The Works and Correspondence of David Ricardo, Volume IV, Pamphlets and Papers, 1815-1823*. London: Cambridge University Press.（「経済的でしかも安定的な通貨のための提案, 1816年」玉野井芳郎監訳『デイヴィド・リカードウ全集第Ⅳ巻　前期論文集　1815-1823年』51-180頁 所収, 雄松堂書店, 1970年。）

―――, (1951j), On Protection to Agriculture, 1822, pp. 201-270, in P. Sraffa (ed.), *The Works and Correspondence of David Ricardo, Volume IV, Pamphlets and Papers, 1815-1823*. London: Cambridge University Press.（「農業保護論, 1822年」玉野井芳郎監訳『デイヴィド・リカードウ全集第Ⅳ巻　前期論文集　1815-1823年』243-323頁 所収, 雄松堂書店, 1970年。）

―――, (1952a), Speeches in the House of Commons, pp. 1-332, in P. Sraffa (ed.), *The Works and Correspondence of David Ricardo, Volume V, Speeches and Evidence*. London: Cambridge University Press.（「下院における演説」杉本俊朗訳

『デイヴィド・リカードウ全集Ⅴ巻 議会の演説および証言』1-346頁 所収, 雄松堂書店, 1978年。)

――, (1952b), Evidence of the Usury Laws, 1818, pp. 333-347, in P. Sraffa (ed.), *The Works and Correspondence of David Ricardo, Volume V, Speeches and Evidence.* London: Cambridge University Press. (「利子制限法に関する証言 1818年」杉本俊朗訳『デイヴィド・リカードウ全集Ⅴ巻 議会の演説および証言』347-362頁 所収, 雄松堂書店, 1978年。)

――, (1952c), Ricardo to M^{c}culloch, 2 Aug 1820, pp. 213-217, in P. Sraffa (ed.), *The Works and Correspondence of David Ricardo, Volume VIII, Letters, 1819-June 1823.* London: Cambridge University Press. (「リカードウからマカァロクへ 1820年8月2日」中野正監訳『デイヴィド・リカードウ全集Ⅷ巻 書簡集 1819-1821年6月』241-247頁 所収, 雄松堂書店, 1974年。)

Sato, Y., and S. Takenaga (eds.), (2013), *Ricardo on Money and Finance: A Bicentenary Reappraisal.* Abingdon: Routledge.

Sismondi, S., (1953), *Nouveaux principes d'économie politique, Troisième edition, Tome Second.* Geneva: Edition Jeheber.

――, (1980), *Études sur l'économie Politique I-II.* Geneva: Slatkine.

Wicksell, K., (1968), *Geldzins und Güterpreise: Eine Studie über die den Tauschwert des Geldes bestimmenden Ursachen. Berichtiger Neudruck der Ausgabe Jena 1898.* Aalen: Scientia Verlag. (北野熊喜男・服部新一訳・北野熊喜男改訳『利子と物価』日本経済評論社, 1984年。)

――, (1969), *Vorlesungen über Nationalökonomie: Auf Grundlage des Marginalprinzipes, Theoretischer Teil, Zweiter Band, Geld und Kredit, Neudruck der Ausgabe Jena 1922,* Aalen: Scientia Verlag. (堀経夫・三谷友吉訳『国民経済学講義 理論の部 第2巻(貨幣・信用)』経済図書株式会社, 1943年。)

第6章
J・S・ミルにおける経済と倫理

川名雄一郎

1　道徳科学のなかの／としての経済学

　経済思想史における重要な貢献という事実からすると，J・S・ミル自身の思索において経済学の占めている地位が意外なほどに小さいような印象を受けてしまう。彼が常に強調していたのは，経済学は，人間と社会について研究するモラルサイエンスの体系を構成する多くの科学の1つにすぎないということであった。ミルは「富の性質と，その生産と分配の法則」を扱う科学として経済学を定義していたが，[1] 彼がこの科学を重視したのは，この科学に関する知識が人類の知的・道徳的改善のための必要条件を明らかにすると考えていたからであった。ミルは，物質的な必要条件が満たされているところにおいてのみ，すなわち富が広範に普及し物質的欲求が多くの人によってある程度満たされており，知的活動に時間と精力を割くことができるような階級が出現するのを可能にするくらいに生産活動が進んでいるところにおいてのみ，人間の知的・道徳的能力の進歩は可能になると考えていた。

　人間および社会の望ましい進歩はどのようにして可能になるかということが，彼のモラルサイエンスの根底にある問題意識であったが，彼の経済学においてもこの関心が強く反映されており，このようなモラルサイエンスの側面を理解することによってこそ，ミルの経済学の特質は明らかになるだろう。

　彼の『経済学原理』を一読してみると，経済学的考察が，関連するその他の議論と有機的に結びつけられつつ，モラルサイエンスの体系のなかで重要な位置を与えられていること，あるいは経済学それ自体がモラルサイエンスとして展開されていることが分かるだろう。本章では，ミルの経済学をこのような観点から素描したい。

2　商業化と商業精神の腐敗

　ミルの考えでは，現代の文明社会では，定住の進展と人口の稠密化，農業や商工業の発展，人々による社会的交流の享受，社会成員の身柄と財産を保護する制度の確立などが特徴としてみられ，高度な文明状態にあるイギリスやヨーロッパ諸国においては，顕著な特徴として「権力が個人および個人の小規模な集団から大衆へと移り，大衆の重要性が絶えず増大し，個人の重要性が絶えず減少する」という現象が見出された。このような事象（文明化）の原因は，ミルによれば，財産・知識・協力する力の3つの要素の大衆への普及であり，とくに「文明の進歩の指標として，協力する力の進歩以上に正確なものはない」とされた (Mill, 'Civilization', CW, xviii, p. 122)。

　このような社会の文明化は商業化の過程にほかならず，商業化という現象こそが現代の文明社会を特徴づけているというのがミルの考えであった（ミルはしばしば，「文明社会」と「商業社会」を互換的に使用している）。ミルは「商工業階級が徐々に興隆し農民が徐々に解放されてきたこと，このような変化の過程が混乱や転覆をともなっていたこと，それらに続いて，制度，意見，習慣や社会生活の全体にわたって根本的な変化が起こったこと」に言及しながら，商業の担い手としての「中産階級の成長という言葉」のもつ重要な含意を強調していた (Mill, 'Civilization', CW, xviii, p. 121)。

　もっとも，ミルは社会の商業化に対して，そしてその担い手としての中産商業階級のあり方に対して全面的に肯定的にとらえていたわけではなかった。むしろ，ミルは1820年代末という早い段階で商業社会における道徳的腐敗の問題（商業精神の腐敗）を認識するようになっていた。たとえば，1828年に，イングランドの中産階級に好意的な見解を示していたサン・シモン主義者のデシュタールに対して，「商業精神がさまざまな良い効果をもっているとしても，それが広くいきわたっているところではどこでも，この種の害悪〔ゆきすぎた利己心〕をある程度はもたらしてしまうことはほとんど間違いないのではないかと心配しています。」と記し (Mill to Gustave d'Eichthal, 15 May 1829, CW, xii, pp. 31-2. Cf. Mill to Gustave d'Eichthal, 8 October 1829, CW, xii, pp. 34-8)，商業精神のもつ負の作用に注意をうながしている。

　ミルによれば，文明化の過程で，人々は他者と協力しあい助けあうことを学び，

また文明が進展するのにともなって改善されていく社会制度への依存の度合いを徐々に強めていくことになる。このように社会制度が整備されていくことによって，個々人が自立している必要性は確実に減少していく。そして，中産階級の否定的な特徴はこのような傾向と関連づけて理解することができる。社会制度への依存を強めることによって，人々は活動的な性格を呼びおこすような誘引を失い，その性格は穏和なものになる。このような状況において人々を活動的にするような誘引が残されているとすれば，それは富への欲望だけであった。これが，文明化の進展した社会において人々が彼らの労力を金儲けだけに集中させがちになってしまうことの理由であった。中産階級は富を追及することに専心するようになり，すでに十分な富をもっているためにそのような動機に乏しい貴族階級の活力は衰えていく。このような金銭崇拝の傾向は，金儲けのための詐欺的行為を誘発することで社会の道徳的腐敗をもたらす（Mill, 'Civilization', CW, xviii, pp. 129-135）。

　しばしば指摘されるように，ミルは，同時代人のトクヴィルによる，多数者の支配による行きすぎた社会的画一化傾向とそれによる社会の停滞という議論から多くを学び，それに対する危機感を共有していたものの，トクヴィルの議論では，平等化によって社会的慣習などのさまざまな軛から自由になった孤立した個人の無力感が逆説的に世論への盲信を招くとされたのに対して，ミルは，多数者の暴政という問題と中産階級の道徳的腐敗の問題を関連づけて理解し，商業社会の実質的な担い手である商業階級の偏見こそが個性の抑圧に結びつくものとみなしていた。[4]

3　経済学の定義

　フォンタナによれば，ミルに先立つ19世紀初頭の経済学は次のように2つの方向性をもっていた。第1に，それは商業社会あるいは市場社会についての体系的な考察であった。これは，推測歴史的進歩の観念に基づいており，社会の進歩の結果として実現された商業社会は，分配の不平等などの欠点などにもかかわらず，大多数の人に富と政治的自由を普及させたという点で，それまでのどの社会とも異なったまったく新しい，そしてより優れた社会であるという確信に裏打ちされたものであった（Fontana 1985：7-8）。第2に，経済学は，国家の繁栄や貧困の原因について研究する統治の科学の一部門として市場自体について研究する，より限定された科学的知識，すなわち「市場法則の科学的理解」を意味していた（Fontana 1990：45）。

市場経済は科学的法則によって支配されているから、それを理解することは可能であるし、社会状態をより好ましい状態に引き上げるためにはこの知識が不可欠であるという考えから、市場についての科学的理解がきわめて重視されていた。そのような議論の典型は、デイヴィッド・リカードウの『経済学と課税の原理』(1817年)であった。
(5)

父親のジェイムズ・ミルのもとで13歳から16歳（1819年から1822年）にかけて「経済学の全課程」を学び (Mill, *Autobiography*, CW, i, p.31)、2つの領域が経済学として混同されているとして批判的であったミルが科学としての経済学の定義を試みたときに念頭においていたのは後者の意味での経済学であった。ミルにとって経済学は、「直接的な決定因が主として富に対する欲求であり、主に関係する心理的法則が少ない利得よりも多い利得が好まれるというよく知られたものであるような、社会現象のうち広範な部類」を扱う科学であり (Mill, *Logic*, CW, viii, p.901)、「富の生産を目的とする人間の作用の結合から生じる社会現象の法則を、それらの現象が他の目的の追求によって修正されないかぎりで探求する科学」であった (Mill, 'Definition of Political Economy', CW, iv, p.323)。

まず、ミルが「科学」として経済学を定義していることに関して、彼による「科学」と「アート」の区別を理解しておくことが必要である。

「これら2つの観念〔科学とアート〕は、知性が意志から区別されたり、文法上の直接法が命令法から区別されたりするのと同じように互いに異なっている。一方は事実を扱い、他方は指令を扱う。科学が真理の集まりである一方で、アートは規則、すなわち行為の指針の集合である。科学の言語は「これは……である」や「これは……でない」、あるいは「これは起こる」や「これは起こらない」というものである。アートの言語は「これをしなさい」や「あれをするな」というものである。」(Mill, 'Definition of Political Economy', CW, iv, 4, p.312)
(6)

このように、規範的な問題を扱うアートとの対比で、事実を扱うとされたのが科学であった。

次に、経済学の内容に関してであるが、ミルの考えでは、人間の実際の動機が何であったとしても、経済学者は「少ない利得よりも多い利得」を好むというものが人間の経済的行為について作用する唯一の心理的法則であるかのように想定して推

第❻章 J・S・ミルにおける経済と倫理

論をおこなう科学であった。いかなる経済学者も現実の人間がそのようなものであるとは考えてはいなかったが，経済学が科学である以上，このような仮説から推論がなされていなければならなかった。そして，このような仮説に基づいた推論の結論もまた仮説的なものであった。ミルが経済学を仮説的科学と述べていたのは，このような2つの認識を踏まえてのことであり，たとえ「簡素で貧弱」で「大衆的尊敬や政治的権威の候補にはなれそうにはなかった」としても (Collini et al. 1983：137)，経済学はこのように定義されなければならなかった。

しかし，経済学の定義がこのように狭いものであったことは，ミルの経済学的考察が狭いものであったことは意味していない。彼の経済学的考察には，経済学以外の科学による知見を踏まえた，科学にとどまらない「応用」が含まれていた。[7]このような特徴は，経済学を彼のモラルサイエンス構想のなかに位置づけてみることで明確になる。

『論理学体系』(1843) における構想によれば，人間および社会の科学の基礎となる科学（人間本性の科学）は心理学，具体的には観念連合心理学である。そして，その心理学の派生法則としての性格学（エソロジー）がある。この性格学は，心理学の一般的法則にしたがってどのように性格が形成されるかについての因果法則を研究する科学であった。そして，「社会」を研究するための学問は，「社会の一般科学 (general science of society)」と「特殊社会学的研究 (special sociological enquiries)」からなっていた。社会の一般科学は「いかなる時点においても社会や文明の状態を作りあげている大きな事実の継起と共存の法則を研究する」ものであり，「同時的な社会現象の相互の作用と反作用の理論」をあきらかにする「社会静学 (social statics)」，「社会状態の連続性を観察し説明する」ことを目的とする「社会動学 (social dynamics)」からなっていた (Mill, *Logic*, CW, viii, p. 908, 918, 924)。それに対して，特殊社会学的研究とは，具体的には「経済学 (political economy)」と，性格学の特殊理論として国民という集合体の性格（国民性）を扱う「ポリティカル・エソロジー (political ethology)」をさしている。この特殊社会学的研究が対象とするのは，ある所与の社会状態における1つの種類の行為であった。特殊社会学的研究においては，問題となるのは「何らかの社会状況の全般的状態が想定されているとき，ある原因に付随する結果はどのようなものか」であり，この推論から引き出される結論は，社会状態自体を研究対象とする社会の一般科学の結論によって「制限され制御されなければならない」ものであった (Mill, *Logic*, CW, viii, p. 911)。[8]

ミルにとって，経済学はあくまでもモラルサイエンスを構成する一科学にすぎないものであった。しかし，科学としての経済学の定義について非常に狭い見解をとったことは，そのような定義から排除した領域を彼が無視したことを意味してはおらず，むしろ，彼が重視したのは経済学の外部にひろがる領域であった。『論理学体系』や『経済学原理』などで提示された，科学としての経済学という限定された領域にとどまらない，経済学を下位部門にもつものとして構想された包括的な社会理論は，社会の歴史的変化の法則を明らかにし，統治制度の発展や存続のための社会的条件を明らかにすることを目的とした商業社会論でもあった。したがって，このようなミルの議論は経済学を含めた（現在いうところの）社会科学のあり方を再構成する試みであったと考えることもできる。

　たとえば，自己利益優先的人間観，競争や私有財産といった社会制度，地主・資本家・労働者という三階級区分などを所与のものとみなし，これらが存在する市場社会における富の分配法則を明らかにすることに課題を限定していたリカードウの経済学は，そのような市場社会を相対化し社会の可変性を論じるような，社会の歴史的変化の理論を体系のなかに組み込んではいなかったが，ミルはそのような限定に不満を示して，市場社会の制度や慣習を可変的なものとして相対化する視角を取り込み，そのような相対主義的な認識を科学的な社会変動の理論によって基礎づけようとしたのである。このような試みは，商業社会論の伝統に対して彼なりの表現を与えることを目指したものであったということができるだろう。

4　アソシエーション

　ミルは，商業精神をもった中産商業階級によって先導される商業社会における必然的な道徳的腐敗に対する懸念を強め，とりわけ1840年代以降はヨーロッパ文明の衰退への懸念を強めるようになってすらいた。彼の考えでは，これまでの歴史から判断する限り，人間や社会の進歩を自然的なものとみなすことはできず，むしろ社会の変化の一般的傾向は進歩ではなく退化であるという見解を抱くようになってすらいた。しかし，彼は文明社会におけるさまざまな害悪は人為的な手段によって是正可能であるし，「高度な陶冶によって文明の脆弱な側面を補強すること」が追求され続けなければならないと主張し続けた（Mill, 'Civilization', CW, xviii, p. 143）。彼は，「巧みに運営されたすぐれた制度」によって，退化という自然的傾向に「無限

の時間にわたって対抗すること」が可能であるとも主張し（Mill, CRG, xix, p. 388），よく整えられた社会・政治制度が人々の性格および社会状態の改善に資することができるという確信をけっして放棄することはなかった。

　人間や社会の進歩に関するミルの基本的な考えは，社会変化の第一義的な要因として知的要因——「人類の思索能力の状態」（Mill, *Logic*, CW, viii, p. 926）——に着目するという意味での，主知主義的なものであった。彼は1840年に次のように述べていた。

　　「人間事象はまったく機械的な法則に支配されているわけではないし，人間の性格は生活の状況によってまったくどうにもならないように形作られているわけでもない。経済的・社会的な変化は，私たち人類の進路を決定する最大の力の1つであるが唯一の力ではない。観念は必ずしも社会的環境の単なる兆候や結果であるわけではなく，それ自体が歴史における1つの力である。」（Mill, 'Tocqueville [2]', CW, xviii, pp. 197-8）

　このような進歩観と関連づけてみると，彼が「富の性質と，その生産と分配の法則」（Mill, PPE, CW, ii, p. 3）を扱う科学としての経済学を重視した理由の1つは，この科学に関する知識が人類の知的・道徳的改善のための必要条件を明らかにするものであったという点にあることがわかる。静止状態論や社会主義論・アソシエーション論は経済学的な面から，このような商業社会の将来の展望を提示したものであり，そこでの究極的関心は，どのような経済制度が富をもたらすかではなく，知的・道徳的能力の改善に資するかであった。彼は1825年という早い段階で，完成可能性というアイデアに関連して経済学が果たしうる役割について次のように主張していた。

　　「全体として経済学者は，彼らの教義が完成可能性という理論に対して敵対的であるとして，しばしば憎悪の対象となってきた。しかし，この憎悪はきわめておかしいものでる。……経済学者が，どのような仕方によって人類の状態が大きく改善されるかを示してきたことは認められるべきである。さらに，彼らの議論以前には，あらゆる改善のための構想を妨げたり弱めたりする要因は知られていなかったことも認識されるべきである。彼らは，それらの害悪の原因をあきらか

にしただけでなく，無知や通俗の偏見にひるむことなく立ち向かい，そのような害悪を避けるための方策を明らかにしたのである。……彼らは，ともかく，ほとんどすぐに人間の幸福を大きく増大させ，そして最終的には，人類を，少なくとも目標とされてきたような完全性に近いところにまで高めるような構想を示したのである。」(Mill and William Ellis, 'McCulloch's Discourse on Political Economy' (July 1825), CW, v, pp. 758-9)

ミルは，物質的な必要条件が満たされている——すなわち，富が広範に普及し物質的欲求が多くの人によってある程度満たされており，知的活動に時間と精力を割くことができるような階級が出現するのを可能にするくらいに生産活動が進んでいる——ところにおいてのみ，人間の知的・道徳的能力の進歩は可能になると考えていた（これは上述の主知主義的な進歩観と矛盾するものではない）。

人間の道徳的改善がいかにして可能になるかという関心に基づくミルの議論は，そのような改善が社会制度の改善を可能にし，その社会制度の改善が人間の道徳的状態をさらに改善するのに資するという関心に基づいていた。イングランドやアメリカ合衆国の国民性を論じるなかで，ミルは次のように述べていた。

「教えられる必要があるのは，財産に対する欲求ではなく，財産の使い方であり，財産で買うことができないか買うために財産を必要としないような欲求の対象に対する理解を深めることであり，イングランド人やアメリカ人の性格における正しい改善は……あらゆる方面に及んでいるその産業主義という苦悩を緩和し，労働の総生産量への関心を軽減するものでなければならない[9]。」

ミルは，競争や私有財産，三階級区分のような資本主義社会において前提とされているさまざまな社会制度，さらにはこのような制度のもとでの過度に利己主義的な人間性が永続的なものであるとは考えていなかった。たとえば，彼は「マーティノー氏の経済学」(1834年5月) のなかで次のように経済学の現状を批判していた[10]。

「〔イングランドの経済学者たちは〕地主，資本家，労働者という不変の枠組みのなかで思いをめぐらせ，そのような社会の三階級への区分をあたかも神の掟であって人間のものでないかのようにみなし，また，〔一日が〕昼と夜に分けられてい

ることと同じくらい，人間の意のままにならないことであるかのようにみなしている。彼らのうち，ほとんど誰も，それらの階級のあいだの関係が社会の進歩にともなってどのような変化を被るかということを自らの研究課題とはしてこなかった。」[11]

ミルの考えでは，

「現在の世代が可能であると想定するよりもはるかに大きな程度で公共精神を身に着ける能力が人間には備わっている。人類のより多くの部分が公的な利益を自らのものとして感受できるように訓練されていく。こうした成功を歴史は目の当たりにすることになるだろう。そして，共産主義的なアソシエーション以上にそうした感情の育成にとって好ましい土壌は存在しない。なぜなら，目下のところ分断して利己的な諸利益の追求へと注がれているあらゆる野心，肉体的ないし精神的活動は，その他の領域でその居場所を見出すことを必要としており，共同体の一般利益の追求においてその居場所を自然に見出すことになると考えられるからである。」(Mill, PPE, CW, ii, pp. 205)

このような彼の考えにとって象徴的なのは，それまでの経済学において否定的にとらえられていた，経済発展の結果，それ以上の資本や富の増加が不可能になる，いわゆる「静止状態」にミルが積極的な評価を与えているという事実である。ミルは，持続的な経済成長それ自体は必ずしも好ましいものではないと考え，人間の性格や社会制度，とりわけ富の分配にかかわる制度の改善を伴ったものでなければ，経済成長は環境破壊をひきおこす人口の増大と資本の過大な蓄積に終わるだけであると論じていた。ミルは経済成長を続ける社会を次のように描き出している。

「生産が大規模になされ，大量の生産物とその利益が労働者のあいだに分け与えられているが，賃金は多数の人々のあいだで分けられ，利潤は多数の資本に分けられるため，労働者の暮らし向きは良くならないし，どの資本家も同じ量の資本からより多くの収入を得ることができていない状態である。」(Mill, PPE, CW, iii, p. 731)

153

このような社会は，他のあらゆる階級の利益を犠牲にしつつ，地主階級だけが利益を得ている社会であった[12]。このような経済成長を絶対視する見解に反対して，ミルは静止状態においても社会の進歩が可能であることを主張した。ここでミルが「進歩」という言葉に込めたのは，経済成長ではなく，人民の道徳的・知的改善という意味であり，富の生産に関係するものではなく，その分配に関係する社会・政治制度の改善という意味であった[13]。ミルの考えでは，

「資本と人口の静止状態は人間の改善の静止状態であることをまったく含意していない。あらゆる種類の精神的涵養や道徳的・社会的進歩の余裕が多くあるだろうし，生のアートの改善のための多くの余地が多くあるし，先に進むための策に心を奪われてしまっているようなことがなくなれば，そのような改善の可能性はより高まるだろう。」(Mill, PPE, CW, iii, p.756)

ミルにとって静止状態は，人口が一定の範囲で安定し，ある程度の物質的快適さがゆきわたり，人々の活力が「富者になるための争い」に排他的に向けられることがなくなり，その代わりに道徳的・精神的涵養や，より公平な富の分配を可能にするような社会制度の改善に向けられているような状態であった (Mill, PPE, CW, iii, p.754)[14]。彼の考えでは，静止状態においては，三階級からなる既存の社会構造およびこのような構造に依拠している経済制度が変化を余儀なくされ，その結果として，「高賃金で裕福な労働者の集団」と「現在よりも多くの人々からなる，粗雑な労苦を免れているだけでなく，物質的にも精神的にも十分な余暇をもっている集団」という2つの新しい社会グループが現れてくる可能性があった。ミルはこのような社会状態こそが「もっとも望ましい社会状態」であると主張した (Mill, PPE, CW, iii, p.755)。

さらに，ミルの商業社会の展望について理解するうえで重要な議論がなされているのが，『経済学原理』第4編第7章「労働者階級の予想されうる未来」である。そこで，ミルは「従属と保護の理論」および「自立の理論」とそれぞれ名づけた2つの考え方を対比していた。前者は，貧者は「彼らのことを考え，その運命に対して責任をもつ」富裕な上流階級の保護のもとに置かれ，その統制にしたがうべきだという主張であった (Mill, PPE, CW, iii, p.759)。この理論によれば，富者と貧者の関係は大人と子供の関係と同じようなものであった。ミルは以下のような観点から

この理論を批判した。第一に，このような理想的な富裕階級はこれまで存在したことはなかった。彼の考えでは，「特権と権力をもつ階級は自分たちの利己的な利益のためにその権力を用いてきた」(Mill, PPE, CW, iii, p.760)。第二に，より重要なことに，イギリスのような先進国の労働者階級はもはや「家父長的・温情的な支配体制」を受け入れることはない (Mill, PPE, CW, iii, p.762)。彼らはすでにみずからの利益について自分で判断できるようになっており，その利益が富者の利益と一致するものではなく，それに反するものであることを認識するようになっていた。社会における富の普及，さらにそれにともなった知識の普及によって，労働者階級は子供のように扱われる段階をすでに脱しており，「全体の利益に関わる問題についてのあらゆる議論」への参加者としてみなされるべき存在となっていた (Mill, PPE, CW, iii, p.764)。それに対して，自立の理論こそが，自らの状態を改善するために十分に規律づけられている文明化された社会の労働者階級にふさわしい考え方であった。このような見解は，住民の参加による地方自治が人民の教育や福利にとって重要なものであるという，1830年代半ばから彼が強調していた政治参加の重要性に対する認識にも結びつくものであった。地方自治は「民主主義の学校」として，人民に社会の共通の目的のために協働するという得難い経験をさせ，協力するための能力や倫理観を養成することを可能にするものであった。

　ミルは，労働者階級の政治力が増大し，その重要性が高まってきた結果として，彼らが自分たちに有利な新たな生産物の分配の方式をそれまで以上に要求するようになるだけでなく，「究極的な状態として，賃金のために労働するような状態」への不満を表明するようになることを指摘した (Mill, PPE, CW, iii, p.766)。重要なのは，静止状態や労働者の将来の状態に対する彼の議論は，現在の社会・政治体制，さらには人々の現在の道徳的・知的状態は暫定的・可変的なものであり改善を要するものであるということを前提にしているということである。彼は「現在可能だと想定されているよりもはるかに多くの公共精神をもつことができるし，歴史は人類の大多数が公共の利益を自分自身の利益として感じるように訓練されることに成功することの証拠となっている (Mill, PPE, CW, ii, p.205)。「単なる個々の成員の私的利益ではなく，共同体の大義」を目的としているアソシエーションは人民の状態の改善に資するものであるというのがミルの考えであった (Mill, PPE, CW, iii, p.783)。ミルによれば，「……利益によって結びついているアソシエーションは」，「公共精神，寛容な感情，真の正義や平等」という「卓越性」を育む「学校」であった

(Mill, PPE, CW, iii, p.768)。彼のいう自立の理論は，個々人が孤立した存在となるべきことを意味するものではなかった。むしろ，人類が進歩することは「他の人なしにやっていけるような境遇に人々を置くのではなく，彼らが従属というような関係におちいることなしに他の人と，そして他の人のために，働くことができるようにすること」であった (Ibid.)[16]。

これまで実践されてきた第一のアソシエーションは，労働者と資本家のあいだでのアソシエーションであり，そこではどのような形であっても仕事に貢献するすべての人は，それぞれの貢献の度合いに従って，共同体の利益を受け取ることができるとされていた (Mill, PPE, CW, iii, pp.769-775)。人間が今後も進歩し続けることができれば，このアソシエーションは労働者同士のアソシエーションにとって代わられるというのがミルの考えであった。このアソシエーションでは，「平等という条件で，自分たちで管理する資本を共同で所有し，自分たちで選出した解任可能な監督者のもとで仕事をする」こととされた (Mill, PPE, CW, iii, p.775)。彼は，自分の財産を最大化したいという動機によって人間の行為がかなりの程度ひきおこされているような現在の社会状態においては社会主義や共同体主義のような社会制度が成功しないということを否定することはなかったが，にもかかわらず，人間の性格が大きく改善されたときにはこのような制度が実現可能になるという希望をもち続けた。

5　経済学と功利主義

もしミルに対するラベリングのなかから1つだけ選ばなければならないとしたら，それは功利主義者というラベリングである。彼の功利主義の内実は時期によって（とりわけベンサムの功利主義に対する態度の変化にともなって）揺れ動いているが，そのことは彼が功利主義者という立場を放棄したことを意味してはおらず，彼は早期教育の過程でベンサム主義的な功利主義を教え込まれて以来，晩年にいたるまで一貫して何らかの形で功利主義者であり続けた。

ミルの功利主義の特徴は，功利性を評価する際に道徳的改善，すなわち利他的あるいは非利己的感情の陶冶を積極的に評価しようとする姿勢であり，功利性の原理それ自体によって直接的にではなく，複数の二次的原理を介して功利性の評価をおこなおうとする点にある[17]。ミルは『論理学体系』において，「アート・オブ・ライ

フ」という構想を提示している。アート・オブ・ライフは幸福の増進をその究極目的としつつ,「道徳」,「慎慮」,「審美」という三部門を構成原理とし,これらの3つの原理によって行為の功利性を評価するという枠組みである。

　ミルが自由を重視したのは,『自由論』で次のように述べられていることからも明らかなように,功利主義の立場に基づくものであった。

　　「功利性とは別個のものとしての抽象的な権利の観念から私の議論が引き出すことのできるいかなる利点も利用しないと断っておくことが適切である。私は功利性を,一切の倫理的問題に関する究極的基準とみなしている。ただし,その功利性は,進歩する存在としての人間の恒久的利益に基づいた,もっとも広い意味での功利性でなければならない。」(Mill, *On Liberty*, CW, xviii, p. 224)

「進歩する存在としての人間の恒久的利益」という表現は,人間の改善可能性へミルがもち続けた信念と,彼が短期的ではなく長期的な視野に立った利益を念頭に置いていることを示唆している。そして,ミルの議論を踏まえれば,「もっとも広い意味での功利性」という表現によって利他的感情(公共精神)の陶冶が意味されていたことは明らかである。ミルの考えでは,望ましいことはすべて義務として強制されうるという誤った考えに立って,他者からの強制や良心の呵責によって望ましい行為はなされるのではなく,あくまでも自発的になされるものでなければならなかったが,利他的感情に基づいた共同体全体の利益を考慮した個々人の行為によって全体の幸福の増進がなされるような状態こそが望ましいあり方であった。

　したがって,ミルの関心は,自発性を損なうことなく人間の利他的感情を涵養していくことができる制度はどのようなものかという点にあった。このような観点から,ミルは『経済学原理』において,アソシエーションによる人間の利他的感情(公共精神)の陶冶という展望を示す一方で,資本主義と社会主義の優劣については最終的判断を留保し,どちらの制度が自由をより擁護するかということを重要な判断基準の1つとして提示していた。経済学的考察において道徳的改善を評価の基準とする姿勢も,彼の自由の主張,そしてそれを基礎づけている功利主義の反映であった。[18]

注
(1) JSM, PPE, CW, ii, 3.
(2) 財産に関するミルの議論の焦点は富の蓄積ではなくて普及にある。「ある個人によるこの点〔生存に十分な程度〕を超えた富のさらなる増大が一般的な幸福を増加させることになるかは疑問であるし，そうでなければ同じ富は他の人を貧困の状態から引き上げるために使われるだろうから積極的な害悪でさえある」(JSM, 'The Quarterly Review on the Political Economists' (30 January 1831), CW, xxii, p. 249)。
(3) このような観点からミルは，平等化は商業化の偶然の帰結にすぎないと考え，「トクヴィル氏は，少なくとも表面上は，デモクラシーの影響と文明の影響を混同している。……この平等化の進展は進歩的な文明の特徴の1つにすぎない。すなわち，産業と富の進歩の偶然的な結果の1つである」と述べて (JSM, 'Tocqueville [2]', CW, xviii, p. 192)，トクヴィルの「デモクラシー」概念による社会理解を拒否した。
(4) パップは次のように指摘している。「トクヴィルは自由そのものを，望ましいものであれ懸念すべきものであれ，あらゆる帰結をともなう商工業精神の源泉と考えた。ミルは有害な帰結を平等という考えにではなく商業精神に帰した」(Pappé 1964：230)。
(5) たとえば，ミルは次のように述べている。「私たちがこれまで信じてきているところでは，アダム・スミスをもってしてもきわめて曖昧で不確実な状態に置かれていた経済学は，おもに3つの発見によって科学の地位にひきあげられた。すなわち，人口の原理，地代の理論，リカード氏の外国貿易の理論である。」(JSM, 'The Quarterly Review on political economy' (January 1825), CW, iv, p. 30)
(6) 同様な説明は『論理学体系』にも見られる (JSM, *Logic*, CW, viii, p. 943)。
(7) この点で象徴的なのは，1848年に『経済学原理』を出版したときにミルが理想としたのがスミスの『国富論』であったという事実である。科学とアートを混同した著作としてしばしば批判された『国富論』は，今度はその特徴ゆえにミルの高い評価を得ることになったのである。ミルは『国富論』の長所を原理とともに応用を教えるという点に見出し，「その著作［『国富論』］のもっとも特徴的な，そしてその主題の一般原理の単なる解説としては遜色がないか，あるいは優れてさえいる他の著作ともっとも異なっている特質は，それがつねに原理と応用を関連づけていることである。これは，抽象的理論の一部門としての経済学に含まれているものよりも広範囲の思想や議論をおのずから意味している」と述べている (JSM, PPE, CW, ii, p. xci.)。
(8) このように，ミルが経済学を特殊社会学的研究の1つとして位置づけたことの理論的含意は，経済学における演繹的推論の結果が現実に適用される際には隣接分野の議論を考慮したうえで修正されなければならないというものであったが，経済学をめぐる当時の知的文脈においてはもう1つの重要な含意があった。つまり，経済学が独立した科学であるというものである。たとえばコントのように，富という要素が社会の状態や変化の仕方を規定するうえで重要な要因となっていることは認めるとしても，富という要素

にかかわる現象を他の要素から切り離して排他的に研究する,独立科学としての経済学が存立することは不可能であるというような見解に対する反論であった。

(9) JSM, PPE, CW, ii, 105. Cf. JSM, *Logic*, CW, viii, 906「たとえば,経済学においては,人間本性についての経験法則がイングランドの思想家によって暗黙のうちに仮定されているが,それらはグレート・ブリテンと合衆国にのみあてはまるものである。なかでも,競争の激しさがつねに想定されているが,それは一般的な商業的事実としては,それら二国以外の世界のいずれの国においても存在していないものである。」

(10) 馬渡の整理にしたがえば,これらがミルが乗り越えようとした旧経済学派の特徴であった(馬渡 1997:80-81)。

(11) JSM, 'Miss Martineau's Summary of Political Economy', CW, iv, 226-227 ここで重要なのは,制度の可変性に対する認識や制度の相対主義的な理解を欠いた思考が人間の社会の改善可能性に対する意欲を挫いてしまうという道徳的弊害をともなっているというミルの見解である。ミルは次のように指摘している。「……人間事象の改善の到達可能な限度を制限してしまうことによって,それを追求する情熱,すなわち,はるか彼方にあるが,まさにそれゆえにかぎりない重要性をもっているような目標を追求する情熱にも制限を課してしまっていないだろうか。」(JSM, 'Miss Martineau's Summary of Political Economy', CW, iv, 227)

(12) ミルは次のようにも述べている。「地主,資本家,労働者からなる社会の経済的進歩は地主階級を漸進的に強化する傾向にある一方で,労働者の生存のための費用は全体として見ると増加する傾向にあり,利潤は減る傾向にある。」(JSM, PPE, CW, iii, pp.731-2) この点に関するミルの議論については,Riley 1998:311-313 を参照のこと。

(13) ここで,ミルによる,富の生産に関する不変の自然法則と富の分配に関する人為的な可変的な法則の区別がきわめて重要性をもつことになる。彼の考えでは,生産の法則は「物理的真理の性質を帯びているものであった。そこには任意なものや恣意的なものはなかった」。それに対して,分配の法則は「人間の制度のみに関わるもの」であり,「ひとたびここに至れば,人類は,個人としてであっても集合体としてであっても,好きなように扱うことができるのである。」(JSM, PPE, CW, ii, p.199) この点については,Ryan 1974:164-166, Hollander 1985:216-223 も参照のこと。

(14) ミルは発展途上にある国においては生産量の増大が優先される必要があったと考えていたが,それはある程度の物質的裕福さが精神的・知的改善のための前提条件と考えられていたからである(JSM, PPE, CW, iii, p.755)。

(15) たとえば,JSM, 'Tocqueville [1]', CW, xviii, p.63, JSM, 'Civilization', ibid., p.123 を参照のこと。

(16) Cf. JSM, 'Civilization', CW, xviii, 122「文明の進歩の指標として,協力する力の進歩以上に正確なものはない。」

(17) 功利性の原理への直接的な訴えが必要になるのは,二次的原理同士が衝突する場合と

⒅ 「自伝」でミルは「政治制度の選択の問題」について,「物質的な利害に関するものというよりは道徳的・教育的な問題」であると述べているが(Mill, *Autobiography*, CW, i, p.177). この見解は経済制度の選択にもあてはまるものであろう。

参考文献

川名雄一郎,(2012),『社会体の生理学——J・S・ミルと商業社会の科学』京都大学学術出版会。

関口正司,(1989),『自由と陶冶——J・S・ミルとマス・デモクラシー』みすず書房。

馬渡尚憲,(1997),『J.S.ミルの経済学』御茶の水書房。

Collini, S., D. Winch, and J. W. Burrow, (1983), *That Noble Science of Politics: A Study in Nineteenth-Century Intellectual History*, Cambridge.(永井義雄ほか訳『かの高貴なる政治の科学』ミネルヴァ書房,2005年。)

Fontana, B., (1985), *Rethinking the Politics of Commercial Society: The Edinburgh Review 1802-1832*, Cambridge.

―――, (1990), "Whigs and Liberals: The *Edinburgh Review* and the 'Liberal Movement' in Nineteenth-Century Britain", in R. Bellamy (ed.), *Victorian Liberalism: Nineteenth-Century Political Thought and Practice*, London.

Hollander, S., (1985), *The Economics of John Stuart Mill*, 2 vols, Toronto.

Mill, J. S., (1963-1991), *Collected Works of John Stuart Mill*, 33 vols, ed. F. E. L. Priestley and J. M. Robson, Toronto and London. [CWと略記] 'The Quarterly Review on the Political Economists', *Examiner* (1831), CW, xxii, 249.

'Civilization', *London and Westminster Review* (1836), CW, xviii, 117-147.

'Definition of Political Economy; and on the Method of Philosophical Investigation in that Science', *London and Westminster Review* (1836), CW, iv, 309-339.

'De Tocqueville on Democracy in America [2]', *Edinburgh Review* (1840), CW, xviii, 153-204.

A System of Logic, Ratiocinative and Inductive: Being a Connected View of the Principles of Evidence and the Methods of Scientific Investigation (1843), CW, vii and viii. [*Logic*と略記]

Principles of Political Economy: With some of their Applications to Social Philosophy (1848), CW, ii and iii. [PPEと略記]

Considerations on Representative Government (London, 1861), CW, xix, 371-577.

Autobiography (London, 1873), CW, i, 1-290.

Pappé, H. O., (1964), 'Mill and Tocqueville', repr. in G. W. Smith (ed.), *John Stuart Mill's Social and Political Thought: Critical Assessments*, 4 vols, London and

New York, 1998, iii, 119-137.

Riley, J., (1998), 'Mill's Political Economy: Ricardian Science and Liberal Utilitarian Art', in J. Skorupski (ed), *The Cambridge Companion to Mill*, Cambridge.

Ryan, A., (1974), *J. S. Mill*, London.

第7章
稀少性と「科学的社会主義」
―― ワルラスのマルクス批判 ――

御崎加代子

1 ワルラスとマルクス――知られざる対立

　本章では，限界革命の担い手であり一般均衡理論の創設者でもあるレオン・ワルラス（Léon Walras：1834-1910）が，著書『社会経済学研究』（*"Etudes d'économie sociale"*, 1896）において行った，マルクス（Karl Marx：1818-1883）への批判に注目し，ワルラスとマルクスとの知られざる対立について考察する。

　教科書的な解釈では，ワルラスとマルクスの経済学は，理論的にもイデオロギー的にも対立したものと理解されている。その第一の理由は，マルクス経済学の基礎をなす労働価値論とワルラスが出発点とする限界効用理論とが，経済理論史においては著しい対比をなしていることにあり，また第二の理由は，マルクスの資本主義批判や科学的社会主義の思想と，ワルラスの流れを引く新古典派やワルラシアンの市場経済擁護の考え方とは，互いに相容れないということにある。

　結論を先取りすると，ワルラス自身は実際には，価値論の違いについては，マルクスとの決定的な対立点とは考えてはいなかった。また第二の点についていえば，ワルラスはマルクスを知る以前から，みずから「科学的社会主義者」を名乗り，生涯その信念を曲げなかったという事実を考慮しなければならない。

　この問題を考察するにあたって最初に確認しなければならない問題は，ワルラスの「科学的社会主義」の主張が，彼の主要な経済理論上の貢献である一般均衡理論と，どのように関係しているのかということである。一般均衡理論の創設者ワルラスと，社会主義者を自称するワルラスは切り離して考えるべきという解釈が20世紀には支配的な地位を占めていたからである[1]。

　本章では，ワルラスがマルクスの批判を行ったのは，主要業績である純粋経済学（一般均衡理論）を完成したのちであること，そしてワルラスは純粋経済学が正義の

議論を目的とした社会経済学の基礎理論であることを生涯信じていたことを手がかりに，教科書的な解釈とは一線を画した，ワルラスとマルクスとの対立を明らかにする。

ワルラスがマルクスに興味をもちはじめたのは，純粋経済学が一定の評価を得たのちの1880年代である。同じ頃パレートが行ったマルクス批判と同様に，ワルラスも『社会経済学研究』(1896)でマルクスをとりあげるにあたって，労働価値論批判から始めている。しかしながらここで注目すべき点は，科学的社会主義者を自負するワルラスが，正義の実現をめざすマルクスに共感を寄せ，おなじ「集産主義的」な国家論の構想をもつ者同士という認識に基づいて，マルクスの体制を検討しているということである。

このようなワルラスのマルクス解釈は実は，ワルラス独自の企業者国家論が出発点になっている。ワルラスが主著『純粋経済学要論』(初版 1874-1877)で論じた企業者は，その収入である利潤を求めて行動するが，均衡状態においてはその利潤がゼロとなるという仮定がおかれている。企業者利潤ゼロの非現実的な仮定は，同時代の経済学者たちから激しく批判された。20世紀になって，たとえばシュンペーターがワルラスの企業者概念に，現実性を与えるべく，独特の企業者論を発展させたことは，周知の事実である。

一方，ワルラス自身は，純粋経済学の企業者論を出発点に，独占すなわち企業者が1人となる場合，異常な利潤を手中におさめないように，その力をコントロールすべく，国家が企業者の役割を担うという集産主義的な企業者国家論を構想していた。『社会経済学研究』(1896)におけるマルクス批判は，マルクス経済学の主張をそのような集産主義的企業者国家論の1つとしてとらえ，みずからの理論との比較を行いつつ展開されているのである。

2 『社会経済学研究』第5章「所有の理論」(1896)

ワルラスはローザンヌ大学を1892年に退職し，1896年に『社会経済学研究』を出版した。1874年と1877年に2分冊のかたちで初版を出版した『純粋経済学要論』は，1896年に第3版が公刊され，国際的な評価を得るまでになっていたが，ワルラス自身はそれだけでは満足せず，純粋経済学に社会経済学と応用経済学を加えたみずからの経済学体系を，ぜひとも完成させたいと願っていた。しかしながら後者2つに

関しては『純粋経済学要論』のような体系的な作品を残すことは，さまざまな事情で難しいと考え，それぞれ，論文集『社会経済学研究』(1896) と『応用経済学研究』(1898) を出版することにしたのである。⁽²⁾

マルクスへのまとまった批判が展開されているのは，『社会経済学研究』第5章「所有の理論 (Théorie de la Propriété)」である。これは，ワルラスの親友であり社会主義者であるジョルジュ・ルナール (Georges Rénard : 1847-1930) が主宰する雑誌『社会主義雑誌 (*Revue Socialiste*)』に，同年掲載された書下ろし論文であった。⁽³⁾『社会経済学研究』には，ワルラスがローザンヌで一般均衡理論に着手する前の1860年代に書かれた論文も多く含まれるが，「所有の理論」は同書が出版された当時の1890年代のワルラスの主張を伝える論文なのである。

フランスでは，すでに1870年代，マルクスを批判してワルラスやジェヴォンズを支持する論客が登場していた。⁽⁴⁾ 1893年には，ラファルグ編『資本論(抜粋)』の序文において，パレートがマルクス批判をし，ワルラス純粋経済学の優位性を主張していた。⁽⁵⁾ ワルラスがマルクスに興味をもちはじめたのは1880年代であったが，実際にマルクスを読んだのは，この「所有の理論」の発表の少し前の1895年10月だとされている (Walras 1990 : 448)。ただし，ワルラスがこのとき読んだのは『資本論』の第1巻のみであり，その当時まだ仏語訳がなかった第2巻と第3巻ではなかったと考えられている。⁽⁶⁾ またワルラスは「所有の理論」において，『資本論』からの直接的な引用はせず，もっぱら概括的な批判を展開している。⁽⁷⁾

3 マルクス批判の出発点となるワルラスの階級観

ワルラスはマルクス批判を，労働価値論批判からはじめ，その2つの誤りを指摘する。

「第1に，労働だけが価値をもち，いかなる財もその通常の価値は，それが含む労働量にほかならない。第2に，すべての種類の労働は，ただひとつの種類に還元され，その単位が価値の計測の基準として役立ちうる。このような誤りを，アダム・スミスがすでに部分的に犯していたのであるが，それに執着することはなかった。それとは逆に，カール・マルクスは厳密な論理をもって，その推論と結論を追究したのであるが，今日ではその誤りは晴らされたのである。」(Walras

1990：195)

　マルクスの労働価値論に対して，ワルラスはみずからの稀少性価値理論の優位性を主張する。労働にはいくつのタイプがあり，効用においても量的制限においても異なること，これらのタイプは，土地用役や資本用役と同じように，価値に関するかぎり，互いに比較可能であるが，異なったタイプの労働を量によって，すなわち期間によって，共通の基準に還元することはできないことをワルラスは主張するのである。このようなマルクス価値論に対する批判は，すでに述べたように1893年にすでにパレートによってもなされていた。しかしながら，ここで注目すべきことは，ワルラスは労働価値論を，マルクス批判の決定的な論点とはみなしていないことである。

　「私は，これらの2つの間違いを拒絶するつもりはなく，それらから生じたマルクスの学説を拒絶するつもりもない。それらの間違いの結果，地代と利子は，土地用役と資本用役のそれぞれの価格としてではなく，労働者兼消費者を犠牲にした資本家兼企業者による搾取として考察されているのである。しかし私にとってより興味深いのは，この理論を実践する際の問題，すなわち，マルクス主義的な集産主義が，その出発点の欠陥のためにつまずく実践的な不可能性を，示すことである。」(Walras 1990：196　傍点は御崎による)

　ここで出てくる「集産主義（collectivism）」という言葉は，当時1884年に公刊された，ルロワ・ボーリュー（Pierre-Paul Leroy-Beaulieu：1843-1916）の著書『集産主義──新しい社会主義の批判的検討』[8]からとられている。ワルラスは，マルクスの体制を「集産主義」の一形態とみなし，みずからの体制との比較を展開するのである。
　そこでワルラスが言及している「資本家兼企業者」の意味を考えるために，ワルラスの『純粋経済学要論』の「生産の理論」に登場する階級について，確認しよう（図7-1）。
　ワルラスの『純粋経済学要論』に登場する階級は，地主，労働者，資本家と企業者である。前三者は土地，人的能力，資本という耐久財の所有者であり，そこから生じる生産用役（土地用役，労働，資本用役）を供給し，その対価（地代，賃金，利子）

第**7**章 稀少性と「科学的社会主義」

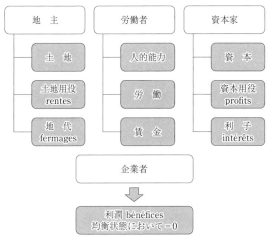

図7-1 ワルラスの階級観

を受け取る。これに対して，企業者は，それらの生産用役を組み合わせて生産を行い，生産物を供給する。企業者は利潤を追求し，生産費（地代＋賃金＋利子）が市場価格よりも低ければ，生産量を増加させたり，その部門に新規参入し，逆に生産費が市場価格よりも高ければ，生産量を減少させたり，その部門から撤退する。このような企業者たちの行動により，均衡状態においては，生産費＝市場価格が達成され，企業者の受け取る利潤は結局ゼロになると仮定されている。この企業者利潤ゼロの仮定は，ワルラス純粋経済学の謎あるいは欠陥の1つとみなされてきた。[9]

このようにワルラスは，「資本家」と「企業者」を区別し，両者の受け取る報酬である「利子」と「利潤」をも区別する。そしてマルクスの「資本家」を，「資本家兼企業者」と位置づける。そして「資本家兼企業者による搾取を排除するために，マルクス主義はすべての企業を国家の手にゆだねる」（Walras 1990：196）と，ワルラスは解釈するのである。

すでに述べたように，ワルラスは純粋経済学以外の分野で，国家のみが企業者となることを想定した企業者国家論を構想していた。『応用経済学研究』（1898）のなかで，ワルラスは独占について論じた際に，公的な財やサービスの独占の必要性を指摘しただけでなく，私的な財やサービスについても，流通や生産技術の進歩にともない効率性の理由から独占が増えることを予測していた。[10]

その場合，たとえ企業者が1人になっても，生産費と販売価格がゼロになるとい

う条件が満たされるような生産量が実行されれば，一般均衡の条件は満たされ，独占の弊害はない。生産量の恣意的な操作によって，企業者が異常な利潤を手中におさめることがないように，個人でなく，国家がその役割を担うべきだとワルラスは考えた。ワルラスは，みずからのその体制を「集産主義」と位置づけ，そしてマルクスの体制を同じ「集産主義」の1つとして検討しようとしたのである。

ワルラスの集産主義すなわち企業者国家論は，社会経済学と応用経済学において，本格的に展開されているのであるが，じつは『純粋経済学要論』においてもこの構想が示唆されている部分がある。

「しかしながら，たとえ企業者が多数であることが生産の均衡に導くとしても，それはこの目標を達成する理論的に唯一の方法ではないということ，および，ただ1人の企業者が，生産用役を競り上げつつ需要し，生産物を競り下げつつ供給すること，そしてそのほかに，損失の場合は常に生産を制限し，利益の場合には常に生産を拡張することによって，同じ結果を得るであろうということに注意しよう。」(Walras 1988：284)

興味深いことに，この引用は，1900年の『純粋経済学要論』の第四版以降に付け加えられた部分である。ワルラスは，社会経済学や応用経済学における企業者国家論の主張を補強することを意図して，この部分を付け加えたと推察できる。

4　ワルラスがマルクスに呈した2つの疑問

では，ワルラスが「所有の理論」において指摘した，マルクス的集産主義の「実践的不可能性」とは何だろうか。

マルクスの集産主義においては，国家は唯一の企業者であり，すべての土地，すべての人工資本の所有者である。労働価値論をもとにしたマルクスの集産主義において生じる困難として，ワルラスがまず指摘するのは，企業者国家が労働を買い入れる際の評価の困難，人工資本の減価償却と保険の準備金を誰が負担するのかという問題などである。

そのなかでも，最大の困難としてワルラスが強調するのは，土地用役を含むことによって高い効用をもつ生産物の需給の不一致の問題である。

土地用役の稀少性をどう測るのか

ワルラスは，マルクス主義においては，土地用役のもつ価値が認められず，労働のみが価値をもつと説明する。これがもたらす帰結をワルラスは，高級ワインを例にあげて示した。

シャトー・ラフィットのワインの価格を，その生産に費やされた単純労働で測れば，その価格でどのくらいの需要と供給が生じるだろうか。ワルラスの想定では，ブドウ園が供給できるのはたったの2万本であるのに対し，100万本の需要が生じる。その場合，シャトー・ラフィットをどのように分配すればよいのだろうか。論理的な解決策は，シャトー・ラフィットをもはや生産しないことである。その後，リンゴとホップが，高級ワインのブドウ園に植えられ，これによって，シードルとビールの賃金で表した平均費用での需要量を，供給することができるようになるかもしれないが，その場合に失われる総効用は計り知れない。このように，マルクス主義は，土地用役を必要とする生産物が，労働で表した平均費用での分配が可能なくらい大量には存在しない場合は，生産を停止するしか方法がない。その場合に，効用面で大きな犠牲を払うのだとワルラスは結論する。

「明らかにこのことは，有効効用のかなりの損失をもたらすであろう。それは，より優れた生産物を消費することできたかもしれない人々や，より劣った財を消費しなければならない人々の欲求の満足の合計の減少に等しい。たとえば，ワインを飲むことができたのに今やシードルやビールを飲まないといけない人々。それほど多くの土地用役の廃止から間接的に生じる，ある人的用役の廃止による有効供給の損失もまた同じくらいあるであろう。人的能力を使い発展させようとする動機は，贅沢品の消滅によって部分的には消滅するであろう。人間は，現在そうであるように，楽しみが得られるために働くのである。労苦への報酬が，ビールやシードルを飲み，キャベツやジャガイモを食べることだけになれば，優れた医者も減り，偉大な芸術家も減り，注目すべき経営者も減るであろう。」(Walras 1990：200)

消費者の需要をどのように知るのか

次にワルラスが指摘するのは，マルクス主義のシステムにおいては，国家はどのように，唯一の企業者として，前もって，生産計画をたてるのかという点である。

「マルクス主義のシステムにおいては，企業者国家はどのように，前もって，どの生産物をリストにのせ，どの生産物を消滅させるべきか，知ることができるのであろうか？　この点を解決するためには，供給の要素だけでなく，需要の要素が必要である。供給の要素は必要であれば計算しうるが，需要の要素は，消費者の必要性のなかに見出されるべきものであり，消費者は，その必要性が次から次へと変化するかもしれないという理由で，それを国家に伝えることができないのである。」（Walras 1990：200）

供給と需要との関係に関するこのような不確実性は，市場の価格決定のシステムにおいては，需給を均衡させる価格変動に任せておけばよいが，マルクス主義のシステムにおいてはこれが作用せず，需要不足の場合には生産物は，廃棄処分されなければならないことを，ワルラスは指摘する。

結局のところ，マルクスの体制は，「資本家兼企業者」による労働者の搾取を防ぐことを優先的な目的とし，正義の実現のために経済的有利性を犠牲にしているとワルラスは断定する。すなわち効率よりも公正を優先させるのがマルクスだと考えているのである。では市場のシステムにおいて生じる不正義について，あるいは効率と公正の実現について，ワルラス自身はどのように考えているのであろうか。

ワルラスはいう。たしかに，市場の価格決定システムにおいては，高級ワインを産する土地には高い地代が実現するかもしれないし，アレクサンドラ・デュマのような高名な作家には，高い賃金が実現するかもしれない。しかし両者に対するワルラスの扱いはまったく異なる。ワルラスは，土地私有を認めるべきではないこと，メドックの土地が，われわれ全員に与えられ，その用役に対する高い地代が，国家に属することになること，これらの地代によって，国家は，国民全員に無料の公的サービスを提供しうることを主張する。じつは，この土地国有化と税制撤廃の主張こそが，ワルラスの社会経済学の主要なテーマである。

一方，高い才能に支払われる高賃金についてはどうであろうか。ワルラスによれば，デュマの人的能力は，彼自身に与えられたものなので，彼の用役に支払われる高賃金は，彼のものである。そしてこのような人々は，シャトー・ラフィットを飲むためにそれを使うだろう。そしてわれわれは，小説『モンテ・クリスト伯』を読む。このような社会的富の分配は，公正であるとワルラスは述べる。

5 ワルラスの主張する搾取の原因——土地私有と独占利潤

　以上のように，ワルラスは，土地と地代は国家に，人的能力と賃金は個人に帰属させることを主張し，それによって社会の公正は保たれると主張する。では，マルクスや他の社会主義者たちが搾取の原因と考えた，人工資本と利子・利潤についてはどうであろうか。

　ワルラスは，人工資本の所有とその資本用役の対価である利子は，個人に帰属させるべきことを主張する。ただし例外もある。資本所有は，個人が得た賃金からの貯蓄に基づいていることが条件であり，国家が地代を手段に生み出した場合は例外として共有にすべきと，ワルラスは考えるのである。

　搾取の原因が，資本の私有そのものにあるのではなく，土地の私有にあるという考え方はじつは，ワルラスが父オーギュストから受け継いだ考えであり，処女作『経済学と正義』(1860) 以来，曲げることのなかった主張である。[11] 地代は，土地用役の稀少性に比例するため，進歩する社会においてはたえず上昇し，土地私有が認められれば，個人がそれを受け取ることが可能になってしまう。

　「所有の理論」(1896) においては，土地の私有のもたらす悪に加えて，独占利潤の弊害が強調される。独占は，企業者たちが生産費用を上回る販売価格を実現させ，生産量を固定することを可能にする。悪の根源は土地私有と競争の不在がもたらす独占利潤である。この2つが廃止されているかぎり，資本の私有が不正義を生み出すことはないとワルラスは考える。彼は，当時のアメリカの大富豪の財産の源泉を，土地への投機と競争なきビジネス活動に見出す。

　「……私が心に抱いている新しい社会では，個人による土地所有と独占といったような封建主義の真の原因と条件は，廃止されている。土地所有は，地主に土地用役を，その稀少性に比例する価格，言い換えれば，進歩する社会においてたえず上昇する価格で売ることを可能にする。独占は，特権か提携かによって，自然的であろうと人為的であろうと，ある産業を手中に集中させた企業者たちが，平均費用を上回る価格の超過，最大の超過を目指す生産量に固定することを可能にする。アメリカで，数年のあいだに形成された大富豪の莫大な財産の源泉を探してみれば，土地の価値増加への投機，競争なきビジネス活動を見出すであろう

し，たいていは，これらの2つの条件が組み合わさっているのがわかるだろう。」（Walras 1990：205　強調は原著者）

「合理的な社会においては，私的土地所有がなく独占がなく，個人の資本財は一般的に，個人の貯蓄すなわち賃金の消費を超過する分からのみ生じる。それらは，生産用役の所有者あるいは生産物の購買者を企業者が搾取した結果ではない。利潤の見込みと損失のリスクは相互的であり，発明と改善の効果を別にすれば，究極的には互いに相殺するからである。」（Walras 1990：205）

ここで最後に述べられている「利潤と損失の相殺」は，純粋経済学における企業者利潤ゼロの仮定がまさに意味することである。ただし，ワルラスの企業者利潤ゼロの仮定は，現実経済において利潤そのものの廃止を意図しているものではない。

ワルラスの意図は企業者が独占利潤を手にすることを阻止することにあり，企業者利潤そのものを否定することではない。このことを詳しく見るためには，ワルラスの手稿メモ "Notes d'humeur" における，友人のシャルル・ジッド[12]への批判を取り上げるのが有益であろう。ワルラスは，ジッドの『経済学原理』（第6版 1898年）でみずからの企業者概念が誤って解釈されていることに言及し，次のように述べている。

「ジッドの私に対する見解……537ページ　企業者に独占の権限が与えられると，私が考えているだって！」（Walras 2000：539）

「ジッド。企業の利潤の廃止[13]。2種類の利潤。1　状況によって，原価以上に販売価格の上昇をもたらす。損失と相関的。不可避。社会にとって有益。2　企業者の巧妙さによる。当然で合法的。企業者が少しずつ資本家になるのは，単なる賃金労働者が，企業者になるために貯蓄をし，ついには著名な民間人や政治家などになるのは，このおかげである。」（Walras 2000：539）

「損失については考えることなく，利潤を廃止し，ジッドは経済のメカニズムのすべてのばねを破壊する（06年4月6日）」（Walras 2000：540）

ワルラスは利潤を，労働者が資本家になる手段としてとらえている。彼は労働者兼企業者が利潤を手にすることによって，資本家になる場合を想定しているのである。もし利潤がジッドのいうように廃止されれば，労働者は貯蓄によって資本家になる道が絶たれるだろう。この考え方は，協同組合運動にたずさわった1860年代のワルラスの主張と関連している。当時，ワルラスは協同組合の労働者たちに，貯蓄によって資本家になることを促していた。このような考え方が展開された，当時の労働者たちへのために行われた公開講演録を含む「社会理想の探求」(1867-1868) は，『社会経済学研究』(1896) の第1部を構成し，同書のじつに40％の分量を占めているのである。

以上のように，ワルラスは独占による恣意的な生産量のコントロールがなければ，利潤が不正義をもたらすことはないと信じていた。また資本所有が不正義をもたらすこともないことを，ワルラスは「所有の理論」においても次のように説明する。

「したがって合理的な社会では，次のように想像すべきである。国家に属さない大量の資本が，労働者たちの手にあり，小さな部分に分けられ，さまざまな企業の株や債券，とくに協同組合企業の債券の形をとり，現在の厚生に，明日の安心への保障や，将来の退職への備えを付け加えるのである。このことすべては，私的な主導権のおかげであり，必要な場合に，無私で利他的な援助を与える以外に，国家からの介入はない。」(Walras 1990：205)

イギリス古典派やマルクスとは違い，1人の人間がいくつもの階級の機能を担うことができるという機能主義的な階級観をもつワルラスは，労働者が，企業者の機能を果たすことによって利潤を獲得し，それを貯蓄することによって資本家になり，資本がもたらす利子をうけとることによって，労働者の生活の備えになることを想定しているのである。

ワルラスは手稿メモ "Notes d'humeur" のなかで，次のようなことも述べている。

「資本と資本主義は廃止しないこと。そうではなく，全員を資本家にすること。」(Walras 2000：575)

6　公正と効率の両立をめざして

　ワルラスは，独占が必要な場合は，国家が企業者の役割を担い，競争に障害が生じない場合は，個人の主導権にゆだねることをあらためて強調し，マルクス批判を締めくくる。生産物の市場価格が結局のところ生産費に等しくなり，企業者が異常な利潤を生じさせないことをみずからの「集産主義」の本質的な特徴と考えているのである。

　「そのような解決が可能であれば，富の生産に関しても分配に関しても，私自身が集産主義者であると宣言するにやぶさかではない。しかしながら，譲歩がなされることが確かでないかぎり，そして，集産主義者たちの学説が多少なりともカール・マルクスの誤謬によって妥協されるかぎり，そして結局，集産主義という言葉が正確には，私が愛着を感じている考え，すなわちすべての経済的社会的問題における国家と個人の権利と義務との総合という考えを表現しないかぎり，私は，総合的社会主義あるいは総合主義の名のもとに，私の理論を，さらに注目されるまで，示し続ける。」（Walras 1990：206　強調は原著者）

　さてすでに指摘したように，ワルラスは，マルクスの体制が，正義の実現のために経済的有利性を犠牲にする体制とみなした。ワルラスはあくまでもそれらの両立を目指していたが，もしその2つが矛盾するのであれば，マルクスと同様，正義の方を優先させると述べている。ワルラスのマルクスへの共感が読み取れる主張である。

　「（マルクスの体制においては）その生産組織は，分配の組織に従属させられる。私自身は，これらの2つの範疇を互いに独立させておくが，この点においては，反論はしない。なぜなら，私もまた有利さと正義とのあいだが両立不可能な場合には，後者が前者に優先されるべきであると信じているからである。」（Walras 1990：196）

　ところで，この効率と公正の両立というワルラスの高き理想は，真理を追究する

純粋経済学・効用を追及する応用経済学・正義を追求する社会経済学という，3つの分野から構成される彼の経済学構想にまさに反映されているのであるが，このうちの純粋経済学のみが注目され発展させられていった20世紀には，ワルラスの当初の意図は忘れさられてしまい，新古典派とマルクス学派との対抗関係のみが強調されるようになった。本章が明らかにしたように，ワルラスの「稀少性」概念は，効用と正義，現代的な表現でいえば，効率と公正の両立を実現するための鍵となる概念であるが，経済学史の教科書的なアプローチにおいては，それは「限界効用」に置き換えられ，マルクス学派の「労働価値論」との対立のみが強調されるようになったのである。

その一方で，ワルラスの構想する集産主義や企業者国家は，いかにして実現可能なのだろうか。社会経済学と応用経済学を，ワルラス自身が結局完成させることができなかったという事実からも推察できるように，多くの課題が残されていることは確かである。

＊本章は，御崎（2015）の内容に加筆・修正したものである。これは，JSPS科研費基盤研究C「ワルラス企業者論の解明――純粋・社会・応用経済学の観点から」（課題番号26380257）の研究成果の一部である。

注

(1) たとえば，シュンペーターが，純粋経済学で一般均衡理論を展開したワルラスの功績のみを絶賛し，社会経済学で土地国有化などの社会主義的な主張を展開していることに対しては，冷ややかな態度をとったことはよく知られている（Schumpeter 1994：827-828）。

(2) "Notice Autobiographique", (Walras 2001：20)（和訳「ワルラス自伝資料翻訳」御崎 1998：160）。

(3) ジョルジュ・ルナールは，「所有の理論」を『社会主義雑誌』に掲載するにあたって，マルクス（労働価値論）を支持する読者からの反発を予想し，同誌がそのような読者を排除するものではないという注釈をつけた。「所有の理論」が『社会経済学研究』に掲載されるにあたっては，その注釈は削除された。このことについては，1896年6月28日に「所有の理論」の校正刷を受け取ったジョルジュ・ルナールからワルラスに当てた書簡ならびにジャッフェの注を参照されたい（Walras 1965 vol. II：685；letter 1250）。

(4) 『ワルラス全集』の編者注釈では，Maurice Blockによる反論があげられている（Warlas 1990：449）。

(5) その詳細は，松嶋（1985）「3　パレートのマルクス経済学批判」で示されている。ここで指摘されているように，パレートの1893年のマルクス経済学批判と，限界効用理論を放棄した1899年末以降のマルクス批判とを同一視することはできない。このようなパレートの理論的な転換も考慮したうえで，ワルラスとパレートのマルクス批判を比較検討することは残された課題である。
(6) ローザンヌ大学所蔵のワルラス文庫にあるマルクスの著作は，1900-1902年に公刊されたフランス語版『資本論』（全3巻）のみであるが，これにはワルラスの書き込みが一切ない（2015年3月確認）。
(7) Dockès（1996）によれば，ワルラスは当時マルクス集産主義について論じたジョルジュ・ルナールの仏語論文は読んでいたが，ベーム・ヴァベルクのマルクス批判などは知らなかった（Dockès 1996：192）。
(8) ちなみにローザンヌ大学ワルラス文庫所蔵の『集産主義』（1884）にはワルラスによる多くの書き込みがなされている（2015年3月確認）。
(9) この点についての詳細は，御崎（1998）の第2章「ワルラスと企業者」，Misaki（2012）の第5節 "Mystery of Walras' pure economics II, The Zero-Profit Entrepreneur" を参照されたい。
(10) ワルラスは前者を「道徳的独占」，後者を「経済的独占」と呼んだ。
(11) 御崎（1998）終章を参照されたい。
(12) シャルル・ジッド（Charles Gide：1847-1932）は，社会経済学も含めてワルラスの経済学を高く評価した人物であり，フランスにおけるワルラスの数少ない理解者の1人であった。
(13) ワルラスはここで，ジッドのいう「利潤（profit）」（仏語）が，ワルラスのいう「利潤（bénéfice）」にあたることを指摘している。（Walras 2000：540）すでにみたように「profit」はワルラスにおいては厳密には，「資本用役」を指すことに注意しなければならない。
(14) 御崎（1998）第5章を参照されたい。

参考文献

松嶋敦茂，（1985），『経済から社会へ——パレートの生涯と思想』みすず書房．
御崎加代子，（1998），『ワルラスの経済思想——一般均衡理論の社会ヴィジョン』名古屋大学出版会．
————，（2015），「ワルラスのマルクス批判——企業者国家論を中心に」『滋賀大学経済学部研究年報』vol. 22, 2015, pp. 27-35.
Dockès, P., (1996), *La Société n'est pas un pique-nique, Léon Walras et l'économie sociale,* Paris, Economica.
Gide, Ch., (1898), *Principe d'économie politique, 6eme édition,* Paris: Larose.

第 7 章　稀少性と「科学的社会主義」

Leroy-Beaulieu, Paul, (1884), *Le Collectivisme, examen critique du nouveau socialisme*, Paris, Guillaumin. (ローザンヌ大学ワルラス文庫所蔵)
Marx, K., (1900-1902), *Le Capital*, 3 Vols. Paris: Giard & Brière. (ローザンヌ大学ワルラス文庫所蔵)
Misaki, K., (2012), History, Philosophy, and Development of Walrasian Economics, 6.28.38 the *Encyclopedia of Life Support System* (EOLSS), the UNESCO, 2012.
Pareto, V., (1966), Introduction à K. Marx, *Le Capital. Extraits faits par P. Lafargue*, Paris, 1893, *Marxisme et Economie Pure, œuvres complètes*, éd. Giovanni Busino, t. IX. Genève: Librairie Droz.
Schumpeter, J. A., (1994), *History of Economic Analysis*, with a new introduction by Mark Perlman. New York: Oxford University Press.
Walras, L., (1965), *Correspondence of Léon Walras and related papers*, ed. William Jaffé. 3 vols. Amsterdam.
―――, (1988), *Eléments d'économie politique pure, ou théorie de la richesse sociale, Auguste et Léon Walras, œuvres économiques complètes*, ed. Pierre Dockès et al, t. VIII. Paris: Economica.
―――, (1990), *Etudes d'économie sociale: théorie de la répartition de la richesse sociale, Auguste et Léon Walras, œuvres économiques complètes*, ed. Pierre Dockès et al, t. IX. Paris: Economica.
―――, (1992), *Etudes d'économie politique appliquée: théorie de la production de la richesse sociale, Auguste et Léon Walras, œuvres économiques complètes*, ed. Pierre Dockès et al, t. X. Paris: Economica.
―――, (2000), *Œuvres Diverses, Auguste et Léon Walras, œuvres économiques complètes*, ed. Pierre Dockès et al, t. XIII. Paris: Economica.
―――, (2001), *L'économie politique et la justice, Auguste et Léon Walras, œuvres économiques complètes*, ed. Pierre Dockès et al, t. V. Paris: Economica.
―――, (2005), *Tables et Index, Auguste et Léon Walras, œuvres économiques complètes*, ed. Pierre Dockès et al, t. XIV. Paris: Economica.

第8章
近代的パラダイムと選択の合理性
—— ジェヴォンズ,マーシャル,ウィックスティード,ロビンズ ——

田中啓太

1　近代的パラダイムとジェヴォンズ

　経済学の歴史を振り返ると,1870年代に生じた限界革命は歴史における1つの転換点であった。スミスからはじまる古典派経済学が社会的な経済システムの構造そのものに注目していたのに対し,限界革命は,効用や稀少性という個人の選択行為に注目点を変化させた。限界革命の担い手であるメンガー (Carl Menger:1840-1921),ワルラス (Marie Esprit Léon Walras:1834-1910),ジェヴォンズ (William Stanley Jevons:1835-1882) の三者は,それぞれ隔たりはあるものの,[1] 近代経済学の特徴をみたすような共通の経済観・方法をとっている。こうして,経済学の歴史における1つの科学革命として「『近代』的パラダイム」(松嶋 1996) の成立をみることができる。

　本章は,効用理論から選択理論の確立へ至るイギリスの経済学の歴史を,ジェヴォンズ,マーシャル (Alfred Marshall:1842-1924),ウィックスティード (Philip Henry Wicksteed:1844-1927),ロビンズ (Lionel Robbins:1898-1984) に着目し,近代的パラダイムの観点から検討してみたい。

　松嶋 (1996) によるパラダイム論は,近代以降の経済学の主流パラダイムとして,限界革命以前の「古典的パラダイム」と限界革命以降のミクロ経済学の潮流である「近代的パラダイム」の2つを指摘している。クーン (Thomas Kuhn:1922-1996) によるパラダイム論の本来の対象は自然科学であり,支配的な単一のパラダイムが支配する状態を科学の通常状態と定義している。これに対し松嶋は,修正されたクーンモデルと呼ばれる見方を採用し,経済学史を科学史の観点から整理している。クーンによるパラダイム論とは異なり,松嶋によるパラダイム論では,科学の通常状態は複数のパラダイムの共存状態だとされる。つまり,新しい理論がそれまでの

理論と競合しながら学問全体の発展につながる。こうして，20世紀の経済学は，限界革命によって生じた近代的パラダイムとそれまでの古典的パラダイムの共存状態と整理することができる。

　古典的パラダイムと近代的パラダイムは多くの点で対照的であるが，社会的な経済システムを対象とする古典的パラダイムに対し，限界革命がもたらした個人の選択的行為への着目点の変化は，近代的パラダイムの最大の特徴といえる。とくに，個人の効用の極大化分析は，限界革命以降の経済学における主流な分析方法となった。

　しかし20世紀後半になると，こうした極大化理論に基づく経済学はアマルティア・セン（Amartya Sen 1933-）などの経済学者から批判されるようになった。効用の極大化原理は，個人行動の合理性を方向づけるための諸要素——利己的な極大化傾向，選択行為における無矛盾性——を定めているが，センは，経済学者がこうした前提を無条件に採用することを問題視した。自己の効用を極大化することのみを目的とするいわゆる「合理的な経済人（Homo-economics）」と呼ばれる合理的な個人のモデルは，センの観点からは「合理的であるが愚か者」であった。

　近代的パラダイムの特徴である方法論的個人主義，「近代的」主観主義，限界主義，稀少性システムとしての経済把握の4点（松嶋 1996：29-30）は，経済人モデルの諸特徴をも表現している。[2]これは現実の多様な人間行動のうち近代の経済学が着目する人間行動の一側面を抽象化・単純化したモデルである。うえに述べたセンの観点をふまえると，経済人モデルの問題は，抽象理論としてのモデルを採用するような人間観か，現実に見られる多様な人間の行動を経験的に捉えていく人間観か，をめぐるものであるといえる。

　ところで近代的パラダイムに位置づけられる経済学者たちは，こうした問題に対して無自覚であったわけではない。松嶋（1996）は「マーシャルの『原理』には新古典的パラダイムの枠内にはおさまりきれない，あるいはむしろそれを越える諸側面もある」（松嶋 1996：92）と指摘している。たとえばマーシャルは，限界主義的な分析ツールを用いながら，古典的パラダイムから脱却した近代的な経済観を成立させたという意味で近代的パラダイムの中心人物とされる。しかし，経済学の定義を「日常の生活を営みながら生活し行動し思考しているところの人間に関する研究」（Marshall 1920：邦訳 18）とし，「経済学者の目指すメッカは経済動学というよりもむしろ経済生物学にある」（Marshall 1920：xvii）と述べたマーシャルの意図に

第8章 近代的パラダイムと選択の合理性

着目すると，近代的パラダイムにとらわれない枠組みのあり方とその重要性が浮かび上がってくる。そこで本章は，こうした諸側面が20世紀前半までのイギリス経済学の発展を担った人物たちにもみられることを確認していきたい。

限界革命を担った1人であるジェヴォンズの経済学観は，近代のミクロ経済学における効用極大化分析として捉えられる面がある。「快楽および苦痛は，疑いもなく経済の計算の究極的な目標である。最小の努力によってわれわれの欲望を最大限に満たすこと——望ましいものの最大量を，望ましくないものの最小量と引き換えに取得すること——換言すれば快楽を極大化させることが経済学の問題である。」(Jevons, 1871：邦訳 29)

快楽の極大化または費用の最小化原理によって，効用 U の観点から人間行動を抽象化していくことを目指すのがジェヴォンズの経済学の基本方針であった。彼は「類似性の原理 (substitution of similars)」と呼ぶ物理学モデルを経済学に応用することで，1つの科学としての経済学を目指した。そして経済学を科学として進歩させるためには，量的な分析手法を用いて価値を決定する仕組みが必要であった。そこでジェヴォンズは，最終効用度 (final degree of utility) によって商品の価値を示すことを試みた。

「u をして x の消費から生ずる全部効用を示さしめよう。そのような時は，u は，数学者をして言わせれば，x の一関数であろう。というのは，x が変動せしめられる場合は，ある連続的な，規則正しい，しかしたぶん知られない仕方をもって変動するであろうということである。しかしわれわれの大目的はただいまのところ効用度をあらわすことである。……分数 $\Delta y / \Delta x$ の極限，すなわち通常の表現によれば du/dx は，x 量の財に相当する効用度である。数学用語をもってすれば，効用度は x の一関数と考えられた u の微分係数であり，それ自身 x の別の一関数たるものであろう。」(Jevons 1871：邦訳 38-39)

全部効用 U と最終効用度（今日の限界効用 MU）とを区別し，財の取得の最終段階における後者を貨幣量で計測することで，財に対する個人の価値評価を量的に把握することができる。労働価値によって価値の契機を客観的なものと見る古典派経済学とは対照的に，個人の主観的な要素と価値を結びつける試みは，限界革命がもたらした大きな転換の1つである。

「最終効用度は，経済学の理論の軸であることが見出されるであろう関数である。経済学者らは一般的に，この関数と全部効用との区別を誤った。この混同から多くの当惑が起こった。……われわれは水がないと生活出来ないが，水にほとんど価値を置かない。それはなぜか。われわれは通常，最終効用度がほとんど0になるほど多くの水を有するからである。」(Jevons 1871：邦訳 40)

こうして限界分析に基づく個人主義的な経済把握が成立していくが，20世紀初頭にはロビンズを始めとする経済学者によって，効用の個人間比較の問題についての議論が生じた。ロビンズは，ピグー (Arthur Cecil Pigou：1877-1959) の厚生経済学が前提とする効用の個人間比較は科学的な根拠をもたないために，科学としての経済学にそれを持ち込むのを認めなかった。効用はあくまでも個人の主観的な要素であり，主観に基づく効用を個人間で客観的に比較することはできない，というのがロビンズの問題提起であった。こうした議論は，のちに個人間比較を用いない新厚生経済学へつながっていくが，最終効用度で価値を説明するジェヴォンズも効用の個人間比較については懐疑的であった。

「私は決して一貨物の購入によって取得される快楽全部を計量しようとは試みない。この理論は単に，ある人が十分購入した場合には，さらにそれ以上の一小量をもつことによって，その貨幣価格から受けるものと等しい快楽を受けるであろうことを表明するに過ぎない。……さらに読者は，いずれの場合においてもいまだかつて一人の心における感情の大きさを他の人の心におけるそれと比較する企てが行われていないこと見出すであろう。……ひとつの心の感受性は，われわれの知るところでは，他の心のそれの1000倍であるかもしれない。……各人の心は他の個人の心にとって測りえないものであって感情の公分母というものがありうるとは思われない。……しかるにひとつの心における動機はただ同じ心における他の諸動機に対してのみ比量せられ，決して他の心における動機とは比量せられない。」(Jevons 1871：邦訳 11)

ジェヴォンズの意図は，財の漸次的な取得を考えていった際，その最終段階における財1単位の効用＝最終効用度を把握することにあり，貨幣量によって全部効用 U を計算しようとするものではなかった。また，主観的な価値を客観的に比較す

ることが可能であるとも考えていなかった。物理学をモデルとして科学の客観性を経済学に適用しようとしたジェヴォンズであるが、必ずしも功利主義的な効用計算・効用比較には賛同していなかったのである。ロビンズが明確に否定した効用の個人間比較の問題は、限界革命の担い手であるジェヴォンズにおいても確認できる。

2 マーシャルの経済学と利己心

　限界革命でもたらされた限界分析を核心に据えたマーシャルは、近代経済学の方法的特徴を満たす新古典派パラダイムの中心人物である。しかしマーシャルには、近代の理論経済学としての側面とは別に、精密な数理モデルによる分析ができない社会を対象とする経済生物学を目指す側面がある。マーシャルにとって効用理論は経済学の一部にすぎなかった。彼はむしろ、数理理論としての経済学では捉えきれない人間の諸様相を重視し、「活動」の概念によって社会進化を説明しようとしていた。こうしたマーシャルの試みは十分には実現されなかったが、『経済学原理』を見ると、効用理論としての経済把握がいかに限られたものであるかについての彼の真意を読み取ることができる。ここでは、「経済人（Homo-economics）」についてのマーシャルの見解を確認しておきたい。

　「しかし、倫理的な力は経済学者が考慮しなくてはならない要件のひとつである。これまで『経済人』という名称の下に、いかなる倫理的な力の影響をも受けることなく、細心に、精力的に、しかし機械的、利己的に金銭的な利益を追求する人間の行為に関して、抽象的な科学を構想する試みが行われたことがあるのは事実である。しかし、そのような試みは成功したことがなく、また徹底的に遂行されたこともなかった。なぜならそうした試みも、人間を完全に利己的な存在として扱わなかったからである。人間は自らの家族のために生活の糧を準備するという非利己的な願望に動かされている場合ほど、苦役と犠牲によりよく耐えうる。人間の正常な動機の中には家族に対する愛情が含まれていることを暗黙の前提としてきたからである。……規則的な行為を生み出す動機については、単にそれが利他的であるという理由で、その影響を排除する試みを一切していない。」（Marshall 1920：邦訳 viii）

利己的に効用の極大化を目指す経済人モデルによって，近代経済学は大きな発展を遂げたが，他方でそのモデルの是非について問題視されてきたことは先述したとおりである。しかし，上記のようにマーシャルは，経済人モデルの問題点を認識しており，そのために効用理論としての経済学では説明できない領域に目を向けたのである。マーシャルのように非利己的な人間をも考慮していく立場は，本来の新古典派パラダイムの枠を越える側面の1つといえる。

　ところで，こうした新古典派パラダイムの枠を超える側面は，マーシャルにのみ見られる特徴ではない。20世紀に入ると経済学は選択理論として成立していくが，この過程において，イギリスで選択理論としての経済学を構築していく人物——ウィックスティード，ロビンズ——にも同様の側面がみられる。

3　選択理論としての経済学へ

　限界革命によって成立した効用理論としての経済学は，エッジワース（Francis Ysidro Edgeworth：1845-1926）とパレート（Vilfredo Pareto：1848-1923）によって，無差別概念を用いた選択理論としての経済学へ至る。近代的パラダイム論では，選択理論にかかわる個人の選択行為の類型として，近代的主観主義の2つの類型——実証科学的主観主義と反科学主義的主観主義——が区別される（松嶋 1996：23）。前者の代表として無差別曲線分析を用いて選択理論を展開したパレートが，後者にはメンガーから始まる新オーストリー学派の選択理論が挙げられている。この2つの主観主義は，選好順序を何らかの意味で普遍のものとして（あるいは無矛盾なものとして）捉えるか否かで区別することができる。

　「パレートは少なくとも一時的近似としては，このような選好順序は安定的で，一義的なものとして選択行為から引き出すことができると考えたのに対して，ロスバードやミーゼスらは次のように考えた。『選好』は時間の経過とともに不断に変化する。なぜなら選択は不確実な未来についての『期待』を含むが，それは時間的推移（学習）をつうじて変化するからである。したがって彼らにとっては，『現実の選択』から切り離された一定不変の『選好表』などは存在しえない。」
（松嶋 1996：105）

第8章 近代的パラダイムと選択の合理性

　パレートによる無差別分析は，個人の選択に推移性と完備性が満たされているような無矛盾な選好順序が一時的近似として成り立つことを前提する[5]。これに対し，新オーストリー学派のミーゼスは，選好順序が無矛盾なものとなるとは限らないと述べる。

　「個人の二つの行為は決して同時ではなく，時間的前後関係がある。……もしaがbよりも選好され，bがcよりも選好されるならば，論理的にはaがcよりも選好されるはずである。しかし実際には，もしcがaよりも選好されるならば，このような行為の態様を首尾一貫しているとか，合理的であるとか言えない事態に直面することになる。このような推論は，一個人の二つの行為が決して同時であり得ないということを無視している。ある行為においてはaがbよりも選好され，別の行為においてはbがcよりも選好されるならば，二つの行為の間隔がどんなに短くても，aがbの上にありbがcよりも上にあるような不変の価値順位を構成することは許されない。後のもう一つの行為は，それ以前の二つの行為と符合すると考えることも許されない。この例が証明しているのは，価値判断は不変でないこと，したがって一個人の必然的に非同時的な種々の行為から抽象された一つの価値順位は，自己矛盾を犯しているかもしれないということのみである。」(Mises 1949：邦訳 126)

　ここでミーゼスは，一個人の行う行為に時間的な順序関係があるため，ある１つの行為を行った時点で，当初の選択に対する価値順位は変化しうると述べている。そのために彼は，パレートのように無矛盾な選好順序を仮定しなかった。こうして，選択理論における選好を主観的な過程と見る立場のなかで，選好順序そのものに無矛盾性の前提を考慮しないという点で，ミーゼスは反科学主義的主観主義に位置づけられる。
　ここで注目すべきは，上記のミーゼスの記述の脚注にロビンズの著書『経済学の本質と意義』とウィックスティードの著書 *"The common sense of political economy"* が挙げられている点である。ミーゼスのように選好順序の矛盾を容認する考えが，ウィックスティードとロビンズに関係していることは注目に値する。

4　ウィックスティードと選択行為

　牧師の家系に生まれたウィックスティードは，自身もユニテリアン派の牧師として勤めながら主に宗教哲学の研究を行い，経済学に関する研究を1884年から発表していく。そのため，彼の経済学に関する著書は僅か3冊にとどまるが，そのなかでも全2巻におよぶ最後の著書 *"The Common Sense of Political Economy"* (1910/1933以下，*"The Common Sense"* と表記）は，ウィックスティードの全体系がまとめられたものとして最も重要である。

　同書はまず，経済人モデルが内包する利己主義の問題を取り上げており，ウィックスティードが経済学への利己主義の導入を完全に拒絶していることが確認できる。

　　「我々は，何が経済的な動機を構成するかではなく，何が経済的な関係を構成するかについて考えなければならない。これによって，古い経済学の文献で広く扱われてきた経済人（the Economic Man）という単純化された心理学的な仮定を放棄する。……我々は，たったいくつかの動機のみに駆られる想像上の人間ではなく，……複雑な衝動や欲求――利己的か利他的か，または物質的か精神的かを問わず――に駆られる，我々が日常的に観察する人間を取扱う」(Wicksteed 1933：4)

　自己の効用を利己的に追及する経済人モデルは，ウィックスティードにとっては決して現実に存在する人間の性質を表現するものではなかった。彼は経済学の分析対象を「生活における日常的な経験（the common experience of life）」(Wicksteed 1933：1)，「我々の普段の経験（our ordinary experiences）」(Wicksteed 1933：3) と幾度も表現を重ねながら強調し，「経済人」のような仮想的な人間モデルに対して強い批判を行っている。利己主義を拒絶する問題意識に加えて，こうしたウィックスティードの表現は経済学の対象を日常生活（ordinary business of life）を営む人間に置いていたマーシャルを思わせる部分があるが，経済生物学のような別領域を用意することなく「経験的に」(Comim 2004) 経済学を組み立てようとしていた点でマーシャルとは異なる。[6]

　ウィックスティードはパレートの選択理論から影響を受けて経済学を選択理論と

して考えるようになった。彼の経済学についての最初の著書 *"The Alphabet of Economic Science"* (1888) では，全部効用や財の価値があたかも計測可能であるかのように議論されていたが，*"The Common Sense"* では選好における相対的価値の議論に置き換わっている（Herford 1931：242-243）。1906年にパレートの『経済学提要』を評価する論文を発表したウィックスティードは，パレート流の序数的選好体系を取り入れるようになったと考えられる。

しかしパレートとは異なり，ウィックスティードは矛盾する選好体系を考慮しており，ミーゼスと同じく反科学主義的主観主義の立場に位置づけられる。

「しかしながら，人間の選好が完全に無矛盾であることは恐らくないであろう。つまり，私が A を B より好み，B を C より好むとき，それは私が A を C より好むことを意味しない。ある人は，安いという理由でナイフのために1シリング払うことを望み，またそれが高いという理由でパンフレットのために1シリング払うことを拒むかもしれないが，パンフレットかナイフかを直接選択する際に，彼はパンフレットを選ぶかもしれない。つまり，彼は，ナイフを1シリングより好み，1シリングをパンフレットより好むが，パンフレットをナイフより好むことがありうるのである。」（Wicksteed 1933：33）

ウィックスティードは，[ナイフ—1シリング—パンフレット] の3つの選択肢をめぐる価値順序について，選好の推移性が常に成立するとは考えていなかった。「ウィックスティードは，個人の選好体系が常に推移的 transitive（ウィックスティードの用いた言葉は無矛盾 consistent）であると仮定しなかった」（Steedman 1986：296）のであり，パレート的な選択理論の枠組みを採用しつつも，選好の無矛盾性を仮定しないのがウィックスティードの立場であった。

5　ロビンズの経済学と選択の合理性

1930年代のイギリスは，大恐慌の衝撃と反省を踏まえ，経済学の大きな変革期を迎えていた。この時期に主著『経済学の本質と意義』を出版したロビンズは，一般に近代のミクロ経済学の方法論的な基礎を構築した人物とされる。

ロビンズの主著は2つの大きな影響をもたらした。第一は経済学と倫理学の明確

な区別である。効用の個人間比較に含まれていた非科学的な前提——異なる個人の主観的価値評価を比較すること——を否定した議論に象徴される，経済学から倫理学を完全に排除しようとする態度から，一般的にロビンズは，ワルラスからパレートへ至る学問的系譜の延長線上に位置づけられている。

　しかし第二に，こうした経済学の精密科学化（換言すれば道徳科学としての経済学の切り捨て）と呼べる経済学の潮流そのものに対する批判が生じた。先述したセンや，新オーストリー学派のカーズナー（Israel Kirzner : 1930-）などによって新古典派経済学への批判が生じたが，その批判の矢は，方法論的な基礎を作り上げたロビンズに向けられてきた。

　しかし，こうした新古典派経済学の中心人物としてのロビンズ像は，彼の一面にすぎない。マーシャルやジェヴォンズと同様，ロビンズにもまた，近代的パラダイムを越える枠組みがみられる。

　　「私の提出した見解に対して，私は自分の独創性を主張するものではない……とりわけ，ミーゼスの諸作品とウィックスティードの *The Common Sense of Political Economy* に負っている。」（Robbins 1935 : xv-xvi, 邦訳 xxiii）

　『本質と意義』の序文でとくに名が挙げられたミーゼスとウィックスティードとの共通点は，ロビンズの合理性概念についての議論に見ることができる。

　　「完全な合理性の仮定がこの種の構造にあらわれるということは全く正しい。しかしながら，経済学的一般法則は，行動に完全に矛盾がない事態の説明に限られる，というのは正しくない。たとえ目的に矛盾があるとしても手段はその目的に関して希少であるかもしれない。交換・生産・変動——すべては，人々が自己のなしつつあることの意味内容を完全には知っていない世界におこるのである。」（Robbins 1935 : 92-93, 邦訳 140-141）

　ロビンズの経済学にみられる合理性は，選択の無矛盾性といった厳格な合理性概念と同一視することは困難である。稀少性に基づく「目的―手段」行動によって経済学を構築していくうえで，彼は目的に矛盾があるような行動をも含める形で議論を行っている。またそうした行動は，自らの行動の意味内容を完全に理解している，

第8章 近代的パラダイムと選択の合理性

いわゆる完全知識をもつ行動とも仮定されない。このようなロビンズの立場は、先のミーゼスやウィックスティードのような、選好の無矛盾性を仮定しない立場と共通する。そしてロビンズは、個人行動の合理性を次のように説明する。

「もちろん、人間の行動が経済的側面をもつ前に少なくともなにかの合理性が仮定される、と正当に論じうる意味――すなわち合理的ということが『目的のある』ということと同義である意味――があり、われわれは合理性という言葉をこの意味に用いることができる。」(Robbins 1935：93、邦訳 141)

ここでの合理性概念は、選択の無矛盾性によって規定されるものではなく、ただ個人の行動に「目的」があれば合理的であるとするものである。合理性について厳格な条件を考慮する経済人モデルと対比してみれば、目的に矛盾があるような選好体系をもつ個人であっても、「目的のある」ことを満たすがゆえにこの個人は合理的に行動することとなる。さらにロビンズは、ミーゼスの行為概念に言及しながらこの議論を補足する。

「ミーゼス教授が、すべての行動（Handeln）は、たんに植物的な反作用と対立する程度に合理的なものと考えられねばならぬ、と論ずるとき、かれはこの意味に合理的という言葉を使っているとわたくしは思う。……ミーゼス教授がこの言葉をこの意味に用いることに非常な力点をおいたのは社会科学のためには行動は倫理的な基準に従って分たるべきでない、すなわち、それは合理的行動と非合理的行動――これらの言葉を規範的な意義をもつものとして使って――とに分たるべきでない、という彼の主張から必然的にでてくるのである。……『干渉主義の批判』の著者が、行動に矛盾があるという意味において行動は非合理的であるかもしれない、ということを注意しなかった、と憶断するのは、確かに理由のないことである。」(Robbins 1935：93、邦訳 142)

ミーゼスのプラクシオロジーの体系では「行為」概念の合理性はアプリオリなものであり、意識的な「行為」は常に合理的なものと定義されている[12]。「『目的のある』ということと同義である意味」として合理性を定義していること、また「目的―手段」行動としての行動形式を前提していることから、ミーゼスの体系と同様に、

ロビンズの捉える人間行動もまたその定義から「合理的」な行動とみなすことができる。したがって，このロビンズの合理的行動は，選好の推移性が満たされないという意味で矛盾する行動であっても，あるいは不完全な知識に基づいた選択行動であっても，ロビンズ的な意味では「合理的」な行動でありうる。完全知識や選択の無矛盾性を仮定する経済人モデルと対比すると，ロビンズは比較的弱い合理性の定義を考えていたといえる。

それではロビンズは，選択の無矛盾性や完全知識の想定を拒絶したのだろうか。このことについては，『本質と意義』の最終章において，ロビンズ自身がもつ1つの価値判断として言及されている。

「経済学は，追求される諸目的が相互に矛盾しないという意味において行動は必然的に合理的である，と偽って述べているわけでは決してない。……それは，個々人はつねに合理的に行動するという仮定に全く依存しない。けれどもそれは，その実践的な存在理由によって，かれらがそうすることが望ましいという仮定にまさに依存するのである。それは，必要の範囲内において，調和的に達成されうるような諸目的を選択することが望ましい，ということをまさに仮定するのである。／そして以上のようにして，結局，経済学は，その存在のためにではなくても少なくともその意義のために，まさに究極的な価値判断（ultimate valuation）——合理的なこと，および，知識をもって選択しうること，が望ましいという断言——に依存する。」（Robbins 1935：157，邦訳 237　／は改行を示す。）

ロビンズは，個人の合理的な行動のみを経済学の対象としているわけではなく，また合理性の枠組みそのものを疑っているわけでもない。彼は，選択の無矛盾性が満たされたケースにおいて，無矛盾な選好体系を取り扱う経済理論の意義を十分に認めている。しかし，矛盾のない行動は経済学の対象である実際の人間行動のすべてに共通する特徴とは限らない。こうした見方は，ウィックスティードやミーゼスが選択の無矛盾性を最初から仮定しなかったことと共通する。そのうえで，調和的な（あるいは矛盾のない）選択行為の形式が満たされることを仮定するのではなく，その形式の望ましさを仮定すると述べている。ロビンズが捉えている人間の「目的―手段」行動は，無矛盾性の基準を参照すれば非合理的な行動でありうるが，そうした人間行動が矛盾の無い行動に改められていくことは望ましいことである，とロ

ビンズは述べているのである。この「望ましさ」とは，経済学の体系から導かれた理念ではなく，ロビンズ自身の価値判断の現れである。こうした「望ましさ」を実現させるための方策である経済学に対して，ロビンズは，自身がもつ1つの価値判断——「究極的な価値判断（ultimate valuation）」——を表明したのである。

近代経済学の方法論的な特徴を1つのパラダイムとして抽出する近代的パラダイム観によって，古典派経済学ののちに生じた近代経済学の諸特徴はより明確に整理することができる。本章の議論は，近代経済学の発展を担ってきたイギリスの経済学者たちにみられる，近代的パラダイムの例外として捉えられる要素に着目してきた。これまでの議論から，近代的パラダイムの枠組みのなかにおいても，効用の個人間比較，経済人や利己主義，選択の合理性といったテーマについての多様な観点が存在することがわかる。こうした方法論的な本質部分に接近していくために，近代的パラダイムに基づく歴史整理は重要な指針となる。またそれは，将来における経済学の新たなパラダイムを見出すことにもつながるであろう。

＊本章の引用では断りなく訳文に変更を施している場合がある。

注
(1) メンガーはネオオーストリアンのパラダイム的根源であるのに対し，ワルラスとジェヴォンズは新古典的パラダイムの母体である（松嶋 1996：13）。
(2) より厳密な経済人の定義としては，完全知識の仮定も必要である。「経済人の行為が合理的であるためには，彼らは『完全知識』をもっていると想定される。つまり，彼らは最適な意思決定のために必要にして十分な情報をもっていると仮定される。」（松嶋 1996：223）
(3) 「効用の可測性についての彼（引用者注：ジェヴォンズ）の立場は幾分二義的」（松嶋 1993：35）との指摘がある。
(4) 「欲望満足のメカニズムや効用理論の対象分野の研究が，経済学の一部分にすぎず，しかも決して重要な部分でもないと明言している。」（Parsons 1949：邦訳 11）
(5) パレートは，選考の無矛盾性が満たされる「論理的行為」を定義したうえで，この行為の類型は一時的近似としては安定的なものと見た。しかし現実の人間行動の大部分は「非論理的行為」にあると見たパレートは後年に社会学へ傾倒していく。
(6) ただしウィックスティードは「経済学は社会学の隷属的な地位にある」（Wicksteed 1933：784）と述べ社会学の領域を示唆している。
(7) ただし，効用の個人間比較の不可能性についての認識はこの時点から一貫している。

「……われわれがこの研究から得られる全ての結果についての完全な誤解を避けるため，ここに見失ってはならないもう一つの真理がある。それは，異なった精神の中（*in different minds*）にある欲望や欲求は，それが同一物や同一種類の物に対するものであっても，互いに比較したり共通の尺度で計ったりすることはできない，ということである。」（Wicksteed 1888：68, 傍点は原文イタリック）

(8) ウィックスティードについての詳細な検討，およびロビンズとの共通点については田中（2014）を参照。

(9) 「A の選好は，重要さの順序において B のそれよりも上位にたつ，と述べることは，A は m よりも n を選好し B は m と n を異なった順序で選好する，と述べることとは全く違う。前者は慣例的な価値判断の分子を含んでいる。したがってそれは本質的に規範的である。それは純粋科学の中に全くあり場所をもっていない。」（Robbins 1932：123；1935：139, 邦訳 209）。効用の個人間比較をめぐる議論については松嶋（1993）に詳しい。

(10) カーズナーは満足の極大化行動の形式を「ロビンズ的経済人」と呼び批判した（Kirzner 1973：邦訳 38）。

(11) ロビンズとミーゼスとの交流は書簡で確認できる。またロビンズは，*"The Common Sense of Political Economy"* の1933年の再出版に積極的に携わった。

(12) 「人間行為は必然的に合理的である。したがって，『合理的行為』という語は冗長であるから，これを拒否しなければならない。行為の究極的目的に対して合理的とか非合理的とかいう言葉を付けるのは，不適当であり無意味である。」（Mises 1949：18, 邦訳 43）

(13) 「経済学は知識の緩和剤をもたらす。……それは現代に住む人々のために，その知覚用具の拡張として，この世界の無限の相互連絡と相互関連とを示してくれる。それは合理的な行動の手法を提供してくれるのである。」（Robbins 1935：156-157, 邦訳 236）

参考文献

田中啓太，（2014），「ウィックスティードからロビンズへ――方法論と人間観から見る類似性」『経済科学』, vol. 61, No. 4, pp. 51-69.

松嶋敦茂，（1993），「効用の個人間比較をめぐって」『経済学史学会年報』vol. 31, pp. 34-46.

―――, （1996），『現代経済学史　1870-1970――競合的パラダイムの展開』名古屋大学出版会。

Comim, F., (2004), "The Common Sense of Political Economy of Philip Wicksteed," *History of Political Economy,* vol. 36, no. 3, pp. 475-495.

Herford, C. H., (1931), *Philip Henry Wicksteed His Life and Work.* London: J. M. Dent & Sons.

Jevons, W. S., (1871), *The Theory of Political Economy*, Pelican Classics.（小泉信三ほか訳『経済学の理論』日本経済評論社，1981年。）

Kirzner, I. M., (1973), *Competition and entrepreneurship*, University of Chicago Press.（田島義博監訳『競争と企業家精神』千倉書房，1985年。）

Marshall, A., (1920), *Principles of Economics 8thed* London.（馬場啓之助訳『経済学原理』東洋経済新報社，1966年。）

Mises, L., (1949), *Human action: a treatise on economics.* London: W. Hodge.

─── , (1966), *Human action: a treatise on economics. 3rded.* Chicago: Contemporary Books, Inc.（村田稔雄訳『ヒューマン・アクション』春秋社，1991年。）

Parsons, T., (1949), *The Structure of Social Action; a study in social theory with special reference to a group of recent European writers.* New York.（稲上毅ほか訳『社会的行為の構造』第二分冊，木鐸社，1986年。）

Robbins, L., (1935), *An Essay on The Nature and Significance of Economic Science. 2nded.* London: Macmillan.（辻六兵衛訳『経済学の本質と意義』東洋経済新報社，1957年。）

Steedman, I., (1986), "Rationality, Economic Man and Altruism," in Smith Barbara (edited), *Truth, Liberty, Religion,* Oxford.

Wicksteed, P. H., (1888), *The Alphabet of Economic Science,* London: Macmillan.

─── , (1933), *The Common Sense of Political Economy, and selected papers and reviews on economic theory,* G. Routledge.

第9章
モラルサイエンスにおける不確実性と合理性
―― ケインズ『確率論』と経済学 ――

齋藤隆子

1 ケインズの包括的研究

　J. M. ケインズ（John Maynard Keynes：1883-1946）は経済学に不確実性概念を明示的に取り入れ，いわゆるケインズ革命を起こしたが，彼は確率理論においても，それまでの確率概念を批判し，新しい確率概念すなわち論理確率を展開したことで著名である。ケインズが20歳代のほとんどすべてをかけた学問領域は経済学ではなく，確率の哲学であった。ケインズの初期著作『確率論』（"A Treatise on Probability," 1921）は，その斬新な考えにより確率の理論史に名を留めている。
　われわれは複雑で多様性に満ちた世界のなかで生の過程を刻んでいる。人はみずからの認識を通してその複雑性を切り取り，あるいは何らかの規則性を抽象し，それを理解可能なものにしようと試みてきた。そのための道具の1つとして確率をみるならば，確率をどう捉えるかという問題は，すぐれて哲学的な問題であり，その哲学者の世界観をよく示すものといえよう。
　ケインズの確率概念の先駆者といわれるライプニッツ（Gottfried Wilhelm Leibniz：1646-1716）は，17世紀初めの伝統的存在論の崩壊，神による普遍的第一原理の蒸発という時代に，その不安感を克服するために確率の研究に取り組み，記号論理の創始者として形式的証明という概念を創発したといわれる。（ハッキング 2012：13章）。それに対してケインズは，エリザベス朝が終わり，古くからの伝統的社会秩序が崩壊していく時代に，自由を謳歌する学部学生として確率の研究を始めた。それは，既成道徳に絶対服従する代わりに，個人の判断能力の回復を望んだものであった。さらに，のちの『雇用・利子および貨幣の一般理論』（以下『一般理論』と略記）は，慣行の安定性がもはや信頼できなくなった時代の産物であった。両書において，ケインズは既存の確率概念が，その確率計算はすでに神が占めていた地位

を継承しているものの，実践には何の役にも立たない擬似合理主義的なものであることを批判した。

　ケインズが確率の研究を始めた直接のきっかけがムーア（George Edward Moore：1873-1958）における規則主義とベンサム主義を批判するためであったことは，よく知られている。ムーアは『倫理学原理』第5章で，「一般的に有用であり，一般的に実行されている規則」があるときは，常にその規則に従うべきであることを説いた。それは頻度確率理論に基づいた議論であった。さらにいえば，『確率論』におけるこの問題の真のターゲットはヒューム（David Hume：1711-1776）の哲学であった。『確率論』第Ⅲ部では帰納法の論理的正当化が試みられているが，それはヒュームの問題に答える挑戦である。帰納法の問題においてこれまで「ヒュームこそが大家であった」（Keynes 1921：304）とケインズはみなすが，ヒュームは，すべての蓋然的推論は合理的正当化ができないと考えたため，蓋然的推論は一種の感じ（sensation）に過ぎず，人生のガイドは理性ではなく習慣（custom）であると結論づけた。それに対しケインズは，「そのような懐疑主義は行き過ぎている。……生まれ持った心理的衝動を超越するある客観的妥当性の要素が存在するかもしれないとわれわれは信じている」（Keynes 1921：56）と，蓋然的知識に強固な基礎があることを示そうとしたのである。『確率論』序文に明記されているように，『確率論』はJ. ロック，D. ヒュームという経験論の伝統を継ぐものであるが，それはムーア，B. ラッセルといった20世紀初頭のケンブリッジ合理主義の影響のもと，それを批判的に乗り越えようとするものである。

　1980年代からケインズの『確率論』を中心とする初期哲学の研究が盛んになり，ケインズの包括的研究が行われてきている。そのなかの1つの論争が，ケインズの哲学における連続性の問題である。ケインズは経済学における不確実性下の経済主体の行為として，『一般理論』12章に顕著に示されているように，慣行（convention）に従った行為をあげるが，これは『確率論』で示された合理的行為と一見矛盾する。ヒュームとの関係でいうならば，ケインズは前期哲学ではヒュームに反対したが，後期経済学ではヒュームに屈服して理性は人生のガイドではないと認めたのであろうか。ケインズは初期哲学を後期経済学では放棄したと，ケインズの哲学の非連続性を指摘する論者は多い。だが，本論文では，ケインズの哲学は一貫していたという立場から考察を試みる。

　以下第2節では，ケインズの『確率論』におけるケインズの論理確率概念を説明

し，ケインズの世界観を不確実性・合理性概念を中心に検討する。第3節では，『確率論』における不確実性下での合理性について考察し，第4節では，ケインズの経済学における不確実性下の合理性について考察する。それらを通じ，慣行的判断の位置づけを，彼の哲学の連続性のなかで示したい。

2　ケインズの論理確率に示された哲学の特徴

確率の概念

確率概念（理論）の分類は，論者により多様である。たとえば，確率の哲学的研究で著名なR. ウェザーフォード（Weatherford 1982）は，①古典確率理論，②アプリオリな確率理論，③相対頻度確率理論，④主観確率理論と4分類している。この分類ではケインズは②の創始者という位置づけになる。また，確率史研究における大家，I. ハッキング（1975）は別の分け方を採用し，大きく2つの概念に分類している。1つは，サイコロ・ゲームを意味するラテン語 alea を語源にもつ偶然のゲームに基づく（aleatory）確率概念であり，もう1つは人間の認識に基づく（epistemic）確率概念である。この分類は，本論文でケインズの確率概念を理解するうえでよき助けとなる。

『確率論』はその序章の冒頭，確率は論理学の一部門であるというインスピレーションをライプニッツから得たと述べている。20世紀初めは，L. クーチュラ，B. ラッセルによりライプニッツに関する研究書が出版され，ライプニッツ哲学の見直しの時期でもあった。そのライプニッツは法律家を本業とし，法律問題を扱ううえで，フランスの数学者とは独立に，論理確率概念を考えたのである。ハッキング（2013）は，1660年前後を確率の基礎概念が多くの人々により独立に発見された確率論の開花期とみなしているが，その多くは確率をランダムな現象，すなわち，偶然のゲーム（サイコロ，コイン投げなど）の問題から考え，それを飛躍させて不確実性下における推論の問題を扱おうとしていた。それに対し，当時ライプニッツは例外的な存在であって，人間の認識に確率概念を求めた。この2つの流れのもとで，その後，フランスを中心とした名だたる数学者たちが数学的取り扱いを発展させることにより，偶然に基づくランダムな現象として確率を捉える概念のほうが優勢になり主流派となっていく。そして，ケインズがいうように，学問の世界では確率は数学とみなされるようになってしまった。こうしたなかで，ケインズはライプニッ

ツの確率概念に立ち戻り，それを再生させることになる。『確率論』は，その序文で「本書は新奇（novel）であるがゆえに不正確で不完全なところが多々ある。」（Keynes 1921：xxv）と認めているように，矛盾点や問題点を含んでいる。しかし，現代でも難問である人間の思考過程を敢えて分析しようとするケインズの試み，それが失敗であろうとなかろうと，そのなかに彼の哲学の方向性が示されている。

論理確率の基本概念

それでは，『確率論』で展開された論理確率の特徴を具体的に見ていこう。論理確率の特徴は以下のようにまとめられる。

① 確率は経験的手段によらずアプリオリに決定される。
② 確率は命題間の論理的関係である。ゆえに，所与の前提命題に相対的に決定される。また，個人から独立しているという意味で客観確率である。
③ 確率は合理的信念の度合を示す。単なる信念ではない。この点で心理的な実践的決定理論より規範的決定理論に本質的にかかわる。
④ 確率は論理関係であることから，確率は命題の性質を表す真（truth）と同じではない（合理性と真実の切り離し）。

論理確率概念の特徴は人間の思考過程の分析にあるが，人間の認識といっても単なる気まぐれのような主観ではなく，論理を通じて認識の客観的側面を対象とする。確率は証拠となる前提がどのくらい結論を支持するのかという，前提と結論との論理関係としてとらえられる。したがって，手持ちの証拠（前提）に依存して確率が決まることになる。頻度確率との大きな相違点は，このように確率がわれわれの知識に制約されて決まることを示せる点である。また，確率はその論理関係に対応した合理的信念の度合いという意味をもつ。確率は，人々が現実に信じているものではなく，「人生のガイド」として，何を信じるべきなのか，何を信じることが合理的なのか，という規範理論にかかわる。「確率の重要性は，行為する場合にそれに従うことが合理的であるという判断から導出されうることに過ぎない。」（Keynes 1921：356　強調原文）

頻度確率とのもう1つの大きな相違点は，論理確率は経験によらずアプリオリに決定される点である。確率が表す「合理性の度合い」は「真理の度合い」ではない

ことにも注意したい。確率は経験的テストを受けない。たとえば，ある人があることを不合理な理由で信じていたとして，そのことが真と経験的に判明したとしても，彼は合理的であることにはならない。

ケインズは，「前提 h の知識が結論 a における合理的信念を度合 $α$ で正当化するならば a と h の間に度合 $α$ の確率関係がある」(Keynes 1921：4　強調原文) といい $a/h = α$ と書く。このように確率を a/h (または $P(a/h)$，これを略して P) と表す。$a/h = 1$ または 0 という特別な場合が演繹論理である。a/h が 0 と 1 のあいだにある領域をも含む帰納論理をケインズは扱う。

より具体的に話すならば，この推論はケインズが実践例でよく挙げるように，そしてライプニッツの職業がそうであったように，法律家，裁判官というエリートの思考過程を対象にしているといえばイメージしやすいであろう。裁判官が手掛ける問題の状況証拠は一般に複雑であり，そのもとで，彼らはある者について有罪か否か判決を下さなければならない。もちろんその判断は単なる心理的心情であってはならず，その判断には合理的な根拠が必要とされる。しかしそれは，三段論法における推論のように，あるいは，ラッセルの含意の推論のようにはいかない。一般に有罪あるいは無罪と論証的にいえず (non-demonstrative)，また，確定的にいえない (inconclusive)。このように灰色の領域における判断，疑いの残る信念こそが，われわれの日常における推論の特徴である。そのような推論の前提と結論は部分的含意の関係にある。確率は1とも0ともいえず，1と0のあいだの領域のどこかにあり，多くの場合，われわれはそれにピンポイントに精確な数字をつけることはできない。このような推論の構造を探ることがケインズのめざすところであった。

確率の類型と測度

「すべての確率の量的測定は可能」という主張を批判することが，『確率論』の主要な目的の1つである。「数値的測度が可能な場合，かなり複雑な代数的演算を行うことができる。それにより数学的に巧みな操作の見込みが得られるために，限られた数値的確率に，それ本来の重要性とは不釣り合いの関心が払われてきた」(Keynes 1921：40)。ケインズの論理的確率概念は，非数値的 (non-numerical) 確率を受容可能であるとみなす。というより，数値的確率は，厳密に限定された特別なケース，彼が名づけたところの「無差別の原理 (Principle of Indifference)」が成立するケースに限られるとみなすのである。

現在でも，ケインズが確率を非数値的ととらえたことは，操作性を犠牲にするために大きな非難を浴びている。だが，これは彼がのちの経済学まで一貫して保持していた態度であり，彼がベンサム主義的功利主義を批判する際の哲学的基礎を説明するものである。

確率を数値で表すには，単一の尺度に還元する必要がある。物理学においては，物体の多様な形にもかかわらず「質量」という尺度があるが，それに相当するものが確率にあるのか。ケインズは確率の量の質的側面に注目し，確率はすべてが共通の単位で測定可能な大きさからなる単一の集合に属するとは限らないと主張する。そして，確率の大小比較について，類似性（similarity）とのアナロジーにより説明する。つまり，あるものが他のものより比較の基準となるものにヨリ似ていると記述するのと同じ仕方で，ある推論のほうが他の推論よりもヨリ確からしいといえるのである。しかし，類似性の増分を一般には測定できない。また，比較の基準が共有されていない一対のものは比較不能である。このように，すべての確率が比較可能とは限らないと考える点もケインズの確率概念の特色といえる。

また，論理関係の把握は究極的には直覚（intuition）に基づく。直覚により経験を超えた真理を把握できるとするプラトン主義的合理主義は，ケインズの哲学の特徴である。確率の基礎づけ主義的アプローチは，究極的に隘路に陥る。それを救うためケインズが持ち出したのがこの直覚であり，のちにケインズがF.P.ラムジーからの批判によりこの哲学を放棄したのか否か，論争を生むことになる。

比較の原理は以下の2つの直接的判断に依っている。

- 関係判断（judgment of relevance）x/h と x/h_1 の比較
  証拠は異なるが結論は同じ型の比較において，新たな証拠 h_1 の付加が論証に関係するか，またどちらの方向へ関係するかを判断する。
- 選好判断（judgment of preference）x/h と y/h の比較
  同じ証拠に対して異なった結論を比較する。

数値的確率の導出は，古典確率概念において，不十分理由の原理（Principle of non-sufficient reason）によった。彼らは決定論が支配する世界観のもと，確率は無知から生じると考えた。その原理はネガティブな判定条件，すなわち「等しくない確率を割り当てる積極的根拠がない場合には，いくつかの推論の各々に等しい確率

第❾章 モラルサイエンスにおける不確実性と合理性

を割り当てなければならない」(Keynes 1921：45 強調原文) というものであり，多くの矛盾例を生み出してきた。ケインズはそれらを精確に規定し直すことにより「無差別の原理」として再構成する。かつ，この原理は狭い範囲にしか適用できないとみなし，『一般理論』では，長期期待における投資収益計算において，「無知の状態に基づく数学的等確率の仮定が，ばかばかしい結果に陥ることは容易に証明できる」(Keynes 1936：152, 邦訳 150) と述べている。

非数値的確率の大小関係比較も選好判断と関係判断への還元からなる。確率を比較できるのは，①a/hとab/h型，②a/hh_1とa/h型，③①，②型に無差別原理を結合した型のどれかに還元できるときのみで，それ以外の場合，確率の比較は不可能であろうとケインズは考える。②型はとても広くさまざまなケースをカバーする。そこに含まれる2つの重要な原理，アナロジーと帰納法は『確率論』第Ⅲ部で研究されることになる。

以上の議論は非数値的であれ，比較不能であれ，確率自体は既知 (known) であった。しかしケインズは，確率関係がわれわれの論理能力の欠如からわからなくなることも認めている。論理的取り扱いから漏れてしまうそのような「漠然とした知識 (vague knowledge)」は，その重要性を認識するものの，難しい問題をさらに難しくするとして分析対象からははずされ，『確率論』ではあくまでも明確な知識 (distinct knowledge) の分析に焦点が置かれる。

3　『確率論』における不確実性下の合理性

論証の重み(ウエイト)の概念

不確実性下での合理的行動において，「確率」の他に重視されるのが「論証の重み(ウエイト)」である。ウエイトの概念は，ケインズ以前にも考慮されてきた (Keynes 1921：87)。たとえば裁判において「外的証拠」として，証言にはウエイトがつけられ，その証言者が利害関係になければそのウエイトは重く，利害関係者のウエイトは小さくみるというように，確率とは独立に証拠のウエイトをも考慮して二元的判断が行われた。以下，『確率論』におけるウエイトの概念の特徴を見ておこう。

① ウエイトは，関係する証拠 (relevant evidence) の量に関係する。確率は関係する証拠のバランス，差異を測定するのに対し，ウエイトは関係する証拠の

全体量を測定する。
② ウエイトは確率とは独立である。ウエイトが増加しても必ずしも確率は増加しない。
③ ウエイトは，論証の証明または反証への近さに関係する。
④ ウエイトは，確率誤差（probable error）と理論的関係はもたないが，実践的関係をもつ。すなわち，大きな確率誤差は証拠の不足によることがあり，有用な証拠が増加するにつれ，確率誤差は減少する傾向があるという実践的関係は認められる。だが，ウエイトが増加するにつれ必ず確率誤差が減少しなければならない理由はない。
⑤ ウエイトも必ずしも数値で表せるとは限らないが，確率の3つの比較原理に対応してウエイトの比較が考えられる。

ケインズは，ウエイトの実践的重要性は認めるものの，その理論的扱いでは困難が多く，有益なことはあまり述べられないことを告白している。たとえば，⑤の比較の論理において，ある論証のほうが証明にはより遠いとする。しかし，それは反証に近いかもしれず，ケインズはウエイトの比較の原理で簡単に行き詰まる。また①について，6章と26章でケインズはウエイトについて考え方を変えている。6章においては，「情報量が多いほどウエイトは高い」ことを自明とみている。これは新しい情報を加えることにより，反対にウエイトが低くなることを見逃している。しかし，26章においては，「情報の完全さの度合い」と考え方を変えており，こちらのほうがウエイトの考え方として適切である。26章の文脈では，行為選択において，より大きい情報に基づいた確率のほうを選択すべきかという問題が設定されるが，それについて多くを語れないとケインズは認め，すべての情報を手に入れればよいかという情報の量の観点からの問題ではなく，小さな情報でも無視されるべきでないのであり，情報の完全さの度合いのほうが行為選択に関連があるとの結論に行き着く。理論的には不十分に終わったが，それはウエイトについてアプリオリにいえることは多くなく，実践における実際の経験と観察において吟味すべき問題であるというその特性による。それゆえに，『一般理論』のなかで他の章とは抽象水準を異にする12章において，ウエイトは「確信」の状態として活躍することになる。

『確率論』における合理的行為

『確率論』26章「行為への確率の適用」において，ムーアにおけるベンサム主義批判とそれに代わるケインズの代替理論が提示される。ここでベンサム主義とは，頻度確率に基づき，善，確率の数値的可測性，加算性を前提に結果の数学的期待値極大化を図る行動原理である。ケインズは，①善（＝価値）は本質的に数値に還元不能，②確率は本質的に数値に還元不能，③ウエイトを考慮していない，④「リスク」を考慮していないという4点から批判を加える。[2]

①，②より，数学的期待値の計算が可能でないことから，確率と善を一緒にした全体的状態を直覚により評価する方法をケインズはとる。さらに，ウエイトと「リスク」の影響も結合して考慮すべきだが，その度合いを計算するための原理が欠けているという同様の難点がケインズにより指摘される。

こうして，『確率論』における合理的行為は，ウエイトと「リスク」に注意を払いながら，究極的には直覚に基づく論理的推論により，帰結の蓋然的善を最大化する行為となる。論理能力，経験という2つの意味で，結果の蓋然性はわれわれに対して相対的である。かならずしも合理的行為が示せるわけではなく，確率が人生のガイドとして役立つケースは限られる。確率が役立たないとき，合理的個人はどうすべきか『確率論』では問題にしない。[3]そして，ケインズは懐疑主義には陥らない。新古典派経済学において，行為の合理性は「目的—手段」関係の合理性であり，選択の問題は所与の目的に対し，いわゆるベンサム主義的期待効用極大化により最適な手段を解く数学的問題に還元される。そのような方法はケインズが『確率論』で批判した擬似合理的方法であり，現実的には最も論理的合理的な人間にも示せない判断である。この『確率論』における基本認識は，のちの経済学において新古典派の方法論的個人主義批判に連なっていく。

4　経済学における不確実性下の合理性

主観確率概念と論理確率概念の違い

ケインズの経済学に示された合理的行動の検討に入る前に，経済学で使用されている確率概念，すなわち主観確率と頻度確率とをケインズとの関係で簡単にみておこう。

論理確率は直覚に依存する。また，前提 h の情報量と質，確率関係を把握する

論理能力が個人で異なるという主観的側面をもっている。その点で主観確率と混同されたり、偽装された主観確率との批判を受けるのだが、主観確率は、ケインズ『確率論』批判というかたちでラムジーにより提唱された。また、独立にデ・フィネッティによっても提出され、後にL. J. サベッジらにより彫琢が加えられて、不確実性下の意思決定の基礎理論として経済分析に適用されている。主観確率においては、確率は信念の度合いであり、それは特定の個人が特定の操作的状況下で賭ける行動から数値的に導出される。人々がいわゆるダッチ・ブックを許さないように首尾一貫した確率計算を行うことが、つまり内的「整合性 (consistency)」が合理性の条件である。その整合性を満たすかぎり、各個人の選択は自由に任され、快楽主義的、独我論的モデルである。しかし、その整合性条件を満たすには過大な合理的能力が要求される。また、ケインズが重視したヒュームの問題に何ら答えをもたず、ケインズを満足させるものではない。主観確率を相互主観的確率に発展させて、個人の信念ではなく、集団・グループの信念に移しても同じことがいえる。

ケインズの頻度確率批判

頻度確率理論は、1930年代後半からR. ミーゼスらにより今日の数理統計学の基礎として厳密に定式化されるが、ケインズが批判したのはそれ以前のL. エリス、J. ヴェン、F. Y. エッジワースらの頻度理論である。頻度確率は繰り返し事象や大量現象におけるランダムな集団の頻度から確率を導き、確率は自然の属性として客観的真実に結びつけられる。その結果、われわれの信念からは独立に数値的確率が得られる。ランダムな偶然のゲームから始まった確率の研究は統計的性格をもっており、確率を数学化させた創始者をヤコブ（ジェイムズ）・ベルヌーイ (Jakob Bernoulli : 1654-1705) とケインズが呼んでいるように、彼の「大数の法則」は統計的推論の中心となる概念である。ベルヌーイ以降やがて古典的統計学は19世紀初めにラプラスにより集大成されることになるが、これらは無差別の原理を基礎とし、その応用であるとケインズは考えている。しかし、その適用範囲は偶然のゲームを超えた問題にまで拡張されていた。ケトレ (Lambert Adolphe Jacques Quetelet : 1796-1874) はまさにこの流れの延長上にあり、彼は犯罪などの道徳統計、身長などの人体測定学にまで統計法則の定立を求めたことで有名だが、彼の社会物理学はケインズにより批判されている (Keynes 1921 : 366-367)。ケインズ (Keynes 1921 : 7章) によると、そのような数学化への最初の有力な批判がヒュームであり、また19世紀

第**9**章　モラルサイエンスにおける不確実性と合理性

半ばにはイギリスで（そしてドイツでも）その流れに対する反動が起こり，エリス，ヴェンなど経験を唯一の確率の基礎とする頻度論者が生まれたが，それも反対の方向へ行き過ぎてしまったという。ケインズは『確率論』第V部で，統計的推論の論理的基礎の批判に乗り出すことになる。そして『確率論』の末尾には次のように書いている。

　「私は，確率という問題の基礎を築くにあたって，ラプラスおよびケトレの精神を支配し，また彼らの影響を通じて過去1世紀の思想を支配してきた確率の概念から大きく袂をわかってしまった。――もっともライプニッツやヒュームならば私の書いたものをおそらく共感をもって読んでくれたであろうと私は信じるが。」(Keynes 1921：467-468)

　ここでは「大数の法則」の問題点をケインズに沿ってみてみよう。ケインズは，まずそれを統計的頻度の安定性ととらえなおし，安定した頻度が一般的であるといえないことに注意を投げかける。それは厳しい条件のもとでしか成立しない。重要な条件は，独立性の仮定が成立するかという点にある。独立性の仮定について，ケインズは次のように述べる。「事象が初めの($r-1$)回のすべての場合に生起したという事実を知ることが，r回目にその事象が生起する確率に影響を及ぼさない」(Keynes 1921：374　強調原文) ことである，と。系列の一部分について追加された知識が，系列の他の部分の予想にまったく無関連であるような特性をデータがもつことが必要とされるが，経験に照らして修正されるのは明白であり，非常に稀なケースにしか成立しない。ケインズはその条件が満たされると先験的に確信できるケースとして，偶然のゲーム（サイコロ，硬貨投げ，富くじ，ルーレット）をあげる (Keynes 1921：394)。また，偶然のゲームとの類比が成り立つ状況にも適用できる。生物学的統計，物理学で扱われる気体の分子の状況が典型であるが，ケインズも『確率論』の末尾で次のように記している。

　「19世紀の物理学者は，物質を究極的な質的違いのほとんどない粒子の衝突と配列に還元した。またメンデル派の生物学者は，人間のさまざまな資質の由来を染色体の衝突と配列に求めている。両ケースとも，完全な偶然のゲームとの類比がまさにある。そして，いくつかの現在行われている推論方法の妥当性は，われ

われの推論方法の適用対象がこの種の素材であるという仮定に依存するといっていいかもしれない。」(Keynes 1921：468)

社会科学が対象とする世界は，人間の活動を物理的粒子運動と見立てることができるほど単純ではない。それは物理学のモデルが想定するように，関係の時空にわたる同質性，斉一性を仮定できる一定不変の世界ではない。人間は記憶と意思をもち予測も行う実践的存在であり，実践を通じて逐次それを改定していく。ケインズは，経済学はモラルサイエンスであり，論理学の一分野として，内省，価値，動機など時間を通じて一定でない素材を扱う科学であると考えていた (Keynes 1973：296)。人々の心理状態，そして期待が，社会システムの将来の姿に影響を与え，それを作り変えていくことを『一般理論』はモデル化している。頻度確率についてのケインズの議論は，偶然のゲームから派生した確率思想から自らの確率の哲学を分かつことを述べている。

ここでとりあげた偶然のゲームとの類比が成り立つ事象に関する知識は，ケインズの経済学において不確実な知識には分類されないことにも注意しておこう。ケインズにとり不確実性は一度限りの事象に顕著に示される。

「私にいわせれば，『不確実な』('uncertain') 知識により，単なる蓋然的 (probable) なものと確実な (certain) ものを区別しようとしているだけではない。この意味においてルーレットの勝負は不確実性の問題には属さない。……私が使っているこの言葉の意味は，ヨーロッパ戦争の見込みとか，20年後の銅価格や利子率，……などが不確実ということである。」(Keynes 1973：113)

経験的事実と確率の関係についても述べておこう。経験を唯一の根拠として自然の属性を確率と結びつけるという方法は，ケインズの確率に対する考え方と異なる。大数の法則を検証するために実際にコインを多数回投げたとして，その結果が語るのはコインの対称性に関する物理的特性にすぎない。確率は事象の生起に関する人間の判断，知識から生まれる。経験から確率への移行過程こそが重要性をもっているのである。『確率論』第III部で検討されたように，確率は事実問題ではなく，確率関係，合理性の問題である。頻度を前提 h の情報とすることは有意義であるのは当然だが，問題は単なる統計的記述から統計的一般化への帰納的移行には注意深

い準備が必要とされることであり，ケインズがティンバーゲン論争で指摘したのもその点である。しかし，ケインズの伝記から，彼は統計数字を集める個人的性癖をもった人間であったことが知られている。公的統計制度も主導した。ケインズは頻度確率の論理的基礎のさらなる展開をむしろ望んでいた。

経済学における不確実性下の合理性

　次に，『一般理論』で扱われる不確実性を考察する。『確率論』における「確率―ウエイト」の概念が，そこでは「期待―確信」概念として現れる。[4] 確率は期待の媒介物としての役割を果たすが，常に期待が確率に還元できるわけではない。ケインズは期待を短期期待と長期期待に識別した。短期期待は，既存の資本設備から生産を決意するにあたっての完成財の予想収益の推定であり，結果に照らして短いインターバルのあとで修正可能なため，ほぼ実現し安定的なもの，すなわち確率計算が可能なものとみる。それに対して，長期期待は新しい資本設備投資を決意するにあたってその結果として得られる予想収益の推定である。この長期期待における顕著な事実は，「われわれの知識の基礎が極端に当てにならない」（Keynes 1936：149, 邦訳 147）ことにある。短期期待は決定論的レベルで扱え，厳密な論理が成立するモデルの対象となるが，長期期待は非決定論的レベルの問題になる。

　ケインズがいうには，不確実性下の実践においてはいくぶんかでも確信をもつ事実に導かれることが合理的であるため，ウエイトがより大きい現状の事実が不釣合いに長期期待の構成のなかに入ってくる。そしてわれわれは暗黙のうちに，一種の慣行（convention）に頼っている，と。この慣行の本質は，「変化を期待する特別の理由をもたぬかぎり，現在の状態が無限に持続すると想定するところにある」（Keynes 1936：152, 邦訳 150）。

　ケインズは，こうした不確実性に関する見解を，1937年「雇用の一般理論」において端的に再述する。そこでケインズが不確実性として対象にしているのは，何ら確率計算の科学的基礎がない，確率に還元不能な不確実性（irreducible uncertainty）である。このような根本的不確実性の領域は，何らかの確率計算ができる『確率論』が分析対象としなかった領域である。それはまた，人間の認識能力について完全知識を仮定している新古典派ではとらえられない領域であり，新古典派との対比が明確となる。そのような環境下で合理的経済人の体面を保つためにどうすべきか，『確率論』では踏み込まなかった問題にケインズは答える。ケインズは以下の3原

理に基づく実践的解決策をあげる。①変化を期待する確定的理由がない限り，現在を将来に投影する（時間的意味での慣行）。②価格に表現されたものとして現在の意見と産出の性質は，将来の予想を正しく集約したものに基づくと想定する（集計的表現と社会的現実の類似性を仮定）（強調は原文）。③行為を大多数や平均的意見に一致させる（空間的意味での慣行）。「各人が他人のまねをしようと努めている諸個人からなる社会の心理は，厳密に慣行的判断（conventional judgment）と名づけてよいものをもたらすだろう。」（Keynes 1987：114　強調原文）。

①について，将来は変化しうることはいうまでもなくわかっている。②について，ケインズ自身二度の破産の危機を経験した株式投資家としても，市場の価格評価が絶対的に正しいとは考えていない。③について，それは美人投票にたとえられる株式市場における一般大衆の行動に典型的に現れるが，玄人筋はその一歩先を行くことで利益を得る。そして何よりも，この原理に従った無知な大衆の群集心理が，株式市場の不安定化の要因となる。このように，ケインズはこの3原理を肯定的に推奨しているのではなく，根本的不確実性のもとでは，とりあえずこの3原理に従って行動するほかないとみなしていたということである。

そこで，論理的合理性に強調点を置いて『確率論』を書いたケインズと，このような慣行に基づいて行動する主体を描いたケインズとは，哲学上連続しているのか否かという冒頭節の設問に立ち返ろう。この論争は「ケインズ問題」ともいわれる。この問題を考えるうえでの注意点は2点ある。

まず1点目は，上述してきたような分析領域としての対象の違いである。『確率論』では，曖昧なものを論理により明確にすることを通じて，思考における合理的規則を取り出していくことに焦点が当てられた。それはわれわれの思考のほんの上澄みしか扱えず，「漠然とした知識」の広大な領域が逆に意識される結果に終わった。それは，ベンサム主義的判断は人間の合理性では示しえないという論証にもなった。一方，経済学における慣行の議論では，『確率論』の分析にのせることのできなかった領域に焦点を当て，実践的解決策を論じている。

前期─後期連続論説の代表的な論者であるR.オドンネル（O'Donnell 1989）は，ケインズを「特別な種類の合理主義者」と位置づけ，上記の変化を，哲学の原型はもちつづけるがその同じ哲学的フレームワーク内での「強い合理性」から「弱い合理性」への内的シフトととらえる。人間は可能なかぎり論理的推論を行うが，その限界では，理性によらず慣行やアニマルスピリッツなどの心理的要因に従った行動

第❾章 モラルサイエンスにおける不確実性と合理性

も現実的には合理的であるとみる「弱い合理性」も包摂するように，よりフレキシブルな人間の合理性の見方にケインズは変わったとみるのである。同じく連続論者のA.フィッツギボンズは，「変化したのは彼のシステムのデータであり，彼の知的フレームワークは同じままに留まった」(Fitzgibbons 1988：33) と述べる。

　それに対して，代表的非連続論者にはデイヴィス，ベイトマン，ギリーズらがいる。彼らは，ラムジーの批判に直面してケインズはラムジーに屈伏し，プラトン主義的実在論哲学を捨てたと論じる。それに伴い，確率概念は論理確率から主観確率に，さらにその相互主観確率バージョンに移行したと論じる。また，慣行の概念を中心とする相互依存的行動に，後期ウィトゲンシュタインとの関係を読みとる。

　しかし，ウィトゲンシュタインとの関係でいえば，もう1人の代表的連続論者キャラベリは，実践的合理性にケインズの確率の哲学の特徴を見出し，すでに前期ケインズのなかに，後期ウィトゲンシュタインとパラレルなものを読みこんでいる。

　その他，解釈は多様で，ここではすべてを紹介できないが，非連続論者に答えるためにも，ケインズ思想における慣行の位置をあらためて確認しておこう。それがこの論争における第二の注意点，すなわち，ケインズはどの主体の知識を対象にしているかということである。

　『確率論』は基本的に（裁判官などの）エリートの判断であり，何を信じることが合理的かという規範的問題に関わっていることはすでに述べた。一方，経済学における不確実性下で登場した実践的合理的判断，慣行に従った判断は，市場の一般大衆を対象に述べられている。ケインズは，社会における慣行の重要性を認めたものの，それはハイエクにおけるように尊重すべきものとしてではなく，むしろ，人々を惑わす「市場のイドラ」と考えた。たとえば，「雇用の一般理論」と同年，1937年に行われたケインズの講演をみてみよう。ケインズは講演の冒頭，われわれは実践的行動様式として将来は過去に似ていると仮定する慣行にとらわれていることを指摘する。合わせて，ベンサム主義の擬似合理的確率計算という概念の影響も説く。人々の思想に影響を与えているものとして，ケインズは当時いかにこの2つを考えていたかがわかり興味深い。将来は現在とは違うと認めさせるには大きな抵抗を受けるものだとケインズは認めたうえで，この講演の目的は次のことだという。「私がさしあたり皆様方を，その既成慣行から引き離し，将来は現在とは違うという認識を受け入れるよう十分説得できるかどうかである」(1937年，優生学会における講演，「人口減少の経済的影響」) (Keynes 1973：125)。

慣行を問題にするとき主体を2つに分け，慣行に従う一般大衆である経済人とは異なり，慣行とはきわめて恣意的なものであるがゆえにその不安定さを問題視し，人々を合理的方向に導くべき経済学者という政策主体を考えることが重要である。松嶋も指摘しているように，ケインズが経済学者として『一般理論』でめざしたことは，「人々が抱くこのような「市場のイドラ」を打ち砕くことであり，それに変わるべきシステムの真の「合理性」の基準を理論的に提示することに他ならなかった」（松嶋 1996：156-157）。このような政策者としての合理性に『確率論』からの連続性をみることができる。失業を克服するための因果関係のはっきりしたマクロモデルを提示したケインズの主要関心は，信じるにたる合理的なものは何かにあり，それは人々が実際に信じているものとは区別して考えなければならないものだったのである。

注
(1) 12章は他章のように理論的議論にのらず，実際の観察に依存する「余談風の議論」（Keynes 1936：149，邦訳 147）とケインズは呼んでいる。
(2) 「リスク」とは分散に関係するケインズ独自の概念。『確率論』（Keynes 1921：348）以下を参照せよ。
(3) 意思決定を気まぐれ（caprice）に求める解決策が『確率論』でもすでに登場するが（Keynes 1921：32），主要な議論ではない。
(4) 流動性選好の議論では「リスクプレミアム―流動性プレミアム」概念として登場するが，ここでは省略する。
(5) ラムジー批判に対するケインズの答え，「若き日の信条」，この2つのテキストに関する問題も，紙幅の制約上，本論文では扱わない。

参考文献
ハッキング，I., (2012), 出口康夫・大西琢朗・渡辺一弘訳『知の歴史学』岩波書店。
―――, (2013), 広田すみれ・森元良太訳『確率の出現』慶應義塾大学出版会。
松嶋茂敦, (1996), 『現代経済学史 1870～1970――競合的パラダイムの展開』名古屋大学出版会。
Bateman, B. W., (1996), *Keynes's Uncertain Revolution*, The University of Michigan Press.
Carabelli, A., (1988), *On Keynes's Method*, Macmillan Cambridge University Press.
Davis, J., (1994), *Keynes's Philosophical Development*, Cambridge University Press.
Fitzgibbons, A., (1988), *Keynes's Vision*, Oxford University Press.

第❾章　モラルサイエンスにおける不確実性と合理性

Keynes, J. M., (1921), "Treatise on Probability." *The collected Writings of J. M. Keynes,* vol. VIII, Macmillan Cambridge University Press. (佐藤隆三訳『ケインズ全集 8　確率論』東洋経済新報社, 2010年。)

─────, (1936), "The General Theory of Employment, Interest and Money." *The collected Writings of J. M. Keynes,* vol. VII, Macmillan. (塩野谷祐一訳『ケインズ全集 7　雇用・利子および貨幣の一般理論』東洋経済新報社, 1983年。)

─────, (1973), *The collected Writings of J. M. Keynes,* vol. XIV, Macmillan.

O'Donnell, R., (1989), *Keynes: Philosophy, Economics and Politics,* Macmilan.

Weatherford, R., (1982), *Philosophical Foundations of Probability Theory,* Routledge & Kegan Paul.

第10章
合理的選択と社会性（ソーシャリティ）
―― K. J. アローの社会的選択論――

西本和見

1 合理的選択の時代の社会的選択論

　20世紀はアメリカの時代といわれる。第一次世界大戦・第二次世界大戦という大惨事の経験を通じて、商業・金融の中心は次第に自由主義大国アメリカに移っていった。そして、現代経済学の中心もまたアメリカに移っていく。

　そんな経済学の一大メッカとなったアメリカを代表する学派の1つにシカゴ学派がある。シカゴ学派は、1920年代にシカゴ大学に籍を置いていたF. H. ナイトらから始まる、シカゴ大学を拠点とする学派で、論者によって違いはありつつも、基本的に自由市場の働きに強い信頼を置いている。自由市場に強い信頼を置くため、シカゴ学派は規制緩和や民営化に賛成する。よって、1970年代末から80年代にかけてのサッチャリズムやレーガノミクスといった新自由主義思想とシカゴ学派は関連が深い。[1]

　こうしたシカゴ学派の思想は、合理的選択という言葉を生んだ。合理的選択とは、経済学の市場の仕組みや人間行動モデルを、経済だけでない人間行動全般に当てはめて説明しようとする理論の総称である。みずからの便益と費用を秤にかけて、賢く合理的に行動すれば、正しい結論が得られるというわけだ。しかし、人間はそれほど賢い存在なのだろうか。いや、たとえ人間が賢い存在だったと仮定しても、そこに一片の論理的不整合性もないのだろうか。

　この問いに挑戦したのが、ケネス・ジョゼフ・アロー（Kenneth Joseph Arrow：1921-2017）である。[2] 彼の最初の著作である『社会的選択と個人的評価』（初版 1951）[3] は、のちに社会的選択論と呼ばれる分野が生まれるきっかけとなった。この著作は、個人の意見を集計する場合（たとえば投票などの意思決定）において民主主義社会で一般的に認められるであろう5つの条件（①定義域の非限定性、②パレート原理、③無

関係な選択対象からの独立性，④市民主権，⑤非独裁制）と2つの公理（推移律，連結律）から社会の意思決定を導く社会的厚生関数を考えたとき，これらの条件と公理が同時に成立することはないという結論を導き出したものとしてよく知られている（アローの不可能性定理）。言い換えれば，同著作は，経済だけでないさまざまな個人行為と社会秩序を結ぶプロセスを現代経済学の思考にのっとり論理的に考察しようとするものであり，彼の不可能性定理を先の合理的選択と関連させていえば，たとえ個々人が合理的選択をできたとしても，望ましい社会秩序を個人行為から論理的に導くことはできない，という否定的結果を証明したものと解すことができる。それはいわば，自由社会と民主主義体制，そしてその土台となる理性に対する，現代経済学からの内在的批判である。しかし，冷戦を経験した米国に生まれ育ち，自由主義の気風を受け継いだアローは，決して民主主義社会の合意の可能性を否定的なもので結論づけたわけではない。むしろ，合意形成が可能な社会に向けて，自由主義のもとで生きる人々がどうあるべきかについて，重要な示唆を与えている。

　そこで本章では，『社会的選択と個人的評価』を題材に，アローの社会的選択論の特徴と，彼が不可能性定理を証明したのちに不可能性定理を緩和させる方法として取り上げた2つの方法を紹介しつつ，彼が自由主義社会における合意形成のあり方をどのように見ていたか，その含意を析出し，現代経済学の方法の1つである方法論的個人主義に批判的考察を加えたい。

2　アロー型社会的厚生関数と価値判断

　すでに述べたように，『社会的選択と個人的評価』は，一組の個人的選択を集計して社会全体の合意を導くプロセスについて考える。1，2，3の3名の個人が，A，B，Cの3つの選択肢のあいだで選択を行うとする。そのとき個人1は，AをBより，BをCより（よってAをCより）選択し，個人2は，BをCより，CをAより（よってBをAより）選択し，個人3は，CをAより，AをBより（よってCをBより）選択する場合を考える。さてこのとき，社会の構成員の多数がAをBより，BをCより選好しているなら，論理的にAがCより選好されなければならないが，実際は社会の多数がCをAより選好する場合がある。こうしたパラドクスに陥る決定がなされるとき，私たちは社会全体で合理的な決定をしているとはいえないだろう。

第10章　合理的選択と社会性（ソーシャリティ）

　これを考察するために，アローは，個々の意思決定の集合を社会的厚生関数という関数に置き換えて議論する。こうした社会の総意を関数として表現する手法は，すでに1938年にバーグソン（Abram Bergson：1914-2003）が厚生関数（Welfare function）として発表しているので，発想それ自体アローの独自性はないかもしれない。しかし，バーグソンとアローの定式化には特徴的な違いがあるので，以下でこれらを比較してアローの社会的厚生関数の特徴を浮かび上がらせてみよう。

　バーグソンの厚生関数は次のように構成される。ある共同体のなかで2種類の労働（A, B），2種類の労働以外の生産物（C, D），2種類の消費財（X, Y）で構成される社会の厚生を考える際，社会状態を構成するすでに挙げたもの以外の要素——消費財 X を生産する生産単位のなかで利用された労働以外の要素である生産物 C の量（C_x），消費財 X を生産する生産単位のなかで利用された労働以外の要素である生産物 D の量（D_x），消費財 Y を生産する生産単位のなかで利用された労働以外の要素である生産物 C の量（C_y），消費財 Y を生産する生産単位のなかで利用された労働以外の要素である生産物 D の量（D_y），i 番目の個人に消費された x や y の量（x_i, y_i），所与の期間に各生産単位を生産するために i 番目の個人が費やした仕事量（$a_i^x, b_i^x, a_i^y, b_i^y$），共同体の厚生に影響する商品量・労働量・各生産単位の労働以外の要素の量（$r, s, t, \cdots$）——も含めると，バーグソンの厚生関数は，

$$W=W(x_1, y_1, a_1^x, b_1^x, a_1^y, b_1^y, \cdots\cdots, x_n, y_n, a_n^x, b_n^x, a_n^y, b_n^y, C^x, D^x, C^y, D^y, r, s, t, \cdots\cdots)$$

となる。バーグソンの厚生関数は，いわば1つの大きなバスケットに社会状態の決定に関わるすべての人の経済的・非経済的要素をすべて組み込み，その最大値を算出するようにできている。「$r, s, t, \cdots\cdots$」に表される要素は，外部性のようなものであって，たとえば天候の変化による影響のように，所与の資源量のもとで生産される生産物 X や Y の量に直接・間接に影響を与えるものでありうるし，またたとえば政府の転覆によって x_i や y_i の量が極端に減るという場合のように，商品量や各種の労働量や，それぞれの生産単位における労働以外の要素の量の変化が厚生全体に与える直接・間接の影響の場合もある（Bergson 1938：312）。そしてその後，バーグソンは「$r, s, t, \cdots\cdots$」が「これらの変数の中でそれぞれ小さな変化であるため，厚生のなかの他の要素は大きく影響を受けない」（Bergson 1938：312）として，この厚生関数をもとに「$r, s, t, \cdots\cdots$」を除いた経済的厚生関数を導出して

$$E = E(x_1, y_1, a_1^x, b_1^x, a_1^y, b_1^y, \cdots, x_n, y_n, a_n^x, b_n^x, a_n^y, b_n^y, C^x, D^x, C^y, D^y)$$

を得て，この経済的厚生関数を最大化する。[(4)]

それに対してアローの社会的厚生関数は，次のように定義されている。

「選択対象全体の集合のなかに3個の選択対象から成る部分集合Sで次の性質を満足するものが存在する。Sの上で定義された個人的順序のいかなる組T_1，…，T_nに対しても選択対象全体の集合のうえで定義された個人的順序の容認できる組R_1，…，R_nで，各個人iとSに属するすべてのxとyに対して，$_xT_{iy}$の時またその時に限り$_xR_{iy}$となるものが存在する」(Arrow 1951:24, 邦訳40)

これは，個々人の選択順序と，それを集計した結果として導かれる社会的選択は互いに整合的でなければならないことを述べている（Arrow 1951:24-25, 邦訳40-41）。また定義より，個々人の選択順序と社会的選択に整合性があればどのような値を取りうることも表している。比較してみると，厚生にかかわるすべての要素が記述されている点で，バーグソンの（経済的厚生関数ではなく）厚生関数は，あらゆる社会状態についての順序づけを定式化したアローの社会的厚生関数に形式的に対応している。

しかし，形式的にこの2つの厚生関数が同じものを示しているとはいえ，アローとバーグソンではこの厚生関数に含めた意味合いは異なっている。というのも，アローは次のように述べているからである。

「ここに用いられる（私の）社会的厚生関数の概念と，バーグソンが用いたものの間には若干の差異がある。ここで定義された（私の）社会的厚生関数に独立変数として入る個人的順序は個々人の嗜好（tastes）ではなくむしろ彼らの評価（values）をさしている。」(Arrow 1951:邦訳38 括弧内は引用者補足)

一般的に厚生経済学では，厚生関数の諸要素においてその値は各個人の選好（preference）としてみなされる。そして，ふつう選好は個人の欲求の直截的な表現である。選好が個人の欲求を源泉とするのであれば，とりもなおさず選好は個々人の嗜好に等しい。バーグソンの厚生関数は，各変数がすべて1つの関数に組み入れ

られており，基本的に各変数はある一定の資源量など所与の条件下によって独立に決まる。よってバーグソンの関数は，個々人が自らの嗜好をもとに選好を決定し，それを集計した結果として，社会的選択を導くものである。その意味で方法論的個人主義的に厚生関数は決まる。

それに対して，アローの社会的厚生関数は，個人の嗜好を集計するのではなく個人の評価を集計する。個人の評価は，個人がみずからの嗜好に対してそれがみずからの価値基準に照らしてどれくらい価値があるか，みずから評価を下すということなので，嗜好そのものではなく，それを個人1人1人のなかで再構成する過程を経た別種のものである。この評価をもとにした選好（preference）が個人的順序を形成する。こうした嗜好と評価との区別がアローの社会的厚生関数の特徴的な点である（Pattanaik 2005：370）。なぜならこの嗜好と評価の違いが，最終的な社会的選択の順序づけの仕方をも変えうるからである。アローは次のように述べる。

> 「一般に，個人の直接消費に基づく社会状態の順序付けと，その個人が平等に関する彼の一般的基準（あるいは金銭的な張り合いに関する彼の基準かもしれない）を加味した場合の順序付けとの間には相違があろう。前者の順序はその個人の嗜好を反映し，後者は彼の評価を反映していると言えよう。」（Arrow 1951：18，邦訳30）

アローは，対象となる選好は財や労働の消費だけでなく，経済以外の価値判断の要素も含んだ十分広いものであるべきと考え，みずからの厚生関数の枠組みを十分広く設定していた（Arrow 1951：18，邦訳30）。これは，現代経済学が価値判断を排除する方向で理論化を進めてきたことと比較すると興味深い。そして，このアローの社会的厚生関数の射程の広さが，不可能性定理を乗り越える鍵となるのである。

3 可能な社会的選択のかたち

個人主義的仮定

それではアローは，不可能性定理をどのように乗り越えようとしていたのか。彼は，パラドクスに陥らない社会的厚生判断を下そうと望むならば，「賦課された条件のなかのあるものを緩和しなければならない」と述べている（Arrow 1951：60，

邦訳 96)。以下ではアローの考察を辿ることで，不可能性定理を超えた可能な社会的選択への思索の道筋を見ていこう。

彼が不可能性定理の修正のためにまず取り組んだのが，すでに述べた社会的厚生関数の定義を変更することである（5つの条件のうち①定義域の非限定性）。

彼はこの条件1に，「厚生経済学に関する著作で実際にほとんど常に仮定されてきた2つの条件を，個々人の選好階梯表に賦課する」（Arrow 1951：61，邦訳97）ことで条件の修正を試みる。つまり，どのような値でも取れるよう十分に広い定義域が設定されているために不可能性定理に陥るのであれば，逆に条件1の適用範囲を制限することで，パラドクスに陥ることを避けようということである。彼はこの修正の試みを「個人主義的仮定」と呼んだ。

緩和の方策は次のとおりである。条件1に代わり，次の2つの条件を当てはめることで不可能性定理の修正を試みる。その条件は，(i) 2つの社会状態を比較する際，他の状況が同一もしくは無差別なら，彼の比較は彼が受け取ったり費やしたりする財および労働のみに依存すること，(ii) 2つの個人の状態を比較する際，彼の受け取る財の量は，他はすべて同じで1種類の財ではより多く受け取るなら，彼はより多く受け取る方を選ぶだろう，というものである（Arrow 1951：61，邦訳97）。

この条件の修正が意味するものは何だろうか。それは，すでに条件1で定義された社会的選択が十分に広い範囲で値を取りうるのに対して，現代経済学（とくに新厚生経済学）の立場から選択対象を財の配分に限定した状況を分析しようというものだ。つまりこれは，人間生活全般の意思決定を対象とした社会的厚生関数ではなく，バーグソンの経済的厚生関数の分析である。

さてここではこうした仮定を置いても，結局次のような場合ではどの選択対象も選べないようなパラドクスが生じることが証明されている（表10-1）。

この表は，2者2財の社会で財を配分する際の3つの方法を例示したものである。財1も財2も総量は10で，個人はそれぞれ財を余すところなく配分されるものと仮定する。この場合，それぞれの選択対象1，2，3はそれぞれ異なった社会的順序の結果をもたらすが，それを選択する際の個人の判断基準はどの財をより好むかという個人の嗜好であり，この個人の嗜好に対して優劣をつけることはできない。[5] 結果，個人主義的仮定から，とくに個人的消費に関する嗜好が類似している場合にも，社会的厚生関数を形成する際には困難が生ずる（Arrow 1951：69，邦訳110）。

第 10 章　合理的選択と社会性（ソーシャリティ）

表 10 - 1　個人主義的仮定のもとでのパラドクス

選択対象	個人1		個人2	
	財1	財2	財1	財2
1	5	1	5	9
2	4	2	6	8
3	3	3	7	7

（出所）　Arrow 1951：68，邦訳 109

社会的な意見の類似

　次の方策は，社会的厚生関数の取りうる組み合わせを，価値評価を排除する新厚生経済学の立場から制限する代わりに，社会的厚生関数に価値評価を加味することで不可能性定理を乗り越えるというものである。彼は，1つめの方策を検討したのち，次のように述べている。

　「本節の結果によって，社会的厚生関数を形成する際の困難が個人主義的仮定から，特に個人的消費に関する嗜好が類似している場合にも，生ずる多様な社会的意見に起因することが強く暗示される。したがって社会的厚生関数の可能性は，社会的選択対象に対する意見の類似（similarity of social attitudes）に依存する。」（Arrow 1951：69，邦訳 110）

　「社会的な意見の類似」とは，「すべての個人が社会的選択対象に関して同一の選好をもっている」もしくは似た選好をもっているということである（Arrow 1951：74，邦訳 117）。それは，個人が社会にもつ意見が一致もしくは似ている同質的社会を意味している。社会に属する個々人の意見が完全にばらばらであるとき，パラドクスは起きやすい。逆に，彼らの意見がその社会の価値観に基づき同質的であれば，パラドクスを起こさずに望ましい社会的選択を導出できるというのである。そして，これを全員一致ルールと多数決の双方で検討した結果，アローは次のように結論づけている。

　「これらの結果（完全な全員一致もしくは多数決が既出の条件と公理を満たすこと）は数学的観点からは自明であるが，社会的選択対象に対する意見の類似……が社会的判断の形成に必要であるという……示唆を裏付けるものである。」（Arrow

1951：74, 邦訳 118)（強調と括弧内は引用者補足）

つまり，社会的な意見が類似する社会では，手続き的に望ましい社会的選択は数学的に存在しうるというのがアローの見通しである。これは，可能な社会的選択のために考察した2つの方法をめぐるアローの議論を振り返ると興味深い。というのも，まずアローは，合意可能な社会的選択を導出するために，新厚生経済学が科学的見地から否定した価値判断を除き，財の資源配分に特化して議論を進めた。しかしそこで明らかになったのは，そのような状況下においてもパラドクスは起きうるということであった。それに対して次の方策では，「社会的な意見の類似」のルール——新厚生経済学が拒否した価値判断——を社会的厚生関数に賦課することで，望ましい社会的選択は論理的・数学的に導き出せることを明らかにしている。つまり可能な社会的選択への試みは，全体として，社会的選択の問題における当時の新厚生経済学の自己矛盾——科学的見地から価値判断を否定したことによる，社会的選択の科学的非決定性——を明らかにしている。

科学哲学的には，『社会的選択と個人的評価』第2版で，アローがポパー（Karl Popper：1902-1994）を引いて「私自身の見解はポパーが表明しているものと一致する」（Arrow 1963：106, 邦訳 168）と述べる意味は，「社会的な意見の類似」に関するこの部分に関係する。アローが社会的選択のために持ち出した「社会的な意見の類似」のルールは，価値判断を含むので社会的選択の形而上学的な方法論的規則である。しかしそれが形而上学的な方法論的規則であるからといって，経験科学のゲームのルールからは排除されないだろう。むしろ形而上学的な方法論的規則は，科学理論の一部である。ただ形而上学的な仮説はテスト可能でないがゆえに仮説的な部分をより多く含んだ規則として，理論をより弱く論証するだけに過ぎない（Popper 1959）。このように「社会的な意見の類似」のルールは社会的選択の理論のなかに科学理論のなかに実体化することが可能であろう。では「社会的な意見の類似」がどのようにアローの社会的厚生関数のなかで実現するのだろうか。

4　前提された「社会性（ソーシャリティ）」

その手がかりは，「理想主義」的政治哲学者としてアローに取り上げられたカント（Immanuel Kant：1724-1804）にある。アローはカントを取り上げて，カントの

第 10 章　合理的選択と社会性（ソーシャリティ）

区分にしたがって，みずからの社会的厚生関数に対応するものを配置し，次のように述べている。

　「彼（カント）は一個人に対する三つの命令を区別した。すなわち，技術的命令，実用的命令，道徳的命令である。技術的命令は……所与の目的を達成するために必要な手段に関する知識を代表する。実用的命令は個人が自分の幸福を追求するようにという指示であり，これは社会的選択対象に関する個人的順序とわれわれが呼ぶものに対応する。……道徳的命令は……社会的順序というわれわれの概念に対応する。」(Arrow 1951：82，邦訳 130)（括弧内は引用者補足）

アローは，カントが技術的命令と呼んだものを，目的を達成するための必要な手段に関する知識と説明している。アローはこれを「環境」とも言い換えているが，環境とは，さまざまな選択対象から1つの順序を導くにあたり，そのもととなる「利用可能な選択対象の集合」を指す（Arrow 1951：15，邦訳 25）。

次に実用的命令は，技術的命令によって形成された複数の個人的順序の組み合わせから1つを選ぶ行為に等しい。ここで，実用的命令はカントの意味では個人は自分の幸福を追求する存在であるので，形式的にはこの個人的順序が個人的嗜好の結果から順序づけられたのか個人的評価で順序づけられたのかは明確ではない。どちらにしても実用的命令としての個人的順序は導き出せるからである。

最後に，道徳的命令は社会的順序に等しい。アローの言説に従えば，道徳的命令と一致する社会的順序は，アロー型社会的厚生関数では個人的評価に基づく個人的順序を集計することで導かれる。しかし，そこにパラドクスが起きうるのが問題であった。この軋轢を解消する方策として，カントの道徳的命令は機能する。カントにしたがえば，道徳的命令は完全な個人間妥当性をもたねばならない。もしそうならば，個々人は道徳的命令のもとにみずからの実用的命令と同じように他者の実用的命令を扱うだろう。そして，「各個人が他の個人を彼自身のなかにある一つの目的として（扱い）……自己矛盾が一つも生じない行動原理を採用」(Arrow 1951：82, 邦訳 130　括弧内は引用者補足）する。この過程において実用的命令は道徳的命令に一致し，「各人がこの道徳的命令に合理的に従う個人集団は……満足する社会的厚生関数を有する社会……を構成する」(Arrow 1951：82，邦訳 130-131）のである。ではアローに基づくと，カントのいう実用的命令と道徳的命令が整合的となるよう

な，社会的厚生関数のプロセスはどのようにして可能なのだろうか。

　ここに前段の「社会的な意見の類似」が個人的順序を集計する際の賦課されたルールとして機能する。アローはナイトを引用しつつ，「（ナイトの言説は）道徳的命令の一致が形而上学的絶対に基づいている必要はなく，特定の文化の相対的な社会倫理規範に基づいていてもよいことを指摘している点で……重要である」と述べている（Arrow 1951：83，邦訳 132）。ここにある「特定の文化の相対的な社会倫理規範」とは「社会的な意見の類似」を指している。その社会で共通の倫理規範があれば，実用的命令と道徳的命令との一致がみられるというのである。また，倫理規範によらずとも，2者を一致させる方法はある。アローは「社会的な意見の類似」をもたらす別の方策として討論と意見表明の自由が全員一致のルールを導く手段と考えられると示唆する（Arrow 1951：85，邦訳 134）。これも討論や意見表明の自由を通じて個々人がみずからの個人的嗜好を個人的評価に照らして再構成し，共通合意を形成するのを助ける。

　このようにして見ると，アローの考える「社会的な意見の類似」とはかならずしもある時点での社会的な意見が別の時点でのそれと常に同じ意見をもつ必要もなければ（通時性），そのときあらゆる社会に受け入れられるような形而上学的に絶対的な規範でなくてもよい（共時性）。ただ少なくともある時点の共同体の評価とみずからの評価がある程度合致することさえ満足すればよい。

　ではどのような状況のもとにわれわれの「社会的な意見の類似」は実現されるのだろうか。これまでの議論を振り返ると，アローの社会的厚生関数には個人の属性としての「社会性（sociality）」といえるものが前提されていると考えられる。ここでいう「社会性」とは，集団において個々人が相互関係をもち，ときに互いに影響を与えあうような個人の属性という意味である。個人的嗜好を集計する社会的選択を想定するバーグソンの厚生関数は，個々人がみずからの欲求を理解し純粋な個人の嗜好の顕れとしての選好を彼の個人的順序として表明する。そしてそれを社会的選択にまとめ上げる作業である点で，1人1人は個人主義的な存在であった。それに対してアローの社会的厚生関数では，個人は自分の嗜好を自分の価値基準によって評価する。その際の評価は，それが評価であるがゆえに周囲の価値基準に影響を受けることがありうるだろう。つまり，個人的評価は常に社会と相互に開かれた関係にある。このような状況のもとで「社会的な意見の類似」は実現する。アローの社会的厚生関数に登場する個人は，バーグソンと異なり単に個人の意見を表明する

存在ではなく，社会に属する他の人々の意見も同時に受け取り，社会の他の人々との繋がりを自覚し，基本的にはみずからの評価を重視するが，ときには社会の他の人々の価値に影響を受けてみずからの個人的順序を作り変えることもありうるような，社会のなかで相互に紐づけられた存在なのである。数学的なエレガントさはないが，可能な社会的選択を探る道程に残された手がかりは，個々人の「社会性」が発揮される社会のあり方なのである。

　さらに，この観点から方法論的個人主義を考察すると，「個人主義的仮定」が再び重要な意味をもつ。アローが可能な社会的選択を目指して行った条件緩和の方策のうち1つめで，新厚生経済学の前提を「個人主義的仮定」と呼んだのは，まさしくバーグソンの厚生関数に表れるような新厚生経済学が想定する世界が，「社会性」のない個人，すなわち他者とのかかわりをもたない個人主義的な人間から成り立つことを暗に批判していたからである。アローのこれまでの議論から分かるように，実用的命令と道徳的命令の一致は，個人主義的世界観のもとでは偶然に頼るほか不可能である。もし有意味な結果が得られるのであれば，非現実的な仮説を置いても，のちの M. フリードマンの道具主義的な立場から容認されるかもしれない（Friedman 1953）。しかし「個人主義的仮定」のもとでは社会的選択は導きだせない。したがって，社会的選択の問題では，方法論的個人主義の立場をとる「個人主義的仮定」は無意味なのである。

5　スミス的個人への回帰

　本章では，アローの社会的厚生関数の特徴と，不可能性定理を乗り越えるアローの思索を追った。そこから見えてくるものは，社会の一成員としての個人が「社会性」を通じて，不可能性定理にある社会的選択を決定する際の困難さを乗り越える可能性であった。この「社会性」は，思想的に，スミス的な社会へと繋がりうる。アローは，63年の第2版で「拡張された同感（extended sympathy）[7]」と述べ，「私があなたならば」という置き換えによって個人間比較を可能にする1つの方法を紹介する（Arrow 1963：114, 邦訳 181）。それは，スミスの「同感（sympathy）」に基づく想像上の境遇交換のように，あなたが私の立場ならばそうするように，行われる。アローは，このスミスに繋がる社会と個人の関係を，現代経済学の数理論理的な世界で再現したといえるのではないだろうか。それを現代経済学の内側から抉り出し

たアローの『社会的選択と個人的評価』は，自由主義社会に生きる人々に，社会のあり方を問い直させ，経済学の原点へ回帰させるのかもしれない。

注
(1) たとえば，イギリスのサッチャー元首相が関心を寄せた F. A. ハイエクもシカゴ学派に列せられる。
(2) アローは，J. ヒックスと同時に1972年にノーベル経済学賞を受賞し，20世紀の現代経済学を発展させた人物として知られる。
(3) 本章では第1版を対象とするが，『社会的選択と個人的評価』はこれまで第3版までが出版されている。
(4) バーグソンは厚生関数を導出する際，嗜好と評価を区別しなかったのではなく，評価を意図的に問題にしなかった。バーグソンは価値判断と評価について次のように述べている。「私が述べた特定の価値判断（value judgement）が厚生の分析に必要ではないことは指摘されるべきである。……一般的に，すべての他の代替物を評価するのに十分な価値命題のあらゆる組が導入されるなら，これら価値命題の各組にとってそこに最大値が対応するだろう。その組み合わせの数は無限で，そしてあらゆる特定の場合において，それらのうちのひとつの選択は，共同体のなかに広がっている評価（values）と……厚生とが一致する形で決定されるに違いない。厚生原理が単に広く普及した評価（values）にのみ基づくものだとすれば，それら（厚生原理）は当該の共同体の活動に密接に関連しうる。しかし所与の共同体に普及した評価（values）の決定は，私はそれが経済学者にとって適切で必要な仕事であり，個人の無差別曲線の研究に通じる一般的特性があることを認めるけれど，私がここで引き受けない問題である。現在のところ，私は経験的に分析できる形式で行われている現在の経済学の文献にのっとり，評価（values）の紹介以上の試みは行わない」(Bergson 1938 : 322-323　括弧内は引用者補足)。
(5) 例外として財が1財のときには選択対象を1つ選ぶことができるが，そのような状況は現実には考えにくいので，実際にはアローは「現実の状況に適用できるか疑わしい」ものとして棄却している。また，2財の場合で2財のあいだの限界代替率を踏まえれば1財と同じように扱えるという議論がありうるが，ある個人の2財のあいだの限界代替率と別の個人のそれが違うことは明らかである．アローは本論でいかなる個人間比較可能性も排除しているので，限界代替率による2財以上の順序づけの集計はやはりできない (Arrow 1951 : 69-70, 邦訳 110-111)。
(6) Feiwel (1987a) も社会と個人の関係について指摘している (Feiwel 1987a : 44)。
(7) 邦訳ではここは「差し伸べられた同情」となっている。この部分は，スミスを直接援用したのではないので注意が必要だが，本文で述べるように，内容はスミスの同感に通

じる。

参考文献

Arrow, Kenneth, (1950), "A Difficulty in the Concept of Social Welfare," *Journal of Political Economy*, vol. 58, pp. 328-46.

―――, (1951 = 1963), *Social Choice and Individual Values*, New Haven: Yale University Press. (長名寛明訳『社会的選択と個人的評価』日本経済出版社, 1977年。)

―――, (1983), *Collected Papers of Kenneth J. Arrow: Social Choice and Justice*, Cambridge, Mass: Harvard University Press.

Bergson, Abram, (1938), "A Reformulation of Certain Aspects of Welfare Economics," *Quarterly Journal of Economics*, vol. 52, pp. 310-34.

Feiwel, G. R., (1987a), "The Many Dimensions of Kenneth J. Arrow," *Arrow and the Foundations of the Theory of Economic Policy*, ed. by G. R. Feiwel, London: Macmillan Press Ltd., pp. 1-115.

―――, (1987b), "There is Music in Economics," *Arrow and the Foundations of the Theory of Economic Policy*, ed. by G. R. Feiwel, London: Macmillan Press Ltd., pp. 713-726.

Friedman, M., (1953), "The Methodology of Positive Economics," *Essays in Positive Economics*, Chicago: University of Chicago Press, pp. 3-43. (佐藤隆三・長谷川啓之訳「実証的経済学の方法」『実証的経済学の方法と展開』所収, 富士書房, 1977年, 3-44頁。)

Pattanaik, P. K., (2005), "Little and Bergson on Arrow's Concept of Social Welfare," *Social Choice and Welfare*, vol. 25, pp. 369-79.

Popper, Karl, (1959), *The Logic of Scientific Discovery*, New York: Basic Books. (大内義一・森博訳『科学的発見の論理』恒星社厚生閣, 1971年。)

Robbins, Lionel, (1935), *An Essay on the Nature and Significance of Economic Science, 2nd ed.*, revised and extended, London: Macmillan. (辻六兵衛訳『経済学の本質と意義』東洋経済新報社, 1957年。)

Smith, Adam, (1790), *The theory of moral sentiments, 6th ed.*, London. (水田洋訳『道徳感情論』上・下巻, 岩波文庫, 2003年。)

第11章
「古典」的パラダイムにおける価格理論の意義とその分析射程
――スラッファ価格理論の展開――

平野嘉孝

1 剰余の発生と分配のルール

循環する経済

再発見された「新大陸」から，16世紀以降，いも類が品種改良されながら世界中に拡散・普及するにつれ，世界の人口は安定的かつ爆発的に増加する結果となった（A.パーシー 2001）。いも類の普及とともに，分業に基づく生産体制によって，経済社会を再生・維持する以上の生産物が生産可能となるにしたがい，少数の君主などが統治する体制から次第に統治体制も変遷していく。フランス人の外科医ケネー（François. Quesnay：1694-1774）が，各産業部門が相互連関しつつ財の流れと逆流するように各部門を貨幣がめぐっていく過程として，つまり循環する過程として経済全体を把握する（経済表，ケネーの最終見解は1766）のは，中世から抜け出し始めた頃のことであった。君主のそばで侍医として仕えていたケネーではあったが，経済表は，君主・地主・教会など当時のフランス社会の支配層が欲求を満たすために消費してよい部分は，生産のために必要な消費部分（労働力提供者の生存費部分＋分業の生産体制を再生・維持するために必要な生産手段部分）を除いた剰余部分（surplus）に限定されるべきであると静かに訴えている。支配層の行動如何では，分業に基づく経済体制が再生・維持不能にもなりうるというわけである。また，ケネーは，当時のフランスにおける農地の耕作方法に関して，生産効率の高い馬犂耕作（大農法）が可能な裕福な農業家による場合と効率性は劣るとはいえともかくも牛犂を用いる耕作（小農法）による場合に，はじめて剰余が発生するのであって，この種の資本と結びつかない耕作方法による場合には，社会的剰余は発生しないと考えていた（たとえば，エルティス 1991 参照）。

イタリア人経済学者スラッファ（Piero Sraffa：1898-1983）によって，主流派限界

主義分析による分配理論の批判の基礎となり、かつ建設的な代替理論の基礎ともなるよう、古典派の再構成理論として採用されたのがこの剰余アプローチである。しかしながら、スラッファの理論分析をどの方向に発展させてゆくかは研究者によってさまざまであり、統一されたスラッファ理論の解釈というものはないことをむしろ特徴としている（Roncaglia 1991；Aspromourgos 2004 参照）。以下では、Garegnani (1984) の解釈を主に参考にして、スラッファの価格理論分析の特徴を説明し、また、現在進行しつつあるその後の展開について紹介する。

剰余の発生と均一利潤率

スラッファの価格理論では、社会的総生産物量、生産技術、所得分配（とくに実質賃金）が、それぞれ、歴史的、制度的要因によって、価格とは別の次元で決まる。それらの経済環境に関する情報を与件として、理論次元の相対価格と残りの分配変数（利潤率）が決定される。理論次元の相対価格とは、分業に基づく生産体制の再生・維持を保証する各商品の交換比率（正常価格）である。スラッファの正常価格論では、各産業部門の生産物が自身の部門および他の各産業部門の生産要素として利用され、経済全体で均一の賃金率が成立し、また各産業部門に均一の利潤率も成立している状態が、剰余の発生した経済として想定されている。

では、剰余の発生は、どのような契機に因るか。スラッファの未公刊文書を参考にしながら思考実験を行ってみる[1]。まず、奴隷経済では、奴隷には働くか余暇を取るかの選択余地はなく、奴隷労働は道具や馬と同じく生産要素として生産過程内の必要消費部分として投入され、理論分析は閉じることになる。大部分の労働者が、生存費賃金に縛られている場合も同様で、賃金は生産過程が始まる前に支払われる。それとは対照的に、賃金の後払いが慣例となった経済社会では、支払賃金部分に剰余部分が含まれるようになっているとみなせる。後払いが社会全体に定着するほどに労働力提供者の生活が安定しはじめ、剰余が賃金部分にも含まれている状況が反映されていると考えられるからである。この段階にある経済社会では、分業体制の再生・維持を保証する各商品の交換比率の確定は、もはや理論分析次元だけでは閉じえない。剰余をめぐる利潤部分と賃金部分の相反関係が生じ、人間らしい働き方に関する社会規範や労使双方の交渉力などの社会的要因、制度的要因等の分析を経たうえで、慣習として認められる実質賃金率が確定され、それを理論価格分析の与件として、分業社会を再生・維持する交換比率が確定されることになる。

第11章 「古典」的パラダイムにおける価格理論の意義とその分析射程

しかし，これに至る中間段階として，一部の支配層による剰余の占有を当然視していた社会を考えることができるであろう。先述のケネーによる経済表が描く経済社会を例にとって，剰余の分配ルールを考えてみる。仮に，君主・地主・教会からなる土地所有階級が，剰余の分配に関する独占的決定権を有していたとするなら，土地所有階級が剰余を食べ尽くしつつ，なおかつ当該経済社会の分業体制が再生・維持される可能性はありうる。これが，ケネーが描く経済表の世界である。この場合，穀物生産部門のみが利潤を発生させ，かつその利潤率は極大利潤率（後払い賃金つまり剰余賃金部分がゼロのとき，経済システムに発生する最大利潤率）であり，労働力提供者は前払い賃金を得るだけで生存費ギリギリの生活を余儀なくされ，剰余分は土地所有階級に占有される。また，製造部門は利潤が発生しない部門として現れることになる。このような剰余の分配ルールのもとで，両部門の生産過程にそれぞれの商品が投入される体系を考えるなら，相対価格が確定されうる。社会の総産出量一定のもとでも剰余の分配ルールを変えることで，異なる価格体系が発生しうる。スラッファの正常価格論において，すべての生産部門で均一利潤率が発生するという想定は剰余の分配ルールの一例に過ぎない（Cartelier 2015）。さらに，資本主義生産様式の問題点が発生するたびに修正されることで分業の生産体制が健全に機能しながら世界中に広まるなら，各生産部門に均一の利潤率が成立し，その水準がやがて貨幣利子率によって確定されうるようになる状況を資本主義の最終局面としてスラッファは想定している。

また，この思考実験を挟むなら，Hicks（1985）が，スラッファの正常価格理論内の均一利潤率の想定に関連して述べたことを思い出しておくことも意味があろう。つまり，均一利潤率の想定は，資本主義的競争過程の結果として各産業部門の利潤率が均一化する傾向があることを表現しているのではなく，資本主義的生産様式の普及による慣習の均一化を表現しているという解釈である。

しかし，ここでは，より発展性があると考えられる次のような解釈を与えておく。多くの労働者が過酷な労働を課され，かつ分業体制の崩壊もしばしば起こる不安定な発展段階から，食糧の安定供給と生産性の向上によって，分業に参加しない支配層が剰余を占有し，なおかつ分業体制が再生・維持されるほどに豊富に剰余が発生するようになった段階を経て，社会規範が剰余の占有を許さずやがて賃金後払いが広く定着するほどに，剰余が労働者にも分配される分業体制が支配的となり現代にいたっている，と。

ここで，注目しておくべきは，均一利潤率である。まず，各生産部門間に均一な利潤率が確立されると想定する背後には，いくつかの可能性がありうる。スラッファ派のなかで影響力があるガレニャーニの説によると，各生産部門において使用される資本は，収益性の差を反映した利潤率格差をシグナルにして，より有利な部門へと移動していく。その結果として，各部門には，均一な利潤率が成立することになる。つまり，経済全体での均一利潤率の設定は，古典派経済学に共通の生産部門間での資本移動の自由を前提にした自由競争の想定と結びつく。

　ところで，利潤をめぐる競争過程は，ときに労働者の搾取を発生させ暴走してきた面があり，現在も形を変えその暴走が繰り返される傾向はある。しかし，人間は社会的動物ではあるが，利潤をめぐる競争がこれほどまでの分業体制を確立させ，2,000年前の統治形式とはまったく異なる社会を生み出している例は，社会を形成する他の動物には見られない特徴でもある。利潤をめぐる適切な競争には，遺伝子の縛りを解き放つ力があるのだ。正常価格論内の均一利潤率の想定は，利潤をめぐる適切な競争による分業社会の広がりをとりあえず肯定している。だが，それとともに実質賃金率と利潤率とのあいだには，剰余をめぐる対立関係があることも明確に示している。長期間にわたって不誠実な利潤の発生を正すことができないようなら，その分業体制はやがて崩壊する。無限の欲望と有限の資源をもった個人による最適化行動が目的となっている主流派限界分析と異なり，古典派経済学の再構成である正常価格論では，経済社会の主要な目的は分業体制の存続可能性にある。

　さらに，正常価格論における均一利潤率には，有限の最大値があると想定されている。これは，分業体制の再生・維持を生産の循環フローの枠組みでとらえる正常価格論の重要な特徴である。分業の生産体制を循環フローの枠組みでとらえるなら，生産はどこまで過去に遡っても労働のみから始まる出発点には決して辿り着かない。常に生産手段としての商品が労働とともに存在している。これにより，たとえ賃金率がゼロになっても利潤率は無限大にならない。つまり，分業の生産体制に発生する最大利潤率は無限ではなく，有限値にとどまるというのがスラッファの洞察である（Gehrke, C. and Kurz, H. D. 2006）。

2 単調性に関する先入観 (monotonic prejudice)

需要と供給，もしくは収穫法則

　スラッファは，1925年にマーシャルの部分均衡理論を批判的に検討し，理論分析内の論理一貫性と分析対象となる経済事象とのつながりを両立させるのは，収穫一定の場合だけであると宣言し，一躍，世界の経済学界に注目を浴びる存在として登場した。その後，1926年に，先の分析の要約と不完全競争分析への展開を示唆した論文をエコノミック・ジャーナルに執筆し，ケインズの招聘に従いムッソリーニが支配するイタリアから脱出してイギリスに移り，終生，イギリス，ケンブリッジで過ごした。

　そのようにスラッファと深くかかわる部分均衡分析の問題点の１つは，需要と供給があたかも別個に存在するかのように考えうるような錯覚をもたらすことである。経済全体を問題にしているような状況では，誰かの需要は誰かの供給でありそれらを切り離して考えることは難しい。分業体制全体を問題にするとき，もはや，需要と供給として，それぞれを分離して独立した要素として考えることはできない。一企業を問題にする場合はともかく経済全体を問題にする場合でも，需要量や供給量を独立した大きさとして考えることに慣れているのは，それほど部分均衡的思考法が強い影響力をもっている証でもある。生産過程内に投入される商品と産出される商品とを区別することなく，同一商品には同じ価格を設定する正常価格論には，部分均衡的思考法からの解放の意図が込められている。

　したがって，スラッファの価格理論分析では，理論分析の与件（それは，歴史的，制度的に考察されるべき分析領域）として一定の社会的総産出量を想定している。この一定の総産出量を出発点にして，各商品の相対価格は，経済社会の分業体制が再生・維持されるために必要な交換比率として確定される。スラッファは主著『商品による商品の生産』(1960，邦訳は1963) において，規模に関する収穫一定の仮説をとることが都合がよいと考える読者は，一時的な作業仮説としてそれを仮定して読んでくれてもよいが，そのような仮説は想定されていないとわざわざ注意を与えている。その意図は，部分均衡分析の思考様式に害されて，経済全体に関して生産技術係数一定という想定を置くことに慣れていることに対する警鐘でもある。限界生産性理論に対する批判としては，収穫一定の仮定を想定した方がわかりやすいかも

しれないが，古典派経済理論の再構成である積極的理論として，正常価格論はそのような数量変化の様式を想定していない。たとえば，工作機械の生産増加を考えてみる。経済全体での 1 単位の工作機械の増加はどこかの部門での工作機械の利用増加を意味する。単に生産量だけが増えるのは最終需要品か在庫品の増加を意味するだけである。通常，生産量の増加は技術の変化を意味する。つまり，経済全体を問題にする場合，収穫一定は稀にしか起こらない。

この点に関連して，主流派限界理論を相容れないものとして徹底的に批判しようとするスラッフィアンが多いなかで，スラッファとマランボーを橋頭保として，ワルラスとマルクスを架橋しようと意図しているフランス人経済学者，Bidard (2004) が，スラッファの価格理論分析を生産技術係数一定のモデルとして利用する方針をとっているのは，興味深い。

資本論争

部分均衡分析の問題点を指摘していた段階で，スラッファは，正常利潤を確定する問題に取り組むべきであると暗示していたのだが (Sraffa 1925)，実際，1928年頃には早くも，スラッファの価格理論 (1960，正常価格論) としてのちに知られるようになる方程式体系を確立しつつあった。正常価格論は，連立方程式体系で表現される部分をもっているが，すべてがすべてに依存する主流派一般均衡分析とは異なり，理論的な分析対象である正常価格の分析にとって，与件となる経済環境の情報部分が厳密に分けられている。その与件部分とは，すでに述べたように，社会経済全体の産出量水準，国民所得中に占める賃金分け前，生産過程内で用いられている生産技術関係である。分業社会において商品価格は相互に関連しあっているが，分業社会が継続していくには，分業の関係性を再生・維持するように商品の交換比率が決まる必要がある。この交換比率こそが正常価格である。しかし，その際，国民所得のうち賃金所得になる部分と利潤になる部分とのあいだには，相反関係が現れる。つまり，片方が増えれば，片方が減る。剰余をめぐっての対立構造を含んだ所得分配問題と分業関係の再生・維持を反映した価格の理論分析とは，分析次元が分離されているのが正常価格論の特徴である。所得分配問題に関しては，制度的分析，歴史的分析が必要となる。それらの分析を与件として，経済社会の分業体制の再生・維持のために必要な交換比率が，方程式による厳密な理論分析の対象となっている。これは，スラッファによる限界主義分析への挑戦でもある。主流派限界分析では，

資本量の限界生産性が利潤率を決め，労働量の限界生産性が賃金率を決めるので，価格理論が同時に所得分配理論になっている。また，市場の働きによって，所得分配は調和的な状態をもたらすことになる。利潤率と実質賃金率とのあいだに，相反関係は前提されない。

さらに，限界分析では，生産技術のなかで利潤率と資本量のあいだに単調な関係が存在すると考えられている（単調性に関する先入観〔monotonic prejudice〕）。つまり，利潤率（利子率）が上昇すれば，限界分析では利潤率が資本量の価格とみなされているので，資本量の価値額が高くなり資本節約的な技術の利用が促進され，結果として資本・労働比率が低下するように生産技術が変化する。市場の働きを妨げるものがなければ，常に完全雇用が維持されることになる。しかし，スラッファが提示した，前提の一般性が高い理論価格分析の枠組み内で技術選択を考えてみると，限界分析による前提は妥当性を失う。その枠組み内での技術選択は，費用最小化の基準により行われる。つまり，同一利潤率に対して，より安価な正常価格が成立する技術，つまり生産費がより安価であることを意味する技術が選択される。これはまた，同一利潤率に対して，より高い実質賃金率を実現する技術が選択されることをも意味する。このとき，利潤率の上昇とともに，隣接する代替可能な技術間でより有利な技術（つまり同一利潤率に対してより高い実質賃金率をもたらす技術）への切り替えが発生する。この際，賃金利潤率曲線の形状次第では，選択される新たな技術がより高い資本・労働比率をもつ可能性を排除できない。この現象は，逆行する資本深化（資本逆行，逆資本深化など）と呼ばれる。さらに，低い利潤率領域で選択された技術 α が，中位の利潤率水準では他の技術 β に代替されるが，よりいっそう高い利潤率水準で技術 α が再度選択されるような事態が生じうる。技術の再切り替えと呼ばれる価格の理論分析次元での現象である。この場合，切り替え点のいずれかで，資本逆行が生じることになる。利潤率の上昇に対して資本・労働比率のより高い技術が選択されるのだ。つまり，利潤率は資本量の稀少性の指標ではないことになる。また，技術の再切り替え現象は，逆行する資本深化の現象が生じうる十分条件ではあるが必要条件ではない。言い換えると，技術の再切り替えが生じない場合でも，逆資本深化は発生しうることになる。この利潤率と資本量のあいだの単調性の崩壊は，限界分析による利潤率の理論的確定の崩壊を意味する。[2]

最後に，理論分析の次元で，価格への限界主義的接近法に対する批判の意図を再確認しておく。批判の基礎を提供する意図をもったスラッファの『商品の商品によ

る生産』には，経済社会の出発点での初期賦存量（生産に必要な原材料や機械設備など）を，利潤率とは独立に，単一の価値額の大きさをもつ資本量として設定できないという限界価格理論分析の基礎に関する批判が含意されている。各商品（原材料や機械設備）の価格を知るためには，利潤率があらかじめわかっている必要があるからだ。また，利潤率が上昇するとき，生産過程内で利用される資本量が単調に低下するなら，利潤率は，資本量の稀少性を反映した価格となり限界理論の主張を裏づけることになるが，技術の再切り替え，資本の逆深化は，そのような単調性の不成立を示し，資本量の稀少性指標としての利潤率という考えを否定している。

3　枯渇性資源

　正常価格理論は市場価格の重力の中心であると想定するのが，ガレニャーニらの解釈である[3]。スラッファの価格理論を基本にして，技術進歩による経済全体への影響を検討する場合，例外的に技術進歩が頻発する状況でない限り，市場価格が正常価格に十分近似的に収束するほどに技術の変化は緩やかであろうという想定が背後にある（たとえば，パシネッティ）。内包的地代をとりあげ，自然資源を考察してみる。地代を支配的利潤率で割り引いたものが土地の価格になると想定する。この場合，未耕作地は，地代発生がないあいだは土地の価格がゼロである。減価していく機械とは異なり，地質が劣化せず無限期間において発生する地代を支配的利潤率で割り引いたものが土地の価格になるので，需要の拡大にともなう突然の耕作開始による内包的地代の発生とともに土地の価格は跳ね上がる。突然，大規模な技術進歩が発生するような事態に相当する。枯渇性資源にもこのような性質があり，さらに事態を複雑にする性質を有している。つまり，地中に保蔵されている枯渇性資源（たとえば，石油）と確認可採埋蔵量として確定され市場に出回る石油とには，同一の資源なので同一の価格がつく必要があるのではないか。その場合，現在の人間の科学知識と技術力と費用との関係で，不確定である地中の全石油量（原始埋蔵量）に関して，正常価格論内でいかなる処理が可能であるのかをめぐって広範囲に検討がなされている[4]。

　ともあれ，一時的で局所的な需要と供給の調整作用によって変動する市場価格とは異なり，正常価格は分業の生産体制を再生・維持するために各商品がとることになる交換比率であり，所与の社会的産出量，分業の技術関係，および剰余に関する

所与の分配ルールに対して，固定的な価格である。この理論価格分析の枠組み内で，枯渇性資源をどのように扱いうるかは，現在も検討が続く問題領域である。現時点でも石油は生成し続けているが，その生成量と消費量とのスピードがあまりにも違うため枯渇性資源の典型として石油を考えることは妥当であろう。このとき，石油は枯渇性資源ではあるが，その地下埋蔵量が現時点での科学・技術力では不確定となる。スラッファは，労働価値説を採用せず，古典派経済分析の再構成として物的実質費用（physical real cost）による価値論を選んだ。労働価値説では一貫した理論価格分析として扱えないが，物的実質費用価値説では扱いうると考えた領域の1つが枯渇性資源の問題であった。未公刊のメモのなかで，スラッファは，枯渇性資源の性質を3つに分類している。①労働によって生産できる場合，②労働によって代替できる場合，③労働によっては，生産もできず代替もできない場合，である。枯渇性資源がもっぱら最後の性質をもつなら，分業による経済社会の再生・維持は不可能となる。スラッファはこの性質を動学的要因と呼んでいる。また，動学的分析については，否定的なコメントを残してもいる。複雑な動学的仮定を導入したモデル分析からは馬鹿げた結論しか引き出せない。なぜなら，通常，経済学者たちが思いこんでいる以上に，現実の経済システムは静態的であり，また，現実の経済システムの短期は，想定されているよりはるかに長期にわたるものであり，さらに仮定が複雑すぎると人間の知性では理解できなくなるから，というのがスラッファの考えであった（Kurz and Salvadori 2015：ch16）。最終的に土地と油田・鉱床などはともに一般的な地代論として扱いうると，スラッファはみなした。Schefold（1989：ch19b）は，古典派およびスラッファの分析的立場を正当化しうる理由として，枯渇性資源の価格の動きに関しては本質的な不確実性が支配していること，技術進歩による枯渇性資源の採掘過程への影響は予測不可能であること，鉱床や油田の使用料（royalty）は他の価格と比較してきわめて緩やかにしか変化しないこと，鉱床間，油田間の費用格差がきわめて大きいこと，を挙げている。これに対して，クルツ＆サルバドーリ（1995：ch12）は，枯渇性資源を剰余アプローチによる長期の位置に関する分析に限界を画する問題領域と位置づけている。そのうえで，彼らは，異時点間線形計画法を用いた理論分析を古典派の特性を反映した分析として提案している。

　古典派分析内で論理一貫性を保持しつつ枯渇性資源を扱いうるか，を最初に問題提起したのは Parrinello（1983）であった。パリネロは，正常価格の分析枠内で土

地と枯渇性資源を同一視するには，採掘された枯渇性資源と地中内で保蔵されている当該資源とを結合生産物とみなすことで，一応分析可能であることを示唆した。しかし，この場合，地質の劣化がないとみなせる一般の土地と枯渇性資源を同一視できるためには，当該年度内での使用枯渇性資源量を自然が補充できるほどの枯渇性資源使用速度である場合に限られ，この前提を正当化することは難しいと指摘した。この指摘が，先のシェフォールトの反応を生み，その後の活発な検討を生みだしたのだが，パリネロ自身は，初期の自身の分析モデルを修正し，地中にある資源量は不明のままでも，確認可採埋蔵量として確定した資源量を実現供給（effectual supply）として扱うことで，古典派分析内で枯渇性資源は取り扱い可能であることを示す理論分析モデルを，現時点での自身の立場として再提案している。またこのような取扱いによって，正常価格論の枯渇性資源への他の応用例にみられるような地中内の枯渇性資源量に対する合理的予想を導入する必要性が生じないことをも主張している（Parrinello 2004）。

クルツ＆サルバドーリは，その後，リカードの地代分析とホテリングの使用料分析を相補完的なものとして古典派分析内で統合できるという方向で研究を進めている（Kurz and Salvadori 2015：ch14, ch15）。鉱山の所有者は，地代と使用料の両方を得るが，地中の資源量が減少しそれに応じて利潤の一種である使用料が増大しても，その使用料の変化を相殺するように地代が減少するので地代＋使用料は一定にとどまる。その結果，枯渇性資源が存在する場合でも商品による商品の生産の正常価格は固定的なものとなるというのが彼らの主張である。他方で，内在的批判者としてスラッフィアンのなかで異彩を放ち続けるビダールは，調整価格ではない固定的価格を特徴とする正常価格では，枯渇性資源は有効に分析できず，時間の経過とともに相対価格が変化し，なおかつ古典派の特性を有する動学分析への出発点として枯渇性資源分析を位置づける立場を表明している（Bidard 2004：ch23）。

4　物的実質費用 vs 労働価値，および資本主義の未来

物的実質費用

資本主義が歴史の一局面にすぎないという歴史感覚は，マルクス経済学の専売特許ではない。資本主義の次の社会体制がどのようなものになるかわからないが，分業による生産体制でない場合，どのような可能性がありえようか。分業の生産体制

が再生・維持され，剰余の分配ルールのみが変わる場合，スラッファの正常価格論は修正したうえで適用可能であろう。分業の体制が再生・維持されうる限り，経営判断は必要不可欠である。なぜなら，労働者がまじめに生産しさえすれば，セー法則が機能して販売が自動的に成立するわけではないからである。スラッファが，労働者にとって資本家の生活も重要であるというメモを残している点を推測で補い，また，スラッファが，肉体を酷使する重労働（labor）のみによる価値発生説に距離を置いたのは，workもpracticeも適切に分業体制のなかに組み込まれるなら，やはり同様に価値を生むと考えるべきだと想定していた痕跡といえよう。さらに，人間労働が価値を生むなら，牛や馬の活動も価値を生み，道具や機械の操業も価値を生む。この際，重要なのは，労働ではなく食糧，餌，電力など各種の働きを継続させていく源泉となる各商品である。この商品による商品の生産の連関こそが，古典派理論の再構成としてスラッファが重視した物的実質費用価値説である[5]。

　また，理論分析としての価格論の次元において，正常価格論は投下労働価値説に依拠する必要がないことをも示している。なぜなら，理論分析としての労働価値説は，生産過程において資本・労働比率が各部門で均一である場合に成立する特殊な価格理論分析を必要とするからである。マルクスは，労働者の消費する生活必要物に体化された労働量と労働者が実際に働く労働時間（労働量）との差が利潤を生みだすのが資本主義の生産様式であることを暴くために労働価値説を重視した。資本主義の行く末を考えるのに参考になるこの問題設定は，価値の生産価格への転形問題として知られている。転形問題は経済学史上，何度も解決されたと宣言され，また新たな解決が提案されている問題領域である（たとえば，『マルクス経済学の歴史』参照）。スラッファの正常価格論を応用して，労働価値説を用いずにこの価値の生産価格への転形問題に分析の光を当てる試みも，また何度も分析道具を変えながら試みられている。ここでは，詳細に立ち入らないが，これまでの歴史において，労働者が剰余をすべて占有していないのはたしかである。また，過労死に追い込まれている労働者が，あとを絶たない現状もある。しかし，同時に，分業の生産体制において得ている生活必要物を，完全な自給自足で獲得できる分と比較すれば，分業体制のもとで得られている生活必要物の方が多い。つまり，現在得られている生活必要物には分業による剰余が含まれている。利潤をめぐる適切な競争過程のもとで生産効率を高めた分業体制，自分のためにつくるのではない生産過程では，販路拡大などに伴う経営判断や新商品の開発などが不可欠である。日本企業の8割以上

を占める中小企業の経営陣は，積極的に注文の獲得活動をこなし，生産過程にも率先して参加する，いわば労働者自主管理体制を体現しているケースが多いと考えられる（たとえば，『日本でいちばん大切にしたい会社』参照）。

他方で，正常価格論内の均一利潤率の水準が貨幣利子率によって確定されるというスラッファの示唆は，資本主義の最終局面を想定しているとみなせる。異時点間の商品の区別がなくなり自己と他者との区別もなくなり均一利潤率もゼロとなったとき，人々は能力に応じて働き，必要に応じて消費を行う社会に辿り着くかもしれない。それぞれの地域の広場などに，各自が作りたいものを作り持参し，その場にあるもののうちほしいものをもって帰る。各商品には価格がないので，交換ではない。しかし，価格もなく利潤もないとき，現在のような新たな利潤機会をめぐっての問題発生とその解決を繰り返し，発展してきた社会は持続可能であろうか。つまり，かつて利潤をめぐって発展してきた効率的な分業体制を，利潤なしでの高効率生産体制として維持することは可能であろうか。さらに，この場合，清貧は解決にはならない。清貧に甘んじるのは個人の好みの範疇であるが，困窮している人々の境遇改善にはつながらないからである。分業の生産体制の維持・再生は，分業にかかわるすべての人々の生活に良い影響を与えるように修正されていくのでなければ，長期にわたって持続しない。所得分配問題に関して，剰余をめぐる相反関係が制度分析，歴史分析に開かれている正常価格論には，単純な現状維持の再生産ではなくこのような境遇改善が当然必要であることが含意されている。単純な現状維持の再生産は，剰余が発生しない奴隷経済同然の分業社会にのみ当てはまる。

労働価値と不変の価値尺度

通常，生産は，原材料などを購入し労働作業を加えることで加工し，価値を付加して価格をつけたうえで販売する。その際，種モミや工作機械などのように，自身の生産物を自身の生産工程に再度投入される商品も現れる。スラッファ価格論とは，原材料や道具，工作機械など他部門の生産物を自身の生産過程に投入し，同時に，他部門の生産要件として自身の生産物も投入され，分業の生産体制を構成する商品群の相互連関関係を技術的な基礎としたうえで，それらの原材料などに加工を施す労働者を労働投入として考慮した生産価格の体系である。各商品の正常価格は，分業生産体制の再生・維持を可能にするように確定される。

ところで，このような価格のとらえ方はスラッファがはじめてではない。スミス

第11章 「古典」的パラダイムにおける価格理論の意義とその分析射程

やリカードらの古典派経済学には自然価格，マルクスには生産価格という概念があった。これらは，日々の限られた時間内・空間内での，売り手，買い手のあいだで変動する必要量と供給量をめぐって上下する市場価格と対照をなす価格概念であった。自然価格や生産価格という概念には，一時的な市場価格の変動はあるにしても，経済過程が持続していくには生産に必要な費用が市場価格の基礎になり，それが自然価格や生産価格であるという考えが反映されている。

スラッファは，分業の生産体制の再生・維持を確保する各商品の交換比率として正常価格を確定したが，たとえば，リカードは，投下労働量を財の価値の近似的な尺度とした。マルクスは，もっと明確に直接労働，そのなかでも奴隷労働，現代における肉体を酷使する労働を意味する labor のみが価値を発生させると主張した。投下労働量が商品の価値（正常価格，あるいは自然価格，生産価格）を確定しうるといえるのはどのような条件が満たされているときか，スラッファ価格論はそのような問いを考えうる分析射程をも備えている。

つまり，各生産過程で生産物が1つだけの場合（単一生産物産業の仮定），かつ全生産過程のなかで少なくとも1つの生産過程におけるある商品の産出量が，全経済で使用される当該商品の投入量よりも多い場合（生産的であるという仮定），かつ全生産物が直接にもしくは間接に各生産部門に投入される場合（分解不能の仮定，基礎財のみからなる経済の仮定），以上の3つの仮定が満たされると，正常価格は，直接投入労働賃金＋（生産に必要な道具や設備などの生産手段（資本）を生産するために必要な直接労働賃金）×$(1+r)$＋（生産手段を生産する生産手段の生産に必要な直接労働賃金）×$(1+r)^2$＋……という形に同値変形される。つまり，剰余をめぐる賃金と利潤の対立で，利潤部分の取り分がなし（$r=0$）の場合，正常価格は投下労働価値額によって確定されるといえる。

価格の理論分析の次元では，正常価格が投下労働価値に比例するもう1つの場合がありうる。形式的には，各列に投入商品が配置され，各行に生産部門が配置されている生産技術係数行列の右側固有ベクトルが直接労働投入ベクトルで，その固有値が（最大利潤率＋1）の逆数であるような特殊な技術関係が成立している場合に，価格と労働価値は等しくなる。このとき，直接投入労働量と生産手段の比率が，過去に遡って一定であるような技術状況，すなわち資本の有機的構成が，全経済において均等であるような特殊な技術状況が成立していることになる（たとえば有賀1998 参照）。

利潤率が正の水準にあるのが通常であり，また，全経済において，資本の有機的構成が共時的次元においても（論理的な）通時的次元においても均等であるような状況はほとんど想定できない．つまり，価格の理論分析の次元では，このようなきわめて限定的な状況でのみ，投下労働価値額が正常価格を確定しうる．リカードも，マルクスもこのような状況は当然理解していた．

リカードが終生取り組むことになったのは，分配の変化や技術の変化にも影響を受けない，時代や地域を超えて価値の比較を可能するような，普遍の価値尺度になりうるものは何かという問題であった．対してマルクスが重要と考えたのは，労働者が提供する労働時間と労働者の日常生活に必要な生活必要物に体化されている労働時間との差が利潤となる資本主義的生産様式の暴露であり，資本主義的生産様式は歴史の一局面にすぎないという認識であった．

スラッファの価格理論と，リカード，マルクスの問題設定とは，次のように関連づけられる．(6) スラッファの標準商品，すなわち利潤率が変化する場合に価値尺度にとった標準に関して，(i)利潤率の変化に対しても，(ii)生産手段の価格の変化に対しても，(iii)賃金率の変化に対しても，正常価格が不変に保たれるのみならず，(iv)価値尺度そのものが規準化を維持するように商品構成を変化させる必要性がないという性質を有する合成商品，という副次的な分析道具は，リカードの不変の価値尺度の問題設定の内，分配の変化に対してのみ正常価格を不変に保つ性質をもちうる合成商品である．つまり，リカードの不変の価値尺度問題は適用範囲を限定すれば，解決しうることを示している．また，交換現象の背後に共通の本質のようなものがあるはずだというのがリカードやマルクスが労働価値説を利用する動機づけとなっている．この点について，スラッファは価値を個々の交換とは独立な方法で測定できるならそれでよいはずだと考えた．剰余をめぐる賃金と利潤の対立を前提にしたうえで，経済全体での分業の再生・維持を可能にする条件から交換比率を測定することで，この要件は満たせると考えた．

マルクスの取り組んだ問題に関しては，労働価値説を放棄しても，労働搾取による利潤発生と資本主義生産様式の歴史性をとらえることは可能である．労働価値説が成立するような特殊な理論価格を想定することなく，マルクスの問題認識は継続検討可能なのだ．すなわち，資本主義的生産様式においては，社会的生産物のすべてが賃金に吸収されない場合に，利潤や地代が発生する．また，利潤概念を否定する場合でも，分業の生産体制を再生・維持しつつ，さらに改善していく動機づけを

第11章 「古典」的パラダイムにおける価格理論の意義とその分析射程

与えうるような剰余の分配ルールが必要となる。

5 ケインズの長期投資家，もしくは資本主義の延命策

　資本主義社会の可能性を試し尽して次の社会体制の扉を開けようとするケインズの示唆にも触れておこう。美人投票のたとえになぞられる株式市場における行動は，短期的な株式取引行動の描写である。自分がよいと思う企業ではなく，多くの参加者（株式投資家）がよいと思う企業を選択していくのが勝利（株式市場でのより多くの譲渡利益獲得）につながる。ケインズはそれを望ましくないものとして描いている。必要なのは，長期的視点で社会的に望ましい活動を支援する長期投資家である。ケインズは，半自治組織の担当者が真の長期投資家となることに希望を託していた。人工知能による株式投資は美人投票の論理を具体化したものである。しかし，短期的に株価が上昇する企業（美人投票はそのような企業を探す）は良い企業とは限らないが，良い企業の株価は長期的に例外なく上昇傾向を示す。長期投資家の目的は，株式市場において短期的な人工知能との戦いに勝利することではなく，株式市場において長期的視点で基金を形成し，企業の利潤でもなく政府の税金でもない資金源により，公的性格をもった領域を支援することである。資金源が私的な性格をもつため，支援したい活動を恣意的に支援することが可能になる。

　仮に，大学内に定職を得て税金のうえに胡坐をかきながら，時々こぶしを突き上げてデモに参加し，労働者の味方のふりをして自己満足しているような研究者がいたとすれば，彼は次の社会のために何を準備したことになろうか？　別の可能性として，自分の生活に最低限必要な部分以外を株式市場で運用しながら基金を形成し，社会のなかで必要な活動ではあるが市場経済の仕組みのなかでうまく資金が巡っていない領域，あるいは，公的性格をもちながら一部の産業や業者に利する面があるために公的資金も介入しにくい領域を感知し，継続的に支援する活動が広がっていくほうが，資本主義の次の社会を準備するのではないか。後者の活動の担い手が真の長期的投資家であり，いささか乱暴で楽観的な拡大解釈ではあるがケインズが半自治組織の活動として描きたかったものと思われる。[7]

　ところで，長期的投資家精神をもった半自治組織の活動に注目することは，国際経済環境において自由貿易が失業を引き起こしうることを原理的に示すものではない。しかし，社会的生産物量の決定と各商品の相対価格決定が分離されている正常

価格論の分析射程においては，雇用についても，賃金と雇用量が同時決定され市場の働きによって完全雇用が達成されるという主流派限界分析的経済観は相容れない。剰余賃金がゼロとなり最大利潤率が達成されている状況で，さらに実質賃金への下落圧力がかかると，分業の再生・維持が不可能になる。つまり，分業の再生・維持の観点から，実質賃金にはそれ以上下落しえない下限が存在するのだ。国際経済環境における理論分析の次元で，自由貿易が失業を発生させる可能性への挑戦的な取り組みについては，スラッファの価格理論とグレアムの連結財概念を統合した国際価値論を提唱している塩沢（2014），および Shiozawa et al.（2017）を参照されたい。また，グレアムの貿易理論については，佐藤（1994）が有益である。

注
(1) 以下の思考実験については，Cartelier（2015），Arena（2015），Schefold（2003）などを参照。
(2) 1960～1970年代の資本論争に関しては，ハーコート（1980）参照。技術の再切り替え現象は集計資本量を用いた主流派限界分析にのみ妥当するもので，非集計的な異時点一般均衡分析には妥当しないとされてきた（ハーコートの著書にもそのような記述がある）が，近年，異時点一般均衡分析においても技術の再切り替えによる限界分析批判が妥当する事態を Schefold（2003；2008）らが指摘している。また，理論分析において，技術の再切り替えがどの程度の見込み（likelihood）で発生しうるかに関しては，Petori（2011）を参照。
(3) 一時的な撹乱要因があったとしても基礎財からなる分業の再生維持を保証する交換比率を確定する正常価格論では，物的実質費用が商品の価格を究極的に支配するという考え。
(4) たとえば，Metoroeconomica（2001：52）(3)に収録されている各論文を参照。
(5) この論点については，たとえば，Gehrke, C. and Kurz, H. D.（2006），Kurz, H. D. and Salvadori, N.（2012）参照。
(6) スラッファとリカード，マルクスの関係についてはロンカッリア（1977），Kurz and Salvadori（2012）など参照。
(7) 狭義の長期的株式投資家（いわゆるバリュー投資家）としてのケインズの活動については，研究者による著述ではないが『ケインズ　投資の教訓』参照。ケインズが国内での芸術保護をたとえに引きながら，長期的投資家の視点を生かした国際経済環境での産業政策を示唆している小論としては，「国家的自給」論（1933, 邦訳は2015）参照。長期投資家としてのケインズに焦点をあてた最近の研究としては，スラッフィアンで金融業界に転身し，近年研究活動を再開した Woods（2013）参照。

(8) 貿易の理論分析では，一国一財の完全特化が国際分業の常態とされてきた。連結財は二国以上で生産される財のことである。

参考文献

有賀裕二，(1998)，『スラッファ理論と技術撹動』多賀出版。
エルティス，W.，(1991)，関邵監訳・角村正博ほか訳『古典派の経済成長論』多賀出版。
ケインズ，J. M.，(1933, 2015)，「国家的な自給自足」『ケインズ全集第21巻』所収，東洋経済新報社。
坂本光司，(2008～2016)，『日本でいちばん大切にしたい会社1～5』あさ出版。
佐藤秀夫，(1994)，『国際分業＝外国貿易の基本論理』創風社。
塩沢由典，(2014)，『リカード貿易問題の最終解決——国際価値論の復権』岩波書店。
スラッファ，P.，(1963)，菱山泉・山下博訳『商品の商品による生産——経済理論批判序説』有斐閣。
ハーコート，G. C.，(1980)，『ケンブリッジ資本論争（改訳版）』日本経済評論社。
パーシー，A.，(2001)，林武監訳・東玲子訳『世界文明における技術の千年史——「生存の技術」との対話に向けて』新評論。
ハワード，M. C. ＆キング，J. E.，(1997～1998)，『マルクス経済学の歴史』上・下，ナカニシヤ出版。
ロンカッリア，A.，(1977)，渡会勝義訳『スラッファと経済学の革新』日本経済新聞社。
ワシック，J. F.，(2015)，町田敦夫訳『20世紀最高の経済学者ケインズ　投資の教訓』東洋経済新報社。
Arena, R., (2015), "The role of technical and social factors in the distinction between necessaries and surplus: classical economics after sraffa", *Cahiers D'economie Politique* 69, pp. 185-202.
Aspromourgos, T., (2004), "Sraffian Research Programmes and Unorthodox Economics", *Review of Political Economy*, 16(2), pp. 179-206.
Bidard, C., (2004), *Prices, Reproduction and Scarcity*, Cambridge University Press, Cambridge.
Cartelier, J., (2015), "Early classics and Quesnay after Sraffa: a suggested interpretation", *Cambridge Journal of Economics*, vol. 39, pp. 807-24.
Garegnani, P., (1984), "Value and Distribution in the classical economists and Marx", *Oxford Economic Papers*, 36, pp. 291-325.
Gehrke, C. and Kurz, H. D., (2006), "Sraffa on von Bortkiewicz: reconstructing the classical theory of value and distribution", *History of Political Economy*, 38(1), pp. 91-149.
Hicks, J., (1985), "Sraffa and Ricardo: A critical view" in G. A. Caravale (ed.) *The*

Legacy of Ricardo, New York: Basic Blackwell, pp. 305-19.

Kurz, H. D. and Salvadori, N., (1995), *Theory of Production: A Long-period Analysis*, Cambridge, UK: Cambridge University Press.

─────, (2012), "On the vexata Question of value': Ricardo Marx and Sraffa', in Taylor, L. Rezai, A. and Michl, T. (eds.) *Analytical Insights and Social Fairness: Economic Essays in the Spirit of Duncan K. Foley*, London, Routledge, pp. 213-27.

─────, (2015), *Revisiting Classical Economics: Studies in Long-period Analysis*, Routledge, London.

Metoroeconomica, (2001), "Special issue: symposium on exhaustible natural resources and Sraffian analysis", *Metoroeconomica*, 52(3), pp. 239-328.

Parrinello, S., (1983), "Exhaustible Natural Resources and the classical Method of Long-period Equilibrium", in J. Kregel (ed.) *Distribution, Effective Demand and International Economic Relations*, London: Macmillan, pp. 186-99.

─────, (2004), "The Notion of Effectual Supply and the Theory of Normal Prices with Exhaustible Resources", *Economic Systems Research*, 16(3), pp. 319-30.

Petori, F., (2011), "On the likelihood and relevance of reswitching and reverse capital deepening", in Salvadpri, N. and Gehrke, C. (eds.), *Keynes, Sraffa, and the Criticism of Neoclassical Theory. Essays in honour of Heinz D. Kurz*, Routledge, London, pp. 380-418.

Roncaglia, A., (1991), "The Sraffian Schools" *Review of Political Economy*, vol. 3, no. 2, pp. 187-219.

Schefold, B., (1989), *Mr. Sraffa on Joint Production and Other Essays*, London: Unwin Hyman.

─────, (2003), "Applications of the classical approach", in Petori, F. and Hahn, F. (eds.) *General Equilibrium*, Routledge, London, pp. 439-67.

─────, (2008), "Savings, investment and capital in a system of general intertemporal equilibrium — an extended comment on Garegnani: with a note on Parrinello", in G. Chiodi and L. Ditta (eds.), *Sraffa or an alternative economics*, New York: Palgrave Macmillan, pp. 275-94.

Shiozawa, Y. Oka, T. and Tabuchi, T. eds., (2017), *A New Construction of Ricardian Theory of International Values: Analytical and Historical Approach*, Springer.

Sraffa, P., (1925), "Sulle relazioni fra costo e quantita prodotta" Annadi di Economia, 2, pp. 277-328. English trans. in L. L. Pasinetti (ed.) (1998), *Italian Economic Papers*, Bologna: Il Mulino, pp. 323-63, reprinted in H. D. Kurz and N. Salvadori (eds.) (2003), *The Legacy of Sraffa, vol. 1*, Cheltenham, UK and Northampton,

MA, USA: Edward Edgar, pp. 3-43.
Woods, J. E., (2013), "On Keynes as an investor", *Cambridge Journal of Economics*, vol. 37, pp. 423-42.

第12章
モラルサイエンスとしての経済学における「活動」の観念
——センの源流をたずねて——

吉川英治

1　モラルサイエンスとしての経済学

　この章では,「モラルサイエンスとしての経済学」における「活動 (activities)」の観念に注目する。それは「生の良さ (well-being)」と「分配の正義」についての議論にかかわる基本的な概念である。はじめに,「モラルサイエンスとしての経済学」の趣旨と課題について簡単にふれる。次に, 現代におけるその先導者, アマルティア・セン (Amartya Sen：1933-) の「潜在能力 (capability)」アプローチを概観する。そして, このアプローチの源流が, アリストテレス (Aristotelēs：B. C. 384-322) の「活動」の観念にあることを示す。それは, アダム・スミス (Adam Smith：1723-1790) 以降の経済学においても継承されているが, ここでは, とくにアルフレッド・マーシャル (Alfred Marshall：1842-1924) を取り上げる。最後に,「活動」の観念に付随する学説史的論点をいくつか追加して紹介する[1]。

　さて, 経済学の方法論を反省してあるべき姿を求めようというとき, しばしば「モラルサイエンスとしての経済学」という表現が登場する。その趣旨は論者によって異なるのかもしれないが, 多くの場合, 近代的実証科学の方法論に依拠して発展してきた経済学が, 人間行動の動機を狭く解釈していたり, 人々の福祉を捉え損ねていたり, 人類社会のあり方を精査しないでいたりすることへの反省がある。そして, 道徳哲学・倫理学の方法論と洞察を回復しようと, アダム・スミスやアリストテレスの学問体系が再考されることになる[2]。

　経済学は「科学」ではなく「モラルサイエンス」であると主張したことで知られるのは, ジョン・メイナード・ケインズ (John Maynard Keynes：1883-1946) である。その真意を探った伊東光晴によると, ケインズの体系は, 学問をリベラル・アーツ, 自然科学, 道徳科学に分かつイギリスの伝統的学問論に基づき, アダム・ス

ミスからアルフレッド・マーシャルに流れるイギリス経済学の伝統を継承したものであり，アリストテレスの学問体系にも即しているという。すなわち，ケインズにとって，経済学の問題は，資源配分の効率性だけではなく，社会的公正や諸個人の自由にも同時にかかわるため，「内省と価値判断」を用いる必要がある。したがって，「その基礎には，人間はいかに生きるべきかという道徳哲学ないし倫理学があり，その上に社会のあるべき姿が求められ，それに近づくための手段として，政治と経済との政策選択がなされる」という体系になっているというのである（伊東 2006：51-52）。

学説史家の松嶋敦茂は，社会や道徳に関する「科学」に弱い規定を与えつつ，「広義の経済学」を構想している。それは，近代的実証科学としての経済学と倫理学との2つの学問から成り立つ。前者は，経済の物質的諸条件の生産・分配・交換のメカニズムの分析にかかわり，後者は，社会的動物としての人間の相互関係，利害の調整，個別的利害を超える長期目標の考察にかかわる。すなわち，「広義の経済学」とは，いわゆる「モラルサイエンスとしての経済学」であり，全体として，経済と倫理の相互関係を含めた「生活世界の社会的再生産のメカニズム分析」として定義される。そして松嶋もまた，こうした体系の典型例として，アダム・スミスを挙げている（松嶋 2005：1-4）。

現代の学界における「モラルサイエンスとしての経済学」の代表例といえば，もちろんアマルティア・センである。Penguin Classics が2009年にアダム・スミスの"The Theory of Moral Sentiments"（『道徳感情論』）の新装版を出版した際，彼がその序文を書いていることからも分かるように，センは自他ともに認めるスミスの継承者の1人である。そのセン自身も『経済学と倫理学』と題する本を書いている。センによれば，経済学には2つの起源がある。1つは「倫理学」であり，経済活動の目的や達成度の評価にかかわるものであり，アリストテレスを源流とする。もう1つは「工学」と呼べるような，経済メカニズムの理論的分析や政策手法の実証的分析であり，ワルラス，リカード，ペティ，ケネー等に遡る。センは，経済学が実証科学として工学的アプローチに偏って発展したために，その倫理的洞察が非常に弱くなってしまった，と指摘している（セン 2016：23-33）。

第12章　モラルサイエンスとしての経済学における「活動」の観念

2　センの「潜在能力」アプローチ

センの問題意識

「モラルサイエンスとしての経済学」を先導するアマルティア・センの主要な関心は，貧困，権利剥奪，不平等に向けられている。実際，ゆたかな社会においてさえ，悲惨な現実が多々存在している。たとえば，極度の貧困に喘いでいる，低所得ゆえに病気の子どもを医者に診てもらえない，ハンディキャップを抱えて人生の見通しがつかない，虐待や暴力にあって隠れるような暮らしを強いられている，働く機会がなく自尊心をもてずにいる，などなど。こうした境遇は，その責めを当の本人に負わすことができない場合が多く，また人間の価値ある能力を抑圧してもいるので，非常に不条理である。しかし，現代経済学は，こうした人々の生のあり様を直視し，その不正義の除去に取り組めていないのではないか。センの著作には，こうした苛立ちと内省的批判が色濃くある。

効用に基づくアプローチ

貧困や不正義の判定に際してとくに重要なのは，人々の福祉・生の良さとその優位性をどのように評価するかである。ベンサムを始祖とする功利主義は，そのための最善の方法として，「個人の幸福や快楽（あるいは，個人の「効用」の他の解釈）に焦点を合わせ」てきた（セン 2011：335）。ここで，センが「他の解釈」というのは，経済学の科学的・実証的な進歩に伴う「効用」の解釈の変容であって，欲求や選好の充足，顕示選好理論における選択を意味する。現代経済学では，端的にいえば，自律した個人の自由な選択こそが，その当人の欲求や選好の充足を，したがって幸福や厚生を表していると考えられている。

しかし，現実の選択には自律性も自由もない場合がある。また，たとえ自由な選択であっても，その選択の動機が幸福や快楽の追求に限られるわけではない。たとえば，人はみずからの福祉が低下するとしても，他者に対する思い入れや宗教的義務のために行動することもあるだろう。さらに，人々の欲求や選好が悲惨な境遇によって萎縮して形成されていると，その充足が真に幸福や福祉につながらないかもしれない。たとえば，「極貧からの施しを求める境遇に落ちたもの，かろうじて生延びてはいるものの身を守るすべのない土地なし労働者，昼夜暇なく働き詰めで過

249

労の召使い，抑圧と隷従に馴れその役割と運命に妥協している妻，こういったひとびとはすべてそれぞれの苦境を甘受するようになりがちである。かれらの窮状は平穏無事に生延びるために必要な忍耐力によって抑制され覆い隠されて，（欲求充足と幸福に反映される）効用のものさしには，その姿を現さないのである」（セン 1988：35-36）。

リソースに基づくアプローチ

人々の福祉・生の良さを評価する際のもう1つの主要な考え方は，「数多くの経済学の実証研究に見られるもので，個人の優位性を所得や富やリソースによって評価しようとする」（セン 2011：335）。たとえば，国民の豊かさや暮らし向きを測る場合に，1人あたりのGDPや国民所得に注目したり，世帯所得や個人消費に注目したりするのは，こうしたアプローチの代表例である。正義論で著名なジョン・ロールズ（John Rawls：1921-2002）は，経済学と功利主義の結合による効用アプローチを批判し，「基本財」と呼ばれるものに焦点を合わせた。それは，善と自由の追求においてだれもが必要とするものであり，経済学者が着目する所得や富のほかに，職務や社会的地位に伴う権能，自尊心の社会的基盤などを含む。しかし，所得や富，ロールズの「基本財」というのは，手段であって真の目的ではない。「所得や基本財を，良き生活の諸特徴に，そして人間の生活において価値のある自由に変換する機会」というのは，人によって異なりうるものであって，「各個人の諸特徴や，その人の置かれている自然環境や社会環境に大きく左右される」（セン 2011：367）。

機能と潜在能力

そこで，センは，人々の生の良さと優位性の評価・判断のための「情報的基礎」を修正しようと試みる。それは，1978年の"Tanner Lectures on Human Value"における「何の平等か？」と題する講演に始まる。セン自身は，当時の意図を振り返り，個人の優位性を示す視点として，ロールズが焦点を合わせた「基本財」よりも，さらによいものを追求しようとしていた，と述べている（セン 2011：337）。この試みとして提示され，その後しだいに洗練されていったものが，「機能 (functionings)」の観念に基づく，「自由」に焦点を合わせた「潜在能力」アプローチである[6]。その内容について，セン自身が要領よくまとめてくれているので，そのまま引用しよう。

第12章 モラルサイエンスとしての経済学における「活動」の観念

「このアプローチでもっとも基本的な観念は，おそらく「機能」である。機能とは，ある人の状態の諸々の部分を示すものであり，特に人が生活をするにあたって，なすことができること，あるいは，なりえるなりものを指す。ある人の潜在能力とは，その人にとって達成可能な諸機能の代替的組合せを反映し，その人はその中から一つの組合せを選ぶことができる。このアプローチは，生活とはさまざまな「何かをすること」（doing）や「ある状態でいること」（being）の組合せであるという考えに基づくものであり，また人のクオリティー・オブ・ライフ（生の質，生活の質）は，価値ある機能を達成する潜在能力という視点から評価されるべきであると考える。

いくつかの機能は非常に基本的で，当然のことながらすべての人間にとって極めて重要な価値があるものである。例えば，栄養状態が適切であること，よい健康状態であることなどが挙げられる。それ以外に，より複雑だがそれでも広く価値を認められる機能としては，自尊心を持つこと，社会の一員として生きることなどがある。」（セン　2006：60-61）

たとえば，コミュニティを自由に移動できるかどうかという機能に注目しよう。この機能は，社会生活において非常に大切である。この機能を実現できるかどうかは，自転車のような移動を助ける財を購入して利用できるかどうかに依存する。しかし，それだけではない。それは，自転車の特性を活かすだけの身体的力量，自転車が安全に走行できる道路，宗教対立等がない安全な社会環境など，さまざまな要因に左右される。もし身体にハンディキャップを抱えて自転車に乗れない人なら，電動式の車いすが必要で，それを購入する所得額は健常者よりも大きくなる。

センは，現代経済学の効用の観念，ロールズの「基本財」などに代わり，実際の境遇や生のあり様を直視し，人が価値を認める生き方を実現する機会が本当はどのくらい開けているか，ということに直接焦点を合わせようとしている。どのような機能を達成するか，またどのような実現機会が開かれているかは，所得や富，またそれらによって獲得される財を，機能に変換できる諸個人の力量に依存してくる。もちろん，そこには社会制度によって制約される諸条件も含まれてくるであろう。したがって，「潜在能力」とは，人がみずから価値を認める諸機能の達成を選ぶことができる力量という点で，「自由」の観念を反映してくるのである。

行為主体，有効な力，コミットメント

　センは，潜在能力アプローチを用いて貧困や不平等を捉え直し，経済社会の発展・進歩や開発の概念を再検討している。その貢献は，国連開発計画（UNDP）による『人間開発報告書（Human Development Report）』の創刊，「人間開発（Human Development）」の概念化，そして「人間開発指標（Human Development Index）」の作成にもよく表れている。

　センによれば，貧困とは，だれもが価値を認める人間にとって本質的な機能を充足する潜在能力が欠如していることである。経済学者が貧困というと，所得の欠如と理解されがちである。しかし，初等教育にアクセスできず識字能力が低いとか，医療サービスにアクセスできず慢性的に不健康であるとか，長期の失業により自尊心を失っているとかいう状態は，所得の欠如として捉えることはできず，したがって単なる所得保障によっては改善しない。またセンによれば，経済社会の発展・進歩，またそのための開発とは，人々が享受するさまざまな機能する潜在能力としての本質的自由を拡大させていくプロセスである。そのためには，市場，政府の政策，その他のさまざまな社会制度を組合せ，多様な主体が関与しなければならない。

　このような捉え方では，人々は所得保障やさまざまな社会サービスの「受け手」と見られるかもしれない。しかし，そうではない。基本的な機能の充足と潜在能力の拡大は，個人の能動的な主体としての力量を高め，自らを助け，そして同時に世界に影響を与える能力を向上させることになる。センは，こうした人間の能動的な側面を「行為主体性（エージェンシー）」と呼んでいる。それは個人の福祉の向上をめざすだけではなく，もっと広範な目標と価値を実現しようとする人間の動機を含むという（セン 2000：17-18）。

　ロールズは，互恵性に基づく権利義務関係を前提に分配の正義を論じる。これに対してセンは，互恵性を一切前提としていない。センは，不正義を除去する力量をもちえた能動的な「行為主体」が，たとえみずからの福祉が低下するとしても，他者のために「有効な力」を行使して，「コミットメント」することに期待する。このように，「モラルサイエンスとしての経済学」のセンの試みは，人間存在の見方や人間行動の動機を再検討することにも及んでいる（セン 2011：279-287，301-306）。

第12章 モラルサイエンスとしての経済学における「活動」の観念

3　源流としてのアリストテレス——「活動」の観念

活動としての生

さて，センの潜在能力アプローチの源流はどこにあるのだろうか。センがよく言及しているのは，アリストテレス，アダム・スミス，カール・マルクス（Karl Marx：1818-1883）である。基本文献を年代順に読んでみると，構想の初期段階では，おそらくスミスとマルクスが強く意識されていたと思われる。スミスは，「必需品」（革靴やリンネルのシャツ）の分析において，「恥ずかしいと思うことなく人前に出ていける」という機能を実現できる自由に着目していた。またマルクスは，労働市場における仕事の選択という基本的な機能と潜在能力の考察において，自由の本源的な価値を重視していた。これらが，センのお気に入りの説明である。他方，アリストテレスとの関連性については，哲学者マーサ・ヌスバウム（Martha Nussbaum：1947-）の指摘を受けて，しだいに強く意識するようになったようである。ここでは，とくにアリストテレスから継承されたものを探ってみよう。

センは，アリストテレスとの関連性についてあまり具体的に語っていないが，自身のアプローチを意識しつつ，アリストテレスの貢献を要約した次の2つの文章が，重要な手がかりである。

「アリストテレスは達成の基準として富裕（opulence）（すなわち富や所得）を用いることを否定し，（功利主義者のように精神的な状態の解釈によるのではなく）エウダイモニア（eudaimonia）［人間の幸福，善く生きること］を，価値ある行為という観点から分析した。そして人の行為が選択される過程を精査することの必要性を訴えることによって，生きるうえでの自由の重要性を指摘したのである。」（セン 2006：81）

「人間の善についてのアリストテレス派の解釈は，『はじめに人間の機能を確認することの必要性』にはっきりと関連付けられ，それから『活動としての生』の探求へと進む。」（セン 2006：79）

「エウダイモニア」とは，人々が理想とする人生の究極目的＝最高善であり，一

253

般には「幸福」と訳されるが,「よく生きていること」「よくやっていること」,すなわち,「生きがいのある人生を生きていること」を意味する(アームソン 1998:19-20)。

　アリストテレスは,「エウダイモニア」の概念を明確にするためには,人間の「機能(エルゴン)」を把握しなければならないという。たとえば,笛吹き奏者には「笛を吹く」という特定の「機能」や役割があり,それを「よくやれている」(=善)と評価することができる。これと同様に,人間の生のあり様について考える場合も,人間としての「機能」と「よくやれている」を定めることができるはずであるという。アリストテレスは,人間としての「機能」を,「理性(ロゴス)による活動(エネルゲイア)としての生」として捉えている。したがって,「よくやれている」という観点も加えると,「エウダイモニア」とは,「理性による徳に基づく(最も優れた)活動としての生」と定義される(アリストテレス 2002:27-30)。

　「よくやれている」人生には,おそらく,一定の財産,美しい容姿,立派な家柄,優れた肉体・運動能力,政治的権力,友人などの手だてが必要とされるだろう。そして,それらのうちには自分では制御できないものもある。しかし,人生の価値の大部分は,それ自体を目的とする価値のある活動を,理性を使って選択し,上手に実践することに依存している。これがアリストテレスの善の構想である(アームソン 1998:31-32)。

　それでは,「理性」を用いて「優れたやり方」で生きる(つまり,徳に基づいて生きる)には,どうすればよいのだろうか。そのためには,理性に支配された「優れた性格(性格の徳)」,「優れた思慮・理解力・知性(思考の徳)」が必要であるという。かくして,『ニコマコス倫理学』の大部分は,賢明な活動の選択と実践の卓越のための諸要因の説明にあてられている。

　なお,古代ギリシャ時代にも「幸福」を短絡的に快楽とみなす向きはあり,それを求める生き方を,アリストテレスは「享楽の生活」と呼んでいる。それは動物と変わりのない生活であり,それに支配されてしまう生き方はもちろん推奨されない。他方,よりまともな生活として,「政治の生活」と「観想(観照)の生活」と呼ばれる生き方が示される。前者は,政治的・社会的活動に専心する生き方であり,「社会的動物」としての人間の本性に合致し,理性の実践的な使用を伴う。後者は,理性の理論的使用,つまり,卓越した知性による自足的な思索が支配的な生活であり,最も神的な生き方とされる(アリストテレス 2002:13-16, 474-485)。

第12章　モラルサイエンスとしての経済学における「活動」の観念

　以上のように，センの潜在能力アプローチは，アリストテレスの体系に類似している。とりわけ興味深い点は，「生の良さ」＝「エウダイモニア」の評価にあたって，「人間として価値ある機能」＝「目的としての活動」に焦点を合わせ，「理性」の行使によってそれらを賢明に「選択」できるかどうかが，達成の水準と質を左右する，と考えていることである。これは経済学の基底に継承されている重要なアイデアである。

徳の倫理学（卓越性）の継承？

　ところで，アリストテレスの体系の継承性を議論するなら，「徳の倫理学」としての性質や「卓越性」の議論の継承が問われてくるかもしれない。しかし，センはこうした議論にあまり関心を示していない。

　たとえば，塩野谷祐一は，センには「機能の成功や優秀性」を追求する姿勢がなく，機能や潜在能力に関する「標準的評価」にも懐疑的であり，「アリストテレスが開いた徳と卓越の局面にまで進もうとはしていない」と批判している（塩野谷 2002：129-133）。また，アリストテレスを継承するヌスバウムは，人間が理性をもつ存在であり，社会的・政治的存在であることを手がかりに，価値ある機能する潜在能力の基本的リストを「先験的に」決定できる（「標準的評価」を定立できる）と考え，この点でセンを批判している。たとえば，国連開発計画の人間開発指標（HDI）では，教育の達成度，とくに基本的な識字能力が，人間生活にとって大切な機能として重視されているが，それはヌスバウムの前提から先験的に説明できるからだ。この点でヌスバウムはセンの背中を押そうとするが，センはヌスバウムに同意できない。センは，読み書きの基本的な能力が大切かどうかは，その重要性をめぐる実証的調査研究の成果，その知識を参考にデモクラシー的な討議を重ねた結果として決定されるべきだ，と信じているからである（セン 2006：79-81）。

　もしセンに卓越主義的性格が残っているとしたら，それは内省的評価を重視している点，そして公共的討議の場におけるコミュニケーションを通じて学習主体としての力量が高まることを想定している点，にあるのではないかと思う。すでに指摘したように，基本的な諸機能のリストを先験的に決めることを拒否するセンは，共同体における共通善に委ねることも躊躇して，それを討議的民主主義における理性と寛容による社会的合意に委ねている（セン 2011：第15-16章）。

4 マーシャルにおける「活動」の観念

「効用」と「活動」の二元論

これまでの考察から,「モラルサイエンスとしての経済学」の基底において,アリストテレスの「活動」の観念が継承されているとするなら,セン自身は言及していないが,イギリス経済学の伝統の観点から,アルフレッド・マーシャルを再考しておくべきであろう。そもそもマーシャルには「活動」の観念が継承されているのか。またそうであるなら,彼の経済学体系において「活動」の観念はどのように位置づけられているのか。

端的にいえば,マーシャルの体系は「効用」と「活動」の二元論であり,アリストテレス的性格が色濃く反映されている。マーシャルの「活動」に注目したことで知られるのは,社会学者のタルコット・パーソンズ(Talcott Parsons:1902-1979)である。ここでは,彼の論考を参考にしつつ,マーシャルにおける「活動」の観念を見てみよう。

マーシャルにとって,経済学とは,「日常生活を営んでいる人間に関する研究」である。それは,「福祉の物質的条件」に関連する個人的・社会的活動を対象とする,いわゆる「富の研究」である(マーシャル 1965(Ⅰ):3)[7]。したがって,マーシャルは,「効用」と「限界分析」に基づき,富の生産,分配,交換,消費を科学的に解明しようとする。彼の経済学体系は,欲求の充足にかかわる消費論,欲求の充足に向けた努力にかかわる生産論,それらを統合する需要と供給の一般的法則にかかわる市場論,そして分配論から構成されている。この体系は,①「正常」という観念で捉えられる「競争的」環境,②外生的に独立に与えられた欲望,③欲望を達成するための経済的行為の合理性,④経済的行為に動員される資源の分割可能性,という諸条件のもとに構築され,それゆえに,一定の経済プロセスを解明し,その帰結を効率性の観点から評価できるものになっている(パーソンズ 1986:7-8)。

しかし,マーシャルにとって,これは経済学の一側面にすぎず,一時的で暫定的なものでしかない。「日常生活を営んでいる人間に関する研究」という場合,より経験主義的で重要な側面として,「人間の性格」の発達と卓越,それによる「社会進歩」の全体を視野に入れなければならない(パーソンズ 1986:5-21)。

こうした「人間の性格」を視野に入れた,長期における人間の研究という意味で

の広義の経済学では，上記の前提条件②のように欲望を所与として，それを充足するだけでは済まなくなる。ここで登場するのが「活動」の観念である。「下級動物の場合には欲望こそ生活の規制者であるかもしれないが，人間の歴史を解く鍵を求めるには努力と活動の形態の変化をこそ注目しなくてはならない」（マーシャル 1966(Ⅱ)：6）からである。

性格と活動

それでは，「人間の性格」はどのように発達するのか。マーシャルによれば，近代社会においては，宗教的理想の影響を除くと，「人間の性格」は，ふだんの仕事という活動，そのための努力，それにまつわる人間関係，それによって得られる収入に大きく左右されるという。マーシャルが貧困を懸念したのは，人間の品位を低下させるからであり，また過重労働による自由時間の減少が，自らの性質を高め，それを発揮する活動の機会を奪ってしまうからであった（マーシャル 1965(Ⅰ)：3-5）。

他方，パーソンズが注目しているのはより積極的な側面である。すなわち，マーシャルは，「別の動機のためではなくそれ自体が目的として追及される経済活動の若干の類型は，人間の性格の最も高貴な資質を涵養するうえで大きな力となるばかりでなく，そうした資質を発揮するための主要な機会を提供している」と信じていたが，とくに「自由な産業と企業」の観念によって想起される諸活動こそが，一方では「活力，率先，進取の気性」という徳性を，他方では「合理性，節制，勤勉，正しい取引」という徳性を発揮させるというのである（パーソンズ 1986：11-13）。

活動と欲望

『経済学原理』第3編第2章「活動との関係における欲望」では，もっと身近な，そして多様な「活動」の例が示されている。たとえば，衣服の場合，基本的な欲望は風土・気候や職業の性質などに依存するが，他方で富や地位を誇示する欲望や気まぐれな流行に同調しようとする欲望が出てくる。しかし，純粋に「着こなしがいい」という資質と能力の卓越を求める努力と活動が，それ自体を目的として追及されるようになり，そこでの衣服への欲望は先の欲望とは質的に異なるものになってくる。また住居の場合も，雨露をしのぐという絶対的な必要を満たしたいという欲望は，住宅の有効需要のほんの一部にすぎない。実際には，より質の高い肉体的・

精神的な安静，高い能率・生産性に導く高次の活動と努力を可能とするような住宅の諸条件が求められてくる。さらに，芸術を実践しようとする努力と活動およびその卓越は，芸術をそれ自体として純粋に追及する欲求を呼び起こし，それらを実践するプロの芸術家やその活動に必要な道具を作り出す職人への需要も喚起する。また閑暇がふえると，スポーツや旅行のように，活動のそれ自体の実践を引き起こす娯楽が追及されるようにもなるという。

このように，「人間の発展の初期の段階ではその欲望が活動をひき起こしたのであるが，その後の進歩の一歩ごとに，新しい欲望が新しい活動を起こすというより，むしろ新しい活動の展開が新しい欲望を呼び起こしてきた」（マーシャル 1966（Ⅱ）：11-12）のである。

マーシャルは明示していないが，これまでの事例からも分かるように，人間の欲望は3つに分類されうる（パーソンズ 1986：19-21）。第一は，単純な生物学的なニーズによる欲望である。第二は，知性の進歩と社会の発展によって多様化したものであり，富や地位の見せびらかし，流行や気まぐれなどの「人工的な」欲望である。第三は，「活動によって創出された（活動を考慮した）欲望」である。マーシャルにとって，人生の真の目標は，「それ自体目的として追及される活動」であり，それによる「人間の性格」の発達と卓越である。したがって，そのような活動から生じる新たな欲望は，人間にとって最も「自然的な」ものなのである。そして，「欲望の科学」と「努力と活動の科学」は互いに補完的ではあるが，人間の歴史の解釈により適しているのは後者の科学であるということになる（マーシャル 1966（Ⅱ）：12）。

生活基準と安楽基準

『経済学原理』第6編「国民所得の分配」，とくに13章「生活基準との関連における進歩」でも，再び「活動」の観念が登場する。ここでの主題は，人間生活における活動と欲望が，生産性や能率，労働時間，賃金率に，そして分配に与える影響を考察することにある。

一般には，賃金率が上昇して容易に欲望を充足できるようになると，労働時間は短くなると考えられる。しかし，マーシャルによれば，これは「無知で無気力な性格の人々」が快楽主義的に反応しているにすぎない。もし「知的な視野が広く，意志が強固で，しかも柔軟性に富む性格の人々」であれば，賃金報酬のために働くよりも，「もっと高尚な目的のために仕事をしたい」と思うので，賃金率が上昇して

第 12 章　モラルサイエンスとしての経済学における「活動」の観念

も労働時間はむしろ長くなるという（マーシャル 1967(Ⅳ)：34-35）。つまり，この反応を支配しているものは，それ自体を目的とする高尚な「活動」としての仕事である。もちろん，こうした活動が「人間の性格」の優秀さをもたらし，またその卓越した性格は，その活動において発揮されることになる。

　ところで，人類社会の進歩に伴って，こうした目的としての活動は，仕事だけでなく，多様に広がり，「活動によって創出された（活動を考慮した）欲望」（第三分類の欲望）を創生する。こうした活動のレベルを「生活基準（standard of life）」と呼ぶ。したがって，生活基準の上昇とは，「知性・活力および自主性（自尊心）の向上を意味し，それに伴って支出の仕方がより綿密で思慮に富んだものとなり，食欲は満たすが体力を増進しないような飲食を避け，肉体的にも道徳的にも不健全な生活を退けるようになる」（マーシャル 1967(Ⅳ)：249）ことを意味する。これに対比されるのが，「安楽基準（standard of comfort）」である。その上昇とは，「低級な欲望が優勢な位置を占めていると思われるところの，人為的な欲望の単なる上昇」（マーシャル 1967(Ⅳ)：250）というような意味（第二分類の欲望の高まりという趣旨）である。マーシャルは，「安楽基準」の上昇と賃金率の高まりを関連づける一般的な議論を批判し，「生活基準」の上昇がなければ，生産性の上昇に伴う賃金率の上昇は生じないことを示唆している。

5　「活動」観念にかかわる追加的論点

　以上の考察から，「モラルサイエンスとしての経済学」においては，福祉（生の良さ）を評価したり，人間の発展と社会の進歩を構想したりする際に，人として価値のある「目的としての活動」に着目し，それが賢明に選択され実現することの自由に焦点を合わせる，というアイデアが継承されてきたように思われる。最後に，こうした「活動」の観念に関連して浮上してくる学説史的な論点について，少し追加しておきたい。

ラディカル派の「活動」概念

　マーシャル以降で，かつ，アマルティア・センの以前に，「活動」の観念に着目したものとして，ラディカル派の経済学がある。ハーバート・ギンタスは，1972年に公表された「厚生経済学と個人的発展に関するラディカル分析」において，新古

典派の厚生経済学の体系に代わる「福祉の経済学」の構想を示した。青木昌彦は，清水幾太郎や西部邁との討論を通じてギンタスの議論を洗練させ，「福祉の政治経済学：試論」を著した。彼らの「福祉の経済学」を構成する主要概念は，「活動」，「能力・パーソナリティ」，「活動用具」，「活動場」である。(青木 1973：3-43)。彼らの議論の焦点は，新古典派の保守的な社会的評価——パレート効率性——を批判することにあり，そのために所与の選好がいかに内省的に変化するかに向けられているため，アリストテレス的な「活動」の観念を本格的に復活させるには至っていない。しかし，実証科学的な新古典派経済学への反省が，「活動」の観念を，また選好や欲望の内省的変化を，それぞれ想起させていることは，非常に興味深い。

人間能力の平等

アマルティア・センは，機能充足の潜在的力量の観点から自由を議論することによって，現代経済学では捉えられない不条理な境遇を見ようとしていた。とくにハンディキャップを抱えた人々への学術的鈍感さに対するセンの非難はすさまじい（セン 2011：372-374）。センによれば，およそ誰もが価値を認める人間の基本的な機能を充足する潜在的力量というのは，人によってほとんど差異がない。しかし，現実の経済社会では，そこに不条理な格差が生じてしまう。本来的に差異がないからこそ，差異・個別性に敏感にならなければならない。こうしたセンの見方——卓越主義を拒絶する姿勢も含めて——は，アダム・スミスに類似している。『自由と経済開発』は，センの「スミス論」と読むこともできる。この著作には，スミスから継承された論点が多数散見されるが，人間の能力への眼差しは複数のセンテンスで何度も指摘されている。とくに興味深いのは，「スミスの教育と学習の力についての信念」は独断的なほどに強く，「潜在能力の改善可能性」について確信をもっていたと指摘し，それがセンのアプローチにとっても「中枢的である」と述べていることである（セン 2000：339）[8]。ここであらためて，「モラルサイエンスとしての経済学」において，こうした「人間能力平等論」なるものが，共有されているかどうか検討してみる必要がある。第1節で紹介したケインズがいう伝統は，もっと知性主義的でエリート主義的であるようにも思えるからである。

享受能力

人間の機能の観点に基づくアリストテレスの政治的分配論に関して，よく引き合

いに出されるのは，次のような例である。笛には音楽を奏でるという目的あるいは独自の機能があり，それをだれに与えるべきかを決めるときには，その目的と機能を考慮して，笛を最も上手に奏でる能力のある人に与えることが望ましい。センがアリストテレスから継承しているもう1つの重要な要素は，人の諸機能の充足やその実質的機会を評価しようと思えば，「財と人間のあいだ」に着目し，財の側の性質と同時に，人間の側の潜在的な「享受能力」を考慮しなければならないということである。最近のセンの翻訳者は，"capability"が代替的な機能ベクトルの集合に過ぎないことを強調しすぎるあまりに，「潜在能力」という日本語が誤解を生むとして，カタカナで「ケイパビリティ」と翻訳する場合が多い。しかし，セン自身は，そのような集合として定義しつつも，「機能する潜在能力（capability to function）」として「個々のケイパビリティ（個々の機能を達成する能力）と理解する方がわかりやすい」と示唆してもいる（セン 2011：339）。こうした「享受能力」の発想は，ニコラス・ジョージェスク・レーゲン（Nicholas Georgescu-Roegen：1906-1994）が「効用の観念史」において区分した人類最初期における洞察と同じである（ジョージェスク・レーゲン 1988：144）。

注

(1) 以下，本文中での翻訳文献からの引用は，原則として翻訳文のままとした。どうしても必要な場合には若干修正した箇所もあるが，とくに注を付していない。

(2) 「社会的存在としての人間の学としての経済学」という表現もありえる。

(3) "revealed preference welfarism"（「顕示選好学派の厚生主義」）と呼ばれることもある。厚生主義とは功利主義の効用一元論的な性質を意味する。センは，合理的選択理論が想定するこの種の経済人を，「合理的な愚か者（rational fool）」と呼んでいる。選択，選好，厚生，福祉などの諸概念を区別できないからである。（セン 1989：145-146）。

(4) センは，こうした行動の動機を「コミットメント」と呼んでいる（セン 1989：133-138）。

(5) 「適応的選好形成（adaptive preference formation）」と呼ばれる。たとえば，川本（1995：21-22）を参照。

(6) 「何の平等か？」はセン（1989）に所収。潜在能力アプローチは，複数の著作のなかで繰り返し取り扱われている。初学者でも理解しやすいものとして，セン（2000）とセン（2006）を挙げる。またセン（2011）は難解であるが，集大成版である。

(7) 『経済学原理』の翻訳版は巻によって出版年が異なるため，引用に際しては，出版年の後に括弧書きで巻数を付記した。なお，頁数は各巻の頁数を示す。

(8) "The Theory of Moral Sentiments"(『道徳感情論』)の新装版に寄せた「序文」においても，センは，「いとも簡単に想定されるので驚いてしまうのだが，スミスは，階級，性別，人種，国籍等の障壁を乗り越えて，人間というものは等しい潜在能力をもち，本来備わっている才能や能力には生まれつきの違いなんてないとみなしている」(21頁)と述べている。

参考文献

青木昌彦編，(1973)，『ラディカル・エコノミックス』中央公論社．
アームソン，J. O.,(1998)，雨宮健訳『アリストテレス倫理学入門』岩波書店．
アリストテレス，(2002)，朴一功訳『ニコマコス倫理学』京都大学学術出版会．
伊東光晴，(2006)，『現代に生きるケインズ──モラル・サイエンスとしての経済理論』岩波書店．
川本隆史，(1995)，『現代倫理学の冒険──社会倫理のネットワーキングへ』創文社．
塩野谷祐一，(2002)，『経済と倫理──福祉国家の哲学』東京大学出版会．
ジョージェスク・レーゲン，ニコラス，(1988)，佐藤光訳「経済思想における効用と価値」『経済学のメソドロジー』平凡社，140-193頁．
セン，アマルティア，(1988)，鈴村興太郎訳『福祉の経済学──財と潜在能力』岩波書店．
───,(1989)，大庭健・川本隆史訳『合理的な愚か者──経済史＝倫理学的探究』勁草書房．
───,(2000)，石塚雅彦訳『自由と経済開発』日本経済新聞社．
───,(2006)，「潜在能力と福祉」マーサ・ヌスバウム・アマルティア・セン編，竹友安彦監修，水谷めぐみ訳『クオリティー・オブ・ライフ──豊かさの本質とは』里文出版，59-96頁．
───,(2011)，池本幸生訳『正義のアイデア』明石書店．
───,(2016)，徳永澄憲・松本保美・青山治城訳『アマルティア・セン講義　経済学と倫理学』筑摩書房．
パーソンズ，タルコット，(1986)，稲上毅・厚東洋輔・溝部明男訳『社会的行為の構造(第2分冊)』木鐸社．
マーシャル，アルフレッド，(1965〜1967)，馬場啓之助訳『マーシャル経済学原理Ⅰ〜Ⅳ』東洋経済新報社．
松嶋敦茂，(2005)，『功利主義は生き残るか──経済倫理学の構築に向けて』勁草書房．

第13章
フェアな世界内政か,システムの観察か
—— アドルノ,ハーバーマス,ルーマン ——

表 弘一郎

1　グローバル資本主義と想像力のありか

　近年,グローバルな不確実性が増大し不平等が拡大するなか(Oxfam 2017),資本主義の制御可能性が再び政治の日程にのぼってきており,ポピュリズムと対抗運動双方の原動力にもなっている。制御しがたいグローバル資本主義に対して,前者は自国の利益を最優先する保護主義を志向し,後者は政治によってより適切なものに形づくる可能性を探る。2013年以降,シュトレーク(Wolfgang Streeck：1946-)とハーバーマス(Jürgen Habermas：1929-)のあいだで交わされた論争(鈴木 2016)は,この点で時宜に適ったものである。アドルノ(Theodor W. Adorno：1903-1969)のゼミ生でもあったシュトレークは,資本主義が貨幣の助けを借りた時間稼ぎ(インフレ,国家債務の拡大,さらに家計部門への過剰な信用供与)によって危機を先送りにしていると分析し,現存の危機を克服するためにユーロ離脱とヨーロッパ版ブレトンウッズ体制の構築を提言する。その際,ポストナショナルな民主主義を新自由主義的グローバル化の随行者とみなし,ナショナリズムを問題視しない(Streeck 2016：邦訳 273)。

　こうしたシュトレークの提言を,ハーバーマスは「ノスタルジー」と断じ,日常の政治文化に存する「歯止め効果」を軽視していると批判する。

>　「……わたしの印象では,シュトレークは,憲法規範が法的に妥当しているだけでなく,民主主義的な複合体が事実としても存在していることによる歯止め効果を過小評価しているのではないか,と思われる。政治文化に組み込まれ,生活に馴染んだ〔民主主義の〕制度や規則や日常の営みがもつ耐久力である。」(Habermas 2013：S. 146, 邦訳 182, 強調は原著者)

たとえば現在発効を待つ金融取引税（FTT）のような民主主義の種々の法制度や，Occupy Wall Street や街頭の抗議運動のような対抗運動に表現される歯止め効果を，ハーバーマスはシュトレークに対する反論の事実的な根拠とする。その際にハーバーマスが重視するのは，法を創り出す想像力，すなわち「既存の制度や現行のさまざまな規則に実現している想像力（Phantasie）」（Habermas 2013：S. 154, 邦訳 187）である。

ハーバーマスのこの反論が妥当なものだとすれば，問題はこの想像力の源泉であろう。現存の法制度を生み出した想像力は，そうした諸制度ではもはや対応できない新たな事態に直面してもなお，その力を発揮できるのだろうか。本章では，資本主義の制御可能性を問うための前提として，まず批判理論における民主主義と想像力をめぐる議論を概観し，次に社会システム論における「観察」の位置に触れて，それら2つの観点から考察を加えよう。

2　討議倫理と民主主義の可能性──ハーバーマス

世界社会と「世界市民的立憲体制」プロジェクト

かつてアドルノの助手を務めたハーバーマスの社会哲学は，『公共性の構造転換』（1962）にはじまり冷戦終焉後のグローバル化する金融資本主義との格闘に至るまで，民主主義の可能性を追求するものであり，「グローバル化」言説が世界を席巻しはじめた1990年代頃からの市民社会の新たな賦活化を描き出すものである。[1]

本節では，カント的プラグマティストのハーバーマスが，「いかなる統制もなくデジタル化を通じて経済的に合体しつつある世界社会のいっさいを流し去るシステミックな強制力」（Habermas 2016：邦訳 121）を前にして，「事実に規範を適用すること」（Habermas 2004a：S. 165, 邦訳 228）がいかにして可能か，一貫して模索し続けているその理路を検討しよう。

ハーバーマスは，「ヨーロッパ」という未完のプロジェクトをめぐって発言し続けているが，「国際法の立憲化のチャンスはまだあるだろうか」（Habermas 2004）において，国民国家システムの変容と過渡期にある世界社会について言及している。

　「たしかに国民国家が支配する世界は，ナショナルなものを主軸にした関係が終焉を迎え，世界社会に向かう過渡期にある。国家は，このグローバル社会とい

第 13 章　フェアな世界内政か，システムの観察か

う水平的な交わりのネットワークに巻き込まれるにつれて，その自律性を喪失しつつある。」(Habermas 2004a：S. 114, 邦訳 162)

こうした状況のもと，世界市民的な秩序というカント的なプロジェクトに対しては 2 つの反論が寄せられる。第一に，権力のほうが法よりもうえにあるという現実主義者たち（シュミット主義者）による反論。さらに，パックス・アメリカーナの傘下に置かれた新自由主義的な世界秩序というプロジェクトを推進する「自由主義的な世界エートス」による反論である。後者は，「国際関係の法制化に代えて，アメリカという超大国の側が決めた世界政治の倫理化（特定の文化のやり方に合わせようとすること）で済ましてはどうであろうか，という問い」を投げかけている（Habermas 2004a：S. 115, 邦訳 163, 強調は原著者）。

しかしながら，ネオリベラルなデザイン，すなわち「脱国家化された世界市場社会」(Habermas 2004a：S. 185, 邦訳 253) の限界は明らかである。「実際には世界社会は大きな社会的格差を宿し，かつ文化的断絶を潜めている。そのため，力が非対称的に権力配分され，その複雑性も手に負えないほどである」(Habermas 2004a：S. 125, 邦訳 177)。新自由主義は規範的な弱点を抱えている。なぜなら，それは「一人一人から国家を作る市民としての自律性を奪い，彼らを制御不可能な複雑で偶発的な〔経済的連鎖の〕出来事の海のなかに放り出すから」(Habermas 2004a：S. 186, 邦訳 255) である。この状況を乗り越えるデザインとして，ハーバーマスはそのほかに，ヘゲモニー的リベラリズム（平和維持能力をもつ超大国の保護のもと，完全に自由化された世界市場の命令下で，形式的に独立しているリベラルな国家群からなる国際秩序を志向），ポストマルクス主義的なシナリオ（権力の分散によって，不特定の自己表出的な力が文化的・経済的・軍事的な暴力となって表出），反カント的なプロジェクト（広域秩序〔Großraumordnung〕が，相互に理解しえない生活形式としてそれぞれの正しさを声高に主張）を挙げている（Habermas 2004a：S. 182-187, 邦訳 249-257）。

ハーバーマスは，うえに挙げた最後のシュミット的なプロジェクトは政治の脱国家化という現在の傾向に合致するところがあるからこそ，「〔シュミットがカントの法論の普遍主義のうちに批判的に見出した〕まさにこの支配の合理化機能こそ，国民国家の内部においてであれ，それを越えたところであれ，憲法が引き受けねばならないものなのである」(Habermas 2004a：S. 190, 邦訳 260) という。

カント的なプロジェクトの新たな熟考のために哲学にできることは何か。それは，

規範をめぐる本質主義的な前提から脱したポスト形而上学的な条件のもとでは，「現在の状況と妥当する規範の光に照らして，法の発展に関する基礎概念上の諸側面を全体として解明することに努めること」（Habermas 2004a：S. 116, 邦訳 165）に限定される。では，この規範の光源はどこに見出せるのだろうか？

「妥当する規範の光」の源

ルソーとカントが見出したように，法が「議論と公共圏を特徴にした包摂的な手続き……潜在的なすべての当事者によるフェアな意見形成と意思形成という共和主義的な手続き」（Habermas 2004a：S. 121, 邦訳 171）を通じて成立すれば，法は政治的支配の合理化という規範的意義を有することになる（Habermas 2004a：S. 130, 邦訳 183）。こうした共和主義的な法理解の討議論的な解釈は，法の正当性の根拠を「民主主義的な意見形成と意思形成の手続きが立憲国家のうちに制度化されていること」に見出し，「手続きが審議的（deliberativ）で同時に適切な代表選出という性格をもつことのうちに正当性の創出の力がある」（Habermas 2004a：S. 138-139, 邦訳 194）とする。

問題は，こうした正当性創出がスプラナショナルなレベルでいかにして可能かということである。ハーバーマスは，H. ブルンクホルストの議論を引きながら，非公式な影響力をもつ世界的な公共圏の正当化代替機能に着目している。「非公式の公共圏におけるグローバルな意見形成」（Habermas 2004a：S. 141, 邦訳 197）が，制度化された方法をとらずに世界市民たちを社会的に統合しうるかという問題に対しては，ハーバーマスは「普遍主義的な正義の道徳」（Habermas 2004a：S. 142, 邦訳 198）に解を見出している。

> 「大規模な人権違反や軍事的な侵略禁止に対する明らかな違反に直面したときに道徳的な怒りの声が澎湃として発せられるだけで十分である。大量虐殺の行為が認められた際に，それに対する一致した感情的な拒否反応だけで，世界市民的な社会統合には，十分である。」（ebd., 邦訳 197-198）

ハーバーマスは，カントに倣って「夢想家の夢」として留保しながらも，「……全体として見れば国家の性質をもたず，また，世界政府という権力独占機関なしにスプラナショナルなレベルで平和と人権を保障し，トランスナショナルなレベルで

世界内政の問題を処理する複数の政治的次元からなるシステムの可能性」(Habermas 2004a : S. 143, 邦訳 199) について言及している。この可能なシステムのなかで、WTO などと並んで、ヨーロッパは「多様な重なり合いをもちながら『異なった多様な速度で進むヨーロッパ』」(Habermas 2004a : S. 66, 邦訳 91) でありうるのかもしれない。民主主義的なプロセスの正当化の道が国民国家レベルから上方へ向けて延伸していくためには、「懸案となっている（まだ実現にはほど遠い）ヨーロッパの諸制度の『深化』が模範となるかもしれない」(Habermas 2004a : S. 140, 邦訳 195)。ただし、そのためには市民の政治的アイデンティティとそれを育む公共空間が必要不可欠である。ハーバーマスは、そうしたアイデンティティは「トランスナショナルな公共空間のなかでのみ形成される」といい、この意識形成は「うえからのエリート主義的介入によってかえって退行する」と述べる（Habermas 2004a : S. 82, 邦訳 115)。この市民の成員資格はむろん限定されてはいない。ヨーロッパを揺るがす近年の「難民危機」についても、ハーバーマスは「庇護権は人権である」と強いメッセージを発している（Habermas 2015a)。

公共圏と「言語的構想力」

ハーバーマスは、公共空間のなかでの市民の政治的アイデンティティ形成を比較的容易と捉えているようである。だが、「普遍主義的な正義の道徳」はその基盤の狭さゆえに現実主義者たちの現実政治に対抗できない危険性もあるのではないか。この点をさらに論究しよう。

『真理と正当化』（2004加筆版）には、言語がもつ世界開示機能について述べられた箇所がある。言語は、知における認識上の合理性、行為における目的論的な合理性、さらに了解というコミュニケーション的合理性に共通のメディアだが（Habermas 2004b : S. 130, 邦訳 154)、言語には「その世界開示的な創造性によって果たす固有の寄与」(Habermas 2004b : S. 131-132, 邦訳 157) がある。

> 「言語の世界開示機能は、世界のなかで出会ういっさいを、特定の重要性や観点からわれわれが見ることを可能にするだけでなく、範疇的に分節化された全体の個々の部分として、つまり全体の諸要素として見ることを可能にする。……世界全体についてのわれわれの見解が、新しい言語を創造するようなかたちで革新されることもあるかもしれないし、それによってこれまでの問題がまったく新し

い光のもとに見えるようになることもあるかもしれない。しかし，そうした革新といえども空から降ってくるものではない。……むしろ，言語的構想力（sprachliche Einbildungskraft）……は，問題解決の試みが失敗したり，学習過程が滞ったりしたときにこそ刺激されるのだ。」（Habermas 2004b：S.133，邦訳158，強調は原著者）

　この言語的構想力は，「間主観的に共有されている生活世界の内部における了解の実践の次元」（Habermas 2004b：S.132，邦訳157）において，世界知の拡大と先行する言語知の修正を可能にする。たとえば，平和の棄損や大規模な人権侵害とみなされうる事態が生じた際に，さまざまな言説戦略によって，拒否反応があったとしてもうまく合意形成へと至らないこともあるかもしれない。しかし，そうした問題解決の試みの失敗や学習の停滞によってこそ，言語は世界開示の機能を発揮しうるのである。可謬的だが学習する主体のありよう，すなわち「自分には常に誤っている可能性があるという感覚」（Habermas 2014：邦訳175）と言語的構想力とは相互補完的関係にある（Habermas 2004b：S.134，邦訳159）。

　おそらくこれは，メディア社会においても妥当することだろう。「民主主義と認識」（2008）において，ハーバーマスは政治的公共圏が国民社会においてのみ成立しているという「民主主義の欠如」（Habermas 2008：S.190，邦訳240）を批判し，その解決策として「すでに存在しているナショナルな公共圏のトランスナショナル化」を提示している。すなわちナショナルな公共圏の相互の開き合いによって，そうした公共圏の相互翻訳が可能になるという（Habermas 2008：S.190-191，邦訳241）。この相互翻訳に言語的構想力の働きを看て取るのは容易だろう。

　以上のように，ハーバーマスの議論は，（経済的な）グローバル化のなかで「世界社会の政治的立憲化」（Habermas 2004a：S.171，邦訳236）と「トランスナショナルな次元でのフェアな世界内政」（Habermas 2004a：S.177-178，邦訳244）を問うものである。もっとも，こうした議論に強い説得力を感じない読者もいるだろう。次節では，さまざまな問題を抱える現存の世界社会に対して，別様の社会概念を提起している立場を検討しよう。

3　全体社会の自己記述——ルーマン

欲求充足と自己充足の禁止

　批判理論と社会システム理論とは，ハーバーマス–ルーマン論争に典型視されるように，相互に対立する立場と見られやすい。ところが，この論争の契機となったのは1968年冬学期にサバティカルを取得したアドルノの代講としてルーマン（Niklas Luhmann：1927-1998）をフランクフルトに招いたところにあった。ルーマンは同年のドイツ社会学会のシンポジウムでアドルノに言寄せているため（Adorno 1969），両者の立場は一般的に思われるほど遠くはない。

　ルーマンの社会理論が問題とするのは，コミュニケーションによって自己産出する「全体社会（Gesellschaft）」の自己記述のありようである。ルーマンのいうコミュニケーションの契機は非知（Nichtwissen）にあり，コミュニケーション自身がその継続のために必要な非知を産出する。「コミュニケーションは，知と非知とが不均等に分配されていることによって命脈を保っている」（Luhmann 1997：S.40, 邦訳 27-28）。

　経済システムは，政治システムや科学システム，芸術システム，宗教システムなどと機能的に等価で，機能分化した全体社会の部分システムの1つだが，その観察は意外なほどに簡潔である。最終講義の『社会理論入門』（1992/93冬学期）において，ルーマンは価値や効用概念を使わず，経済システムを欲求充足と捉えている。近代初頭から意識された欲求に対する経済の関係という問題は18世紀に明確なテーマとなったが，そこでは市場に向けての生産と，その決定的な要因としての欲求が浮上し，同時に「飢えている人びと，死にそうな人びと，差し迫った生活上の欲求を抱えている人びとのための最低限の用意を整えること」（Luhmann 2009：邦訳 223）という人々の期待が経済システムに寄せられる。すなわち経済システムには，一次的欲求（生活欲求）と二次的欲求（贅沢な欲求）という二重構造が観察され，したがって「自己充足の禁止」が組み込まれているのである（Luhmann 2009：邦訳 225）。

3つのシステム言及と偶発性定式

　ただし，経済システムは欲求充足としてのみ記述されるわけではない。主著の

『社会の社会』(1997) で,「部分システムが形成されるに至った場合, システムを観察するどんな可能性が生じてくるのか」とルーマンは問いかけ, 経済システムについて次のように述べる。ちなみに, ルーマンのいう「観察」とは, 通常の意味とは異なり, 行為をも含む「区別しつつ指し示すあらゆる実践」(Luhmann 1997：S. 757, 邦訳 1535, 強調は原著者) のことである。

「経済に関しても, 遂行と機能とを区別しなければ同様のことが生じるだろう。つまり経済は自然環境から資源を抽出することとして, また欲求を (人間の欲求であろうが, 全体社会の他の機能システムの欲求であろうが) 充足することとして記述されるのである。しかしこれは経済の遂行にすぎず, 機能のほうは, 稀少性という条件のもとで未来における供給を確保することのうちにある。この点を混同すると, 経済固有の時間関連性を理解しえなくなる。その結果近代社会は, ほかならぬ貨幣経済は, 〔欲求をより高い水準で充足させるための〕創意工夫によって生じてきたと, 〈唯物論的〉に記述されるのである。」(Luhmann 1997：S. 758, 邦訳 1046)

欲求充足は「遂行」, すなわち「全体社会内環境のうちにある他の部分システムを (あるいは, 外的環境のうちにある他のシステムを) 観察すること」(Luhmann 1997：S. 757, 邦訳 1045-1046) に留まり, 経済システムの「機能」とは区別される必要がある。欲求充足は, 経済システムと自然環境との関係, 経済システムによる自然環境の観察として記述される事柄である。[4]『社会の経済』(1988) において, ルーマンは欲求に関して, 人間の再生産という基本的欲求 (「全体社会それ自体にとっても環境であるような事態」), 貨幣使用に伴い発生する「奢侈欲求」, さらに経済の自己欲求 (「経済的生産に伴う二次欲求つまりエネルギーや原材料や労働用役に対する需要」, すなわち「生産欲求」) を挙げている (Luhmann 1988：S. 61-62, 邦訳 48-49)。

他方で, 稀少性は「区別を用いることではじめて自己準拠的な配置として成立しうる」のであり, たとえば石油のように「ある量を占取すること, しかもその占取があとに続く占取の可能性を制限するとの条件のもとで占取する」という自己準拠的作動が稀少性を作り出す (Luhmann 1988：S. 179, 邦訳 179)。稀少性のもとでの供給の確保が, 経済システムの「機能」, すなわち「部分システムが所属する総体システムを観察すること」(Luhmann 1997：S. 757, 邦訳 1045) なのである。システム

言及としては，これら以外に「反省」，すなわち部分システムの自己観察がある。[5]

このように，経済システムにとって稀少性は決定的であるかに見える。「それぞれのシステムに特有なかたちで，異論を受けつけない事柄を主張できる」ようにする「偶発性定式（Kontingenzformel）[6]」によって，たしかに稀少性は経済システムに繋ぎ止められ，その点では政治システムにとっての正統性や法システムにとっての正義，学術システムにとっての制限性なども同様だが，しかしながら「それぞれの定式が全体社会にとって何を意味しているのかは未決のまま」（Luhmann 1997：S.470，邦訳 533）なのである。

機能システム間の構造的カップリング

では，たとえば経済システムと政治システムといった機能システム相互の関係はどのようになっているのか。この両システムの「構造的カップリング」，すなわちシステムのオートポイエーシス（システムを成り立たせている諸要素を諸要素のネットワークのなかで産出していくこと）を実行可能にする構造の範囲限定（Luhmann 1997：S.100-101，邦訳 101-102）を，ルーマンは租税と関税に見出す。「多額の（あるいは，少額の）貨幣が使えるなら，それは政治を刺激するだろう。しかし貨幣使用そのものは，経済システムの市場法則に服するのである（税金で買われるからといって，安くなったり高くなったりするわけではない）」（Luhmann 1997：S.781，邦訳 1071）。ごく常識的なこの観察につけ加えられるのが，今日的な租税回避である。

「20世紀の条件下では，この伝統的なカップリングに新たなものが加わってくる。個々の国家の〔かたちをとる〕政治システムが民主化されることにより，政治的成功（選挙での勝利）は，経済の景気に依存するようになる。そして景気は，世界経済システムの長期的な構造変移のなかに埋め込まれているのである。他方でこの成功条件を地域的な政治システムからコントロールする可能性は減少していく。ローカルな生産も輸出と信用供与とに依存するがゆえに，国家の決定による徴税をすり抜けていく。国家ができるのはせいぜいのところ，修正したり弱めたりする効果をもつ介入だけである。かくして自由主義的な／社会主義的な経済政策という古典的な区別は意義を失うに至る。……19世紀以来伝承されてきた党派図式は腐食してしまうが，どうやって，何によってそれを置き換えればいいのかは認識できないままなのである。」（Luhmann 1997：S.781-782，邦訳 1071-1072）

従来の観点では，こうした構造的カップリングはグローバルな租税競争と政党政治の機能不全と読める。ただ，ルーマンによれば，「……構造的カップリングは一方で排除効果をもち――排除されたものの領域ではシステムは何の意味ももたない――，他方でシステムが利用可能な因果関係の回路づけをもたらす」(Luhmann 2007：邦訳 134) ゆえに，上記の「置き換えればよいもの」とは経済システムと政治システムとの排除効果によってもたらされた空隙（複雑性の縮減の帰結）と考えられるのである。
　以上のような社会システム理論は，世界社会の現存の危機をどのように捉えるのだろうか。ルーマンによれば，危機と見えるのは観察の問題である。ファースト・オーダーの観察者から見れば危機と見えるものも，セカンド・オーダーの観察者（観察者の観察者）からすれば，進化の帰結かもしれない。社会システム理論の立場はこうである。

　「どんな困難に遭遇しても，また汲み尽くせないほどの修正可能性に直面しても，われわれは進化の結果として成立した全体社会と折り合っていかねばならない。ユートピアの必要性ですらやはりこの全体社会に帰せられうるのである。」(Luhmann 1997：S. 1117, 邦訳 1445)

　ただし，こうした状況の観察にはサード・オーダーの立場（「セカンド・オーダーの観察の可能性の条件についての反省」）が必要だといわれる。ちなみにアドルノも，状況診断と言説分析との組み合わせによる批判をしばしば行なっていた点で，こうした観察の対極にいたわけではない。だが，折り合うか否かという決定的な1点において両者は立場を異にする。「全体社会の批判は，批判されるシステムの一部なのである」(Luhmann 1997：S. 1118, 邦訳 1446) という文言は，批判理論と社会システム理論との思わざる接近と乖離を端的に表しているだろう。おそらくアドルノもルーマンも Gesellschaft を語る点で変わりはないが，問題は誰が（何が）どのようにどこから語る（観察する）のかである。さらに最も争点となるのは，「批判」の意味である。ルーマンは，社会学が自己を批判的なものと理解しても「フランクフルト学派」の批判性と同様ではないと言う。「資本主義」や「システム」の拒絶は，「代替選択肢の構想がないまま，否定のなかで身動きが取れなくなってしまっている」(Luhmann 1997：S. 1119, 邦訳 1448)。

しかしながら，はたしてこれらの諸概念とそれらを用いる理論は，別様のものの構想をもたなかったのだろうか？　たとえば上記の構造的カップリングによって排除されたままの空隙は，社会システム理論では「作動上の閉じ」ゆえに当然なのだが，ハーバーマスの近年の議論は，まさにこの空隙を埋め合わせようとするものではないか，との疑念が残される。

　ここが肝要である。ルーマンの議論はなるほど政党政治の今日的な機能不全をうまく説明するが，それ以上の説得的な貢献はないように思われる。他方で，ハーバーマスの議論は可謬主義的な前提に立つために，トランスナショナルな次元でのフェアな世界内政の可能性を垣間見せてくれるが，現実政治に対する言語的構想力の「弱さ」の懸念は拭い難い。そこで，この難点についてさらに考察すべく，批判理論における想像力論の源泉に遡行しよう。

4　外部なき交換社会と想像力——アドルノ

想像力と組み替えの願望

　最近のハーバーマスは意外にもアドルノを評価している。『アドルノ－ショーレム書簡集』の書評で，彼は新自由主義批判とアドルノをうまく結びつけている。

> 「今日，ネオリベラル・レジームのもとで広がっている泡の絨毯（フォームカーペット）は，いっさいの反抗的な動きを吸いこみ，それどころかそうしたものも利用し尽くしている。こういう状況のもとでは，アドルノの意図はさらにいっそうのアクチュアリティを獲得している。最終的には，切り離されたポテンシャル，自分自身を忘却してしまった社会をその破局から守るべきポテンシャル，自己自身の毒に対して社会を守ってくれるポテンシャル，そうしたポテンシャルを解き放つことがアドルノの目指すところだったのだ。」（Habermas 2015b：邦訳 24）

　現存の新自由主義的政治経済レジームが「社会」の領域を蚕食しながら社会問題を生み出し続けている点については再論するまでもない。では，社会自身の毒に対して社会を守る潜勢力の解放の方途はアドルノ思想にどのように看取できるのだろうか。

　ここでハーバーマスが言及しているのはアドルノに時折見られる神学的ニュアン

スである。同様の方向性は，アドルノが第二次世界大戦のさなかに書き留めた『ミニマ・モラリア』(1951)の最終アフォリズムからも読み取れる。

「絶望に直面してなお，唯一応えることのできる哲学とは，あらゆるものを，救済の立場から見たときに現れるような姿で観察する試みであろう。救済のときに世界を照らす光以外，認識にとっての光はない。……世界はいつの日かメシア的なものの光に照らされて，そのみすぼらしく，変わり果てた姿をさらすだろう。それと似たかたちで世界がその配置を替え（versetzen），異化され，みずからのひび割れや裂け目を露わにするようなパースペクティヴが作りだされねばならないだろう。」(GS4　S.283：邦訳 391-392)

ここに，ハーバーマスは「一神教の規範的内実」，すなわち「『隠れた神』という概念に書き込まれている平等主義的・個人主義的な普遍主義」へのアドルノの忠誠を見ている (Habermas 2008：S.56, 邦訳 61)。だが，アドルノ思想における神学的含意そのものはここでの検討の対象ではない。むしろ以下で注目しておきたいのは，(8) こうした眼差しに欠かせない想像力についてである。なぜなら，「持続するもの」を組み替えようという願望は想像力と強く結びついており，さらにこのパースペクティヴを獲得しようという思惟にとって想像力は不可欠だからである。

同じく『ミニマ・モラリア』のなかで，感情の鈍化は一見理性にとって良きことのように思えるが，事態はまったく逆であり，対象への衝動こそが思惟の条件になっているとアドルノはいう (GS4：S.138, 邦訳 180-181)。記憶は消えゆくものへの愛と強く結びついており，想像力は現存在のさまざまな要素を置き換え，組み替えたいという願望から生まれる。対象化する働きが願望に呪縛されたままの認識は役に立たないが，そうした呪縛を振り切る思想のなかに衝動が揚棄されていなければ，認識は成り立たない。想像力は無意識の領域に属するものとみなされているが，あらゆる判断の源である客観のあいだの関係は想像力によって打ち立てられるのである (GS4：S.138-139, 邦訳 181)。

こう語られる想像力は，ほとんどカントの構想力 (Einbildungskraft) だろう。カントは『純粋理性批判』(1781) において，「認識における多様なものの結合を可能ならしめるア・プリオリな条件としての総合，すなわち構想力による純粋な総合」(Kant 1974a：S.174, 邦訳下 164) について語っていた。「対象が現在していなくても

この対象を直観において表象する能力」(Kant 1974a：S. 148，邦訳上 193，強調は原著者)を完全に放棄した人たちの真に純粋な理性は，純粋な無自覚に極まるとアドルノはいう。こうした産出的（produktiv）構想力の放棄とともに，「自発性のはたらき」(a. a. O.) を失った知性は犠牲になり，生産過程の優位のもと，理性の道具化が進行する（GS4：S. 139，邦訳 181-182）。カントに即しても，構想力と悟性との偶然的な合致，すなわち「認識能力の自由な戯れ」(Kant 1974b：S. 132，邦訳 75) は表象の普遍的な伝達可能性の条件であり，したがって構想力を欠いた認識はそもそも不可能ということになる。

想像力と偶然性

遺著となった『美の理論』(1970) の想像力論はいっそう肯定的である。芸術において万能の力を発揮する想像力（Phantasie）は，たしかに現実からの逃避かもしれないが，そこには「現実原則を超えさせ超越的なものに変えるもの」が隠されている。芸術のうちには，分業社会を超え出て「よりよい世界を作ろうとする願望もまた作用している」のである。その限りで，芸術作品は単に主観的な言語ではない（GS7：S. 21-22，邦訳 20-21）。

興味深いことに，この想像力の源泉には偶然的な要素があるとアドルノはいう。

「……アクションペインティングや偶然芸術(エイリアトーリク)といった少なからずの現代芸術において，想像されたものではない〈不意をつく〉要素が創造的機能を果たしていることは，頑固な人間以外は否定のしようがない。〔主観による媒介と偶然的要素の働きという〕こうした矛盾を解決してくれるのは以下の点かもしれない。想像力 (Imagination) はすべて不確定性という光環によって包まれていること，だがこの光環は想像力と対立するとしても，想像力によって拘束されないわけではないということ。」(GS7：S. 63，邦訳 68)

不確実で偶然的なものによって刺激される想像力が作り出す芸術は，既存の交換社会を別様でありうるものとして組み替えてみせる客観的な言語でもある。芸術の歴史的歩みは「神話救済の過程であると同様に，神話批判の過程でもある」(GS7：S. 180，邦訳 203) ために，想像力に昇華された「没落しまた回帰してくる内容」(GS7：S. 76-77，邦訳 83-84)，「かつて失われたもっとも古いもの」(GS7：S. 180，邦

訳 204)，すなわち自然との和解が，啓蒙の法則に呪縛されながらも芸術に課せられた使命である。

「客観への自由」

さらに想像力は，「客観そのものの語り」を可能にするものでもある。意味をなさないかに見える表現だが，『否定弁証法講義』(1965/1966) および『否定弁証法』(1966) の対応箇所を見てみよう。まず講義録ではこのように表現されている（1966年1月18日の講義メモ）。

「思想が真に自己を外化するなら，客観自らが語りはじめるだろう。想像力 (Phantasie) の努力——それに対して，最大の——合理化された——抵抗。」（Adorno 2003：S. 179, 邦訳 196, 強調は原著者）

想像力は主観の努力ではあるが，客観の抵抗を乗り越えて，それみずからに語らせる契機である。『否定弁証法』の対応箇所はこのようになっている。

「思想が真に事象に自己を外化するならば，思想の粘り強いまなざしのもとで客観が自ら語りはじめることだろう。」（Adorno 2003：S. 176, 邦訳 249）

ここで「想像力」は，思想の「まなざし」に置き換えられている。このまなざしはもはや事象の無規定性を前提してはいない。客観そのものの語り。それは，従来の観念論の限界を克服しうる「客観への自由」を，より具体的に表現したものなのかもしれない。「客観への自由」は，「客観を端的に無規定なものと考えるのではなく，思想が客観を自発的に思考することによって，つねに同時にみずからを客観に合わせるというあり方」（Adorno 2003：S. 121, 邦訳 140），あるいは「事象において自己自身を忘却し，みずからを変えていく思想」（GS10.2：S. 579, 邦訳 194）であり，思考自身のもつ強制力によって思考がみずからを解放し（Adorno 2003：S. 206, 邦訳 260），「開かれたもの（das Offene）」へ到達するという，哲学の目標であった（Adorno 2003：S. 165, 邦訳 187）。こうした論点は，主観に対する客観の優位と，個人に対する社会的客観性の事実的な優位という，二重の「客観の優位」よりも先へ進んでいる。ここに見られるのは，客観と向き合うなかでみずからを変容させる思

想の姿であり,そのなかでみずからを語り出す客観のありようである。

交換社会と別様の同一化

以上に見られる想像力論は,前節末で浮かび上がった難点を乗り越えうるのだろうか？ 以下,アドルノの交換社会論とその含意を探ろう。

アドルノが社会を特徴づける際に強調するのは「交換」だが,そこには明らかにマルクスの濃い影が看て取れる。アドルノが多用する交換社会概念とそれが名指すものに外部は存在しない。ヴァイマール共和国はハイパーインフレに悩まされ,民主主義の定着も望み難かった。1922年当時,T. マンですら反共和国的心情を抱く人々に対して,ロマン主義と民主主義とを結びつけるという大胆な説得を試みている（マン 1990）。青年アドルノは「資本主義世界に外部はない」という認識をすでにもっていた（GS17：S.114,邦訳 170）。

交換は自然という素材かつ質料（Materie）を形式的な同一性へと還元し,その結果社会は「常に同じもの」になる。たしかに交換による社会の構成員のある種の平等化も考えられなくもないが,その裏面は同質化である（その場合に想起されるのはマスメディアによって操作される大衆社会である）。アドルノ思想において,「社会」の領域とその概念は交換原理（Tauschprinzip）によって貫かれたものとして描き出されている。

外部なき交換社会を超出する方途はどのように模索され,その別様の可能性はどのように考えられたのだろうか。決して楽観的なものではないが,アドルノ思想のなかにもそのヒントが幾つか見出せる。たとえば,子どもの無目的な遊びに見られるモノの交換価値の換骨奪胎と使用価値への没入（GS4：S.259-261,邦訳 358-360）。さらに,アドルノ固有のタームである「非同一的なもの（das Nichtidentische）」は,同一性原理としての交換＝概念から逃れ出るものでもあった。その思想の根底に流れる歴史的偶然性も,「常に同じもの」である社会が別様でありえたこと,別様でありうることを示す重要な契機である（興味深いことに,戦間期には偶然性や不確実性をめぐる言説が頻出した）。

では,ポスト国民国家的状況においてこうした「社会」論はどのような意義をもちうるのだろうか。現在,その存続が危ぶまれている EU は,その成立の歴史的経緯を顧みれば,第一次世界大戦後の社会経済的な危機,「精神の危機」（ヴァレリー）の時代に構想された新たな秩序に淵源がある。グローバル化といいうるほど世界経

済が大規模化しつつあった当時の資本主義世界にアドルノが見出した「交換社会」は，むろんそうした新秩序構想への対案ではないし，現在の「世界社会」に直接的に適用可能な説明概念でもない。むしろアドルノの「交換社会」は，そのうちに歴史的偶然性，すなわち別様でありえた可能性を胚胎している点で，「社会」を説明する記述的概念ではなく，概念のうちに包摂されつつもそこから逃れ出ようとするものの併存と矛盾，対抗関係を表現するものだろう。別様でありえた可能性は，別様でありうる可能性を仄めかす。「交換社会」は，どれほど強制や抑圧を事実的に示していようと，同時に来たるべき社会の潜勢態でもある。問題はむしろ，この潜勢態がどのように顕在化しうるかにある。

その端緒は，交換原理が空疎な同一性へと還元している質料，「純粋な可能性」(Adorno 1998：S. 58) としてのデュナミスにあるのではないか。むろん人間も内的自然という質料をもつ。「崩壊」後の瓦礫のなかに佇みながら，アドルノが意外なほどに教育論を展開し，実際の教育に注力したのは，個々の人間のデュナミスへの着目があったのではないかとも考えられる。「アウシュヴィッツ以後の教育」(1966) でアドルノは次のように語っている。

「相手の身になってみること（Identifikation）ができないということこそ，アウシュヴィッツのような出来事が，多少なりとも礼儀正しくて悪意のない人々のあいだで起こりえたということの最重要の心理学的条件であったことは疑いありません。」(GS10.2：S. 687，邦訳 141)

彼自身が断っているように，これは「愛の説教」ではない。この箇所で，アドルノは利己的な人間の社会構成というホッブズ問題とそうした社会に住まう人々の「他者の運命に対する無関心」(ebd.) に触れている。

ハーバーマスに寄せていえば，ジェノサイドに直面した私たちが「道徳的な怒りの声」をむろん挙げないわけではないし，その歯止め効果は信用に足るが，それだけでは弱すぎる懸念もある。かといって，他方でルーマンのスミス解釈のように，他者の感情へ到達することはできないという「ラディカルな疎遠性」(Luhmann 1997：S. 1022，邦訳 1341) を前提とする社会的なものの理論は，たしかに現代社会の一面を鋭く描き出すが，ルーマンが他者の観察の観察を描く「決定的な一文」(Luhmann 1997：邦訳 1597) とみなしているスミスのこの表現を，私たちは忘れる

ことはできないのである。「同感（sympathy）は，その情念を考慮してよりも，それをかきたてる境遇を考慮して起こるのである」(A. Smith 1982：12，邦訳上 31)。ここで問うべきは，この人の境遇への考慮はどのようにして可能なのか，他者の観察の観察へ至るものを想像力と名指さない特段の理由は何か，ということである。

おそらく問題は，別様の同一化の可能性だろう。ここで「客観への自由」を想起してほしい。従来の観念論において，客観は常に思考によってかたどられるものでしかないと考えられていた。ところが，「客観への自由」は，むしろ事象に即して思考がみずからを変えていくことによって，主観からは汲み尽くしえない事象の残余，すなわち質料，非同一的なものが思考の強制力を借りつつ，みずからを語り出すありようを表現しているだろう。想像力は，こうした認識のユートピアにとって不可欠の契機である。現存のものを組み替えたいという願望から生じる想像力は，客観の別様の語り，交換社会のもとで抑圧されている質料の語り，「純粋な可能性」の顕在化を可能にするものなのかもしれない。こうした想像力は反知性的で非理性的に見えるかもしれないが，それは生産過程の優位のもとでのことであり，この点で想像力はむしろ知性に自発性を与え，別様の社会を垣間見せうるのである。

以上は認識論批判の文脈で捉えられるものだが，同一性原理とその批判的契機としての想像力という構図は，『美の理論』等を瞥見すれば明らかな通り，他の領域にも妥当することだろう。となれば，ナショナリズムや（究極的には）アウシュヴィッツへと至る誤った同一化ではなく，想像力は現存のものを別様に組み替えるように働くだろうことが看て取れる。それは，すべてを同じものに還元する交換社会の毒に対する解毒剤なのかもしれない。

5　「別様の観察，『別様のもの』へ」

以上を踏まえると，冒頭に提示した「資本主義の制御可能性」は，じつは正確な表現ではないことが明らかになる。ハーバーマスの観点からすれば，私たちを不透明な偶発性の海に投げ出す世界市場社会をいかに政治的に形づくるか，すなわち具体的には，公共圏のトランスナショナル化と対抗運動の漸次的な活性化が問題なのである。他方で，ルーマンの観点からすれば，「制御や監督に必要な社会全体の中心ないし社会全体の階層構造の頂点が存在しない」(Luhmann 1991：邦訳 ii) ために，そもそも全体社会の制御は争点にならず，ただその進化を待つのみである（世

界市場社会を全体社会と等置してよいならば）。経済システムと政治システムの関係でいえば，政治システムが経済システムの自己制御に影響を及ぼすには，まず経済システムの作動の観察が必要になる（Luhmann 1988：S. 348，邦訳 356）。このように，両者のあいだには「制御」の理解にしても「偶発性」の把握にしても相当の懸隔がある。この懸隔を両者の理論的出自や立場（「学派」）の異なりに求めるよりは，そうした対立した解釈を強いる現代社会の複雑性の表現と見たほうがよいだろう。

そしてアドルノの観点からすれば，資本主義世界を別様に眺めるパースペクティヴの獲得が課題となる。かつてアドルノは，世界大恐慌の時代に「崩壊した言語」について書いたことがあった。「言語と事象のあいだの記号としての結びつきが偶然であるということ」（GS1：S. 366，邦訳 87）が露呈したいまでは，「哲学者が向き合っているのは崩壊した言語である。……哲学者の自由はひとえに，この残骸に残されている真理の強制力にしたがって，それらを布置へと構成する可能性のうちにのみある」（GS1：S. 368，邦訳 92）。この言語論は，直接的には存在論批判の文脈で書かれたものだが，「客観への自由」の萌芽と見てよいだろう。

ハーバーマスの言語的構想力が生活世界内での了解の次元で働くものであるのに対して，アドルノのこうした言語論や想像力論は，いわば生活世界の存立の限界においてその可能性条件を問い返すものであると考えられる。アドルノの想像力論は，なるほど観念論の残滓と形而上学への「拘泥」を若干残しつつも，極限の状況下での思想のあり方をいまなお私たちに問いかけるものである。むろん，アドルノが生きた時代と現代とを完全に地続きのものとみなすことには相当の問題がある。彼が見た「経済」の姿も，世界大恐慌というシステムの破綻（現代経済学が誕生した1930年代の危機の時代（松嶋 1995））と冷戦下での社会的市場経済の成功（「経済の奇跡」）であった。しかしながら，同種の危機ではないにせよ，やはり危機の時代にこそ仄見える「別様のもの」への言語と想像力の可能性を私たちは見過ごしてはならない。銘記すべきは，『ミニマ・モラリア』の最後の箇所である。

「……完全な否定的状況は，じっと見れば結晶して反対の鏡文字になる。」
（GS4：S. 283，邦訳 392）

この眼差しの可能性のために，思想はみずからの不可能性をも理解しておかなければならないのである。

＊邦訳のあるものは参照したが，断りなく訳文に適宜変更を施している場合がある。

注
(1) とりわけ新たな政治的含意をもった「市民社会（Zivilgesellschaft）」像を参照されたい（Habermas 1990：邦訳 1994）。
(2) この力は合理的行動を可能にする条件である点で合理外的（a-rational）といわれる。
(3) この論点については，とりわけ木前（2014）を参照されたい。
(4) E. エスポジトは，見出し語「経済システム」において，「欲求がシステムの他者言及」と説明している（エスポジト 2013：邦訳 80）。
(5) 経済システムの自己観察とは市場の観察のことかもしれない。エスポジトは次のように解釈している。「市場は経済システムの『内部環境』である──それは，経済システムがその活動に関し，あたかも自己自身が環境であるかのように自己自身を示す，そのような場所である。市場の観察という枠内で，経済システムへの参加者は，他の人びとがシステムの作動と他の参加者たちの観察をどのように観察しているかを観察する」（エスポジト 2013：邦訳 81）。
(6) 偶発性定式は，「ある可能性の現実化が他の可能性の現実化を排除したり少なくとも制限したりする程度にまで，他の可能性（ここでは他の占取）のもつ任意性を抑止する」のである（Luhmann 1988：S. 191, 邦訳 190）。
(7) 機能分化した全体社会においては「いかなる政治も，経済はもとより経済の部分領域ないし個別経営をすら立て直しえないのである。なぜなら，そうするためには貨幣つまり経済が必要だからである」（Luhmann 1988：S. 325, 邦訳 335）。
(8) 未公刊のアフォリズム集『つまらないギリシア人』の一文「そもそも人は神学かトートロジーのいずれかを選ばなければならない。私は神学を選べたらいいのだが。1969年7月」（Tiedemann 2003：S. 38）などに現れているように，アドルノの思想から神学的含意は切り離しがたい。実際，アドルノ研究においても一領域を成している。
(9) ハーバーマスにも「別様のもの」に対する鋭い感覚がある。新自由主義の「鎮静剤」を批判する次の発言を参照されたい。「今とは別の方向をとったらどうなるだろうかと考えなくなれば，思想の地平は狭くなるばかりです」（ハーバーマス 2016：邦訳 119）。

参考文献
木前利秋，(2014)，『理性の行方　ハーバーマスと批判理論』未來社。
シュトレーク，W., (2016), 鈴木直訳『時間かせぎの資本主義──いつまで危機を先送りできるか』みすず書房。
鈴木直，(2016)，「ヨーロッパを引き裂く四つのベクトル」『世界』886号。
バラルディ，C., コルシ，G., エスポジト，E., (2013), 土方透他訳『GLU』国文社。

松嶋敦茂，(1995)，『現代経済学史　1870〜1970――競合的パラダイムの展開』名古屋大学出版会。

マン，T.，(1990)，青木順三訳『講演集　ドイツとドイツ人　他五篇』岩波文庫。

Adorno, Theodor W., (1970-1986), *Gesammelte Schriften,* hrsg. von Rolf Tiedemann, Frankfurt/M.（＝GS）

  1＝*Philosophische Frühschriften*（細見和之訳『哲学のアクチュアリティ』みすず書房，2011年。）

  4＝*Minima Moralia*（三光長治訳『ミニマ・モラリア』法政大学出版局，1979年。）

  7＝*Ästhetische Theorie*（大久保健治訳『美の理論』河出書房新社，1985年。）

  10.2＝"Erziehung nach Auschwitz"（原千史他訳『自律への教育』中央公論新社，2011年。）

      "Meinung Wahn Gesellschaft"（大久保健治訳『批判的モデル集１』法政大学出版局，1971年。）

  17＝*Moments musicaux*（三光長治・川村二郎訳『楽興の時』白水社，1969年。）

―――，(1998)〔1965〕, *Metaphysik: Begriff und Probleme,* hrsg. von R. Tiedemann, Frankfurt/M.

―――，(2003), *Vorlesung über negative Dialektik,* Frankfurt/M.（細見和之他訳『否定弁証法講義』作品社，2007年。）

―――，(1969), *Spätkapitalismus oder Industriegesellschaft?,* Stuttgart.

Habermas, Jürgen, (1990), *Strukturwandel der Öffentlichkeit,* Frankfurt/M.（細谷貞雄・山田正行訳『公共性の構造転換』未來社，1994年。）

―――，(2004a), *Der gespaltene Westen,* Frankfurt/M.（大貫敦子他訳『引き裂かれた西洋』法政大学出版局，2009年。）

―――，(2004b), *Wahrheit und Rechtfertigung,* Frankfurt/M.（三島憲一他訳『真理と正当化』法政大学出版局，2016年。）

―――，(2008), *Ach, Europa,* Frankfurt/M.（三島憲一他訳『ああ，ヨーロッパ』岩波書店，2010年。）

―――，(2013), *Im Sog der Technokratie,* Berlin.（三島憲一訳「デモクラシーか資本主義か？」『世界』886号，2016年。）

―――，(2015a), "Interview: Asylrechte sind Menschenrechte", *Deutsche Welle.*

―――，(2015b), "Vom Funken der Wahrheit", *Die Zeit,* Nr. 15.（三島憲一訳「ショーレム／アドルノ往復書簡について　真理の閃光」『みすず』57巻7号，2015年。）

―――，(2016), "Die Spieler treten ab", *Die Zeit,* Nr. 29.（三島憲一訳「危機の際に中道を選ぶのは死を選ぶのと同じ」『世界』892号，2017年。）

―――ほか，(2014), 箱田徹・金城美幸訳『公共圏に挑戦する宗教』岩波書店。

Kant, Immanuel, (1974a), *Kritik der reinen Vernunft,* Frankfurt/M.（篠田英雄訳『純

粋理性批判』上・中・下，岩波文庫，1961年。）

―――,（1974b）, *Kritik der Urteilskraft,* Frankfurt/M.（牧野英二訳『判断力批判』岩波書店，1999年。）

Luhmann, Niklas,（1988）, *Die Wirtschaft der Gesellschaft,* Frankfurt/M.（春日淳一訳『社会の経済』文眞堂，1991年。）

―――,（1997）, *Die Gesellschaft der Gesellschaft,* Frankfurt/M.（馬場靖雄他訳『社会の社会』法政大学出版局，2009年。）

―――,（2007），土方透監訳『システム理論入門』新泉社。

―――,（2009），土方透監訳『社会理論入門』新泉社。

Oxfam,（2017）, *An economy for the 99%.*

Smith, Adam,（1982）〔1759〕, *The Theory of Moral Sentiments,* Indianapolis.（水田洋訳『道徳感情論』上・下，岩波文庫，2003年。）

Tiedemann, Rolf,（2003）, *Frankfurter Adorno Blätter VIII,* München.

第14章
現代社会の課題と異端の経済学
――マルクスとポランニー――

梅澤直樹

1 マルクスとポランニーを結ぶもの

　第1章では古典的パラダイムと近代的パラダイムとの対比を主軸として経済学の歴史が考察された。ただ，これら両パラダイムの対比という枠組みのみではその特質を十分に論じえない経済学者も存在してきた。たとえば，マルクス（Karl Marx：1818-1883）はたしかに古典的パラダイムに帰属する。だが，周知のように，マルクスは，資本制的市場経済システムをやがて社会主義的経済システムへと止揚されてゆく歴史の一段階としての特殊な経済システムと捉えていた。また，そうした認識に立って，A. スミスらの古典派経済学を次のように厳しく批判していた。彼らは，市場経済システムを人間の本性に適った，その意味で歴史を超えた普遍的システムとみてしまうがゆえに，このシステムの特性を十分に解明しえていない，と（Marx 1867：邦訳 147-150）。20世紀の経験を経て，マルクスの歴史展望は非現実的であったことが明らかとなった。しかしながら，資本制的市場経済システムを，人間生活を支える経済という営みの1つの特殊なあり方，他にもある経済のあり方のうちの1つと認識して，他のあり方とは異なるこの経済システムの特性を明らかにしようとしたマルクスの思索からは，なお学ぶべきものがあるのではないだろうか。

　他方で，ポランニー（Karl Polanyi：1886-1964）は，資本制的市場経済システムの集権的計画経済システムへの止揚を展望した人ではない。だが，経済的自由主義者の信奉する「自己調整的な市場」を，特殊な経済システムであり，その全面的展開は「社会の実体」を損なうと捉えていた。こうして，自己調整的な市場と社会の実体とを対置して，前者の広がりとそれに対する社会の実体からの抵抗との二重運動として近代史を捉えたのである（『大転換』1844）。第1章とのかかわりでは，そうした問題意識から，ポランニーがアリストテレスの経済論を高く評価していたこと

も興味深い（若森 2015：第五章）。

　このように市場経済システムの特殊性を強く意識していたという意味で，マルクスとポランニーは，古典的パラダイム vs 近代的パラダイムという枠組みには収まりきらない，いわば異端の経済学者という性格を共有している。しかも，ポランニーには，マルクスから影響を受けるとともに，マルクス主義の限界を強く意識していたところがある。本章では，第1章のもう1つの視座であった「活動」や「時間」に即して，そうした2人がどのような論議を展開し，そのことが現代社会の直面している課題にどのような示唆を与えているかについて考察してみることとしよう。

2　マルクスと現代社会の課題

活動論に即して

　第1章で論じられていたように，若きマルクスは『経済学・哲学草稿』において労働疎外論を展開していた。本来は自己の個性を発揮し，またいっそう錬磨していく活動であるはずの労働が，言い換えればまさに人間を人間たらしめるはずの営みが，資本によって疎外され，労働者は「自分の労働において肯定されないでかえって否定され，幸福と感ぜずにかえって不幸と感じ，自由な肉体的および精神的エネルギーがまったく発展させられずに，かえって彼の肉体は消耗し，彼の精神は退廃化する」（Marx 1844a：邦訳 91）という状態にあると，資本制的経済システムのあり方を厳しく批判していたのである。のみならず，同じ頃マルクスは，少し異なる視点からも労働疎外論を展開していた。

　すなわち，1843年末に経済学研究を始めたばかりのマルクスは，翌年春，『経済学・哲学草稿』の執筆と並行して，D. リカードや J. ミルらの著作を研究し，詳細なコメントを遺している。この J. ミル『経済学要綱』に加えられたコメント，いわゆる「ミル評注」のなかに，資本・賃労働関係を捨象して市場経済システムという観点でのみ考察した，労働疎外論が展開されているのである。

　市場経済システムにおいては交換を通じて人々が社会関係を構築してゆくのであるが，交換においては商品が等置される。つまり，それら商品の差異を構成する具体的属性は捨象され，抽象的な存在に還元される。その抽象的属性の結晶化したものが貨幣にほかならない。したがって，市場経済システムにおいて労働が貨幣を追

第14章　現代社会の課題と異端の経済学

い求める営利労働へと転化すると，「(労働が) 自己自身の人格性をみずから享受することであり，自己の自然的資質や精神的目的の実現であるかどうか，といったことは，まったく偶然的で非本質的なことになる」(Marx 1844b：邦訳 103　傍点は原文，カッコ内は筆者。以下同様) と。

　こうした労働疎外論は，高度に意識を発達させ，それゆえにみずからの個性に応じた選択とそれを通じた個性の錬磨を図る存在という『経済学・哲学草稿』と同じ人間観に立脚した，自己実現としての労働という視点からの労働疎外＝人間疎外論といえる。そのことが，ここでは，具体的属性においてこそ個性の発揮や錬磨，つまり自己の人格性の享受や自己の自然的資質，精神的目的の実現が図られうるのであり，抽象的属性の化身としての貨幣を追求する営利労働においては，労働の本来的意味は疎外されてしまうと捉えられているのである。

　のみならず，「ミル評注」では，人間は社会的，共同体的存在であるという人間観に立脚した，もう1つの労働疎外＝人間疎外論も展開されていた。すなわち，人間にとって消費活動もまたみずからの個性の発現であって，「ある事物を欲求するということは，その事物が私の本質の一部をなしているということ」にほかならない。したがって，消費者にとって，生産者はそうしたみずからにとって本質的な事物を提供してくれる大切な存在ということになる。だからまた，生産者も，「(消費者からそうした不可欠の存在として) 知られ，かつ感じられており，だから私は貴君の思惟と愛において私自身を確証するすべを知っている，と意識する喜び」を得ることができる。だが，営利労働のもとでは，生産者はみずからの利益のために生産するのであって，「私の生産物は貴君自身の本質，貴君の欲求の対象化であるから，それは貴君のためにある」というような意識に基づいてのことではない。すなわち，「人間としての人間のためにおこなう，人間の生産ではない。つまり，どうみてもそれは社会的な生産ではない」。こうして，生産者にとって価値，効力を付与するのは消費者のもつ等価物 (＝貨幣) のみ，つまり「貴君の需要と貴君の占有している等価物とは，私には同等の，つまりどちらでもかまわない名辞」ということになる。「われわれには，人間の言葉がわからない」というわけである (Marx 1844b：邦訳：100，112，115-118 など)。

　人間的な生産が消費者の具体的な個性に関わるものであり，生産物もそうした具体的属性において消費者と生産者とを結びつけるということはみやすいところであろう。しかるに，営利労働においては，等価物すなわちそうした具体的属性を捨象

された抽象性の化身が支配することとなる。つまり，ここでも具体性と抽象性とが対置されたうえで，後者が支配する人々の交流ないしつながりのあり方のもとでの，労働疎外＝人間疎外が批判されているのである。

こうして，「ミル評注」においては，市場経済システムのもとでの労働疎外＝人間疎外論が，自己実現としての労働という視点からのみならず，社会的，共同体的存在としての人間の本質を確証する行為としての労働という視点からも，展開されていた。かつ，いずれの疎外においても，具体性と抽象性とがキーワードとして対置されていたのであった。後年のマルクスの言葉を用いれば，労働には具体的有用労働と抽象的人間労働との二側面があり，市場経済システムのもとでは後者の側面が支配してしまうということが，高度に意識を発達させた存在としての人間，および社会的，共同体的存在としての人間という，人間の本質的属性のいずれの側面においても疎外を生み出しているというわけである。

このようなマルクスの労働疎外論は，現代においてフェミニズム論と結びついた。すなわち，現代では，女性にも社会的に活躍する機会を保障すべきという声が広がっている。そして，女性の社会進出に対する障害として，育児や高齢者介護といったケア活動が女性に偏って負担されていることに目が向けられもするのだが，マルクス派フェミニストであるS.ヒメルワイトは，ケア (care) というのは相手に心を配る，相手を思い遣るという営みであり，相手の具体的属性を離れてはありえないのであって，抽象性が支配する市場領域における労働とは区別されるべきという主張を展開し，女性労働論にケアワークという領域を切り開いた (Himmelweit 1996)。この論議は，ヒメルワイトの思惑を超えて，ケアワークと市場領域内での女性労働差別との密接な関連にも光を当てたという点でも興味深い (梅澤 2017)。ともあれ，ここでは，具体性と不可分というケアワークの特質が，既述のように社会的，共同体的存在としての人間にとって喜びの源泉になることと関連する問題に焦点を絞ろう。

すなわち，同じくマルクス派フェミニストの竹中恵美子氏は，生活時間の配分は労働時間と自由時間という二分論ではなく，労働時間，自由時間，家内労働時間の三分論で考えられるべきと主張した。ケアワークなど家内労働には単純に市場領域での労働に還元できない独自の意義があるのであって，独立の項目が立てられてしかるべきというわけである。しかも，そこには，ケアワークは負担だから社会的に担われるべきであるとか，男性も分担すべきだとかというばかりではなく，むしろ

第 14 章　現代社会の課題と異端の経済学

喜びでもあるからこそ男性にもそれを享受する時間が保障されるべきという、女性解放論を超えて、男性役割や男らしさというジェンダー意識に縛られた男性をも解放しようという、社会の根源的変革論への昇華を読み取ることができる（竹中2011：43）。

　さらに、こうした視点からは、マルクスは市場経済システムのもとでの貨幣（＝抽象性の化身）の支配に焦点を絞って労働疎外論を展開していたが、いささか単純化しすぎてはいなかったかという疑問が浮上する。実際、市場領域においても、具体的有用労働の側面が無化するわけではない。後述する不確実性論でみるように、市場経済システムのもとでは貨幣への関心が優先されざるをえない。だが、市場経済システムのもとでも、労働は純粋に営利労働としてのみ遂行されるのではなく、大なり小なり消費者との具体性を帯びたコミュニケーション行為としても遂行され、生産者の心配りが消費者に通じれば生産者も嬉しいという側面は残っている。工業製品であっても、生産者が凝らした工夫に対して消費者から喜びの声が届けば、生産者はやりがいを感じることができる。直接に消費者と接するサービス業においてはなおさらであろう。こうして、労働の種類や場によって差はあるが、市場領域内の労働であっても、具体的有用労働としての側面が捨象されきるわけではなく、社会的、共同体的存在としての人間間のコミュニケーション行為としての労働の意義も完全に消失するわけではない。同様のことは、自己実現としての労働の意義についても妥当しよう。また、だからこそ、日本的労働者管理の要諦として、労働の「人間化」（カッコ付きの人間化）、働きがいの確保が注目されることともなったのであった。[2]

　たしかに、杉原四郎氏が明らかにしたように、マルクスの経済学には「時間の経済」論が本質的要素として貫流している。『資本論』の原初稿であった『経済学批判要綱』（1857-1858）に「時間の経済、すべての経済は結局のところそこに帰着する」（邦訳 162）と明言されているとおりである。つまり、第1章で論じられていたように、「必然の領域」を縮小させることが経済の究極的課題であるという問題意識がマルクスにはあった。だが、労働の二重性論を踏まえるなら、生活時間の配分論においても、こうした問題意識に通じる抽象的人間労働の側面にのみ関心を奪われるのではなく、具体的有用労働の側面、それがもつ意義を確保してゆくことにも配慮しなければならない。[3] 必然の領域を縮小させるべく効率化を急いで、機械に従属する無味乾燥な単調労働を肥大化させてしまったり、消費者とのコミュニケー

289

ションをやせ細らせてしまったりしては，マルクスとしても不本意であろう。生活時間の配分問題，ワーク・ライフ・バランス問題は(4)，こうした多角的な視点のバランスのなかで考えられなければならないというわけである。

最後に，マルクスの労働疎外論は，現代のように不安定就労の若者を大量に生み出している社会がどのような意味で病んでいるのかを深く考えさせる糸口になるという点をも再確認しておきたい。就労を奪われるということは，生活困難に陥るというばかりではない。一方で，各自がその個性を発揮し，磨く機会を奪われるとともに，他方で，みずからが社会に貢献し，また社会の一員として受け入れられていることを実感し，そうした存在として誇りを抱くことのできる機会を奪われるということでもあるのである(5)。

時間論に即して

「不確実性」に対する「制度の経済学」からのアプローチ

不確実性をめぐっては，マルクスはそれが市場経済システムの内包する社会関係に起因することを追及した。資本制市場経済システムが他の経済の営み方と異なるどのような特性をもっているかを解明しようとした，「制度の経済学」ならではの視点といえよう。そしてその際，マルクスは，市場経済システムが広範な社会的分業を私的所有制度のもとで遂行していることに着目した。こうした制度ないし社会関係のもとでは，生産物は商品となり，それを欲する人はいるはず，社会的ニーズはあるはずという潜在的社会性，不確実な社会性しか帯びることができない。のみならず，商品所有者どうしが出会い，社会関係を織り上げていこうとするとき，交換を申し込んだ側の商品の社会性は未だ潜在的なままに留まるのに対して，交換を申し込まれた側の商品の社会性は，実際に社会的ニーズが存在すると確認されたわけであるから，現実的社会性に転じる。ここでは，交換が成立するか否かのイニシアティヴは後者の商品が握るというように，力の不均衡が発生するわけである。さらに，いわゆる物々交換の不便を媒介にして(6)，この力関係における優位性を独り占めしたものが貨幣にほかならない。こうして，貨幣は，すべての商品を潜在的社会性，つまり社会的ニーズがあるはずという予測，期待が外れて売れ残るかもしれないという不安な状態にさらしたまま，みずからはすでに社会性を保障されている，つまり誰もが認め，受け取ってくれるという特権的地位を独占的に享受する存在となる。だからまた，貨幣は誰もが欲する富でありながら，それにこだわると冷淡とか，ケチとかと

第14章 現代社会の課題と異端の経済学

いった悪評がつきまとうという，二律背反的性格を帯びた，不思議な存在ということにもなるのである。

　こうして，市場経済システムのもとでは，誰もがみずからの商品を貨幣に転化させることに強い関心をもたざるをえない。営利労働が広がるゆえんであり，そうした傾向は資本（＝自己増殖する交換価値の運動体）を生むこととなる。と同時に，この潜在的社会性という論点をさらに追及してゆけば，この市場経済システムの特性は資本制経済システムが計画的経済システムより活力を発揮できる要因となっていることもわかる。商品の帯びる社会性が潜在的なものに留まっているからこそ，そうした不安な状態から抜け出すために，売り手は，消費者がなにを求めているかを探り，あるいは魅力ある新製品を創出し，さらに生産費や流通費を引き下げて競争力を高めるといったことに，懸命に努力するからである。他面で，そうした売り手の努力は，商品のライフサイクルを縮めて使い捨てを奨励したり，外部不経済を垂れ流したりして，資源・環境問題を加速させ，また情報の非対称性を利用して，農薬や添加物を濫用した一見魅力ある商品を生産して消費者問題を引き起こすというような，諸問題を惹起することにもなっている。「不確実性」を市場経済システムという経済制度のあり方の特性という視点から考察することは，この経済システムが上記のような表裏一体の特質を孕んでいることの解明に通じているのである。

　のみならず，貨幣の支配とのかかわりで市場経済システムの特質として見逃すことができないのは，「人間の自由」という問題である。たしかに，市場経済システムのもとでの社会関係は，交換したがって両当事者の合意に基づくものであって，いずれかの当事者の強制力が働くわけではない。[7]だが，私的所有制度のもとでの社会的分業の展開というその独自の性格のゆえに，市場経済システムのもとで唯一現実的社会性を帯びた貨幣という存在に支配され，振り回されるとすれば，果たして自由な経済制度といえるであろうか。自由の侵害は，他者の権力行使によってのみでなく，ある経済制度が特定の方向の行動を強いるというかたちでも生じると解されるべきではないであろうか。セーフティネットをさまざまなかたちで充実させて，[8]潜在的社会性ゆえの不安にさいなまれる度合いを緩和し，貨幣に支配され，振り回されることを減じる方策を社会的に工夫するという現代社会の課題は，こうした観点からも要請されているといえよう。

「不可逆性」ないし資源・環境問題　マルクスは，史的唯物論に立脚し，生産力と生産諸関係との弁証法を駆動力として歴史は展開してゆくと解していた。ある水準の生産力の発展段階にはそれに適合した生産諸関係があって，生産力はそのもとで育まれてゆくが，やがて既存の生産諸関係は生産力のいっそうの発展に対する障壁となって新しい生産諸関係に取って代わられる。この繰り返しで，歴史は展開してきたし，資本主義から社会主義への移行もこの法則に則ったものにほかならないと解していたのである。つまり，マルクスは生産力の発展こそ未来を切り開くと解していたのであって，ジョージェスク゠レーゲンのような不可逆性に対する問題意識を抱けてはいなかった。生産力の発展と自然との衝突はその生産力を包む生産諸関係に限界があるからであって，生産諸関係を革新すれば問題は解決するという立場だったのである。

　実際，既述の若きマルクスの労働論は，L. フォイエルバッハを継承した人間＝自然主義に立脚したもので，人間と自然との本来的関係を次のようにみていた。人間は対象に「（対象）固有の規準をあてがうことを知っている。だから人間は美の諸法則に従ってもまたかたちづくる」，あるいは人間は「かれの欲求，かれの資質，かれの手持ちの自然的素材が直接にかれを駆り立てて生産に向かわせたもの」を生産する，と。人間は意識を高度に発展させ，知的活動にも自然との交感にも富んでいるがゆえに，自然諸物の本質を理解することができ，それに従って対象を活かすように多様に，柔軟に働きかけることができる。これは，本能に従った一面的な働きかけしかできない動物と人間との大きな違いである。つまり，人間の本質，人間の人間たるゆえんからすれば，人間と自然とのあいだに矛盾はない。だが，営利労働のもとでは，そのように対象を理解し，対象を活かそうとする思考は消え去ってしまうと解していたのである（Marx 1844a：邦訳 96-97；1844b：邦訳 103）。

　しかしながら，A. シュミットや山田鋭夫氏らが注目したように，その十数年後にマルクスが執筆した『経済学批判要綱』では，異質の見解が提示されていた。自然と人間との「非和解性」ないし「非解消性」という見方である。たとえば，机という形態は素材としての木にとってはやはり偶然的，外的であって，だからこそ机は木が樹木として自己を保持していくようには，つまり「再生産の生きた内在的な法則によって」は保持されえない。人間が手入れをしなければ，机は実体としての木にとって外的な形態として解体にさらされる，と。素材をなす自然が駆り立てるものに沿うべく木の声に耳を澄まし，その特性を活かすように努めたとしても，机

第 14 章　現代社会の課題と異端の経済学

が木にとって外的な形態であることに変わりはない。自然と人間との関係は根源的なところで非和解性ないし非解消性を孕んでいるというわけである。

　もっとも，シュミットも指摘していたように，この人間と自然との非和解性論は，非和解的だからこそ，いまや生産手段の形態をとっている自然素材の解体を防ぎ，その生産に費やされた過去の労働を保持するために労働を加えなければならないし，また労働にはその力があるという，具体的有用労働を通じた過去の労働の新生産物への移転論という文脈においてなされている。つまり，人間＝労働の力の再確認であり，ジョージェスク＝レーゲンが捉えたような不可逆的な自然的制約を問おうとしたものではない（シュミット 456-459）。

　だが，この自然と人間との非和解性論は，若きマルクスのいささかナイーヴな人間＝自然主義，すなわち特定の社会関係が付与する特殊な形態を離脱した実体的次元では自然と人間とは調和可能とみる楽観論と対比すれば，自然と人間とのあいだに横たわる根源的な深淵，つまり自然は人間の都合には解消しえない独自の実体性を帯びているということの自覚を孕んでいた。その自覚を現代の資源・環境問題に重ね合わせてみれば，この深淵は生産力の発展を通じて，つまり近代の科学＝技術を駆使することで本当に乗り越えられるのか，結局は乗り越えられない壁に向かって不可逆的に進むことにならないかという設問が浮上しよう。

　この設問に対しては，やはり生産力の発展を通じて乗り越えてゆけると回答する人々もいれば，人間の理性で自然のきわめて複雑なメカニズムを完全に解明したり，制御したりすることはできず，近代科学＝技術を恃んで強引に突き進めば思わぬ副作用を生み出して破綻に近づくと回答する人々もいる。さらに，この回答の相違は，近代科学＝技術が依拠する世界観の評価の相違に通じる。すなわち，主体としての人間と客体としての自然とを截然と分離し，自然から意味や価値を奪う一方で，そのように主観的要素を排除することで，だれもが検証し，成果を継承できる測定可能な要素間の関係に研究対象を絞って飛躍的な発展を遂げてきた，近代科学＝技術をいかに評価するかという問題に通じる。のみならず，この問題は，自然に意味や価値を取り戻させるといっても，その意味や価値は結局，人間が読み取ったものであり，そうしたものを自然に押しつけることにならないか，換言すれば，われわれは本当に人間中心主義を離脱しうるのかという問いに連なる。

　こうして，かの設問への回答は容易に決着しがたいものであることがわかる。実際，理性の限界を自覚し，慎重に研究を進めながら，エントロピーの劣化を抑制で

きる資源や既存資源の利用方法を見つけ出し，開放系としての地球が太陽から得る低エントロピーとのバランスの改善をめざすことはいちがいに否定されえない。だが，理性の限界の自覚とか慎重にとかいっても，暴走を防ぐのは容易ではない。非和解性論に立ってこそ，みずからの研究が自然にどのような負荷を与えているのか，あるいは与えることになりそうかをたえず謙虚に省みることもできるのではないか。山田氏が主張したように，「自然と人間文化との危ない関係をそれとして醒めた目で自覚しつづけ，これを徹底的に引き受けつづける」ことが求められていると解される（山田 1985：97以下及び135-136，梅澤 1998をも参照）。

3 ポランニーの時間論と現代社会の課題

「不確実性」と人間の自由

マルクスに即してみたように，市場経済システムは不確実性に充ちた世界である。この点を，F. A. ハイエクは，近代社会の住人は経済を調整するための膨大で，分散し，また急速に変化するミクロ的な知識のごく一部しか知りえないという「理性の限界」と集約したうえで，この限界を強引に集権的に解消しようとすると，かえって人間の自由が奪われ，個人の尊厳が脅かされると社会主義を批判し，自生的秩序を擁護した（ハイエク 1986：第1章，第2章）。それに対して，若森みどり氏によれば，ポランニーは，市場経済システムのもとでの不確実性の広がりを，みずからの行為が他の人々にどのような影響を及ぼしているかが不透明となり，見定め難いという観点で受けとめ，だからこそ透明度を高め，みずからの「意図的行為がもたらす意図せざる諸帰結」を見定めてそれに対する責任をとる制度的工夫をこらすことに努めるべきであり，またそこにこそ，人間の自由があると考えた。つまり，「責任から逃げる自由」ではなく，むしろ「責任を担うことによる自由」をポランニーは選んだというわけである（若森 2011：31-33）。

こうして，ポランニーもまた，不確実性を「人間の自由」とかかわらせて注視したのであるが，そうした思考は彼の学生時代以来の歩みのなかで育まれてきたものであるので，若森氏に依りつつ，その歩みを少し振り返ってみよう。

ポランニーは，1886年，オーストリア＝ハンガリー帝国の首都ウィーンに生まれたのち，幼くしてブダペストに移住し，やがてブダペスト大学に進学した。この学生時代に，ハンガリーの民主化に向けた政治的，社会的運動に深くかかわり，サン

第 14 章 現代社会の課題と異端の経済学

ディカリズムやフェビアン社会主義に触れるとともに，ギルド社会主義に関心を強めた。だが，第一次世界大戦勃発に際しては民主化運動から離脱し，騎兵将校として従軍した。さらに，負傷して除隊したのち，1919年にはウィーンに亡命し，ロシアや中欧・東欧出身の社会運動家が多く集う療養所で一時を過ごした。また，一方でベーム＝バヴェルクなどオーストリア学派の経済学者の著作，他方で O. バウアーなどオーストロ・マルクス主義者の著作，さらにマルクスの『資本論』や初期の著作を研究した。ギルド社会主義に関する論考を新聞に寄稿するとともに，社会主義経済計算論争に参加し，ギルド社会主義の代表的論客である G. D. H. コールの機能的社会理論を継承した，「分権的な機能的社会主義」を提起してもいる。さらに，『オーストリア・エコノミスト』誌の副編集長として，国際政治・経済問題について数多く執筆もした。だが，やがてオーストリアでもファシズム勢力が台頭し，1933年，ロンドンへと再び亡命する。そこでは，労働者教育協会やロンドン大学公開講座での成人教育の講師を務め，そのためにイギリス経済史を学ぶ一方で，キリスト教徒の社会主義ネットワークの構築にかかわった。前者のイギリス経済史研究は，イギリス時代末期のアメリカ留学中に仕上げた『大転換』に生かされ，後者のキリスト教社会主義者との交流は，彼らが注目していた『経済学・哲学草稿』を深く研究する機会となった（若森 2011：18-35, 110-111など）。

　こうした学生時代以来の歩みにおいて，「責任を担うことによる自由」という発想を得るうえで決定的な契機となったのが，2,000万人を超える犠牲者を生んだ第一次世界大戦であった。ポランニーは，民主化運動から離脱して従軍したことも含めて，人間とは「自らの願望や意志のままに生きられない社会的存在」であることに悩むと同時に，「個々の人間の行動に由来しない社会的出来事や社会的悲惨はありえず，誰もが行為の非意図的な社会的結果に対して責任を負っている」とも認識した。だからこそ，上記のような社会的存在として人間が「時代の過ちや社会の苦しみと分かちがたく結びつけられている」ことの端的な表れとしての第一次世界大戦がなぜ生じたのかを解明することを自らの責務とした。この努力が『大転換』へと結実していったのである（若森 2011：24-28, 45）。

　さらに，上記のように認識したポランニーは，経済決定論的で硬直的な史的唯物論を批判する一方で，マルクスの物象化論を，「もっぱら人間の関与から生じているけれども，人間の意志から独立しているように見える」資本制的市場経済現象に鋭いメスを加え，「価格変動による自由な人間的意思の制限や，賃労働の本質に含

まれている不自由」を厳しく批判したものとして，高く評価した。協同組合などを活用する分権的な機能的社会主義の構想も，物象化をいかに克服していくかの試みだったわけである（若森 2011：第2章；ポランニー 2012：22以下, 57-58）。

　こうしたポランニーの資本制経済システム批判は，現代的にはたとえば里山資本主義と相通じよう。里山資本主義もまた，抽象的なグローバルマネーが席捲する現代資本主義を批判するとともに，切り捨てられてきた地方社会を人と人との絆を大切にしながら再興しようと志向しているからである。だが，そうした里山資本主義も，現代資本主義に取って代わるというより，「マネー資本主義」の経済システムの横に，「こっそりと」再構築しておかれる「サブシステム」とも位置づけられているように（藻谷ほか 2013：120-121），ポランニーの分権的な機能的社会主義の構想も現代社会においてどれほどの力をもちうるかについては意見の分かれるところであろう。とはいえ，経済のグローバル化が著しく進行して，諸個人の意図的な経済的営みが他者にどのような諸帰結をもたらしているかがますます見えなくなっている現代，見えない他者に対する想像力を羽ばたかせて「責任を担うことによる自由」を求める必要性はいっそう増していると解される[9]。そしてその点は，時間軸で見れば，資源・環境問題における将来世代に対するツケ回しについても，妥当するところであろう。

変化のスピードと文化

　ポランニーの時間論においてもう1点興味深いのは，近代社会がめざましい速度での変化を日常化していることに対する警鐘である。この点も，カール・ポランニー政治経済研究所所蔵の未刊行資料に即して若森氏が着目したところであるので，まず氏に従って論点を確認してみよう。

　すなわち，晩年のポランニーは，資本主義社会が想定していたよりはるかに生命力を保ち，発展してゆく様子を目の当たりにして，『大転換』の続編を構想した。そのキーワードのなかで新しく加わったものが，「変化の速度」であった。もともと『大転換』にも「居住か，進歩か」と題された章が含まれていたし，それはかの二重運動の重要な契機であったのだが（Polanyi 1944：第3章），そこには居住と文化とのあいだにポランニーが次のような重要なかかわりを認めていたことが伏在していた。「居住者としての人間，自然，生産組織は互いに分かちがたく結びついて，固有の居住環境としての社会をかたちづくる」。また，そうした固有の居住環境と

しての社会こそ,「何世代にもわたって培われてきた文化や伝統そして慣習が新たに育つ場,次世代に受け継がれる場」である。言い換えれば,地域の風土と相和した文化や伝統は,「幾世代もの忍耐によって徐々にうちたてられなければならず,社会はこれらを犠牲にして新規にどのような土地からでも出発する能力などもちあわせていない」。要するに,「『根ざす』という『定住性（fixtures）』を抜きにして固有社会の歴史的産物としての『文化』は育ち得ない」,と。

こうして,ポランニーは,変化の速度を制御することを訴える。「社会の実体」に視点を置けば変化は緩やかでなければならない。「人間も居住環境も,瞬時にして変化に適応することなど不可能」であって,激しい変化はコミュニティを倒壊させ,「文化的退廃,文化的真空」を引き起こすというように,ポランニーは,めざましい速度で変化する近代社会に危機感を抱いていたというわけである（若森 2001：164-167, 172, 177以下。Polanyi 1944：第13章をも参照）。

こうしたポランニーの「文化」論は,E. F. シューマッハのスモール・イズ・ビューティフルに倣ってスロー・イズ・ビューティフルを掲げ,「遅さとしての文化」（スローネス）を説く辻信一氏の見解と重なる。「人の身の丈にふさわしい適正なサイズ」があり,「人が共に生きるコミュニティ」にもそれにふさわしい「小ささ」があるのと同様に,「人の身の丈にふさわしいスピードやペース」があり,「文化にはそれにふさわしい遅さがある」と。さらにいえば,みずからを取り巻く自然とのつきあい方など,「共同体はそれぞれ独特の時間をもって」おり,伝統社会はその規模や速さや力の限度をわきまえ,逸脱を抑止してきた。「本来,文化とは社会の中にそうした『節度』を組み込むメカニズムなのではないか」と（辻 2001：227以下）。

このような文化観は,地域の風土が育んだ食材,それを活かした郷土料理に注目するスローフード運動とも結びつくし,前節で触れた里山資本主義とも響き合う。田中夏子氏,杉村和美氏が掘り起こした日本各地での魅力的なスローワークの実践例（田中・杉村 2004）にも,同じ志向を見出すことができよう。このように,めざましい変化を日常化させた近代社会に向けたポランニーの警鐘は,現代社会における興味深いカウンターカルチャー運動の諸潮流と軌を一にしていて,その二重運動論の示唆深さをあらためて感じさせてくれる。

実際,J. ボードリヤールがその「記号消費」論において鋭く抉り出したように,現代社会の住人は,いわゆる「消費社会のほんものの市民」たるための標準的消費財セットを,しかもいち早く更新されてゆくそれらを消化するために,また流行を

先取りして他者からセンスの良さを認められるために，あるいはかわいいとか優美とかワイルドとかお茶目とかといった個性のアピールを託して，「記号の海を漂流」している。しかも，個性の発揮といっても，上述の標準的消費財セットという大きな枠組みのなかでの「最小限界差異」を競うということになりがちである（ボードリヤール 1979：20-29, 109以下，133以下など）。ポランニーはマスメディアの発達に伴う「画一化や順応主義」ないし「平均主義」の蔓延を危惧していたが（ポランニー 2012：第14章），それが最小限界差異の追求，しかもいち早く更新されてゆく差異の追求というように少しかたちを変えて，まさにめまぐるしい変化を伴いつつ実現されているといえる。のみならず，そのようにいち早く更新されてゆく標準装備品には他者との会話に加わるための知識も含まれることとなる。つまり，知識がいっそう掘り下げられ，あるいは他の知識と連関させられたりして成長させられることなく，いわば一時的な消耗品の情報として消費されてゆく。これでは文化は育たないと危惧されても仕方がないかもしれない。

　しかしながら，文化を根ざすことや遅さとのみ結びつけるのも一面的であろう。ボードリヤール自身，記号消費を1つの文化と捉えてJ. K. ガルブレイスの現代消費社会論を批判していたのであるが，日本の高度経済成長以降を振り返っても，現代的な消費社会の展開のうちに新しい文化の芽を見出すことはできる。たとえば，記号消費は，商品の実体的機能より商品が帯びる社会的意味に重きを置くわけであるが，高度経済成長末期にまさにそうしたマーケティングで成功した西武デパートの戦略は，折しも家庭を築く年齢に達した戦後生まれの世代に，家父長制とは異なるニューファミリーのライフスタイルをアピールすることで自店を差別化しようとするものであった（辻井・上野 2008）。また，1960年代から90年代にかけての消費のあり方の変遷を，「大衆消費」から「スタイル消費」，「シーン消費（空間や場で演じる消費者）」，そして「ストーリー消費（いわば監督や脚本家としても参加する消費者）」へと，消費者の主体性が高まってくる過程として描く見方も存在する（電通ヤング&ルビカム・アバス(株)マーケティング局 1990）。もちろん，こうした消費者の主体性の高まりは，最小限界差異といった大枠のなかでの「それなりの」主体性かもしれない。だが，記号消費は，ガルブレイスのいう「依存効果」，すなわちメーカーや流通業者，メディアの仕掛けに消費者が踊らされているとばかりはいえないものであって，それなりに豊かになって「踊りたがっている」消費者を前提に成り立っているものである。したがって，記号消費社会の成熟になにがしかの消費者の主体性

第 14 章　現代社会の課題と異端の経済学

の高まりが随伴してもふしぎではない。

　そもそも，記号消費の精髄であり，根ざすこととは対極にあるかに見える「差異のたえざる更新」にしても，差異化自体に目を向ければ，生物的生存に必要なレベルでの世界の差異化すなわち「身分け」を超えて世界を差異化すなわち「言分け」するところに，文化が生まれたという見方も成立する。文化はある意味で余剰の差異化のうちにこそ存在するし，そのうちで発展するというわけである（丸山 1986：第 2 章）。したがって，差異化を推し進める記号消費社会をひたすら批判して，過度に委縮してもしかたがない。ここでも，二者択一的回答ではなく，バランスが求められることとなる。ポランニーも，変化の速度を制御することを求めてはいたが，変化そのものは多くの場合不可避ともみていたのであった（Polanyi 1944：邦訳 64）。

4　異端の経済学の活かし方

　見てきたように，マルクスやポランニーのような異端の経済学者による考察にも，現代社会にとって示唆深いところがある。そしてそれは，彼らが資本制的市場経済システムを経済という営みの 1 つの特殊なあり方と捉えて，その特性に焦点を据えて考察したところに由来する。みずからがそのうちに暮らすシステムをわれわれはしばしば当然視し，その特殊な個性に鈍感になりがちであるが，彼らはこのシステムをほかにもありうる経済の営み方の 1 つというように相対化することで，その特性を鋭く抉り出し，現代社会とも切り結びえたというわけである。

　だが，彼らの考察には，ただちにそれを受け入れるより，むしろ容易に回答を得られない問題提起として受け止めるべきものもあった。彼らの考察を活かそうとすれば，彼らの考察自体をも相対化すべきということである。ポランニー研究史を振り返りつつ，佐藤光氏は次のように述べているが，この視点からあらためてマルクスやポランニーを眺め直してみることも必要であろう。「市場経済を『不自然』なものとするポランニーの基本的視点を余りに無批判に継承」すべきではない。古来から「(市場の) 支配領域が徐々に拡大してきたというのも一概には否定できない事実」であって，「とすれば，市場経済への運動のなかにもなにがしかの『人間本性』が反映されている」と解するべきではないか，と（佐藤 1994：26-27）。この点は，豊かさを求める人々のエネルギーを直視し，そうした視線で近代史を眺め直すことにも通じると思われる（たとえば，川北 2010）。

他方で，マルクスやポランニーを相対化することは，彼らの説の脱構築にも通じる。じっさい，第2節でのマルクスにかかわる「不確実性」の考察は，マルクスが価値法則に従った搾取の解明のために均衡論に傾きがちで，せっかくの市場経済の私的性格の掘り起こしを不徹底に終わらせているところを補った面がある。紙幅の都合で割愛したが，この点を貨幣の価値尺度機能に即してさらにフォローしてゆけば，市場経済システムは多様な諸市場から成る重層的なパッチワークであることが浮かび上がる。また，そのことは，カウンターカルチャー運動の諸潮流が，この重層的市場システムのなかで，中枢をなす市場で疲れた人々を癒し中枢をなす市場の安定を支える補完物に留まることも，パッチワークを徐々に蚕食してみずからの領域を広げて全体のシステムの性格を変えてゆく方向に転じることもできるといった考察をも展望しうる。さらに，価値尺度論の再検討は貨幣の意味を再考させ，A. スミスの交換＝人間本性論ともかかわらせて，なぜ貨幣は擬制商品に留まらざるをえないのかについて，ポランニーの貨幣論を眺め直す機会ともなるであろう。

注
(1) 女性の社会進出の促進は，少子高齢化が進むなかで労働者を確保し，経済成長を促すという観点からも唱導されるが，この場合には，浜矩子氏が指摘していたように，一部の華やかなキャリアウーマンを多数の恵まれない女性労働者が支えるという構図になりかねない（毎日新聞2014年10月18日朝刊）。キャリアと家庭の両立をも含めて，真の女性の社会進出には，男性の働き方改革を含めた，全体的な社会改革が求められる。
(2) 人間化に「　」を付したのは，それが結局は「会社に統合されたもとでの個人的脱出競争」（熊沢 1993など）という息苦しい世界を招いているからである。
(3) 抽象的人間労働をなにをもって根拠づけるかについては，『資本論』冒頭章にも未整理なままに2つの論点が提示されているが，時間配分論にかかわるかぎりでは，同章第4節の社会的総労働の配分問題に帰着させるべきであろう。
(4) この表現は，本稿の考察からすれば，ワークもライフの一部であることを看過したものとして見直されるべきであろう。
(5) R. ルクセンブルクは，市場経済システムの特質を次のように描いていた。すなわち，自らの商品の買い手を見出せるか否かは，生活が成り立つか否かの問題であるばかりではなく，自らを社会に必要な存在として認められて誇りを抱くことができるか，それとも余計者として邪険に突き放されるかの問題である，と（Luxemburg 1925：邦訳254）。
(6) マルクスに即せば，『資本論』初版付録の価値形態論の第Ⅱ形態が想起される。

(7) 相手からの強制はないという形式的平等は保たれても，置かれている境遇から不利な立場での取引を強いられるといった実質的不平等は，グローバルにも国内的にもあまねく存在する．

(8) 社会保障も，生活費を補助すればよいというものではなく，本文で見たように労働も生活の積極的な一部であることを踏まえて，いかに労働の機会を保障してゆくかといった，総合的な生活保障への転換を求められている（宮本 2009）．ノーマライゼーションが求められる高齢者などのケアも，やはり「生活」を保障するという観点で捉えることができよう．

(9) タンザニアのキリマンジャロ・コーヒーの生産者たちを取り巻く世界的なコーヒー取引の事情とともに，なにをフェアトレードの基準とすべきか，またそれを実現するためにわれわれにはなにが求められるのかを論じて，教えられるところ多い著作に，辻村英之（2012）がある．

参考文献

梅澤直樹，（1998），「近代的自然観の問い方をめぐって」平井俊彦監修『再構築する近代』全国日本学士会，所収．

―――――，（2017），「『マルクス主義とフェミニズムの不幸な結婚』を乗りこえて」経済理論学会『経済理論』第53巻3号，所収．

川北稔，（2010），『イギリス近代史講義』講談社現代新書．

熊沢誠，（1993），『働き者たち泣き笑顔』有斐閣．

佐藤光，（1994），『ポラニーとベルグソン』ミネルヴァ書房．

シュミット，A.,（1972），元浜清海訳『マルクスの自然概念』法政大学出版局．

杉原四郎，（1973），『経済原論』同文館（『杉原四郎著作集Ⅰ』藤原書店，所収）．

竹中恵美子，（2011），『竹中恵美子著作集Ⅵ　家事労働（アンペイド・ワーク）論』明石書店．

田中夏子・杉村和美，（2004），『スローな働き方と出会う』岩波書店．

辻信一，（2001），『スロー・イズ・ビューティフル』平凡社．

辻井喬・上野千鶴子，（2008），『ポスト消費社会のゆくえ』文春新書．

辻村英之，（2012），『おいしいコーヒーの経済論』太田出版．

電通ヤング＆ルビカム・アバス(株)マーケティング局，（1990），『セツナ・さ・世代！』ダイヤモンド社．

ハイエク，F. A.,（1986），田中真晴・田中秀夫編訳『市場・知識・自由』ミネルヴァ書房．

ボードリヤール，J.,（1979），今村仁司・塚原史訳『消費社会の神話と構造』紀伊國屋書店．

ポランニー，K.,（2012），若森みどり・植村邦彦・若森章孝編訳『市場社会と人間の自

由』大月書店。

丸山圭三郎, (1986),『フェティシズムと快楽』紀伊國屋書店。

宮本太郎, (2009),『生活保障』岩波新書。

藻谷浩介・NHK広島取材班, (2013),『里山資本主義』角川oneテーマ21。

山田鋭夫, (1985),『経済学批判の近代像』有斐閣。

若森みどり, (2001),「「市場対計画」の終焉と『大転換』」杉浦克己ほか編著『多元的経済社会の構想』日本評論社, 所収。

―――, (2011),『カール・ポランニー』NTT出版。

―――, (2015),『カール・ポランニーの経済学入門』平凡社新書。

Himmelweit, S., (1996), Conceptualising Caring, Paper presented at the International Association for Feminist Economics.

Luxemburg, R., (1925), *Einfuhrung in die Nationalokonomie,* Berlin.（保住敏彦ほか訳『経済学入門』御茶の水書房, 2018年。）

Marx, K., (1844a), *Okonomisch-philosophische Manuskripte.*（城塚登・田中吉六訳『経済学・哲学草稿』岩波文庫, 1964年。）

―――, (1844b), Aus den Exzerptheften (Paris, Anfang1844-Anfang1845) in MEGA. Erste Abteilung, Band3.（杉原四郎・重田晃一訳『経済学ノート』未來社, 1962年。）

―――, (1857-1858), *Grundrisse der Kritik der Politischen Okonomie.*（Rohentwurf) 1857-1858, Berlin.（資本論草稿集翻訳委員会訳『資本論草稿集1 1857〜58年の経済学草稿』大月書店。）

―――, (1867), *Das Kapital,* London.（大内兵衛・細川嘉六監訳『マルクス＝エンゲルス全集第23巻 資本論』大月書店, 1965年。）

Polanyi, K., (1944), *The Great Transformation,* New York.（野口建彦・栖原学訳『新訳 大転換』東洋経済新報社, 2009年。）

第15章
経済学の本質とその未来
―― 松嶋パラダイム論を手掛かりに――

長尾伸一

　本書ではさまざまな経済学者の学説が取り上げられてきたが，経済学史のなかには，古典的，近代的という2つのパラダイムに分類できない経済学の学派が複数存在する。本章では第4章に続いて，第1節で松嶋パラダイム論を科学史の中に置いて検討して2つのパラダイムの成立と科学の歴史との関係を考え，続く第2節で，パラダイムを形成しなかった第三のタイプの経済学が存在することを示す。

　また現代では20世紀後半に「高度経済成長」を達成し，「豊かな社会」を実現した日本を含む先進工業国が人口停滞と低成長に苦しむ一方で，人口の急増が続く世界全体としては，環境問題や食料，水，資源の不足が経済成長に制約を課すようになってきている。これらの事実は，経済学の将来に問題を投げかけている。第3節では，経済学をめぐる現在の状況を概観し，economy の第四の意味を考えながら，その成立期である18世紀の人間観にたちもどって，「経済学とは何か」，あるいは「経済とは何か」を再考し，経済学の将来を展望してみる。

1　近代科学と経済学の類型

先端科学と2つのパラダイム

　経済学における古典的パラダイムの形成と，それに対抗する近代的パラダイムの登場については，説明しなければならない以下の問題がある。松嶋の定義によれば，古典的パラダイムと近代的パラダイムは並行的に存在するが，対立し合い，共存できない関係（非共約的関係）にあるとされる。経済理論におけるこのような根本的な対立の原因はそれぞれが依拠する価値観，思想の違いによると考えられるかもしれない。だがそれがこのパラダイム間の対立の原因とは考えられない。このそれぞれを理論的枠組みとする古典派も限界学派も経済思想や経済政策の点から見ると，

ともに自由主義経済学だった。市場を経済の中核とする社会と，市場システムを擁護し促進しようとする政治勢力が支配する国々，とくにそれぞれの時代に最も先進的な市場経済をもつ国で，古典派と限界学派は支配的な学説となったが，それにはこの2つの学派の自由市場を擁護する思想的，政策的傾向が大きな要因となっていた。

　さらにそれとは反対に，古典的パラダイムを採用したのは自由主義者ばかりではなかった。資本主義の克服を目指したマルクスは自由主義の批判者であり，しかも彼の理論的枠組みはリカードの業績に準拠していた。マルクスだけでなく，リカード理論の研究からはトマス・ホジスキン（Thomas Hodgskin : 1787-1869）のような社会主義者が生まれていた。このようにこの2つのパラダイムの対立を，歴史状況に基づく政策的，思想的な違いで説明することはできない。そこには政策や思想だけでなく，学問的方法の次元での対立があったと考えるべきだろう。第4章で論じたように初期近代における経済学の成立は，「新しい科学」の勃興に刺激された面が大きかった。経済学の歴史と科学史を結びつけると，古典的パラダイムと近代的パラダイムという2つの経済学の大きな理論的枠組みの起源を，それぞれの時期で先進的と思われていた異なる科学に求めることができる。

　近代科学と経済学の形成を関連させる際には，科学の「経験的方法」（宗教や形而上学の先入観を離れて，人間と社会をありのままに見る）の社会の研究への導入という道筋が考えられるかもしれない。しかし実際には近代科学は，たんに「自然をありのままに見る」ことによって誕生したのではない。その過程では，アリストテレース自然学の精緻で体系的な仮説に対する批判や，中世のキリスト教的哲学者たちによる理論的準備があったことがわかっている。また経験的な社会の研究という点では，すでに古代のアリストテレースの『政治学』自体がそのような学問だった。

　あるいはかつて経済学史学界で議論されたように，万有引力によって宇宙と地上の物体の運動を統一的に説明したニュートン物理学が，スミスをはじめとした18世紀の経済理論に論理的な枠組みを提供したと想定することもできる。だが再生産，循環，集計値分析のような古典的パラダイムの組み立てを考慮すれば，古典的パラダイムの原型となった科学は物理学ではなく，初期近代の医学だったと考える方が妥当である。それは第4章で見たように，当時の先端医学の研究で身を立てたペティやケネーが古典派経済学に方法や理論的モデルを提供したという事実から，伝記的にも裏づけられる。実際にもニュートン以前の時代には，「先端科学」は物理学

ではなかった。それは医学，正確にいえば現代の生理学や生物学，無機化学，有機化学の一部をも含んだ，総合的科学である初期近代医学だった。

医学と古典的パラダイム

初期近代医学は現代の医学と大きく異なっていた。17世紀末にニュートンたちが確立した近代物理学と異なり，「近代医学」の確立は医学史上では，細菌が発見され，局所的な病因とその予防法，治療法が明らかになりつつあった19世紀後半だったとされる。医学の「科学革命」は19世紀だった。それ以前の西洋医学はかつての中国やインドの医学のように，全体的な視点で人間の体とその病因を理解しようとしていた，一種の「ホーリズム（対象を各部分の合計ではなく，全体としてとらえる立場）」医学だった。

このような学問的性格を持っていた初期近代医学は，経済学にいくつかの重要な視点を与えた。第1に，17世紀に発見された人体内の血液循環は，生体内の「循環運動」という観念を提供した。血液循環の本当の役割の解明は主要な元素とその化合物が発見された19世紀以後となったが，初期近代医学はそれが熱や栄養など，何か重要な「要素」を体全体に運び，生体の再生産を担っていると考えていた。このような理論はしばしば「人体」に擬えられた「政治体」を扱う経済学の古典的パラダイムに，「循環」に基づく「再生産」の観念の原型を提供したと考えられる。

第2に，ホーリズム的な初期近代医学の病因論（病気の原因の説明）は，体を構成する諸要素のバランスを重視した。この考え方によれば，身体全体での構成要素の「不均衡」が病気を作り出す。古代ギリシアのヒッポクラテース（Hippocrates：B.C. 460頃-370頃）やガレーノス（Galenus：B.C. 129頃-200頃）の四体液説は，人体内を流れる異なる液体（血液，粘液，黄胆汁，黒胆汁など）の混合バランスの崩れが病気をもたらすと説明していた。この「不均衡」の観念は，初期近代における化学的医学のパラケルスス（Paracelsus：1493-1541）が提唱した，人体の3つの構成元素（水銀，硫黄，塩）の不均衡が病気を作り出すという考えや，オランダのヘルマン・ブールハーヴェ（Herman Boerhaave：1668-1738）やスコットランドのウィリアム・カレン（William Cullen：1710-1790）たちの，力学的な緊張と弛緩のバランスとその乱れの概念などへと，さまざまに変容しながら受け継がれ，局所的病因論が19世紀に確立されるまで，病因論の基本的な考え方であり続けた。この見方を使えば，市場経済の変動もステュアートのように，「政治体」におけるマクロ経済的な「需要と供給

の不均衡」という，医学と同様な論理によって説明できるだろう。

　第3に，このホーリズム的な身体観は，身体の仕組みのホメオスタシス的な理解を伴っていた。「自然治癒力」の観念も，古代の体液説からの歴史をもっている。病気が「調和」，「均衡」の乱れから生じるなら，通常健康である身体は自然に「均衡」に復帰する傾向を持っていることになる。ペティのような初期近代医学者の多くはそう考え，治療にあたって自然治癒力を重視した。この観念はメカニズムに内在する均衡を回復する力を想定しているので，政策的介入なしに自動的に最適な均衡状態に戻るという，市場システムのとらえ方の原型となっただろう。実際，自然治癒力はペティ，ボワギルベール（Pierre Le Pesant de Boisguilbert：1646-1714），ジョサイア・タッカー（Josiah Tucker：1713-1799），スミスなどの，自由主義的政策を主張した18世紀までの経済学的著作にしばしば登場し，安易な介入政策への批判のメタファーとして使われてきた。

　第4に，「集計値分析」という具体的な学問の方法には，初期近代医学のなかの「物理的医学」の影響があると考えられる。物理的医学とは身体のメカニズムを「有機的」な「生気」や化学現象でなく，力や熱などの物理現象にもとめる考え方であり，数量的分析に親和性が高い。ウィリアム・ハーヴェイは毛細血管の存在を知らなかったので，解剖学的事実というより計量的推論によって，体内を血液が循環しているという結論を導いていた。医学史家によれば，彼は次のような推理によって，血液循環を「発見」したのだった。

　「ハーヴェイは収縮時に心臓から駆出される血液の量を2オンスと計算した。心臓が1分間に72回打つとすると，1時間に心臓から駆出される血液の量は，72×60×2＝8640オンスとなる。これは成人の平均体重の約3倍である。このように大量な血液は，どこからくるのであろうか。……また心臓から駆出された血液は，どこへ行ってしまうのであろうか。」（飯田　1984：64）

　このような推論は，対象を数や量に還元して把握する近代科学の方法の，最初の適用の1つだった。ペティの「社会の解剖学」という方法はベーコン主義の適用と見ることもできるが，より直接的には，彼自身が職業としていた医学の分野で当時展開されていた数量的方法を，数理的推論の社会への適用という形で社会科学に導入したものと考えられる。ペティやロックは物理的医学者のトマス・ウィリスと親

しく（Richard Olson 1993），ケネーはデカルトの機械論的物理学の影響を受けていて，後述する彼の医学上の主著はニュートン主義を取り込んだ体系派のブールハーヴェの模倣と批判された。

ペティが『アイルランドの政治的解剖』で，「政治体のシンメトリー，ファブリック，プロポーションを知ることなしに治療をするのは不確実」だといって「政治的解剖」を提唱したときには，社会の健康，つまり「政治体」の均衡が達成される有様を，構造分析によって数量的に描き出すことを目指していたのだろう。また古典的パラダイムの創始者ケネーの医学者としての出世作も，血液循環を熱の輸送にかかわるものと考えたうえで，それを定量的，実験的に考察することで「放血療法」の意義を評価したという，物理的医学の研究だった（Foley 1973）。

ニュートン力学と近代的パラダイム

19世紀になると医学に替わり，微分方程式を使用する数理的な物理学が先端科学と見られるようになっていく。天体と落体運動の研究に始まり，さまざまな分野に拡大していったニュートン力学の学問的成功がその主な原因だった。19世紀末には，宇宙にはもはや新しく解明すべき現象が残されていないと嘆く物理学者もいた。そのためニュートン物理学はいくつかの大きな影響を経済学に与えた。第1に，ニュートンたちの物質観は粒子論だった[1]。それは方法論的には，「構成要素」に現象を還元し，そこから全体を再構成するという「還元主義」や，自然の運動が基本的な過程に分解でき，それらを別々に考察してから合算すれば全体が理解できるという「線形性」の考え方と関係している。このような自然観が19世紀の科学者全員を支配していたのではなく，粒子論者と有機体論者や全体論者などとのあいだでつねに論争が行われていた。だがそのなかで高まっていくニュートン物理学の知的権威のために，原子や粒子のような小さな基本単位から全体の動きを説明する物理学が経済学者の理想の学問となり，近代的パラダイムの「方法論的個人主義」という，「粒子」に対応する「個人」の行動から経済の全体を導き出す理論の構想を支えたと考えられる。

第2に，18世紀のニュートン物理学は，19世紀後半以後の経済学に具体的な分析の方法をも提供した。この世紀には運動方程式をたて，なんらかの目的関数（エネルギーなど）を最小化（最適化）するように解くことで，現実の物理的運動の数理的描写が導かれることが判明していた。それに基づいてニュートン力学を数理的に構

成する試みが，主にヨーロッパ大陸部の物理学者たちによって行われた。微分法の発見者ニュートンの『プリンキピア』がユークリッド幾何学のみを使って書かれたように，18世紀のイギリスでは代数計算や方程式の使用に方法論的な疑念が抱かれていた。大陸部の科学者たちはそれにこだわることなく，積極的に微分方程式を使って物理学を発展させ，解析力学を建設した。天体物理学での変分法による太陽系の安定性の証明は，そのような方法の有効性を示すとされた。このような方程式を使い，極大化（極小化）原理によって法則を論証する手法が，19世紀には経済学の数学的方法のモデルとなった。

　第3に，数理物理学の発展や，それを受けたエコール・ポリテクニク（ナポレオンが設立した理系大学）のような高等教育機関の確立と同時に，19世紀には数学の学問的地位も高まっていった。かつてラテン語やギリシア語の古典の知識がそう見なされていたように，数学を使うことこそが学問性の証だという観念が徐々に広がっていった。尊重される学問が人文的な道徳哲学から，数学的な自然科学になっていく傾向が現れてきた。限界学派の1人，イギリス人 W. S. ジェヴォンズ（William Stanley Jevons：1835-1882）は工学者であり，経済理論への数学的方法の導入に力を注いだ。フランスのレオン・ワルラス（Marie Esprit Léon Walras：1834-1910）は訓練を積んだ自然科学者ではなかったが，父親や，友人の数学者で経済理論の数学化を進めたアントワーヌ・オーギュスタン・クールノー（Antoine Augustin Cournot：1801-1877）の影響もあり，方程式系によって市場メカニズムを表現することを試み，一般均衡論という，現代経済学の中心的な理論を築いた。ローザンヌ大学でワルラスを継いだイタリア人ヴィルフレド・パレート（Vilfred Pareto：1848-1923）も，数学や物理学を学んだ技師だった。彼等とは異なり法学出身のオーストリア人カール・メンガー（Carl Menger：1840-1921）は，より哲学的な方法論的個人主義による分析を行い，オーストリア学派の創設者となったが，20世紀中葉以後に経済学がいっそう自然科学化するにつれて，この系譜は反主流派経済学となっていった。こうして現象を要素にまで分解し，それらが従う法則性を方程式によって書き表し，極大化によってそれを解いて経済法則を導くという，限界学派以後の経済学の基本的な手法が生まれ，近代的パラダイムが形成されていったと考えられる。

操作可能な「モデル」としての経済学

　古典的パラダイムと近代的パラダイムは非共約的で互いに排除し合う関係にある

が，両者に共通する学問的特性もある。それはこの2つが，現実の論理的な「モデル」を提供しようとすることである。近代科学の代表である理論物理学は，1つか少数の基礎方程式（1個のニュートンの方程式，4個の電磁気学のマックスウェル方程式，1個の熱力学の方程式，1個の量子力学のシュレディンガー方程式など）をもち，想定される物理系の具体的な条件（物体の位置や速度や質量など）をそれらのなかに代入して解くことによって，現実の物理系の将来の運動を予測したり，過去の運動を再現することができる。同様なことはさまざまな変数を実際に計測して統計学的に分析することでもできるが，この手法は変数と関数の相関係数を変えるような転換が起きる場合には通用しない。物理学の基礎方程式にはそのようなことは起きないとされるので，たとばエネルギー，質量と宇宙の幾何学的あり方の関係を表現したアインシュタインの宇宙方程式によって，138億年前とされる宇宙の始まりの状態を定量的に研究することができる。このような学問のあり方を踏襲していることが，社会学や政治学など他の社会科学には見られない，2種類のパラダイムのどちらかに基づく経済学の特徴の1つとなっている。経済学を学ぶ者が社会学や政治学の「理論」に抱く違和感や，反対に社会学などを学ぶ者が経済学を「非現実的」と感じるのは，そのためだろう。実際には経済学の2つのパラダイムのどちらも，具体的な比例定数（万有引力定数，誘電率，プランク定数等々）をもつ物理学の基礎方程式のような式を確立できていないので，景気変動が起きるたびにそれを予測できなかった「経済学の無能さ」が批判を受ける。だが少なくとも経済学は，そのような学問であろうとし続けてきたのだった。

　初期近代医学は人体を構成する諸要素の均衡の崩れによって病気を説明するので，少なくとも理論上では，その兆候を確認できれば今後の病気の経過（予後）を予測したり，それにしたがって治療法を提案することができる。物理的医学が成功すれば，ヒッポクラテース医学のような定性的なモデルを定量的なモデルにすることができるので，より精密な治療が可能になると思われただろう。それらの希望は近代医学の確立によって夢想だったことが判明したが，初期近代の経済学の建設者たちにとって，同時代の初期近代医学の展開は，現在進行中の科学の着実な進歩だと思えただろう。ニュートン力学は現実世界の定量的な予測を可能にし，19世紀にはそれに基づいて科学技術が発展していったが，20世紀になると相対論の誕生によって，ニュートン力学の根本的な誤りが明らかになった。またそれに続く量子力学の建設は，ニュートン力学的な決定論がこの世界のあり方の正しい表現ではなく，人間が

目にする自然は、じつはミクロの領域で非決定論的であることが判明した。しかし19世紀から20世紀初頭の一部の経済学者たちには、ニュートン力学の力強い前進は、いままさに科学が自然の知的征服を完成しつつある証拠と映ったと思われる。そのため彼らはそれらの科学と論理的に同等なシステムとして、経済に関する理論を組み立てようとしたのだろう。

2 　自然的秩序と自発的秩序——歴史学派・制度学派・政治経済学

第三の類型 – 非パラダイム型経済学

19世紀以後の経済学史における諸学派の理論的特徴は古典的パラダイムと近代的パラダイムによってかなり説明できるが、この分類から漏れる学派もいくつか存在する。それらはドイツを中心に発展した歴史学派や、アメリカ合衆国の制度学派などであり、現在では新制度主義などの制度を中心にしたさまざまなアプローチや、政治経済学、制度派経済学や進化経済学、フランスのレギュラシオン理論などがそれにあたる。これらの学派はそれぞれさまざまな理論的、方法論的な立場を採っているが、以下の点で共通している。

第1に、古典的パラダイムと近代的パラダイムは論理的な構成の点で大きく異なっているが、双方ともに、人間社会の根底に自然法則のような経済の不変の法則性があると考えている。それはこの宇宙が誕生した直後から変化していないとされ、万有引力のような普遍性をもっている。実際の経済の動向がこれと乖離した場合、それは人為的な介入や、外生的な偶然の要因の働きの結果であり、システム自体の内在的要因のためではないとされる。これに対して歴史学派や制度学派などは、自然法則のような規則性を人間社会に見出すことはできないと考える。経済にはどのような秩序や規則性もないというのではないが、それらは時代によって、地域によって、民族によって、文化によって異なると彼らは主張する。

第2に、古典的パラダイムと近代的パラダイムはともに、この普遍的な法則性を発見するには、リカードのような演繹的推論や、ワルラスのような方程式による数学的証明の方法がふさわしいと考える。これに対して歴史学派や制度学派などは、法則性が時代や地域や民族や文化で異なるのだから、事実の収集以外に学問的方法はないとする。前者は論理的、数学的、演繹的な研究手法を中心とし、後者は帰納法を重視する。第3に、前者が普遍的な法則性を仮定するのは、社会にも万有引力

のような，人間の意識と無関係に成り立っている，普遍的で不変の唯一の規則性があると想定するからである。これに対して後者がそれを否定するのは，社会の「法則」の実体は個人間や集団間の約束や長年の習慣の積み重ねであって，人間の知性や意志によってどのようにも変化すると見るからである。言い換えると，前者が理論物理学のような，あらゆる条件下で成り立つ一般性の高い論理モデルを仮定する「パラダイム型の経済学」であるのに対して，後者はそのようなモデルを認めない「非パラダイム型の経済学」だといえるだろう。

　「パラダイム型の経済学」と「非パラダイム型の経済学」では，それぞれの思想的，政策的傾向と理論の在り方とのあいだにねじれがある。古典派と限界学派はともに自由主義経済学だが，論理的には決定論的な構造をもっている。古典的自由主義の理論的基礎だった古典派経済学では，個人の意思決定はなんの役割も果たさない。技術と分配率などのマクロの変数が決まれば，社会の構成員の選好や個々の選択と無関係にモデルが決まる。古典派では理論のなかで果たす役割がないという点で，個人は形式的に自由をもっていない。限界学派は経済現象のすべてが個人の選択から説明できるとするが，その選択の内容は事前に知ることができる。合理的な個人の選択は，選好と手段が与えられれば一意的に決まる。限界学派では選択する前からその結果が決まっているという意味で，個人の意思は内容的に自由をもっていない。またそれと違う選択をすれば，その個人は「合理的」ではなく，したがって経済活動における自立した主体とみなされない。これらに対して「非パラダイム型の経済学」は，程度の差はあるが市場や「利己心」に懐疑的で，政策的には公的当局や社会的団体の市場への介入を重視し，必要であれば個人の自由をある程度制限してもよいとする。ところが「非パラダイム型の経済学」は理論的には，人間が自然法則のような必然性に縛られることなく自由に社会を形づくると考えるので，非決定論的であり，人間行動の本源的な自由を認めている。この奇妙な事態は，経済学の成立過程になんらかの解けない問題があったことを示唆している。

2つの秩序の見方と進化論

　この両者の対立は，18世紀の経済学の形成期までさかのぼることができる。アダム・スミスの同国人でエディンバラ大学の道徳哲学教授だったアダム・ファーガスン（Adam Ferguson：1723-1816）は道徳哲学者であり，「経済学」を建設したのではないが，市場社会の発展を意識しつつ，古代社会との対比でその性質を考察し，社

会学の先駆者の1人ともいわれる。ファーガスンもスミスと同様,「商業社会」で分業が富をもたらすことや,分業の発展が新しいモラルの基礎を与えることなどを指摘する。他方でファーガスンは,人間の気概や意欲が社会秩序の形成で果たす役割を重視し,商業社会の発展によってそれらが衰退し,それにつれて秩序の維持が困難になっていくと警告する。このようにスミスとファーガスンでは「秩序」に対するとらえ方が異なっている。スミスにとってそれは個々人の意識の背後で神の「見えざる手」のように働き,愚かな為政者の失策も人間に意識されることなく訂正して,社会を均衡状態へと引き戻す。ファーガスンにとって「秩序」とは,個々人が意欲し,強い意志で実現していくものであり,それなしには維持できない。双方ともに社会には本性的な秩序があると考えるが,一方はそれが自然法則のように存在して働くととらえ,他方はそれが人間の自発性によって作り上げられ,それなしには存在しないとする。2人とも啓蒙の時代に,社会には人間本性に基づく本源的な規則性があると考え,それを聖書や歴史や形而上学から離れ,人間の日常的現実のなかに見出そうとした点では同じだったが,スミスは社会の規則性を自然的秩序（natural order）ととらえ,ファーガスンは自発的秩序（spontaneous order）ととらえた点で異なっていた。

　この違いが生じた原因は,現在では容易に理解できる。我々現生人類（ホモ・サピエンス）の起源を科学的に説明する方向が見えてきたのは,19世紀の進化論の確立からだった。それ以後古生物学の発展によって生命進化の事実は疑いえなくなったが,厳密な理論的説明は困難だった。その可能性が明確になったのは,20世紀後半に分子生物学の「セントラル・ドグマ」（DNAの役割の解明）が確立した頃だった。現在でも進化論は精密科学といえる段階ではなく,それに根拠を与えている生命科学でも,生命の創造などの進化の再現はまだ達成されていないが,現生人類がホモ属という霊長類の一部のなかの1つの種であり,地球の生命系の進化の結果として生まれたことは,もはや疑いえない。現在から振り返るなら,経済学が誕生した18世紀には,「人間」の起源の科学的説明は存在せず,また存在できなかった。道徳哲学者たちも含め18世紀の大半の人々は,「人間」が神によって一瞬のうちに創造されたと考えていた。唯物論者たちも創造の主体を神から「自然」に変えるか,ぼんやりとした進化のイメージを抱くだけだった。十分に確立した人間の起源に関する科学に基づいて人間がつくる社会を論じることができなかった点では,進化論の時代のマルクスやマーシャル,あるいは20世紀前半の経済学者たちも同様だった。

文明が誕生したこの数千年間に見られた現生人類の目覚ましい発展は，他の生物のような細胞レベルの化学的過程に基づく通常の進化によるものではなく，社会を基礎とした進化だった。社会をつくる動物は地球上に多く存在するが，種のレベルで個体の行動が遺伝的に決定されていない現生人類の社会は可塑的であり，習慣や規約に基づいてある程度恣意的につくることができる。その点ではファーガスンや，19世紀の非パラダイム型経済学の社会秩序についての想定は正しいといえる。だが与えられた環境下で集団の適応に関する目的関数（人口や財の生産など）を最大化するような秩序は，環境への適応や他の集団との競争でその集団を有利にするので，同じ環境下では永続し，また恣意性に基づいているので，他の集団に容易に伝播するだろう。その点ではある程度永続している制度（市場や国家など）がもたらす秩序のあり方は，それが生まれた環境に最適化されているという意味で，パラダイム型経済学が考えるように「合理的」だと想定できる[2]。進化論以前の18世紀には社会秩序の恣意性と合理性の両者の起源を理解することが困難だったので[3]，この2つを統一的に見ることができなかったと考えられる。

　ある環境に最適化され，その意味で「合理的」になった秩序のあり方は，その時点では「人間」にとって普遍的な秩序であるように見えるが，環境変化によってたちまち「不合理」な秩序に転落する。その点では普遍的な秩序など存在しないという，非パラダイム型の見方が相対的に正しいだろう。その反面19世紀の歴史学派などは，与えられた環境下での安定した秩序の成立を説明できないので，彼らの学問体系は雑多な知識の集合という印象を与える。

　とはいえこれらの学派も，近代自然科学のなかに対応する理論をもっていた。「有機体論」と呼ばれ，全体と部分が構造的に結びつき，一体となって運動するという自然のイメージは，ルネサンス以後さまざまな形で理論化されてきた。それらは機械論的なニュートン体系が物理学で支配的になった18世紀にも存続し，世紀末には「ドイツ自然哲学」という代替科学の形を採った。「自然哲学」は科学的な成果を生まなかったが，F. W. シェリング（Friedrich Wilhelm Schelling：1775-1854）やヘーゲルのような哲学者やロマン主義の文人たちに大きな影響を与えた。有機体論は19世紀も機械論の代替理論として存続し，歴史学派は「有機体としての社会の発展」を主張していた。20世紀にも L. ベルタランフィ（Ludwig von Bertalanffy：1901-1972）の一般システム論など，同様な試みが続けられた。それらはさまざまな思想的影響を与えたが，科学として開花したとはいえない。現在のところ「有機的秩

序」の生成は，自然がつくりだしたナノ・マシンともいえる有機化合物が環境との相互作用のなかで造り出す「自己組織化」の結果であると，要素主義的に考えるのが一般的である。

19世紀の進化論も，有機体論の根拠地だった生物界を要素主義的，決定論的に説明する試みだったとも言えるが，それはアナロジーによって「社会進化論」を生みだす一方で，非パラダイム型の経済学に学問の新しい範型を与えた。それから経済学における「第3のパラダイム」が誕生しなかったのは，2つのパラダイムが範型としてきた医学（解剖学）や物理学（ニュートン力学）と比較して，19世紀後半以後に非パラダイム型の経済学が依拠してきた進化論が理論的に不完全だったからだとも理解できる。

マーシャルとシュンペーター

社会秩序の偶然性や恣意性は，パラダイム型の理論を採用した経済学者たちにも意識されていた。数学に優れた道徳哲学の教師だったアルフレッド・マーシャル（Alfred Marshall：1842-1924）は，ケンブリッジ大学の経済学の教授に就任し，限界原理に基づく経済学の発展に貢献する一方，人間を快楽を極大化するように計算して行動する「経済人」ととらえるのは誤りであり，経済学（economics）は利己的な動機だけに限らず，さまざまな人間行動を扱う「モラル・サイエンス」であると，道徳科学の伝統を守ろうとした。同時に経済の研究では物理学より生物学のモデルがふさわしいとして，有機体と進化の論理を取り入れることを提唱した。この学問的構想は体系的な形をとることがなかったが，マーシャルのこの注意深い目配りを考慮すれば，彼の限界原理による説明は現実の正確な理解ではなく，いまだ統一的な説明のめどが立たない，偶然的で複雑な人間的事象を単純化した，たんなる「一次近似」だったということになるだろう。近代的パラダイムを方法論的に定式化して解説したライオネル・ロビンズ（Lionel Robbins：1898-1984）も（『経済学の本質と意義』，1932），20世紀のマクロ経済学に出発点を与えたJ. M.ケインズ（John Maynard Keynes：1883-1946）も（「自由放任の終焉」，1926），経済学の純粋理論をこのような「近似」に過ぎないものと理解していた。

オーストリア学派に学びながらマルクス主義の影響も受けた法学出身のヨーゼフ・アロイス・シュンペーター（Joseph Alois Schumpeter：1883-1950）は，『理論経済学の本質と主要内容』（1908）で一般均衡論を明快に要約したうえで，『経済発展

の理論』(1912)では，すべての需要と供給が釣り合った一般均衡の状態では利潤が発生しないことから敷衍して，技術と経済成長と信用制度の関係を論じた。信用制度によって貨幣を得た企業家が，リスクを取って新しい技術を取り入れて「新結合」を実現し，平均的な費用以下で生産することに成功すれば，この企業の商品も他の商品と同一価格で売れるため，平均費用との差額として利潤が発生する。しかしそれを見た他の企業が競って同じ技術を導入するため，平均費用が下がり，この企業家の利潤はいつか消滅する。利潤をあげ続けるには，新技術を導入し続けなければならない。ここに市場経済で技術発展と経済成長が永続化する理由がある。

　このようにシュンペーターは一般均衡論の分析手段を使って経済成長と技術革新の関係を解明し，イノベーションと進化の経済学の先駆者とされている。だが初期近代から20世紀までの長期にわたる歴史過程を扱って資本主義の未来を展望した著書『資本主義・社会主義・民主主義』(1942)では，物理学モデルの一般均衡論は近代の急速な経済成長の説明で使われているだけである。近代の主な政治，社会，国家，歴史の展開についてシュンペーターは，個人や集団のさまざまな行動が偶然に累積して一定の方向性が生まれてくると，歴史や法，制度に関する博識を駆使し，歴史学派のように非パラダイム的に説明する。彼のモラル・サイエンス的な学問の全体構想のなかでは，不変の一般法則のように見える物理学パラダイム型の理論は，じつは近代史のなかの一部の現象を理解するためだけにしか利用できないのである。

3　経済学の彼方へ

「人新世」とディシプリンとしての経済学

　スミスが考えたように，市場経済のメカニズムは自動運転で動いているのではなく，倫理的に行動する個人と，国家や法や社会などの諸制度による基盤が整って初めて「正常」に機能する。19世紀以後に経済学がこのようなモラル・サイエンスという総合科学の一分野ではなく，ディシプリン（専門分野としての科学）として独立しえた根拠は何だったのだろうか。その答えの1つも，スミスの講義のなかに見出すことができる。第4章で見たように，スミスは内政論（police あるいは political economy）を扱った法学・政治学講義の第二部で，分業と価格メカニズムなどの経済学的理論を展開している。政策学として自由主義的政策を主張するこの講義は，当時の内政論にかかわる社会の問題の大半が，国家によるさまざまな法的，行政的

規制でなく，経済成長によって解決できると主張している。所得格差を広げるとはいえ，経済成長は最も貧しい人々の実質所得をも改善する。経済先進国イングランドの貧しい労働者は，アフリカの王よりも豊かである。人口の大多数の生活水準の上昇につれて，犯罪や疾病や衛生のような内政の重要問題も自然に解決されるだろう。

　さらに重要なことは，分業の発展が人々に仕事を与えることである。王侯や貴族や富裕者のサービス需要や恩恵に依存せず，手に職をもち，自分自身の考えと意志で生計を立てることは，人々に独立心と自尊心を与える。そのような人々は他人から尊敬されることを望み，たとえ貧しくても市民としての倫理意識を持ち，自立した1人の人間として生きるようになるだろう。このような勤労市民たちは秩序正しく安定した社会を形づくり，またそのことに利益を感じるだろう。それはどんな強力な王にも，発達した法制度にも，巨大な警察機構や軍隊にもできることではないのである。政策学は国家の強化か，少なくとも国民の安寧と幸福を達成する手段を研究し，提案する。経済成長自体はその最終目的とならない。だがもしスミスの主張が正しいなら，経済成長が内政論の第一の目的とならなければならず，その基礎となる理論は，経済成長の原理とそれを達成する手段の研究，つまり「諸国民の富の本質とその諸要因の研究」になる。

　このように経済学は誕生以来，市場経済がもたらす経済成長が国家の力の増大や社会秩序の維持，人間の幸福の増進に役立つと考え，そのための政策を学問的に研究してきた。もともと政策学だった経済学が専門科学となった1つの理由は，経済成長がそれ自体無条件に目指すべき「公共善」であり，そのためその方法の研究も他の学問分野から独立して行えるからだった。しかしこの前提条件は，もはや自明ではなくなっている。人間が地球環境を変化させる要因となったとして，「人新世」という地球史の時代区分が地質学で提案されている現代では，人類の生存を脅かす地球環境の悪化を避けるため，無条件に経済成長を追求できなくなってきた。また今世紀末には100億以上に達する世界人口を養うのに必要な資源，食糧，水などが不足するので，人口増加の抑制と資源・エネルギーの節約が急務となっている。それと同時に日本のような工業化を終えた先進工業国では，マルサスが逃れられない「自然法則」と考えた爆発的な人口増加が終了し，人口停滞や人口減少が生じ，それにつれて低成長経済の時代が始まっている。19世紀に幾何学と算術が数学という学問に統合されたり，20世紀に化学と生物学が物理学と融合するなど，学問は時代

と知識の発達によって変化していく。経済成長が資源・環境と人口の壁にぶつかった現代では，経済学もまた変わることを求められている。

　18世紀に生きた人々は，主にキリスト教の観念に従って，神に背いた原罪を背負った人間には完全な社会をつくることができないと考えていた。不完全な社会は，神が与えてくれた地球上の資源を最適に利用し，人口を最大限まで増やすことができない。彼らの目の前には未踏の大地と海洋，未開の荒野が開け，それらすべてを人間が所有することはないとされていた。完全な国家や社会は存在せず，ローマ帝国のように，ひとたび繁栄を迎えた国々は，いつか必ず衰微していく。このような観念に対して市場システムによる持続的な成長を提唱したスミスも，経済成長が永続するとは考えていなかった。成長に伴う投資機会の相対的減少と利潤率の低下がその印だった。ケネーは真の富である「純生産物」の創造が，自然の本源的な力に基づくと考えた。そのため自然の能力を超えた成長は不可能だろう。リカードは土地という自然資源の有限性をもとに，差額地代論によって，利潤率の低下と成長の持続不能性を議論した。それは食料の自由貿易によって回避できるが，一時的な対策であるに過ぎない。このように経済学史上の大半の経済学者たちは，市場経済での経済成長がいつまでも続くとは考えなかった。地球資源の有限性を考慮すれば，「永続的な経済成長」という観念に根拠がないことはすぐわかる。それは工業化の成功に幻惑され，人間の活動が自然の基礎のうえにあり，それを超えることはできないことを忘れた20世紀後半に，支配的な観念となっていただけだった。ただし過去の経済学者たちにとっては，資源を使い尽くすほど人間社会は完全ではないか，仮にそれが起きるとしても遠い未来のことであり，差し迫った現在の問題ではなかったのだった。あるいはマルクスやケインズが考えたように，労働生産性の上昇により，その前に人間はほとんど働かなくてもよくなるかもしれなかった（スキデルスキー 2014）。だがそのときは，思いの外に早く訪れた。

　リカード経済学を受け継いだ J. S. ミルは，経済成長が「停止」し，万人の衣食住が満ち足りた時代の向こうに，人類の本当の幸福があると考えた。未だ多くの貧しい人々が生きる途上国での生活水準を上昇させながら，環境・資源を節約し，量的な GDP の増大でなく，生活の質的向上を実現できる，自然と経済のあり方が釣り合った「定常社会」などと呼ばれるそのゴールを目指し，新しい経済の仕組みをどう実現していくか，我々現生人類の未来はここにかかっている。それは「市場の自由な働き」で自然に生み出されはしないが，国家や国際機関による強制的な管理

で実行できるものでもないだろう。経済学が見つめてきた自分自身の幸福を目指す個人の行動と，それによって成り立っている市場の仕組みを巧みに利用することで，はじめてその道筋がひらけていくだろう。事実いま世界の国々は，「エコロジー的近代化」などと呼ばれるそのような政策を考案して，実行する試みを始めている。今後経済学は，自然科学や他の社会科学と協力し，結びつきながら，この重要な仕事を担いつつ，自分自身を変化させていくだろう。最後にその展望を探ってみよう。

「秩序」としての経済

　初期近代に発展し，18世紀に理論が確立し，19世紀にディシプリンとして形を整えた経済学は，実際には主に初期近代から次第に社会の物質的再生産を支配するようになった，市場システムの学問だった。だが結果的に市場経済の理論になったとはいえ，啓蒙時代の経済学の建設者たちは当時の考え方に従って，人間社会の普遍的なあり方をとらえようとしていた。それは「人間本性」という，あらゆる人間の根底にあるものを，経験的に確認できる手段で考察し，そこから浮かび上がってくる諸個人のあいだの本源的な秩序を見出すことだった。そのため彼らは世界市場を構成する貨幣経済に注目していた経済理論の先駆者たちを批判し，アリストテレスが『政治学』で論じた，社会的動物としての人間が自己の存在を支えるために造り出す，最も基礎的な秩序としての「経済」の観念に立ち戻ったのだった。

　そこには economy という単語の，もう1つの歴史的な意味がかかわっている。「家政」としての economy は，「王の家政」から political economy という観念を生み出したが，もう1つ，divine economy という言葉も生んだ。それはもともと「教会の家政」を意味したが，教会の究極の長は神なので，神が創造した世界の神による統治，つまり世界の根本的な秩序を意味するようになった。この意味で生物分類学の建設者カール・フォン・リンネ（Carl von Linné：1707-1778）の場合のように，自然の全体的な仕組みが「自然のエコノミー（Oeconomia Naturae）」と呼ばれたり，生命の仕組みが「アニマル・エコノミー（animal economy, Oeconomia animalis）」と名づけられたりした。ケネーの学問的な代表作は，『アニマル・エコノミーの自然学的研究（*Essai physique sur l'économie animale*, 1736)』だった。

　古典的パラダイムは経済に関するアリストテレス的な見方まで立ち返って，国際貿易や貨幣や信用などの華々しい外観の底にある，人体を支える血液循環のような，社会的動物としての人間の最も基礎的な社会的活動の「エコノミー」を見出し，

市場経済をそれに還元してとらえ直そうとした。ケネーにとっては，国家の繁栄にかかわる商船隊の構築や輸出製造業の振興や巧みに工夫された金融制度などは，農業という，人間の労働と自然の生命力の共鳴に基づく最も基礎的な社会的活動のうえに載っている上部構造に過ぎなかった。商業社会の基礎として農業と同等に製造業も重視するスミスにとっては，両産業に共通する有形財の生産という，直接生産者たちの「労働」が基礎的な社会的活動であり，それを最もよく実現できるエコノミーこそが国家の繁栄を支えるのだった。リカードの体系では，あらゆる財は労働によって生み出され，それによって測られる。リカードにとって，東洋の大国をも圧倒する大英帝国などの威風堂々とした近代国家の国富の実体は，参政権さえもたない社会の下層の労働者たちが汗を流した労働時間の総計なのだった。マルクスによれば，すべての文明は直接生産者たちの消費分を越えた剰余生産物によって維持されてきた。奴隷主や封建領主や資本家など，剰余生産物に依存する寄生者としての支配階級が，自分たちの利益のためにそれを増やそうと努力することによって「生産力の増大」が生じ，文明が進歩してきたのだった。

　近代的パラダイムはさらに世界中に広がり，膨大に成長した市場経済の現象を，相対する個人のあいだの対等な相互行為に還元してとらえようとした。そこでは国政を左右する金融業者も1人の労働者と対等であり，それぞれがみずからの選好を極大化するように自律的に選択する。それが眼前の社会の真の姿であると考えるほど世間知らずの学者はいなかったが，そのような相互行為の総計が生み出すエコノミーこそが，市場へのすべての参加者の選好を最大限に実現するという意味で，最適な秩序だとされた。またそこではあらゆる個人は，合理的に行動する理性的な主体となっていると考えられた。そのため近代的パラダイムは1960年代まで，そのような自由と合理性に基づく最適なエコノミーの実現を示唆する点で，自由主義的な改革に理論的な根拠を提供してきた。

知性のエコノミー

　経済学に関して言及されてきたアリストテレースの著作には『政治学』のほかに，「社会」にかかわる人間行動の基本的な原則に関する「倫理学」の諸著書（『ニコマコス倫理学』，『エウデモス倫理学』）がある。それらの解釈には専門研究の蓄積があり，また現代倫理学では，近代の規範倫理学に対する徳の倫理学としてそれらが再評価されている。『政治学』で論じたように，アリストテレースは人間を「社会的動物」

および「知的生命」として理解していた。人間は群れを成して暮らす1つの社会的動物でありつつ，言語を使ってコミュニケーションを行うことで，動物には見られない発展した社会関係を築く知的生命である（現生人類がその一種である哺乳類も社会性昆虫もともに社会的動物だが，社会の人口規模で考えれば，数十万から億の単位の個体がつくるハチやアリの巨大で高度な社会に匹敵するのは，現生人類の社会だけである）。アリストテレースの倫理学は，この「社会的動物」としての人間の「知的生命」らしい行動のあり方を考察した。

『ニコマコス倫理学』は人生の目的を「幸福，良き人生：エウダイモニア（εὐδαιμονία）」とし，それを「徳，卓越性：アレテー（ἀρετή）」に適う「活動，現実態：エネルゲイア（ἐνέργεια）」と定義した。それはいわば個人がもつさまざまな優れた資質を，過不足なく，知性によって発見された「均衡点〔中庸，中点：メソテース（μεσοτης）〕」に釣り合うかたちで発現させることが，「良き人生」であるとしたといえる。このような人生は生まれながらではなく，知性に導かれた訓練によってはじめて形作られる「性格：エートス（ἦθος）」によってのみ実現できる。

知性が見出す均衡点（中庸）の考え方は，彼の倫理学の基本概念となっている。『ニコマコス倫理学』の正義論では社会関係のなかでの行動を，有形財（富など）や無形財（名誉など）の分配に関して2つに分ける。1つはポリス的動物としての自己の存在のために必要な共同体のなかでの行動であり，これに対する報酬はそれぞれの貢献度などに比例して，個人によって異なる（配分的正義）。もう1つは個人間の水平的な交換で，これについては，報酬は均等になる（交換的正義）。このように社会的動物である知的生命としての人間のあり方から，財にかかわる社会的行為には「分配」と「交換」に関する，2つの基本的な釣り合いの原則が存在することになる。もし個人が共同体を必要としないで自立して存在できるのなら，『国富論』の冒頭で漁師と狩人がお互いの獲物を労働時間で測って均等化して交換したように，社会の基本的な秩序は「交換」という形をとるだろう。それと同様に，いつか発明されるかもしれない，高度なコンピューターの内部に存在する，人間のように考えることができる複数の人工知能は，お互いの計算時間の節約のために，計算結果を交換し合うかもしれない。その場合，彼らが互いに「均衡点」を見出す際の基準は，希少資源であるコンピューターの使用時間になるだろう。それが通例化し，人工知能の数が多ければ，アリストテレースが考えたように，交換の便宜のために使用時間を計測する「貨幣」が約束によって生まれ，貸し借りまでが行われるかもしれな

い。

　経済学の創生期である18世紀の学者たちにとっても，人間社会の根本的な秩序の研究の基礎は，知的生命としての社会的行為の原則を知ることだった。アリストテレスは最高の良き人生を「観想：テオーリア（θεωρία）」と考えた。「知的存在者」の純粋なあり方を完成した人工知能のようなものと考えれば，情報を身体とし，取り入れた情報を処理しながら自分自身を発展させていく情報のシステムである彼らは，純粋な「観想的生活」をおくっているといえるだろう。このように強靭な思考力で知的存在者としての人間の最終的な完成像も構想したが，あくまで日常経験の範囲を離れないで思索するアリストテレスは，社会的動物の1つでもある人間を超えて論じることはなかった。これに対して新プラトン主義やキリスト教は，創造神や身体から離れて存在できる人間の実体としての「精神」の観念を広めることで，純粋な「知的存在者」を考察の対象とした。18世紀でもキリスト教の観念が強く残っていたので，大多数の人々は神や天使のような，身体をもたない精神的存在の実在を信じていた。そのため18世紀の哲学者たちにとって，「知的存在者」は地上の人間だけではなかった。さらに地動説が広まったこの時代は「早すぎた宇宙時代」でもあり，多くの学者たちは宇宙の他の惑星上に知的生命が存在することを確信したり，おそらくそれらは存在するだろうと思っていた（長尾 2015）。

　他方で神でさえ論理と数学の法則に従うと考えられていたので，知的存在が作り出す秩序の研究が論理学や数学に準拠すればするほど，その成果は普遍的になり，あらゆる知的存在者を包括するものとなるはずだった。カントの3つの主著の結論も，神を除くあらゆる「有限な知的存在者」に当てはまるとされていた。同様に数学の論理だけに基づく啓蒙の哲学者コンドルセ（Marie Jean Antoine Nicolas de Caritat, marquis de Condorcet：1743-1794）の投票の理論や，20世紀のノーベル経済学賞受賞者K. J. アロー（Kenneth Joseph Arrow：1921-2017）の社会的選択論の結果は，人工知能たちの社会にも妥当するかもしれない。日常的な観察から始まり，論理と数学によって人間の選択やその結果を研究してきた経済学の理論は，現在実験心理学や脳科学によって検証され，批判されている。だがそれは学者たちが意識するとしないにかかわらず，もともと知的生命の「活動」の学として，知性によって発見される均衡点の概念によって，知的世界の基礎的な秩序を研究してきたのだとも考えられる。

生命のエコノミー

　だが現生人類だけでなく，人工知能から宇宙人までに妥当する「エコノミー」の研究は，どこまで実際の人間の「経済」を説明できるのだろうか。人工知能のようにお互いに完全に自立し，寿命もないので生命の再生産の必要もない知的存在者たちの社会は，情報の交換に基づくエコノミーから成り立ち，その点で純粋な市場社会のようにも見える。しかしそこには現実の市場社会に見られる資本としての貨幣はなく，政治支配も権力も富んだ所有者も不労所得も，存在の余地がない。アリストテレスがいうように，人間は種として存在するために再生産が必要であり，「ポリス的動物」として共同体をつくって生きなければならないため，「配分的正義」があるからそのような個人間の格差が生じるとしても，たとえば個々人の「共同体」への貢献度に従った「配分」の原理に基づくと考えるには，現実の所得格差は大き過ぎる。自由民主主義以前の階級社会を前提とする古典的パラダイムは，所得の違いを個人の国家の統治者や土地所有者，資本の所有者としての機能に基づく「分配」の結果と考え，マルクスのようにその廃止を考えない場合でも，彼等への分配をあくまで理論が示すような，社会のエコノミーにおける自分たちの役割の範囲にとどめるよう，支配層に対して自粛と，生産的な投資のための節制を求めた。それはもともとの彼らへの所得と権力の配分が，知的存在者として直接生産者と本来対等であるはずの個人の共同社会への貢献度に対応したものではなかったからである。ではそれは何に基づいているのだろうか。

　知的存在者の学であるカントの哲学には，権力や強制や暴力は登場しない。倫理学の哲学的根拠を扱う『実践理性批判』では，彼らは自分たちの創造主である神を除いて対等であり，水平的な関係を取り結ぶ。しかし地球上に現存する人間の歴史を考察する場合には，カントは「非社交的社交性 (die ungesellige Geselligkeit)」という別の原理を提唱する（カント 2000）。それはカントの宇宙のなかで中間的な地位しか与えられない未熟な知的存在者である人間が，互いに競争し合い，憎み合い，戦い合い，その結果として進歩することで歴史をつくってきたからだった。そのためカントの歴史世界では，戦争までが進歩の原動力となる。この文脈でマルクスは，平和な交易ばかりでなく，戦争もまた人類を結びつける「交通関係」の1つだと書いたのだった。国家を超えた「社交性」を発展させる市場は，平和で安定した世界秩序をもたらすばかりでなく，「非社交性」を刺激し，集団間の憎悪を強めて，より大きな戦争の原因ともなる。戦争は多くの悲劇を引き起こしながら，国民を団結

させるために国内の諸制度を発展させ，敵国に勝つための技術進歩を促進するだろう。

　アリストテレースが「不自然」と非難した貨幣経済によって発展してきた，現生人類の文明成立以後の「エコノミー」も，たんに交換的正義や配分的正義の実現だとは考えられない。不十分な知的生命であり，カントによって「個人としてでなく，類としてのみ完成できる」ので歴史をもつとされた現生人類のエコノミーの仕組みでは，合理性ばかりでなく，実際には非合理と幻想と暴力が強力な原動力となってきた。そこでは「商人」や「金貸し」や「資本家」のような，アリストテレースが非難したような寄生的な社会集団が，剰余を獲得して経済を支配する力をもってきた。太古の真核生物に寄生したバクテリアの一種が，細胞内で有用な機能を果たすミトコンドリアとして宿主と共生するようになったように，やがて彼らは「ポリス」の規模を越えた巨大な文明社会を結びつける機能を担うようになったのかもしれない。高度に発達した社会的動物であるハチやアリの社会では，収穫物の集団的略奪に始まり，奴隷狩りや誑かしによる社会の乗っ取りまでが行われている。それらは異なる種のあいだで起きているが，現生人類という同一の種のなかで生じた場合，寄生集団が自制して持続可能な利益を求めた結果，大きな社会全体を結びつける機能を果たしつつ，自己の利益と権力を確保する半共生が生じ，それがシステム化することもあっただろう。

　知的生命である社会的動物としての現生人類の社会進化が，与えられた環境への集団の適応度を表す目的関数を最適化する制度の進化，あるいは技術と制度の複合体の進化だとすれば，それは個人の「自己保存」的な行動を前提とするが，個人行動の目的関数である「幸福」とは無関係であり，また実際にそれは多くの「良き人生」を妨害し，無数の「幸福」を破壊してきた。地球生命の進化の最新の一幕である現生人類の社会進化がもたらす生命の「エコノミー」は，知性に基づく「エコノミー」とは別の原理と方向をもっていて，歴史の大半を形作ってきたのは前者だと考える方が現実的である。他方で歴史の進展のなかで，個人も集団も自分自身を意識し，計画的に行動する能力を高めてきている。たとえばまだ被害があまり現実化していない地球温暖化の破局的な結果を予測し，不充分ながら，それに基づいてグローバルな対応がすすめられていることがそれを示している。また無意識のうちに進行する生命の「エコノミー」が破綻を見せつつあることは，戦争が大量破壊兵器を生み出し，現生人類の生存を脅かしていることからもわかる。

生命と知性のエコノミーの研究としての経済学

適応に失敗した個体や種の膨大な死骸を作り出しながら，結果として最適化を達成する生命の「エコノミー」より，集団が意識的に戦略を立てて合理的に行動する方が，「節約」という点でより優れている。その意味で個人の利益の実現という点だけでなく，現生人類の種としての適応戦略としても，生命より知性の「エコノミー」の方が望ましい。18世紀に生まれたパラダイム型の経済学は市場経済システムの学であると同時に，知的生命の社会の普遍的な「エコノミー」の研究という面をもっていた。その点でロビンズがいうように，経済学は人間が合理的に行動することが望ましいという，「究極的な価値判断」のうえに立っている。楽観的に過ぎたとはいえ，カントを含めた18世紀の哲学者たちは，彼らの目の前で展開する社会の「エコノミー」を，より知的存在にふさわしいものへと修正しようと企てたともいえるだろう。

またそのような普遍性を求めたために，パラダイム型の経済学は過度に数理的な学問となり，現実の説明というより「規範的理論」だとされたり，非パラダイム型経済学から非現実的という批判を受けてきた。18世紀の哲学者たちは，個人の行動の総計が本人たちの意図とは違う結果をもたらすとの議論していた。そうであれば，人間心理の研究から社会の仕組みを導き出すことはできない（長尾 2004）。ヘーゲルはこの問題を哲学的に考察した（ヘーゲル 1994）。彼は歴史上の重要な出来事の大半が，行動する当の個人や集団の意図や情熱と無関係に生じると指摘し，それを「理性の狡知（die List der Vernunft）」と呼んだ。個人はいわば「世界精神（der Weltgeist）」の操り人形として，世界を支配する理性の意図を知らないで実現する。この個人を裏から支配する「理性」は，現代的には，個人や集団が意識しないで担っている，種としての現生人類の適応戦略を指しているとも解釈できる。人間がより合理的に行動できるようになるためには，この無意識的過程である生命の「エコノミー」が解明され，現代人に意識される必要がある。

生命のエコノミーの研究も進化論ではなく，社会科学独自の課題となる。現在生物の研究で進化論が学問的な説得性をもっているのは，「自然選択」のような進化一般にかかわる理論の成果ではなく，古生物学が積み重ねてきた分厚い実証と，形質を発現させる細胞レベル，分子レベルの微細な仕組みから，適応にかかわる形質の比較解剖学的検証にいたる，個々の具体的な生体メカニズムの実証的，数理的解明が進んでいるからである。現生人類の社会の進化はそれらとはまったく別の，経

第15章 経済学の本質とその未来

済学などの社会科学と歴史学の研究領域に属する機構に基づいている。

経済現象は客観的な物理的量の単位で直接測定できるので、ペティがいったように、それにまつわる人間的な意味の世界などを排除して、観察可能な「数と量」にすべてを還元する近代科学の方法で研究できるが、そのメカニズムである「市場」などは、「神」や「国家」と同様、エネルギーも質量も位置ももたず、観測できない。それらは物理的意味では現実には存在しない、「仮想の」対象である。それらが自然な事物と同様に存在するように思え、実際に高層ビルを破壊したり数千万人を殺戮したり地球温暖化を引き起こしたりするのは、個人の脳内の観念としてしか存在しないそれら「想像上」の装置が、個々の人間の脳を介して成立する複雑な社会関係の束として自律性をもち、物理的な身体をもつ個人を動かすからである。そのためそれらの研究は意味の世界を理解することによってしか可能でなく、その点で人文学に通じ、自然科学とは質的に異なる、社会科学の固有の課題になってくる。

以上の2つの視点を総合して、「人間」以外にも視野を広げながら、生命と知性の2つの「エコノミー」を結びつけ、収斂させる方向を探ること、とくに市場経済システムの役割と限界を確定し、定常社会に向かったその転換を具体的にどう構想するのかという点に、今後経済学が果たす役割があると考えることができる。そうなるとすれば、本書がとりあげたさまざまな学派や、本章で論じた経済学の3つのタイプは、変貌しながらそれぞれの形でこの責務を果たすことに貢献していくだろう。

注
(1) 目に見えない「粒」や、分割不可能な原子から物質が構成されていて、それらのあいだの相互作用が物理現象を作り出しているという考え。
(2) 意識的に選択されたのではないが、より効率的な適応を実現するという点で、結果的に、あらかじめ計算したかのように合理的に機能する。
(3) ただし集団がもつすべての制度がある環境に最適化されていれば、かえって環境が変化した際適応に失敗するので、適応戦略上の冗長性を確保するため、あまり役に立たない制度も存続しているはずである。また大半の制度は、あまり有益でも有害でもないので自然選択されないという理由だけで存在しているだろう。

参考文献

飯田廣夫, (1981),『西洋医学史』金原出版社.
カント, イマヌエル, (2000), 福田喜一郎訳「世界市民見地における的普遍史の理念」『カント全集　14』岩波書店.
シュムペーター, J. A., (1980), 塩野谷祐一ほか訳『経済発展の理論——企業者利潤・資本・信用・利子および景気の回転に関する一研究』岩波書店.
―――, (1983〜1984), 大野忠男ほか訳『理論経済学の本質と主要内容』岩波書店.
―――, (1995), 中山伊知郎・東畑精一訳『資本主義・社会主義・民主主義』東洋経済新報社.
―――, (2005), 東畑精一・福岡正夫訳『経済分析の歴史』上・中・下, 岩波書店.
スキデルスキー, ロバート＆スキデルスキー, エドワード, (2014), 村井章子訳『じゅうぶん豊かで, 貧しい社会——理念なき資本主義の末路』筑摩書房.
長尾伸一, (2001),『ニュートン主義とスコットランド啓蒙——不完全な機械の喩』名古屋大学出版会.
―――, (2004),『トマス・リード——実在論・幾何学・ユートピア』名古屋大学出版会.
―――, (2006),「科学としての経済学の過去と現在——『パラダイム』と『モラル・サイエンス』をめぐって」『彦根論叢 (松嶋敦茂教授退職記念論文集)』No. 356, 1-27頁.
―――, (2015),『複数世界の思想史』名古屋大学出版会.
長尾伸一・坂本達哉編, (2015),『徳・商業・文明社会』京都大学学術出版会.
ヘーゲル, G. W. F., (1994), 長谷川宏訳『歴史哲学講義』上・下, 岩波文庫.
ヘンリー, ジョン, (2005), 東慎一郎訳『一七世紀科学革命』岩波書店.
Foley, V., (1973), "An Origin of the Tableau Economique," *History of Political Economy*, 5(1), pp. 121-50.
Richard Olson, (1993), *The Emergence of the Social Sciences, 1642-1792*, Twayne Publishers, New York.

あ と が き

　本書は，松嶋敦茂の現代経済学史解釈とそれに触発されて多角的に考察を繰り広げた諸論文から構成される。松嶋は『現代経済学史』（名古屋大学出版会，1996年）において，修正クーンモデルを用いて現代経済学史にアプローチし，現代経済学の主流をなす新古典派経済学のパラダイム的特質を古典派経済学のパラダイム的特質と対比するかたちで描き出すとともに，「時間と無知」ないし「不確実性」など，現代経済において重みを増し，パラダイムの変容，再生を誘っている諸要因に検討を加えた。本書の序章，第１章も同様の方法論と問題意識の下に現代経済学史に迫ろうとするものであるが，２点において旧著から進化している。

　第一に，２つのパラダイムの考察に際して，一方で「持続可能性」に対する関心が高められた。たとえば，２つのパラダイムはジョージェスク＝レーゲンの提起した本源的希少性問題に答えうるかを問うというように。他方で，旧著では功利主義を参照軸として試みられた２つのパラダイムの規範的含意についての検討が，モラルサイエンスという視点から，両パラダイムに立脚した代表的経済学説の体系的整合性を検証するという試みへと展開された。これら両者は，地球環境問題の解決とグローバルな格差問題の解決とは不可分という認識の下で経済学再生の方向性を探るという第１章の締めくくり方にも通底している。

　第二に，経済学の歴史においてはパラダイム転換を超えて「活動」に対する関心が脈々と受け継がれてきたのではないか，換言すれば「活動」をキーワードとして経済学史を捉え直してみることも興味深いのではないかという問題関心に沿った考察が加わった。この考察は，経済学における「活動」への関心の淵源をアリストテレスの「エウダイモニア＝よく生きること」に求めるとともに，マルクス，J. S. ミル，マーシャルを経てセンまでを視野におさめたもので，本書の副題のウエルビーイング（well-being）はその集約的表現をなす。かつ，この試みは，「経済」の通説的理解としての資源配分問題を超えて，「経済」とはいかなる営みであるかを問い直すという意味を帯びており，やはり現代社会の直面している課題を視野にモラルサイエンスとしての経済学再生の模索に通じていること見やすいところであろう。

松嶋の方法論についても補足すると，修正クーンモデルの要点は次のところにある。一方で，支配的パラダイムの交代は，新しいパラダイムが旧パラダイムの耕した問題領域を完全に包摂するいわば同心円的な，ひたすらの進歩として遂行されるのではなく，むしろ五輪のマークのように重ならない領域を残した非共役的な進化として展開される，と。他方で，ノーマルサイエンス期にも支配的パラダイムに加えていくつかの副次的パラダイムが共存し，競い合っているのが科学の常態である，と。かつ，その副次的パラダイムのうちには，ラカトシュ的に表現すれば，プロテクトベルトを置き換えつつハードコアを保持した旧パラダイムも生き残りうる。かくして，時代の変化とともに非共役的に残された問題領域が重みを増し，旧パラダイムが一定の再評価を受けることもありうるというわけである。
　経済学的パラダイムは，「経済学」において問うべきもの，ひいては「経済」という営みについての各学派の理解を集約したものである。だとすれば，修正クーンモデルに従ったパラダイム論的アプローチ，すなわち経済学史を諸パラダイムの競合の歴史として描くというアプローチは，「経済」という営みが経済学の歴史においてどのように理解されてきたのかの変遷を柔軟な眼で幅広く追う作業にほかならない。「活動」に焦点を合わせた経済学史の考察と合わせて，本書は，現代社会が抱えた課題を念頭に，「経済とはいかなる営みであるかをあらためて問い直す」試みであるとも解することができよう。
　こうした松嶋説に対して，第2章塩沢由典「経済学革新にとって学説史はいかなる意義をもつか」は，経済学の危機を打破するには，常識にとらわれることなくそのコペルニクス的転回を果たして，現代古典派経済学に立脚すべきであることを宣明するとともに，2つのパラダイムを対比して問題の焦点を鋭く抉り出した松嶋の学説史研究を高く評価している。
　また，第3章長尾伸一「経済学の生成」は，「古典」的パラダイムを頂点とする経済学の生成過程を社会的背景や初期近代医学などの自然科学の発展と関連づけて描くとともに，モラルサイエンティストとしてのA.スミス像を浮き彫りにしている。さらに，第15章「経済学の本質とその未来」は，やはり科学史の一環として経済学の歴史を捉え，とくに進化論の発展段階にかかわらせながら，歴史学派などがなぜパラダイムを形成しえなかったかを解明するとともに，今後の経済学のあり方を展望している。
　長尾が経済学史全体を対象としたのに対して，第4章以下は特定の経済学者を取

あとがき

り上げて，松嶋説をより詳しく掘り下げたり，補完，拡充すべく多角的な考察を加えたりといった試みを展開している。「2つのパラダイム」にかかわるものと，「活動」ないし「よき生き方」，「真の豊かさ」にかかわるものに二分して，まず前者にかかわる諸章について紹介してみよう。

第5章岡田元浩「リカードウの貨幣経済論とその史的意義」は，通説的にはケインズと対立的とされるリカードウが初期に展開した貨幣論のうちに，パラダイム転換を超えてヴィクセル，ケインズへと流れてゆく動態的貨幣論の先駆を見る。また，第7章御崎加代子「稀少性と『科学的社会主義』」は，やはり通説を超えて，ワルラスを3部からなるその経済学体系全体で眺めるとマルクスと重なる志向が内包されていることを確認する。そのうえで，なぜワルラスがマルクスと相容れなかったかを論じ，そのキーワードが稀少性であったことを明らかにしている。

他方で，第8章田中啓太「近代的パラダイムと選択の合理性」は，ジェヴォンズ，マーシャル，ウィックスティード，ロビンズに即して近代的パラダイムにおける「合理的経済人の抽象性の自覚」を跡づけるというように，松嶋が提示した「近代」的パラダイム像の理解を深めようとしている。また，第9章齋藤隆子「モラルサイエンスにおける不確実性と合理性」は，前期ケインズと後期ケインズとの一貫性如何という解釈の分かれる難問に挑んでいる。それは同時に，ケインズの確率論を手掛かりに，松嶋が注目した経済学における不確実性との向き合い方を掘り下げる試みとなっている。さらに，第10章西本和見「合理的選択と社会性（ソーシャリティ）」は，アローが自由主義社会における合意形成のあり方をどのように見ていたかを緻密に検討することで，いわゆる合理的選択論に批判的考察を加えている。その結果，松嶋が着目していたスミスのsympathy概念の現代的意義に光を当てた。第11章平野嘉孝「『古典』的パラダイムにおける価格理論の意義とその分析射程」もまた松嶋の提示した論点をいっそう詳しく検討したものだが，ここでは「古典」的パラダイムが掘り下げられる。すなわち，本章は，松嶋の「古典」的パラダイムの理解の原点ともいえるスラッファ説に即して，その価格論の射程を意欲的に探っている。第13章表弘一郎「フェアな世界内政か，システムの観察か」は，ハーバーマス，ルーマン，アドルノを対象とした社会思想史的考察であり，やや異色に見えるかもしれない。だが，思想史的研究と不可分にあるというのは松嶋の経済学史研究の特質にほかならない。実際，本章は，2つのパラダイムの統合可能性を模索してスミスのsympathy概念に関心を寄せる松嶋の試みと呼応するところをもち，パ

329

ラダイム論の系譜において松嶋説を拡充するものとなっている。

　それら諸章に対して,「活動」ないし「よき生き方」,「真の豊かさ」をめぐっては, 第4章福田名津子「アダム・ファーガスンの商業観」が, 市場経済の社会全体への浸透にモラルという観点から危惧を抱いたと評価されがちなファーガスン像を覆して, 近代の入り口において「豊かさ」の実現がどのように受け止められたかの理解を深めている。また, 第6章川名雄一郎「J・S・ミルにおける経済と倫理」は, J.S.ミルのトータルな考察のうちに,「豊かな社会」像を問い直した静止状態論を位置づけ, 現代社会が向かうべき将来像を探ろうとする試みにとって教えるところ多い。さらに, 第12章吉川英治「モラルサイエンスとしての経済学における『活動』の観念」は, センを考察の起点に, アリストテレス, マーシャル, センに流れる「活動」論を鮮やかに描いてみせている。松嶋が「活動」論の考察に込めようとしたところを理解するうえでの格好の導きの糸となろう。最後に, 第14章梅澤直樹「現代社会の課題と異端の経済学」は, 同じく「古典」的パラダイムに属するとはいえスミスやリカードウとは一線を画した異端の経済学者マルクス, さらに相通じる市場経済観を有するポランニーを取り上げ, 彼らが不確実性や時間論に即してどのような論点を提示しているかを検証したもので, その検証内容からすれば,「活動」ないし「よき生き方」論の系譜に属する。

　本書冒頭で松嶋が述べたように, 経済学説史の研究や学習は, 混迷を深める現代経済・社会に対してそれを切り開く理論そのものを提供することはできないが, 経済や社会の柔軟で新しい見方を創り出すための準拠枠を探ることはできる。本書がそうした役割を多少とも果たすことに貢献できていればと切に願う。

　最後に, 松嶋が主宰した研究会の枠を超えて多忙ななか編者からの要望に快く応じて下さった塩沢由典氏をはじめとする寄稿者, また出版事情がきわめて厳しいなか本書の企画に理解を示すとともに, 遅筆な著者たちに辛抱強くつきあい, 貴重な助言ときめ細かく丁寧な編集作業で本書の完成度を大きく高めてくださったミネルヴァ書房の堀川健太郎氏, 石原匠氏をはじめとする関係者の方々に, 心より御礼申し上げます。

編者を代表して　梅澤直樹

人名索引

あ行

アーレント, H. 32
アドルノ, T. W. 269, 272, 273, 280
アリストテレス 16, 29, 30, 32, 35, 41, 75, 78, 253, 285, 304, 319
アルノー, A. 89
アロー, K. J. 47, 99, 213, 321
ヴィクセル, K. 133, 138
ウィックスティード, P. H. 99, 184, 186
ウィトゲンシュタイン, L. 209
ウェーバー, M. 2, 9, 24, 26
ウェザーフォード, R. 197
エッジワース, F. Y. 43, 46
オドンネル, R. 208

か行

ガレニャーニ, P. 23, 230, 234
川北稔 299
カンティロン, R. 85
カント, I. 103, 220, 221, 265, 266, 274, 322
キャラベリ, A. 209
クーン, T. 2, 7, 55
グロティウス, H. 91
ケインズ, J. M. 6, 40, 46, 48, 99, 131, 195, 247
ケトレ, A. 204
ケネー, F. 17, 20, 83, 86, 227, 318
コペルニクス, N. 54
コンディヤック, E. 98
コンドルセ, N. 321

さ行

サイモン, H. A. 39, 48
佐藤光 299

ジェヴォンズ, W. S. 179, 308
シスモンディ, S. 104, 132
テュルゴ, J. 92
シャックル, G. L. S. 37, 38, 40, 46
シャフツベリ, A 90
シューマッハ, E. F. 297
シュミット, A. 292, 293
シュンペーター, J. A. 2, 9, 24, 26, 99, 314
ジョージェスク＝レーゲン, N. 6, 27, 36, 47, 261, 292, 293
ジェイムズ・ステュアート 94, 100
杉原四郎 289
スミス, A. 6, 24, 36, 41, 43, 46-48, 65, 83, 88, 114, 260, 278, 285, 315, 319
スラッファ, P. 18, 20, 48, 61, 62, 227
セン, A. 29, 34, 47, 99, 248, 249, 253, 255, 260, 261

た・な行

竹中恵美子 288
辻信一 297
デイヴィス, J. 209
ナイト, F. 222
ニコル, P. 89
ニュートン, I. 307, 309
ノース, D. 82

は行

バーグソン, A. 215
ハーバーマス, J 263, 264, 273, 274, 278, 279, 280
ハイエク, F. A. 4, 25, 26, 41, 209, 294
ハチスン, F. 90
ハッキング, I. 197
パレート, V. 4, 21, 24, 44, 46, 48, 99, 184, 308
ヒューム, D. 4, 15, 89, 196

ファーガスン, A. 111, 311
フィッツギボンヌ, A. 209
プーフェンドルフ, S. 91
フォイエルバッハ, L. 104
プトレマイオス, C. 54
フリードマン, M. 39, 223
ベイトマン, B. W. 209
ベーム＝バヴェルク, E. 37
ペティ, W. 83, 84
ベルヌーイ, J. 204
ボードリヤール, J. 297
ホジソン, G. M. 37
ホッブス, T. 49, 90
ポパー, K. 4, 7, 24, 220
ポランニー, K. 285, 286, 294

ま 行

マーシャル, A. 29, 33, 34, 36, 102, 183, 248, 256, 314
松嶋敦茂 59, 64, 69
マルクス, K. 19, 29, 31, 34, 36, 102, 285, 286, 319
マルサス, T. 19, 36, 101, 132
丸山圭三郎 299
ミーゼス, L. 4, 24, 26

ミル, J. S. 3, 28, 29, 32, 34, 42, 43, 148, 317
ムーア, G. E. 196
メンガー, C. 21, 179, 308
モア, T. 103
モンテスキュー, C. 90

や・ら・わ 行

山田鋭夫 292, 294
吉田雅明 55
ライプニッツ, G. W. 197
ラカトシュ, I. 7
ラッセル, B. 199
ラプラス, P. S. 204
ラムジー, F. 40, 204
リード, T. 89
リカード, D. 6, 18, 28, 60, 66, 100, 131, 148, 240, 319
ルーマン, N. 269, 279
ルソー, J. J. 92, 266
ロールズ, J. 47
ロビンズ, L. 21, 44, 182, 184, 187
若森みどり 294, 296
ワルラス, L. 3, 6, 20, 22, 25, 32, 37, 38, 42, 43, 49, 99, 163, 179, 308

事項索引

あ行

アート 112, 113, 118, 123, 126, 127, 148
『アイルランドの政治的解剖』 84
アソシアシオン、アソシエーション 42, 150
新しい科学 82, 83
アニマル・エコノミー 318
アプリオリズム 4, 24
アベノミクス 61, 68
アロー型社会的厚生関数 214, 221-223
安価な政府 94
安楽基準(standard of comfort) 33, 259
意識的な生命活動 31
異時点一般均衡分析 242
依存効果 298
一般均衡 22
　——体系 64
　——理論 37, 96, 163, 315
イングランド銀行 134, 135, 137
ヴィクセル・コネクション 61
ヴィジョン 2, 9
ウエイト 202
永続的な経済成長 317
エウダイモニア(eudaimonia) 29, 253, 320
「エコノミスト」 86
エコロジー的近代化 318
エソロジー 149
エントロピー 27, 293
家(オイコス) 95
応報的正義 16
応用経済学 164
王立科学アカデミー 83
王立協会 83
オクスフォード経済調査 62
オフェリミテ 45

か行

階級社会 101
外生的分配理論 43
解析力学 308
カウンターカルチャー運動 297, 300
科学 2, 3, 148
価格差額 114
価格設定公式 58
格差問題 47
拡張された同感(extended sympathy) 47, 223
『確率論』 195
家政学 95
価値関心 2, 8, 9, 44
価値合理的 24
価値差額 114
価値の生産価格への転形問題 237
価値判断 9, 190, 192
価値評価 219
活動 13, 28, 30, 119, 253, 281, 320, 321
　——によって創出された(活動を考慮した)欲望 258
　——場 260
『活動としての生』 253
家内労働 288
株式市場 241
貨幣 286, 287, 290, 291, 300
　——経済論 131, 135
　——数量説 132
『貨幣論』 133, 138
可変資本 104
還元主義 307
還元不能な不確実性 207
慣行的判断 208
観察(ルーマン) 270
慣習 25, 43

333

完全知識　38, 187
観想　30, 321
　——（観照）の生活　254, 321
官房学（Kameralwissenschaft）　95
幾何学的方法　3
企業者　22, 164
記号消費　297
技術的命令　221, 311
技術と分配率　311
技術の再切り替え　233
希少性　18, 20, 22, 25, 28, 76, 166, 187, 270
寄生　323
基礎方程式　309
機能　251
帰納論理　199
規範的理論　324
規模に関する収穫一定　231, 232
規模の経済（収穫逓増）　102
基本財　250
客観への自由　276
逆行する資本深化（資本逆行，逆資本深化など）　233
究極的な価値判断　190, 324
競合するパラダイム　74
共時的な時間分析　36, 37
享受能力　261
競争　116
協同組合　32, 296
　——運動　173
極大化（極小化）原理　308
居住と文化　296
均一利潤率　228, 230
　——と有限の最大値　230
均衡成長軌道　88
近代科学＝技術　293
近代的実証科学　248
近代的主観主義　26, 44, 46
近代的パラダイム　13, 20, 28, 36, 37, 40, 42, 59, 106, 180, 303
偶然性　277
偶発性定式　271
具体的演繹法　3, 4

具体的有用労働　288, 289
グレアムの連結財概念　242
グローバリゼーション　46
グローバル資本主義　263
ケア　301
　——ワーク　288
経験的方法　304
経済　22, 29, 285
経済学（economics）　83, 314
　——の危機　1, 54
　——の生誕　94
『経済学・哲学草稿』　31, 286, 295
『経済学および課税の原理』　100, 133
『経済学の本質と意義』　314
経済システムの「解析力学」　30
経済人（Homo-economics）　183, 189, 191
　——モデル　184, 186
『経済発展の理論』　314
経済表（tableau économique）　17, 20, 86, 227
　——の世界　229
啓蒙　276
ケインズ革命　132
ケインズ問題　208
結合生産物　236
決定論　309, 310
限界革命　27, 56, 163, 179
限界原理　314
限界効用理論　163
限界主義　23
言語的構想力　268
顕示選好学派の厚生主義　261
現実の社会性　290
原子論的な方法論的個人主義　46
現生人類　312
現代古典派経済学　69
限定合理性（bounded rationality）　39, 48
限定された不確実性（bounded uncertainty）　38
行為主体性（エージェンシー）　252
行為論的アプローチ　15, 46
交換社会　277
交換性向　89, 96
交換的正義　320

公共圏　266
公共精神　119
公共善　316
公正　174
厚生経済学　182
構造的カップリング　271
構造転換　74
構造論的アプローチ　15
交通関係　322
幸福　29, 30, 117, 320
公平な観察者(impartial spectator)　42
効用　49, 249
　——極大化　181
　——の個人間比較　44, 49, 182
功利主義　45, 156, 183
効率　174
合理的核　56
合理的行動　190
合理的選択　213
合理的な愚か者(rational fool)　261
枯渇性資源　234
国際収支　80
国内価値論　69
『国富論』　88, 316
国民精神の弛緩　119
互恵性　252
個人主義　49
　——的仮定　217, 218, 223
「国家的自給」論　242
古典主義美学　89
古典的二分法　138
古典的パラダイム　13, 15, 18, 23, 26, 28, 36-38, 42, 59, 106, 180, 285, 303
コペルニクス革命　55
コミットメント　252
コミュニケーション行為　289
『雇用・利子および貨幣の一般理論』　132, 133, 138, 195, 206, 207
混合政体　94

さ　行

差異化　299
最終効用度　181
財政軍事国家　77
再生産　18, 23
　——可能条件　23
最大利潤率　230
最適化　313
財の不平等　116
差額地代論　101
搾取率　105
里山資本主義　296, 297
三大階級　87
シヴィック的伝統　111
ジェンダー　289
時間　14
　——(不可逆性)と無知の暗い力　14, 39, 40
　——の経済論　289
地金論争　134
資源・環境問題　291, 293, 296, 317
仕事(work)　30, 32
自己実現としての労働　287-289
自己組織化　314
自己調整的な市場　285
市場　116
　——経済システム　290, 300
　——社会　147
システム　263, 269, 271, 280
　——の観察　270, 271
自生的秩序　25, 41, 294
自然　123, 277
　——価格　96, 239
　——状態　122
　——選択　324
　——治癒力　93, 306
　——的自由　93, 97
　——的秩序(natural order)　312
　——と人間との非和解性　292, 293, 294
　——との和解　276
　——のエコノミー　318

──法学　91
持続可能な発展　1, 47
自尊心　251
実証科学　41, 44
実証主義　24
　　──的科学観　73
実用的命令　221
自発的秩序(spontaneous order)　312
事物の空想上の結びつき　89
資本　291
　　──＝賃労働関係　19
　　──・労働比率　233, 237
　　──制的市場経済システム　285, 299
資本移動の自由を前提にした自由競争　230
『資本主義・社会主義・民主主義』　315
『資本論』　31, 102
市民社会　264
社会科学のニュートン　83
社会化してゆく存在　42
社会関係の再生産　19, 104
社会経済学　164
『社会契約論』　80
社会主義　151
　　──経済計算論争　295
社会進歩　256
社会性(ソーシャリティ)　213, 220, 222, 223
社会秩序の恣意性と合理性　313
社会的, 共同体的存在　287-289
社会的の医学(social medicine)　84
社会的厚生関数　215
社会的再生産　87
　　──アプローチ　26
社会的の総産出量　228, 229, 231
社会的選択論　213, 214
社会的紐帯　118
社会的動物　78, 254, 320
社会的な意見　220
　　──の類似　219, 222
社会的分業のシステム　18
社会にとっての効用　45
社会の解剖学　306
社会の効用　45

社会の実体　285, 297
奢侈　119
自由　30, 250, 251
　　──な活動　35
収穫逓減法則　101
集計値分析　306
集産主義　166
「修辞学講義」　89
自由時間　257
重商主義　17, 81
修正クーンモデル　8
重層的市場システム　300
重農主義　17
自由の王国　31
自由貿易　115, 241
自由放任の終焉　314
重力中心解釈　65, 66
主観確率　39, 40, 204
主観的合理性　25
主観的時間　37, 38
手段の代替性　76
『種の起源』　102
需要供給の法則　57, 60
需要と供給　231
循環運動　305
循環的過程　19, 227
循環的時間　35, 36
純粋経済学　163
純生産物(produit net)　86, 317
商業　113, 120
　　──社会　86, 93, 106, 146, 312
　　──的アート　112, 116, 124
『商業一般の本質に関する論考』　85
情報の非対称性　291
剰余　88
　　──の占有　229
　　──の発生　227, 228
　　──の分配ルール　229, 237, 241
　　──理論　18, 43
　　──をめぐる利潤部分と賃金部分の相反関係　228
初期近代医学　305

事項索引

所得　250
　　——分配問題　232, 238
進化経済学　310
新厚生経済学　219
人口法則　101
新古典派　163
新自由主義　263
人新世　316
新正当化主義　10
人体（body natural）　84, 305
人文的学　98
進歩　154
推移性　187
数学的方法の導入　308
数量調節　58
スコットランド啓蒙　111
ストーリー消費　298
ストック　115
スラッファ原理　64
スローフード運動　297
スローワーク　297
性格（エートス）　320
正貨支払制限　134, 135, 137
生活基準（standard of life）　33, 259
正義の原理　95
生産的労働　96
生産的労働者　92
生産費用　101, 239
『政治学』　16, 75
政治経済学　310
『政治経済学の諸原理の研究』　99
『政治経済学批判』　103
『政治算術』　84
静止状態　28, 32, 153, 154
政治体（body politick）　84, 305
政治的解剖　84
正常価格　228, 231, 232, 234, 238
生存費　101
成長の持続不能性　317
成長のための同盟　97, 101
制度学派　310
制度の経済学　290

生の良さ（well-being）　29, 30, 34, 247, 320
セーフティネット　291
生命のエコノミー　322, 324
世界社会　264
世界内政　267
責任から逃れる自由　294
責任を担うことによる自由　294-296
是正的正義　16
節約（エコノミー）　75, 76, 289, 324
線形性　307
選好　216, 217, 249
　　——順序　185
　　——の推移性　190
　　——の無矛盾性　187
　　——や欲望の内省的変化　260
潜在的社会性　290, 291
潜在能力　34, 251
全体社会　269
選択　38, 249
　　——の合理性　187, 191
　　——の無矛盾性　187, 189
　　——理論　184
線分的時間　36
洗練した国民　119
相互主観的確率　204
想像力　264
相対化　299
相対論　309
疎外（労働疎外）　31, 286-288, 290
『租税貢納論』　84

た　行

第3のパラダイム　314
大衆消費　298
大数の法則　205
大量生産・大量消費型経済成長　105
卓越性　117, 119, 255, 320
立場の交換　89
脱構築　300
単一生産物産業の仮定　239
単線的生産構造　20

337

地質の劣化　234, 236
地代　115
　　——と使用料(royalty)　236
秩序としての経済　318
秩序の再生産　17
知的生命　320
知的存在者　321
中産階級　146
抽象的人間労働　288, 289, 300
中庸　320
長期期待　207
長期投資家　241
直線的時間　35, 36
直覚(intuition)　200
賃金　115
　　——後払い　228, 229
定価販売　57
ディシプリン　315
定常社会　317
定常状態　37, 49
ティンバーゲン論争　207
適応的選好形成(adaptive preference formation)　261
『哲学論文集』　89
デュナミス　278
ドイツ自然哲学　313
動学的数量説　137
動学的分析　36, 235, 236
同感，共感(sympathy)　42, 43, 47, 89, 223
　　——本能　24
討議　266
　　——的民主主義　255
動機　252
投資の自然的順序　93
『道徳感情論』　88
道徳的命令　221
道徳哲学　112, 248
　　——者　88
トーリー自由貿易論　82
徳　30, 119, 320
　　——の倫理学　255
独占　164

　　——利潤　171
土地国有化　170
土地単一税制　86
富　120, 250
富と徳　111
『富に関する省察』　92
努力と活動の科学　258
『トレードについて』　82

な 行

内生的　43
内省的評価　255
内政論　315
『ニコマコス倫理学』　16, 90, 320
二重運動　285, 296, 297
ニュートンの方法　89
ニュートン力学　310
人間＝自然主義　292, 293
人間中心主義　293
人間能力平等論　260
人間の自由　291, 294
人間の性格　256
『人間不平等起源論』　92
年々の再生産　37, 38
　　——の体系　19
能力に応じて働き，……　238
ノーマライゼーション　301

は 行

バーグソンの経済的厚生関数　218
バーグソンの厚生関数　215, 216
配分的正義　16, 320, 322
博物学　112
パラダイム　2, 6, 7
　　——シフト　60
　　——型の経済学　311
半共生　323
半自治組織　241
反証主義　5
パンフレット作者　82

事項索引

万有引力　83
販路説　131
『東インド貿易によるイングランドの財宝』　80
非共役的関係　303
非共役的パラダイム　8
非合理性　190
非社交的社交性　322
美人投票　241
必然の領域　31, 289
非同一的なもの　277
非パラダイム型の経済学　311
批判（Kritik）　103
費用最小化の基準　233
標準商品　240
比例定数　309
非論理的行為　25, 45, 48
貧困　252
頻度確率　39, 204
フィジオクラート　17
フェアトレード　301
フェミニズム論　288
不可逆的時間　27, 36
不確実性　14, 25, 37-39, 46, 49, 170, 290, 291, 294
不可能性定理　214, 218
不均衡　305
物象化　295, 296
物的実質費用　235, 236, 242
　　——価値説　237
物理学パラダイム　315
物理的医学　306
不変資本　104
プラクシオロジー　24
『プリンキピア』　308
分解不能の仮定　239
分業　95, 117, 316
　　——生産体制の再生・維持　238, 242
　　——体制の存続可能性　230
　　——による剰余　237
分子生物学　312
『分析論』　89
分配の正義　247
分配率　311

文明社会　146
ヘーゲル左派　102
変化のスピードと文化　296
ベンサム主義　203
ホイッグ史観　60
貿易差額　114
貿易理論　69
「法学講義」　89, 91
『法の精神』　90
方法論的個人主義　13, 15, 24, 26, 307
ホーリズム　13, 305
ポール・ロワイヤル論理学　89
ポリス　16, 78
　　——的動物　78, 322
ポリティカル・エコノミー（political economy）　28, 94, 315
本源的希少性　28

ま　行

「ミル評注」　286
民主主義の欠如　268
無差別曲線　184
無差別の原理　199
無時間体系　37
無矛盾性　180, 185, 187
目的合理性　24
モデル　309
モラル・センス　90
モラルサイエンス　43, 73, 99, 145, 314
　　——としての経済学　41, 42, 44, 46, 47, 99, 247

や　行

有機体論　313
有限値　230
有限な知的存在者　321
有効需要　67, 132
　　——の原理　64
有効な力　252
ユートピア社会　103
豊かな社会　303

339

欲望　257
余剰　85
欲求　249, 269
予備的模索　37

ら・わ 行

ラディカル派　259
リカード価値論　100
利己主義　186, 191
利己心　96, 97, 117, 183
利潤率の低下　105, 317
理性　254
　——の限界　294
　——の狭知　324
立憲化　264
リフレ派の経済学　61
量子力学　309

『理論経済学の本質と主要内容』　314
倫理学　30, 248
　——と経済学との関係　14, 46
ルール　38
歴史学派　310
レギュラシオン理論　310
労働（labour）　30, 32, 237
　——価値説　163, 237
　——節約型・資源集約型技術　105
論理確率　198
ワーク・ライフ・バランス　290

欧 文

divine economy　318
New Economic Thinking　53
police　95, 315
Rethinking Economics　53

執筆者紹介 （所属，執筆分担，執筆順，＊印は編著者）

＊松嶋敦茂（滋賀大学名誉教授，序章，第1章）

＊梅澤直樹（大和大学政治経済学部教授，序章，第1章，第14章，あとがき）

塩沢由典（大阪市立大学名誉教授，第2章）

＊長尾伸一（名古屋大学経済学研究科教授，第3章，第15章）

福田名津子（法政大学非常勤講師，第4章）

岡田元浩（甲南大学経済学部教授，第5章）

川名雄一郎（早稲田大学高等研究所准教授，第6章）

御崎加代子（滋賀大学経済学部教授，第7章）

田中啓太（尚美学園大学総合政策学部総合政策学科専任講師，第8章）

齋藤隆子（神戸女学院大学非常勤講師，第9章）

西本和見（中部大学経営情報学部講師，第10章）

＊平野嘉孝（富山県立大学工学部教養教育准教授，第11章）

吉川英治（滋賀大学経済学部准教授，第12章）

表 弘一郎（城西大学経済学部経済学科准教授，第13章）

《編著者紹介》

長尾伸一（ながお・しんいち）
 1955年 生まれ。
 1987年 京都大学大学院経済学研究科博士課程修了。
 2002年 経済学博士（京都大学）。
 現　在 名古屋大学大学院経済学研究科教授。
 主　著 『ニュートン主義とスコットランド啓蒙』名古屋大学出版会，2001年（2001年サントリー学芸賞）。
    『トマス・リード』名古屋大学出版会，2004年。
    『複数世界の思想史』名古屋大学出版会，2015年。

梅澤直樹（うめざわ・なおき）
 1949年 生まれ。
 1974年 京都大学大学院経済学研究科修士課程修了。
 1992年 経済学博士（京都大学）。
 現　在 大和大学政治経済学部教授。
 主　著 『価値論のポテンシャル』昭和堂，1991年。
    『経済学とジェンダー』（共著）明石書店，2002年。
    R. ルクセンブルク『経済学入門』（共訳）お茶の水書房，2018年。

平野嘉孝（ひらの・よしたか）
 1965年 生まれ。
 1996年 京都大学大学院経済学研究科理論経済学専攻博士後期課程学修認定退学。
 現　在 富山県立大学工学部教養教育准教授。
 主　著 「経済システムの自己増殖」吉田和男編著『複雑系経済学へのアプローチ』東洋経済新報社所収，2002年。
    「技術変化と失業」富山県立大学紀要，1999年。
    "Application of Normal Prices to Trade Analysis" in Y. Shiozawa et al (eds.) *A New Construction of Ricardian Theory of International Values* Springer, (2017).

松嶋敦茂（まつしま・あつしげ）
 1940年 生まれ。
 1967年 京都大学大学院経済学研究科修士課程修了。
 1986年 経済学博士（京都大学）。
 現　在 滋賀大学名誉教授。
 主　著 『経済から社会へ——パレートの生涯と思想』みすず書房，1985年。
    『現代経済学史　1870～1970——競合的パラダイムの展開』名古屋大学出版会，1996年。
    『功利主義は生き残るか——経済倫理学の構築に向けて』勁草書房，2005年。

現代経済学史の射程
――パラダイムとウェルビーイング――

2019年3月31日　初版第1刷発行　　　　　　　〈検印省略〉

定価はカバーに
表示しています

編著者	長尾伸一 梅澤直樹 平野嘉孝 松嶋敦茂
発行者	杉田啓三
印刷者	江戸孝典

発行所　株式会社　ミネルヴァ書房
607-8494 京都市山科区日ノ岡堤谷町1
電話代表 075-581-5191
振替口座 01020-0-8076

© 長尾・梅澤・平野・松嶋ほか, 2019　共同印刷工業・新生製本

ISBN978-4-623-08437-1

Printed in Japan

経済学史

喜多見洋・水田 健編著　Ａ５判　350頁　本体3200円

●17世紀から現代までの経済学の歴史をたどる，初学者に最適の経済学史テキスト。オーソドックスな通史の形式で，スミス以前の経済学の黎明期から，欧米各国における経済学の発展を詳解する。さらに，日本の経済学の展開を日本の社会経済と関連づけて取り上げるなど，各自体における発展の多様性に注目する構成により，興味深く経済学の歴史が学べる一冊。

現代経済思想──サムエルソンからクルーグマンまで

根井雅弘編著　Ａ５判　300頁　本体2800円

●現代経済学の発展に大きく貢献した16名の経済学者の生涯と思想を幅広く学べる入門書。サムエルソン，ハイエク，ナッシュ，ルーカス，マンキュー，クルーグマン……著名な経済学者たちの，つくられたイメージではなく，彼らの築いた学界での業績，そしてそこから発展した実践の世界での活躍をわかりやすく紹介する。多様な経済思想を学ぶことで，彼らが導き出し展開した経済理論への理解を深める手助けになる必読書。

古典から読み解く経済思想史

経済学史学会・井上琢智・栗田啓子・田村信一・堂目卓生・新村聡・若田部昌澄編
Ａ５判　312頁　本体2800円

●本書は，経済思想家の理論へのアプローチではなく，現在社会のトピックを，数人の思想家の理論から読み解いていく。そのなかで現代への処方箋を探り，学生に現代社会を〈診る〉眼を養ってもらうことを意図したテキスト。

───── ミネルヴァ書房 ─────

http://www.minervashobo.co.jp/